August Beck

Ernst der Fromme, Herzog zu Sachsen-Gotha und Altenburg

Zweiter Teil.: Ein Beitrag zur Geschichte des 17. Jahrhunderts

August Beck

Ernst der Fromme, Herzog zu Sachsen-Gotha und Altenburg
Zweiter Teil.: Ein Beitrag zur Geschichte des 17. Jahrhunderts

ISBN/EAN: 9783743490680

Hergestellt in Europa, USA, Kanada, Australien, Japan

Cover: Foto ©ninafisch / pixelio.de

Manufactured and distributed by brebook publishing software (www.brebook.com)

August Beck

Ernst der Fromme, Herzog zu Sachsen-Gotha und Altenburg

Ernst der Fromme,

Herzog zu Sachsen-Gotha und Altenburg.

Ein Beitrag

zur Geschichte des siebenzehnten Jahrhunderts

von

Dr. August Beck,

Herzoglich Sachsen-Coburg-Gothaischem Archivrathe, Vorstande des Herzoglichen
Haus- und Staatsarchivs, Bibliothekare und Vorstande des Herzoglichen
Münzcabinets, Inhaber des Verdienstkreuzes des Herzoglich
Sachsen-Ernestinischen Hausordens, Mitgliede
mehrerer historischer Vereine.

Zweiter Theil.

Weimar,

Hermann Böhlau.

1865.

Herzog Ernst's des Frommen.

Hauptquellen.

Außer archivalischen Nachrichten und Leichenpredigten wurden benutzt:

Henning Witte, Memoriae theologorum nostri saeculi clarissimorum renovatae decades XVI. Francofurti 1674. 2 Volumina. 8°.

Henning Witte, Diarium biographicum. Dantisci. 1688. 4°. Ein zweiter Band dazu erschien Rigae 1691. 4°.

Pauli Freheri Theatrum virorum eruditione clarorum. Noribergae. 1688. Fol.

Heinr. Pipping, Sacer decadum septenarius, memoriam theologorum nostra aetate clarissimorum renovatam exhibens. Lipsiae. 1705. 3 Volumina. 8°.

Joh. Caspar Zeumer, Vitae professorum jurium Jenensium. Jenae. 1706. 8°.

Joh. Caspar Zeumer, Vitae professorum theologorum Jenensium. Jenae 1711. 8°

Erdmann Uhsen, Leben der berühmtesten Kirchenlehrer und Scribenten des XVI. und XVII. Jahrhunderts. Leipzig 1710. 8°.

Joh. Heinrich Zedler, Großes vollständiges Universallexicon aller Wissenschaften und Künste. 64 Bde. Leipzig 1731—1750. Supplemente. 4 Bde. 1751—1754. Fol.

Christian Gottlieb Jöcher, Allgemeines Gelehrten-Lexikon. Leipzig 1750—1751. 4 Bde. Fortgesetzt von Adelung und Rotermund bis Kin. 6 Bde. Leipzig 1784—87 und Bremen 1810—1822. 4°.

Pierre Bayle, Dictionnaire historique et critique. Amsterdam et Leyde 1740. 4 Bde. (par Desmaizeaux). Fol.

———

Adami, Tobias, geb. zu Werda, bereiste 1611 Griechenland, Syrien und Palästina, ging hierauf nach Italien, wo er mit Thomas Campanella befreundet wurde, und starb am 29. September 1643 als fürstlicher Hofrath zu Weimar. Sein Leben in Witte, Memoriae. Teutzel's Unterredungen vom Jahre 1689. Jöcher.

Aldringer, Johann, geb. zu Diedenhofen im Luxemburgischen, war anfangs Lakai, dann Secretär bei einem italienischen Grafen, trat hierauf in kaiserliche Dienste und wurde schnell Capitän, Oberstwachmeister, Oberst-lieutenant und 1622 Oberst. Der Kaiser ernannte ihn 1625 zum Freiherrn von Koschitz, dann wurde er Generalcommissär bei Wallensteins Armee in Niedersachsen, übergab 1628 als kaiserlicher Commissär das Herzogthum Friedland an Wallenstein, wohnte 1629 der Belagerung von Magdeburg bei, zog hierauf mit gegen den Herzog von Mantua zu Felde, kam 1631 wieder nach Deutschland. Nach der Schlacht bei Leipzig vereinigte er sich mit Tilly bei Fritzlar, dann nach Tilly's Tode mit Wallenstein. 1632 wurde er Generalfeldmarschall und kam 1634 bei dem Uebergange über die Isar bei Landshut um das Leben. Sein Leben in Zedler. Bayle. Joh. Ed. Heß, Biographien. Jena 1859, p. 160. Joh. Friedr. Gauhen, Historisches Helden- und Heldinnen-Lexicon. Leipz. 1716, p. 41.

Arnstein (Arstenius), Johann Heinrich, geb. 11. November 1641 zu Münden, studirte zu Erfurt und Gießen, wo er als kaiserlicher Poet ge-krönt und 1668 zum Magister Philosophiae ernannt wurde. Hierauf Rec-tor zu Münden, 1672 Professor für die Selecta am Gymnasium zu Gotha. 1674 Pfarrer zu Bujleben. Wegen üblerlichen Lebens wurde er 1684 ent-setzt und starb 1698 wahrscheinlich zu Erfurt. S. Jöcher.

Avemann, Adolf Christian, geb. 1648 zu Jena, gest. 1700 zu Go-tha als geheimer Kriegsrath. Er befand sich 1696 unter den vom sachsen-ernestinischen Hause verordneten Ministern, welche zu Gotha zusammenkamen, um über die fortdauernden gefährlichen Zeitumstände zu berathen. S. Zed-ler's Supplemente.

Avemann, Ernst Ludwig, geb. 28. December 1609 zu Eisenach, wurde zu Coburg erzogen, studirte seit 1630 zu Jena philosophische, historische

1 *

und juristische Wissenschaften. Seit 1634 ertheilte er Privatunterricht zu Rostock, wurde 1638 Erzieher des Sohnes des Burggrafen Georg von Kirchberg, Herrn von Farnroda, lebte mit demselben eine Zeit lang in Leyden und bereiste dann mit ihm England und Frankreich. Nach dem Tode des Burggrafen Georg ernannte ihn dessen Wittwe zu Farnroda zu ihrem Vormundschafts-Hofrathe. Er versah dabei das Landschaftssyndicat zu Eisenach. 1645 Professor der Rechte zu Jena. 1649 berief ihn Herzog Ernst der Fromme als Hof- und Regierungsrath nach Gotha. 1660 Consistorialpräsident, 1663—1666 Gesandter auf dem Reichstage zu Regensburg, dann nach seiner Zurückkunft Vicekanzler in Gotha (6. April 1666), 1673 Geheimerath und Kanzler, 1685—1688 Gesandter am kaiserlichen Hofe zu Wien. Er starb am 17. Mai 1689. S. Heinrich Fergen, Christliche Trauer- und Gedächtnißpredigt. Gotha 1689. Fol. Sagittarii historia Gothana, p. 264. Zedler's Supplemente. Galletti, Geschichte und Beschreibung des Herzogthums Gotha. Bd. II, p. 285.

Avianus, Johann Jacob, geb. 7. Juni 1635 zu Erfurt, studirte zu Jena, bereiste Holland und England, wurde 1662 Rechtssyndicus zu Erfurt, mußte sich aber 1663 während der Belagerung von Erfurt nach Jena zurückziehen, wo er 1665 zum Professor der Rechte ernannt ward. Herzog Ernst der Fromme berief ihn 1666 als Consistorialassessor und Hof- und Justizrath nach Gotha. 1674 Consistorialpräsident, 1680 Geheimerath und Kanzler bei Herzog Albrecht zu Coburg. Zuletzt kam er als Assessor des Reichscammergerichts nach Speyer, wo er kurz vor der französischen Eroberung starb, den 4. September 1688. S. Zeumer Vitae professorum jurium Jenensium. Sagittarii historia Gothana, p. 273. H. R. Heydenreich. Denkwürdige Annales. Gotha 1721. 4°. p. 9. Zedler's Supplemente. Jöcher.

Bachoff, Johann Friedrich, der Sohn eines Pachters zu Tonna, war geb. 17. Februar 1643 zu Gotha, studirte Philosophie und die Rechte seit 1660 in Leipzig und wurde vom Herzoge Ernst dem Frommen wegen seiner Talente mit Geld unterstützt, aber auch mit einer Instruction versehen. 1665 berief ihn Herzog Ernst als Lehrer des Erbprinzen nach Gotha. 1666 wurde er Regierungssecretär. 1667 begleitete er den Erbprinzen auf Reisen. Ueber sein Abenteuer in Frankreich siehe im Texte p. 768 ff. Bachoff kehrte 1668 mit dem Erbprinzen nach Gotha zurück. Als nun dem Erbprinzen die selbstständige Regierung der altenburgischen Lande übertragen wurde (1672), war Bachoff sein Particularrath. 1673 wirklicher Hofrath. Nach Herzog Ernst's Tode brachte Bachoff die Vergleiche zwischen den sieben Brüdern zu Stande, weshalb er 1680 zum Geheimerathe erhoben wurde. 1689 Kanzler und Regierungsdirector. 1691 Mitvormund der Söhne Herzog Friedrichs I. 1698 Geheimeraths-Director. Kaiser Leopold hatte 1683 seinen Adel erneuert und ihn 1691 zum Reichshofrathe und Freiherrn ernannt. Er war seit 1678 mit der jüngsten Tochter des Geheimeraths und Kanzlers Johann Thomä zu Altenburg verheirathet. Im October 1681 reiste er mit dem

Präsidenten Saul nach Schweinfurt zu einer Conferenz mit den würzburgischen Deputirten, um die zwischen Würzburg und den Aemtern Königsberg
und Heldburg schwebenden Streitigkeiten zu schlichten. Er starb 27. October
1726 als Erb-, Lehn und Gerichtsherr auf Dobitsch, Romschütz, Zöpperitz,
Heukendorf, Zoderschau, Hartmannsdorf und Schlettwein, und hinterließ ein
bedeutendes Vermögen. S. Christrühmliches Ehrengedächtniß Joh. Friedr.
Freiherrn Bachoffen von Echt, aufgerichtet Gotha 1726. Fol. (mit lateinischen
Reden von E. S. Cyprian und Bockerodt). Jöcher. Galletti, Geschichte und
Beschreibung des Herzogthums Gotha. II, 288.

    Bauer, Johann, geb. 23. Juni 1596 zu Djursholm in Roslagen,
stürzte als Kind aus dem zweiten Stockwerke des Schlosses Hörningsholm
ohne Schaden zu nehmen, und zeigte eine unüberwindliche Neigung zum
Kriegswesen, wurde 1617 Kornet, dann Hauptmann. Als solcher zeichnete
er sich bei der Bestürmung Riga's aus (9. Sept. 1621) und wurde zum
Ritter und Obersten des ostgothischen Regimentes ernannt. Auch in dem
zweiten Feldzuge gegen Liefland trug er zu den errungenen Siegen der
Schweden viel bei, wurde Gouverneur von Reval und Esthland und Commandant von Riga, folgte dann dem Könige Gustav Adolf auf seinem Zuge
nach Preußen (1626) und befreite diesen aus polnischer Gefangenschaft. In
der Schlacht bei Dirschau (7. August 1627) wurde Bauer verwundet. Bald
darauf ernannte ihn der König zum Reichsrathe und Generallieutenant der
Infanterie. Im Mai 1630 betrat er mit Gustav Adolf den deutschen Boden
und belagerte dann Wolgast zwei Monate lang, bis es sich ergab. Im Januar 1632 nahm er Magdeburg ohne Widerstand ein. Vor Nürnberg wurde
er verwundet und längere Zeit für den Kriegsdienst unfähig. Nach der unglücklichen Schlacht bei Nördlingen rückte Bauer, welcher 1634 Feldmarschall
und commandirender General im niedersächsischen Kreise geworden war, aus
Böhmen über Pirna (Sept. 1634) nach Thüringen, fiel nach dem Prager
Frieden (1635) in Sachsen ein, welches er mit größter Strenge behandelte.
Am 24. September 1636 gewann er die blutige Schlacht bei Witstock, über-
schwemmte hierauf Thüringen mit seinen Truppen, vertrieb die Kaiserlichen
aus Hessen, nahm Erfurt ein, welches nach dem Abfalle Sachsens sich dem
schwedischen Bündnisse entzogen hatte. 1637 eroberte er Torgau, die Belagerung von Leipzig aber mußte er aufgeben. Magdeburg wurde ihm ent-
rissen, und nur ein meisterhafter Rückzug konnte ihn vom gänzlichen Unter-
gange retten. Ganz Pommern bis auf Stralsund und Greifswald ging für
die Schweden verloren; doch eroberte er Alles wieder, als er 1638 (im Juni)
Hülfe erhielt. Zu Ende des Jahres 1638 vertrieb er Gallas aus Pommern.
Im März 1639 stand er wieder in Sachsen und drang siegreich bis Prag
vor, wurde aber wieder nach Thüringen zurückgedrängt. Erschöpft von Stra-
pazen starb Bauer zu Halberstadt (10. Mai 1641). In Allem, was er that,
kannte er keine Grenzen, in seiner Freundschaft wie in seinem Hasse, in der
Betrübniß wie in der Freude, bei der Entbehrung wie bei den Genüssen der
Tafel. S. Joh. Friedr. Gauhen, Historisches Helden- und Heldinnen-Lexicon

Leipz. 1716, p. 141. Dessen genealogisch-historisches Adels-Lexicon, Leipz. 1747, II, 1364. Joh. Eduard Heß, Biographien. Leipz. 1859, p. 268. N. N. Manderfeldt, Eloge de Jean Banier. Copenh. J. F. v. Lundblad, Schwedischer Plutarch, übersetzt von Fr. v. Schubert. Stralsund 1826. I, 103.

Bange, Nicolaus, geb. c. 1613 zu Klinten auf Fühnen, war Prediger zu Dalum und Scanderum, dann Bischof über die Insel Fühnen. Er starb 17. October 1676. S. Witte, Diarium biogr. II, 113. Jöcher.

Bechmann, Andreas, geb. 22. September 1622 zu Elleben bei Arnstadt, wo sein Vater Andreas Geistlicher war, kam auf die Schule nach Arnstadt. Da aber bald darauf seine Mutter starb, wollte er nach Braunschweig gehen, wurde aber von schwedischen Soldaten aufgegriffen und mußte Kriegsdienste nehmen unter Krafft-Königsmark. Hierauf kam er auf das Gymnasium nach Danzig, bezog 1644 die Universität Königsberg, wo er Philosophie und Theologie studirte. Von Herzog Ernst d. Fr. unterstützt, setzte er zu Jena seine Studien fort. 1656 wurde er Pfarrer zu Gräfenhain und Rauendorf, 1658 Superintendent zu Eisfeld, 1673 Hofprediger und Consistorialassessor zu Gotha, wo er 13. April 1676 starb. S. Johann Christian Gotter, Der gläubigen Christen höchste Ehre, Leichenpredigt auf Andreas Bechmann. Gotha 1677. 4°. Sagittarii historia Gothana, p. 360. Witte, Diarium biographicum, II, 114. Jöcher. Seine Vocation, Instruction und Besoldung s. Loc. 48 a no. 4 im ehemaligen Consistorialarchive zu Gotha. Joh. W. Krauß, Hildburghäusische Kirchen-, Schul- und Landeshistorie. Hildburghausen 1753. 4°. III, 152.

Bechmann, Friedemann, geb. 26. Juli 1628 zu Elleben bei Arnstadt, wurde daselbst und zu Gotha erzogen, studirte seit 1649 Philosophie und Theologie zu Jena, wurde 1651 Magister, 1656 Professor der Philosophie. Auf Herzog Ernst des Frommen Wunsch unterrichtete ihn Abba Gregorius aus Abyssinien im Aethiopischen. 1668 erhielt er Joh. Gerhard's Stelle als Professor der Theologie zu Jena. Er starb 9. März 1703. S. Zeumer, Vitae professorum theologorum. Pipping, Vitae theologorum, II, 980. Erdmann Uhsen, Leben ec. p. 489. Hebenstreit's Leichenrede.

Becker, Paul, studirte die Rechte und wurde am 11. Februar 1661 zum Lehrer des Prinzen Friedrich bestellt. Er sollte dabei zugleich das Archiv und die Bibliothek in Ordnung bringen und erhielt dafür Wohnung, Holz, Licht und 200 Thaler Gehalt. Doch schon im November desselben Jahres wurde er seines Dienstes „in Gnaden" entlassen und ihm eine jährliche Pension von 100 Thalern verwilligt. Hierauf wurde er Amtmann zu Wasungen und im November 1670 Hofrath zu Gotha, wo er 13. März 1679 starb.

von Bendeleben, Johann Georg, war kaiserlicher Artillerie-Oberst und büßte sein Leben in Ungarn ein (1689).

Berger, Valentin, geb. 18. Januar 1620 zu Ohrdruf, studirte seit 1634 zu Jena, wurde 1643 Conrector zu Gera, 1659 Rector zu Halle, und

ſtarb 22. Mai 1675. S. Witte, Diarium biographicum. Ludovici, Schul=
hiſtorie. Zedler's Supplemente. Mittag, Halliſche Schulhiſtorie. II, 51.
Jöcher.

von Berlepſch, Otto Wilhelm, kurſächſiſcher General, ſtarb 1681.

Berlichius, Burchard, geb. 23. April 1605 zu Franen = Prießnitz,
ſtudirte ſeit 1620 zu Jena, wurde 1632 Rathsherr, dann Stadtrichter zu
Leipzig, hierauf Rath und Cammerſecretär zu Dresden, 1651 Hofrath, 1652
Comes Palatinus. Er ſtarb 1. Auguſt 1670 zu Dresden. S. Freher.
Jöcher. Witte, Diarium biographicum, II, 99. Chriſtoph Buläus, Leichen=
predigt auf B. Berlich. Dresb. 1670. 4.

Berlichius, Georg, geb. 20. Mai 1600 zu Franen=Prießnitz, ſtu=
dirte zu Jena Theologie und wurde 1624 Paſtor zu Benndorf, 1641 zu
Laucha, 1646 Superintendent zu Merſeburg, 1653 Canonicus, 1652 Doctor
der Theologie. Er ſtarb 30 (15) März 1671. S. Witte, Diarium bio=
graphicum. Jöcher.

Bielke, Steno, Freiherr von Krälerum, wurde 1657 Reichsrath, 1672
Reichsſchatzmeiſter, hieß als Mitglied der fruchtbringenden Geſellſchaft „der
Hochwerthe". Er ſtarb 6. October 1684. S. Witte, Diarium biogra=
phicum, II, 190. Jöcher*).

von Biörenklau, Matthaeus Milonius, geb. zu Aros, wurde Pro=
feſſor der Beredſamkeit zu Upſala, dann 1648 Legationsſecretär bei den weſt=
phäliſchen Friedenstractaten, hierauf Staatsſecretär, Hofrath und in den Adel=
ſtand mit dem Beinamen Biörenklau erhoben. Bald darauf wurde er Prä=
ſident im Herzogthume Bremen, 1658 Geſandter in Frankreich, zuletzt Kanzler
und Reichsrath. Er ſtarb 20. Auguſt 1671. S. Witte, Diarium biogr.
Jöcher.

Bircherod, Janus, geb. 12. November 1623 zu Birderod in See=
land, ſtudirte ſeit 1640 zu Kopenhagen, wurde 1641 Baccalaureus, ging 1646
nach Leyden, bereiste 1648 die Niederlande und Frankreich, wurde 1651 Ma=
giſter und Rector der Schule zu Slagels, 1658 Profeſſor der Philoſophie zu
Kopenhagen, 1662 Profeſſor der griechiſchen Sprache, 1668 Profeſſor der
Theologie, 1675 Doctor der Theologie. Er ſtarb 12. Sept. 1686. S. Witte,
Diarium biogr. Pipping II, 149. Uhſen p. 509. Jöcher.

Blumentroſt, Laurentius, geb. wahrſcheinlich zu Körner, war der
Sohn eines Pfarrers, kam auf das Gymnaſium nach Braunſchweig, ſtudirte
zu Helmſtädt und Jena Medizin, wurde dann Stadt= und Landphyſicus zu
Mühlhauſen (1652), auch Landmedicus des Herzogs Ernſt des Frommen.
Später wurde er Conſiſtorialpräſident in Mühlhauſen, dann 1667 als Leib=
medicus des Zaaren nach Moskau berufen. Hier bekehrte er viele gefangene
Türken und Tartaren zum Chriſtenthume. Einmal kam er in Verdacht, einen

*) Ein anderer Steno Bielke war gleichfalls Reichsrath, wurde 1655 Generalgouverneur
in Pommern und ſtarb 1658. S. Stiernmann, Bibliotheca Smogothica, 340. Zedler's
Supplemente.

zaarifchen Prinzen vergiftet zu haben. Das Volk empörte fich und fchleppte ihn zum Richtplatze; doch rettete ihn eine Prinzeffin vom Tode und verbarg ihn in ihrem Zimmer. Er ftarb 1705 zu Moskau. Sein Sohn gleiches Namens war erfter Präfident der Wiffenfchaften zu Petersburg. S. Friedr. Stephan, Neue Stofflieferungen für die deutfche Gefchichte. Mühlhaufen 1846. Heft I, p. 61. Vgl. J. Chr. Grot, Ueber die Religionsfreiheit der Ausländer im ruff. Reiche. St. Petersb. 1797. I, 307.

Böcler, Johann Heinrich, geb. 1611 zu Cronheim in Franken, wurde erft zu Heilbronn, dann feit 1631 zu Nürnberg erzogen, befuchte dann die Univerfitäten zu Tübingen und Straßburg, wurde an letzterem Orte 1637 Profeffor der Redekunft, 1640 Canonicus. Die Königin Chriftina von Schweden berief ihn 1648 als Profeffor der Beredfamkeit nach Upfala. 1649 Hiftoriograph zu Stockholm. Er ging 1652 nach Straßburg zurück, wurde 1662 kurmainzifcher Rath, 1663 kaiferlicher Rath und Comes Palatinus, und ftarb den 10. September 1672. S. Witte, Memoriae Decas IX, 557. Clarmund, Vitae clarissimorum virorum. Wittenb. 1704. II, 251. Boecleri historia universalis. 1695. 4°. Jöcher.

von Boyneburg, Johann Chriftian, geb. 1622 zu Eifenach, ftudirte zu Jena, Helmftädt und Marburg, kam 1642 an den eifenachifchen, dann an den heffen-braunbachifchen Hof, wurde 1645 mit Aufträgen nach Stockholm gefendet, 1650 nach Frankfurt a/M. Er wurde 1656 katholifch und trat in kurmainzifche Dienfte, ward aber 1665 gefangen gefetzt und aller feiner Würden entfetzt. Nach fünf Monaten wieder befreit, mußte er angeloben, fich nicht rächen zu wollen. Er zog fich auf feine Güter bei Frankfurt zurück und lebte dort den Studien, bis er 1672 ftarb. Seine Bibliothek war bedeutend. Leibnitz war fein Privatfecretär. S. Pufendorf, de Friderico Wilhelmo, VII §. 37 X. §. 79 und 87. Struvii Acta litt. Fasc. III. Zedler. Joh. Friedr. Gauhen, Genealogifch-hiftorifches Adels-Lexicon. Leipzig 1719, p. 136.

Brahe, Peter, Graf, geb. 1602 zu Ridboholm, begleitete den König Guftav Adolf von Schweden auf feinen Feldzügen, wurde 1637 Gouverneur von Finland, 1641 Reichsrath. Er widerfetzte fich der Abdankung der Königin Chriftina, zog 1657 gegen Dänemark zu Felde, wurde erfter Kanzler der Univerfität Abo, Reichsdroft oder Oberrichter von Schweden und war ein Befchützer der Wiffenfchaften und Künfte. Er fchrieb felbft ein zur Haushaltungskunft gehöriges Werk, war unter König Karl XI. Mitglied der Vormundfchaft und ftarb 1680 zu Bogefund. S. die Gefchichte von Schweden.

von Brandenftein, Chriftoph Karl, Graf, geb. 1592, wurde kurfächfifcher Rath und in den Grafenftand erhoben (1629), trat dann in fchwedifche Dienfte unter Guftav Adolf und wurde Geheimerath und Großfchatzmeifter in Deutfchland. 1638 wurde er als abtrünniger Vafall von den Sachfen gefangen genommen und ftarb 1642 im Gefängniffe zu Dresden. S. Johann Friedr. Gauhen, Genealogifch-hiftorifches Adels-Lexicon. Leipzig 1719, p. 177.

Brandis, Christoph, geb. 29. September 1600 zu Ober-Elsungen bei Zierenberg, wurde auf den Schulen zu Kassel, Bremen und Göttingen erzogen, studirte 1617 zu Marburg Philosophie und Theologie, disputirte 1618 pro gradu magistri, nahm aber die Würde nicht an. 1621 folgte er seinem Vater zu Ober-Elsungen im Predigtamte. Die Kriegsunruhen nöthigten ihn mehrere Male zu flüchten. 1637 wurde er Metropolitan zu Zierenberg. 1648 Inspector, Schloßprediger und Stadtpfarrer zu Schmalkalden, wo er 16. Juli 1668 starb. S. Jöcher. Joh. Reinhard Häfner, die Herrschaft Schmalkalden. Schmalk. 1825. IV, 176.

Breithaupt, Johann, auf Gospiteroda und Engenstein, geb. 18. November 1606 zu Creuzburg, wurde 1637 Amtsverwalter zu Gotha, 1640 Rentmeister zu Gotha, 1676 Cammerrath. Er war auf dem Gymnasium zu Gotha erzogen worden, studirte seit 1625 zu Jena, dann 1627 zu Leipzig. Er starb 29. April 1687. Sein Epitaph f. Johann Christian Bachov, Tractatus de rebus religiosis ac de sepulcris Gothanis. Goth. 1724. p. 218. Sein Leben f. in Adam Tribbechov, der Christen höchster Trost, Leichenpredigt auf Johann Breithaupt. Gotha 1682. 4°.

von Brömser, Heinrich, wurde Gesandter bei den Friedenstractaten zu Osnabrück, dann Geheimerath, Hofrichter und Vicedom zu Mainz, und starb 25. November 1668 als der letzte seines Geschlechts.

Bronkhorst, Jost Maximilian, Graf zu Gronsfeld, vom Kaiser Ferdinand II in den Reichsgrafenstand erhoben, diente 1625 unter Tilly, welcher ihm 1626 die Belagerung der Stadt Kassel übertrug. Er wohnte 1631 der Belagerung von Magdeburg und der Schlacht bei Leipzig bei, nöthigte hierauf die Schweden in Westphalen zum Rückzuge und entsetzte Wolfenbüttel. 1636 entsagte er dem Kriegsdienste und lebte zurückgezogen zu Köln. 1645 wurde er von den Hessen gefangen, aber von der Landgräfin sofort wieder freigelassen. Hierauf wurde er Gouverneur von Ingolstadt, dann bayerischer Generalfeldmarschall. Mit Holzappel vertrieb er die Schweden aus Böhmen, 1649 war er am kaiserlichen Hofe zu Wien, 1653 auf dem Reichstage zu Regensburg, 1660 nahm er als kaiserlicher Commissär die Huldigung der Reichsstädte Aachen, Köln und Dortmund an. Er starb im September 1662. S. Zedler. Pufendorf, Commentarius de bello succico.

Brückner, Hieronymus, geb. 16. Februar 1639 zu Erfurt, kam nach seines Vaters Tode 1656 auf das Gymnasium zu Gotha, bezog 1658 die Universität zu Erfurt, dann zu Helmstädt, ging 1661 nach Leipzig, 1662 nach Wittenberg. Hierauf besuchte er die Niederlande und England, begleitete dann Avemann als Secretär zum Reichstage nach Regensburg (1663). Herzog Ernst berief ihn 1665 als Lehrer seiner Söhne. 1666 begleitete er als Hofmeister die Prinzen Albert und Bernhard nach Tübingen und später auf ihren Reisen in das Ausland, insbesondere 1670 nach Dänemark und Schweden. Im März 1671 wurde er Lehnsecretär, dann Hof- und Consistorialrath zu Gotha. Als Avemann und Bachoff im Mai 1679 zur Beilegung von Unruhen nach Mühlhausen reisten, nahmen sie Brückner als Secretär mit sich. In demselben Jahre (1679) folgte Brückner dem Herzoge Bernhard als Hof- und Consistorialrath nach Meiningen. 1681 wurde er von der Universität Tübingen zum Doctor ernannt und ging als Gesandter zur Kreisversammlung des fränkischen Kreises nach Würzburg. Er starb 11. Februar 1693 zu Gotha. S. Sagittarii historia Gothana, p. 285. Jöcher.

Brückner, Hieronymus, geb. 26. August 1614, studirte die Rechte zu Leipzig seit 1631, dann 1633 zu Leyden, wurde 1645 gothaischer Hof- und Justizrath und starb 6. August 1656. S. Jeremias Alberti, Desiderium domus aeternae, Leichenpredigt auf H. Brückner. Erfurt 1656. 4°. Sagittarii historia Gothana p. 274. Motschmann, Erfordia literata. Zedler's Supplemente.

Brückner, Paul, war 28 Jahre lang Consulent der Stadt Schweinfurt und fürstlich-weimarischer Rath. Er starb 13. Sept. 1621.

Brunchorst, Christoph, geb. 13. November 1604 zu Erfurt, wurde, als Herzog Wilhelm sich 1631 des Eisfeldes bemächtigt hatte, Inspector über die Kirchen und Schulen daselbst. Nach dem Prager Frieden (1635) ging er nach Weimar, wo ihn Herzog Ernst bei dem großen Bibelwerke mit zu Rathe zog. Hierauf wurde er Pfarrer zu Hohlstedt im Amte Capellendorf, 1640 Hofprediger und Consistorialassessor zu Gotha (s. seine Vocation Loc 48 a. no. 4 im ehemaligen Consistorialarchive). Er war ein Vertrauter Herzog Ernsts, arbeitete mit an der Verbesserung des Kirchen- und Schulwesens und nahm sich des Informationswerkes sehr an. Er starb 26. März 1664. S. Abraham Gispach, Ardentissimum piorum desiderium, Leichenpredigt auf Chr. Brunchorst. Gotha 1665. 4°. Freher. Zedler. Jöcher. Brückner, Kirchen- und Schulenstaat, I, 7, p. 8. Gelble, Herzog Ernst der Fromme, II, 215.

Buchenröder, Michael, geb. 18. Oct. 1610 zu Steinfeld bei Hildburghausen, wurde zu Eißhausen, Rodach und Coburg gebildet, studirte 1632—1636 zu Jena Philosophie und Theologie. Er wurde dann Erzieher zu Breitenbach in Thüringen. 1638 Pfarrer zu Friesa, 1616 Superintendent zu Heldburg, wo er 13. Juli 1682 starb. Herzog Ernst schätzte ihn hoch S. Joh. Werner Krauß, Beyträge zur S. Hildburgh. Kirchen- Schul- und Landeshistorie. Greiz. 4°. I, 171. 388. 502. III 353.

Buchner, August, geb. 2. November 1591 zu Dresden, wurde seit 1604 zu Schulpforte erzogen, studirte seit 1610 die Rechte zu Wittenberg. wurde 1616 daselbst Professor der Rechte, 1631 Professor der Beredsamkeit, und starb 12. Februar 1661. S. Witte, Memoriae Decas VII, p. 386. Abrah. Calov, Sonderbare Kunst und Meisterstück der göttlichen Beredsamkeit. Witteb. 1661 4°. Freher.

Buscher, Statius, geb. zu Hannover, studirte zu Tübingen, Gießen. Rostock und Marburg, wurde Rector zu Stade, dann zu Hannover, 1626 Pastor, wurde seines Amtes entsetzt, weil man ihn wegen seines Werks Cryptopapismus novae theologiae Helmstadiensis großer Irrthümer beschuldigte.

Er starb 14. Febr. 1641 zu Stade. S. Meyer's Nachrichten von der Reformation in Hannover, p. 204. Zedler's Supplemente Jöcher.

Caffa, Karl, geb. 1623 zu Rom, wurde Dominikaner, lehrte Philosophie und Theologie zu Neapel und wurde Doctor der Theologie zu Rom. Er entdeckte mehrere Irrthümer in der katholischen Kirche, wurde deshalb lutherisch und widerrief in Jena (1661). Hier wurde er Professor der italienischen und französischen Sprache und starb daselbst am 24 Nov. 1707. S. Zeumeri Vitae professorum theologorum Jenensium. H. R. Heydenreich, Denkwürdige Annales. Gotha 1721. 4°. p. 32. Jöcher.

Calixtus, Friedrich Ulrich, geb. 8. März 1622, studirte 1640 Medizin zu Helmstädt und Leipzig, wendete sich aber später unter der Leitung seines Vaters Georg der Theologie zu. Mit seinem Vater besuchte er das Religionsgespräch zu Thorn (1645), disputirte zu Königsberg gegen Dr. Mislenta und wurde 1650 Professor der Theologie zu Helmstädt. Bald darauf bereiste er Deutschland, Böhmen, Ungarn, Italien und Frankreich, wurde 1652 Doctor der Theologie, 1664 Consistorial- und Kirchenrath, 1684 Abt zu Königslutter und starb 13. Januar 1701. Aus den Manuscripten seines Vaters gab er verschiedene Schriften heraus. Als Vertheidiger des Synkretismus bewies er weder die Mäßigung noch die Gelehrsamkeit seines Vaters. Am heftigsten zankte er sich herum mit dem Professor Aegidius Strauch zu Wittenberg, als der sogenannte „Consensus repetitus“ in die Consilia Wittenbergensia einverleibt wurde 1664. Der dadurch hervorgerufenen „Demonstratio liquidissima“ des Calixtus 1667, setzte Strauch eine „Vindicatio“ in 88 Punkten entgegen. Ein Verzeichniß von Calixt's Schriften findet man bei seines Vaters „Consultatio de tolerantia reformatorum“. Helmstadii 1667. 4°. S. Friedrich Weise, die Fürtrefflichkeit des Friedfertigen, Leichenpredigt auf F. U. Calixtus. Helmst. 1701. Fol. Joh. Fabricii Memoria F. U. Calixti. Helmst. 1701: auch zu finden in Pippingii Memoria II, 881. Chrysandri diptycha professorum Helmst., 160. Menckeniorum Biblioth. doctorum militum, 115. Uhsen, 531. Jöcher. Arnold's Kirchen- und Ketzerhistorie, II, B. 17, Kap. 11. Baur in Ersch und Gruber's Encyklopädie.

Calixtus, Georg, eigentlich Callisen oder Kallison, war geb. 14. December 1586 zu Meelbu oder Medelbu im Holsteinischen, wurde seit 1598 zu Flensburg, seit 1603 zu Helmstädt erzogen. Er wurde 14. Mai 1605 Magister und erhielt die Erlaubniß, philosophische Vorlesungen zu halten. Das Studium der Theologie begann er 1607, und schon 1609 hielt er theologische Vorlesungen. Auf einer wissenschaftlichen Reise besuchte er Jena, Gießen, Frankfurt a/M., Hanau, Mainz, Worms, Speyer, Tübingen und Heidelberg. In Mainz disputirte er mit dem Jesuiten Martin Becanus über die Anzahl der Sacramente. Hierauf begleitete er Matthias Overbeck, einen reichen Holländer, nach Holland, England und Frankreich, und kehrte reich an Kenntnissen 1613 nach Helmstädt zurück. Er hatte auf diesen Reisen eine vorurtheilsfreie, vielseitigere Ansicht vom Christenthume kennen gelernt, und obgleich er sein ganzes Leben hindurch an der lutherischen Lehre festhielt, so sprach er doch die Ansicht aus, daß die Fundamentalsätze der Heilslehren in allen christlichen Kirchen zu finden wären, und daß die Bekenner der einzelnen selig werden könnten. Demungeachtet hinderte dieses ihn nicht, die Katholiken mit aller Energie zu bekämpfen und so, daß Bossuet seine Angriffe für die bedeutendsten, welche gemacht wurden, erklärt hat. Auf dem Schlosse Hemelschenburg disputirte er scharfsinnig und glänzend mit dem Jesuiten Augustin Turrian aus Hildesheim, und verhütete dadurch den Uebertritt eines jungen braunschweigischen Edelmanns von Klencken zur katholischen Kirche (f. Colloquium instinctu Ludolphi a Klencken Hemelschenburgi institutum. 1657). Hierauf wurde er 1614 Professor zu Helmstädt, 1616 Doctor der Theologie. Herzog Ernst berief ihn 1633 als Hoftheologen, er nahm jedoch den Ruf nicht an, ging aber auf kurze Zeit nach Würzburg, um bei den neuen Einrichtungen für Kirchen und Schulen seinen Rath zu geben. 1636 Abt zu Königslutter. 1645 besuchte er das Colloquium zu Thorn. Er starb 19. März 1656 zu Helmstädt. Gelehrt, scharfsinnig, freimüthig, mild und friedliebend wie Melanthon, bekämpfte er herrschende Vorurtheile, suchte die starre Rinde der Orthodoxie zu durchbrechen, brach für die theologische Wissenschaft eine neue Bahn und verbesserte den Lehrbegriff. Die Sittenlehre (Moral) trennte er von der Glaubenslehre (Dogmatik) und behandelte sie zuerst als eine besondere Wissenschaft (Epitome theologiae moralis. Pars prima Helmst. 1634). In der Exegese lehrte er von den künstlichen Zergliederungen zu der einfachen Methode des Erasmus zurück und begründete darauf sein dogmatisches System, in welchem er sich als Anhänger der Aristotelischen Philosophie kund gibt und die analytische Methode wieder aufnimmt (Epitome theologiae. Goslariae 1619). Von den symbolischen Büchern behauptete er zuerst, daß sie ein geringeres Ansehen als die Bibel hätten, und suchte die gehässigen Benennungen von Orthodoxen und Heterodoxen zu unterdrücken und Lutheraner, Reformirte und Katholiken zu einer Vereinigung zu bringen. Seine Schrift „De conjugio clericorum" (Helmst. 1631 4°.) beweist zuerst mit historischer Ueberzeugungskraft, wie sehr der ehelose Stand des Clerus mit Schrift und Verstand streite, und wie er von den Päpsten der Geistlichkeit aufgedrungen worden sei. Ueber die synkretistischen Streitigkeiten, welche er hervorrief, und welche ihn in den Geruch der Ketzerei brachten, ist früher berichtet worden. Seine Schriften sind verzeichnet in seiner Consultatio de tolerantia reformatorum. Helmst. 1658 und 1697. 4°. und in Molleri Cimbria litterata, III, 194. 121. S. Christophori Schraderi progr. de vita Calixti. Helmst. 1656.-4., auch in Gebh. Theod. Meier, Monumenta professorum theologiae Julia. Helmst. 1683. 4°. und in Witte, Memoriae Dec. IX, 1132. Christ. Schrader, Oratio memoriae G. Calixti. Helmst. 1658. 4. Gerh. Titii laudatio funebris Calixti. Helmst. 1656. 4°. Gerh. Titius, Abfertigung der papistischen Relation vom Tode G. Calixti. Helmst. 1657. 4. Balthasar Cellarius, Leichenrede auf G. Calixtus. Helmst. 1656. 4°. Epicedia in beatam G. Calixti ἀνάλυσιν. Helmst.

1658. 4°. Joh. Musci laudatio funebris in obitum G. Calixti. Helmst.
1666. 4°. Koenigii Bibliotheca vetus et nova. Crenii Animadv. philol.,
p. V, 86. XIII, 198. XVI, 252. XVII, 47. Fabricii Historia biblioth.
suae, IV, 49. Mémoires de Niceron, XLIII, 343. Chrysandri diptycha
prof. theol. acad. Helmst. p. 98. Winckleri Anecdota hist. eccles.
novantiqua, III no. 25. Arnold's Kirchen- und Ketzerhiſtorie. Schröckh's
Kirchengeſchichte ſeit der Reformation. IV, 688. VIII, 243. Henke, Geſchichte
der chriſtlichen Kirche, III und IV. Stäudlin, Geſchichte der theologiſchen
Wiſſenſch. Bd. I und II. (G. J. Plank, Geſchichte der proteſtantiſchen Theologie von der Concordienformel an. Gött. 1831, p. 94. Freher. Uhſen.
Jöcher. Erſch und Gruber's Encyclopädie. Ernst Ludw. Theod. Henke,
Georg Calixtus und ſeine Zeit. Halle 1853. 2 Bde.

Calov, Abraham, oder Kalau, war geb. 16. April 1612 zu Morun-
gen in Oſt-Preußen, ſtudirte ſeit 1626 zu Königsberg morgenländiſche
Sprachen, Phyſik, Botanik und Mathematik. Schon in ſeinem 17. Jahre
hielt er die erſte Predigt zu Königsberg und wurde 1632 daſelbſt Magiſter.
1634 begab er ſich auf die Univerſität nach Roſtock und erlangte dort 1637
die theologiſche Doctorwürde, wurde darauf Aſſeſſor der theologiſchen Facultät zu Königsberg, dann, nachdem er einen Ruf als Profeſſor und Paſtor
nach Roſtock auf Verlangen des Kurfürſten Georg Wilhelm ausgeſchlagen
hatte, 1640 außerordentlicher Profeſſor und 1641 Inſpector über die Kirchen
und Schulen im ſamländiſchen Kreiſe. 1643 Gymnaſialrector und Prediger zu Danzig, 1650 Profeſſor der Theologie zu Wittenberg, wo er am 25.
Februar 1686 ſtarb. Er war ein ausgezeichneter Kritiker und Exeget, beſaß
große Gelehrſamkeit, hing aber dem Lutherthume blind an, und wurde dadurch intolerant und ein heftiger Verfolger aller andern Tendenzen. Imple
me, Deus, odio haereticorum, ſoll er täglich gebetet haben. Seine Hart-
näckigkeit und ſeine Streit- und Zankſucht machten ihn widerwärtig. Vor
allem verfolgte er Georg Calixt, den er als einen Irrlehrer aus der Kirche
ausgeſchloſſen haben wollte. Calob's höchſt parteiiſche „Historia Syncre-
tismi d. i. chriſtliches, wohlgegründetes Bedenken über den lieben Kirchenfrie-
den und chriſtliche Einigkeit in der heilſamen Lehre der himmliſchen Wahrheit" (Wittenb. 1682. 4°) hat nur Werth durch die dabei befindlichen Urkunden. Am weitläufigſten iſt ſeine Dogmatik in 12 Quartbänden (Systema
locorum theologicorum. Witteb. 1655—1677). Der lutheriſche Lehrbegriff wird in dieſem Werke im Geiſte jener Zeit mit der größten Conſequenz
durchgeführt, und Arminianer, Socinianer, Calviniſten, Synkretiſten und andere Irrlehrer werden bekämpft. Für unſere Zeit klingt darin manches wun-
derlich; ſo wenn Calov die Frage: ob man ſagen könne, der ſelige Calixtus?
mit nein beantwortet, weil man ſonſt auch müßte ſagen können, der ſelige
Bellarmin, Calvin, Socinus. Selbſt der gelehrte Hugo Grotius, welcher
„Annotationes in Vetus et Novum Testamentum" geſchrieben hatte,
wurde von Calob einer ſcharfen Kritik unterworfen in: Biblia illustrata, in
quibus emphasis vocum ac mens dictorum genuina e fontibus, con-

textu et analogia scripturae eruuntur. Francof. 1672—1676. 4 Voll. Fol. Gemüth besaß Calov gar nicht. Beim Tode seiner zweiten Frau (1658) schrieb er seinem Freunde J. Müller in Hamburg in bewegten Ausdrücken, welche fromme, gewissenhafte, verständige und liebliche Lebensgefährtin er verloren habe, knüpft aber daran die Bitte, ihm „Zwiebeln für sein neu angelegtes Gärtlein" zu senden. In seinem Familienleben hatte er viele Prüfungen zu bestehen. Die Särge von fünf Gattinnen und alle seine Kinder, dreizehn an der Zahl, sah er aus seinem Hause tragen. Die sechste Gattin, mit welcher er zwei Monate nach dem Tode seiner jüngsten sich verlobte, überlebte ihn. Mit größter Seelenruhe ertrug er diese Schicksalsschläge, und es wird erzählt, daß er bei dem Tode seiner dritten Gemahlin, als die Hoffnung auf ihre Wiedergenesung geschwunden, und sie das heilige Abendmahl genossen, „mit starker freudiger Stimme" das Lied „Wie schön leuchtet der Morgenstern," und sonderlich den letzten Vers angestimmt habe:

Wie bin ich doch so herzlich froh,
Daß mein Schatz ist das A und O,
Der Anfang und das Ende ꝛc.

Gleich darauf verschied sie, und ihr erwachsener Stiefsohn zwei Stunden nach ihr. S. Schurzfleischii Oratio funebris in seinen Orationes panegyr. Viteb. 1697. 4° p. 71. Ge. Casp. Kirchmaier, Programma in funere Abrah. Calovii. Witteb. 1686. Fol. Pipping, Memoria I, 108. Fabricii Hist. bibl. suae IV, 81. Preußischer Todestempel, 501. Arnold, Historie der Königsberger Universität, I, 200. Clement, Bibliothèque curieuse, IV, 59. Jöcher. Baur in Ersch und Gruber's Encyclopädie. A. Tholuck, Der Geist der lutherischen Theologen Wittenbergs im 17. Jahrhundert. Hamb. und Gotha 1852, p. 185. Joh. Friedr. Mayer, der die in seinem Tod Gott fürchtende Abraham, Leichenpredigt auf Abrah. Calov. Wittenb. 1691. 4°.

Carpzov, August, geb. 14. Juni 1612 zu Wittenberg, studirte 14 Jahre alt daselbst die Rechte, dann zu Leipzig und 1635 zu Jena, war 1638—1641 Gerichtsadvocat zu Wittenberg. Eingeladen von Hoë von Hoënegg ging er nach Dresden, wurde darauf (1644) Rath bei dem Grafen Johann Martin von Stolberg, dann Oberhofgerichts-Assessor zu Leipzig. 1645 Rath beim Herzoge Friedrich Wilhelm zu Altenburg. Als solcher ging er (1645) mit Thumshirn als Gesandter zu den osnabrückischen Friedenstractaten. 1649 kehrte er nach Altenburg zurück, wurde 1650 Kanzler zu Coburg und war bei den Nürnberger Verhandlungen besonders thätig. 1653 Gesandter auf dem Reichstage zu Regensburg, 1664, 1668, 1673, 1675 auf den sächsischen, 1654 und 1663 auf den fränkischen Kreistagen, ferner fünf Mal zwischen 1663 und 1670 bei den Verhandlungen zwischen den Herzögen der weimarischen Linie, 1656 und 1670 mit dem Fürstbischofe zu Würzburg. 1661 mit dem zu Bamberg, 1656 und 1660 mit dem zu Eichstädt, 1658 mit dem Abte zu Fulda. Er leitete 1662 die Kirchen- und Schulenvisitation im Hennebergischen, 1674 im Coburgischen. Nach Herzog Friedrich Wilhelm's

Tode (1669) wurde er beim Herzoge Ernst dem Frommen Geheimerath.
1679 schrieb er Passionsbetrachtungen unter dem Titel: „Der gekreuzigte
Christus" (Cob. 1679. 8.) Er starb 25. (19.) November 1683 und hinterließ 6 Söhne und eine Tochter. S. Saurbrei, Leichenrede auf Aug. Carpzov. 1683. Wilh. Verpoorten, Augustus liliorum Dei thesaurus d. i. der
herrliche Schatz der Kinder Gottes, Leichenpredigt auf Aug. Carpzov. Coburg 1683. Fol., wieder abgedruckt in „Denkmal großer und verdienter
Staatsmänner. Coburg 1797", p. 130. Witte, Diarium biogr. Freher.
Jöcher. Gottfried Ludwig, Ehre des hochfürstlichen Casimiriani academici
zu Coburg, II, 170. Lebensgeschichte der westphälischen Friedensgesandten in
Joh. Gothofr. de Meiern, Acta pacis Westphalicae. VI, 57. Fol. Jo.
Henr. Stuss, Commentatio de vita et meritis Augusti Carpzovii. Go-
thae 1750. 4°. Joh. Friedr. Jugler, Beiträge zur juristischen Biographie.
Lpz. 1773. I, 307.

Conring, Hermann, geb. 9. November 1606 zu Norden in Ost-
Friesland, studirte seit 1620 zu Helmstädt, ging 1626 nach Leyden, wurde
1632 Professor der Naturphilosophie zu Helmstädt, 1636 Doctor der Medizin,
1637 Professor der Medizin, 1649 Leibmedicus der Fürstin von Ost-Fries-
land und Geheimerath. Die Königin Christina von Schweden berief ihn
1650. Obschon reich beschenkt, kehrte er doch nach Helmstädt zurück. Auf
schwedischen Befehl brachte er 1652 das Archiv zu Bremen in Ordnung.
Der König Karl Gustav von Schweden berief ihn 1658 nach Holstein und
gab ihm die Zusicherung einer Pension von 1500 Thalern. Herzog August
berief ihn 1660 nach Braunschweig, als eben ein französischer Gesandter dort
war. Auch vom Könige von Frankreich erhielt er 1664 eine Jahrespension.
1669 wurde er Rath des Königs von Dänemark. Er starb 12. December
1681. S. Andr. Fröling, Spiegel der Eitelkeit in irdischen Dingen. Helmst.
1681. 4°. Vita Conringii. Helmst. 1694. Melch. Schmid, Programma
in fünere H. Conringii. Helmst. 1681. 4°. Dessen Leichenpredigt auf H.
Conring. Helmst. 1682. Fol. Witte, Diarium biogr. Jöcher.

Crahmer, Lorenz, geb. 16. März 1626 zu Dachwich bei Erfurt,
wo sein Vater Pfarrer war, verlor kaum 11 Wochen alt seinen Vater und
wurde Schreiber bei dem Rentmeister Schäffer zu Weimar, dann Copist zu
Eisenach. Nach Herzog Albrechts Tode (1644) dienstlos geworden, nahm er
Kriegsdienste im Grootischen Regimente, wurde Regimentsschulze, dann Regi-
mentsquartiermeister, 1650 Forst- und Jagdschreiber bei Herzog Ernst dem
Frommen, 1663 Oberförster über die hennebergischen Aemter Wasungen,
Sand und Frauenbreitungen, 1670 Forstmeister zu Georgenthal, wo er 3.
November 1695 starb. S. Joh. Chr. Pfaff, Leichenpredigt auf Lorenz Crah-
mer. Gotha 1695. Fol.

Cramer, Andreas, geb. zu Stettin, diente unter den Schweden und
wurde in der Schlacht bei Leipzig schwer verwundet. Er ging darauf nach
Holstein, wurde gottorpischer Geheimer-, auch Cammer- und Regierungsrath
und starb nach 1672. S. Jöcher.

Daetrius, Brandanus, ein Freund der Helmstädter, aber kein Synkretist, war geb. 4. Juni 1607 zu Hamburg, studirte seit 1630 Philosophie
und Theologie zu Helmstädt. Er wurde vom Herzoge Ernst dem Frommen
1633 mit einem Stipendium zur Fortsetzung seiner theologischen Studien drei
Jahre lang unterstützt. Deshalb widmete er dem Herzoge seine Dissertation
„De corpore et sanguine in S. Eucharistia reapse praesente" (1636).
In demselben Jahre ward er schwedischer Hofprediger am französischen Hofe,
ging aber 1638 nach Helmstädt zurück und wurde Hofprediger und Kirchenrath des Herzogs Georg zu Braunschweig. 1643 Doctor der Theologie,
dann Hofprediger und Consistorialrath zu Hannover. 1646 Superintendent
zu Braunschweig, 1662 Oberhofprediger und Consistorialdirector zu Wolfenbüttel, darauf Abt zu Ribbagshausen. Wegen seines hohen Alters wurde er
1684 vom Predigen entbunden. Er starb 22. November 1688. In Braunschweig unterschrieb er die Concordienformel mit dem Zusatze „quatenus
verbo Dei est congrua." Da der Stadtrath besorgte, es möchten deshalb
Uneinigkeiten unter den Geistlichen entstehen, warnte er Dätrius und die
übrigen Geistlichen, auf der Kanzel die Sache zur Sprache zu bringen. Aus
diesem Grunde blieb es ruhig, s. Cod. Chartaceus B. no. 511, p. 33 auf
der herzoglichen Bibliothek zu Gotha. Justus Cellarius, Der schmale
Weg zur engen Himmelspforte, Leichenpredigt auf Brandanus Dätrius.
Helmst. 1689. Fol. Rehtmeier, Kirchenhistorie von Braunschweig, IV, 588.
619. Jöcher. Witte, Diarium biogr. II, 1158.

Deutschmann, Johann, geb. 10. August 1625 zu Jüterbock, kam
1633 auf das Gymnasium zu Halle, bezog 1645 die Universität zu Wittenberg, wurde 1648 Magister, 1652 Adjunct der philosophischen Facultät, ging
1655 nach Greifswald, dann nach Stralsund und Rostock, auch nach Dänemark, Friesland, Holland und kam 1656 nach Wittenberg zurück. Hier
wurde er 1657 Professor, 1658 Doctor der Theologie, 1688 Propst an der
Schloßkirche und starb 12. August 1706. In seinen größten Steinschmerzen
sagte er, wäre das Disputiren sein bestes Gegenmittel. S. Joh. Wilh. Berger, Programma in funere Joh. Deutschmanni. Caspar Loescher, Concio funebris. Gottlieb Wernsdorff, Laudatio funebris. Witteb. 1706.
Fol. Uhsen. Jöcher. A. Tholuc, Der Geist der lutherischen Theologen
Wittenbergs im XVII. Jahrhundert. Hamb. und Gotha 1852, p. 221.

Dilherr, Johann Michael, geb. 14. October 1604 zu Themar, besuchte seit 1617 die Schule zu Schleusingen und ging 1623 nach Goslar,
dann nach Leipzig. 1627 riefen ihn Verwandte nach Nürnberg, mit deren
Söhnen er die Universität zu Altorf bezog. 1629 ging er nach Jena und
wurde 1631 Professor der Beredsamkeit, 1634 Professor der Geschichte und
Poesie, 1640 Professor der Theologie. 1641 ward er als Director des Gymnasiums nach Nürnberg berufen, 1645 Prediger an der Sebaldskirche.
Hier blieb er ungeachtet der vielen Anträge zu besserer Stellung, welche er
erhielt, und starb 8. April 1669. Er hinterließ eine bedeutende Bibliothek
und Münzsammlung, vermachte reiche Legate den Schulen zu Themar, Mei-

ningen und Schleusingen und stiftete zwei Stipendien für Studirende. Er war ein geschätzter Theolog, Philolog und Philosoph, und seine Schriften waren sehr zahlreich. S. Adolph Saubert, Leichensermon auf Joh. Michael Dilherr. Nürnb. 1669. 4° Christoph Molitor, Oratio panegyrica in J. M. Dilherrum. Norimb. 1669. 4. Nicol. Nothhelfer, Oratio panegyrica in J. M. Dilherrum. Kilon. 1669. 4°. Christoph Arnold, Parentatio J. M. Dilherri. Norimb. 1669. 4. Christian Hirsch, Lebensbeschreibung der Nürnberger Geistlichen, I. Will und Nopitsch, Nürnbergisches Gelehrtenlexicon. A. Tholuck, Lebenszeugen der lutherischen Kirche. Berl 1859, p. 363. Witte, Memoriae Decas XII. p. 1621. Freher. Uhlen. Jöcher. Jo. Adr. Beier, Rectores Jenenses, p. 489. Zenmer, vitae professorum theologorum, p. 163. Adolph Clarmund, Vitae clarissimorum in re litteraria virorum b. i. Lebensbeschreibung ꝛc. Wittenb. 1708, VII, 127.

Drach (Draco), Johann Jacob, geb. 24. Juni 1595 zu Lohra, erzogen zu Erbach, seit 1608 zu Coburg, studirte seit 1614 zu Jena, 1618 zu Altorf, promovirte 1621 zu Basel, wurde 1623 Hofgerichtsadvokat, 1626 Canzleirath, 1628 Gymnasialinspector, dann Hofgerichtsassessor zu Coburg, 1634 Kanzler zu Würzburg, endlich 1642 Kanzler und Geheimerath, und starb 25. April 1648. S. Tob. Seifarth, Politia Dei beneficia, Leichenpredigt auf Joh. Jacob Drach. Coburg 1648. 4°. Freher. Witte, Diarium biogr.

Dreher, Georg Christoph, geb. 11. November 1609 zu Berlin, wo sein Vater Vicecammermeister und Cammersecretär war, studirte die Rechte zu Frankfurt a./O. und ging dann als Hofmeister nach Holland. Hierauf praktizirte er als Advokat zu Nürnberg, wurde brandenburgischer Rath, 1646 Consulent, 1656 Hofrath zu Altenburg. Er ward zu wichtigen Diensten beim Reichscammergerichte benutzt und 1658 als Gesandter auf den Reichstag nach Regensburg geschickt, in welcher Eigenschaft ihn Herzog Ernst der Fr. später bestätigte. Er starb 4. April 1682. Vgl. Joh. Joachim Mülberger, Libellus Dei tutelaris b. i. geistliches Titulatur-Büchlein (Leichenpredigt). Regensb. 1682 4°.

Dubalt s. Taupadel.

Dümpfel, Johann Jacob, geb. 19. October 1605 zu Regensburg, kam im 14. Jahre nach Nürnberg und wurde im Buchhalten, Schreiben und Rechnen unterrichtet. Von 1621—26 machte er viele Geschäftsreisen und besuchte darauf 1627 Oesterreich, Ungarn, Siebenbürgen, Böhmen, dann die Niederlande und Italien. 1630 trat er in die Dienste Herzog Bernhards von Sachsen-Weimar. 1633 ernannte ihn Herzog Bernhard zum Rathe und Kriegscommissäre in Bayern. Nach der Eroberung von Regensburg durch die Kaiserlichen im Jahre 1635 flüchtete er nach Nürnberg. 1635 ließ er sich in Frankfurt a. M. nieder. Hier vermittelte er die Anschaffung neuer Bücher für die herzogliche Bibliothek in Gotha. Er starb am 12. Januar 1672 bei seiner Tochter in Gotha, welche an den Cammerdirector und Hofrath Hiob Ludolf verheirathet war. S. Johann Christian Gotter, ψεχο-

Joycor coeleste, oder der gläubigen Seelen sicherer Aufenthalt im Himmel. Leichenpredigt auf Joh. Jacob Dsimpfel. Frankf. 1672. 4°.

Dürfeld, Tobias, geb. 16. . . . zu Gotha, wurde zuerst Pfarrer zu Mansebach, dann zu Nordheim, 1660 zu der Tann, 1668 Diaconus zu Gotha, hierauf Archidiaconus und starb 7. Sept. 1700). S. Georg Brückner, Neue Beiträge zur Geschichte deutschen Alterthums. Meiningen 1863. Lieferung 2, p. 232.

Dufft, Christian Timotheus, wurde Informator der württembergischen Prinzen am Hofe zu Gotha, dann Rector zu Ohrdruf, endlich Professor des Gymnasiums zu Erfurt, war geboren 1599 zu Alperstedt aus einer wegen der Glaubensverfolgung aus Schottland geflüchteten Familie. Er wurde zu Gotha erzogen, studirte seit 1616 zu Wittenberg und Straßburg, seit 1622 zu Jena, und starb 17. Mai 1659. S. J. Chr. H. Weissenborn, Hierana II, p. 76. Erf. 1862. 4°.

Edzardi, Esras, geb. 28. Juni 1629 zu Hamburg, studirte seit 1647 zu Leipzig, ging 1648 nach Wittenberg, 1649 nach Zwickau, dann wieder nach Leipzig, hierauf nach Gotha, wo er Salomon Glaß aufsuchte, nach Tübingen, 1650 nach Basel, 1651 nach Straßburg, 1653 nach Gießen. Auf das Verlangen seiner Aeltern kehrte er 1655 nach Hamburg zurück, ging 1656 nach Rostock, wo er Licentiat der Theologie wurde. Sein Leben widmete er der Bekehrung von Katholiken und besonders Juden, und starb am 1. Januar 1708. S. Programma in honorem Esd. Edzardi. Rostockii 1650. 4. Zedler. Jöcher.

Elsner, Bartholomäus, geb. 1596 zu Erfurt, studirte daselbst seit 1613, ging 1616 nach Stettin, 1620 nach Sonderburg, bereiste dann Norwegen und England, seit 1622 Holland und Dänemark, blieb dann ein Jahr in Königsberg und kam 1624 nach Erfurt, wurde dort Collaborator an der Predigerschule, hierauf Diaconus, 1633 Professor der orientalischen Sprachen und Doctor der Theologie, 1639 Pfarrer, 1642 Professor der Theologie. Er starb 16. Januar 1662. S. Nicolaus Stenger, Fidelium ecclesiae doctorum idea, Leichenpredigt auf Barthol. Elsner. Erf. 1662. 4°. Jöcher.

Emporagrius, Erich Gabriel, geb. zu Upland, studirte zu Upsala, wo er 1632 Magister, 1637 Professor der Physik, 1641 Professor der Theologie, 1647 Doctor der Theologie wurde, 1649 Superintendent zu Stockholm, endlich 1654 Bischof zu Strägnäs in Schweden. Er starb 14. März 1674. Er verfaßte eine Erklärung des Katechismus, in welcher er die Weiber zu den beweglichen Gütern zählte, worüber die Königin Hedwig Eleonora, die Wittwe des Königs Carl Gustav von Schweden, so aufgebracht wurde, daß sie den Katechismus zur Zeit ihrer Regierung verbieten ließ. S. Witte, Memoriae. Jöcher.

Endter, Johann Andreas, geb. 9. April 1625, wurde zu Schleusingen erzogen und ging nach Genf, um die französische Sprache zu erlernen, dann nach Holland, wo er bei Ludwig Daniel Elzevier vier Jahre blieb, um die Buchhandlung zu erlernen. Sein Vater rief ihn nach Hause zurück, und

er wurde deſſen Buchführer. Er ſtarb 18. Auguſt 1670. S. Tobias Ruprecht, Befehl Gott deine Sachen, er kann's am beſten machen, Leichenpredigt
auf Joh. Andr. Endter. Nürnb. 1670. 4°.

Endter, Wolfgang, geb 4 Juli 1593 zu Nürnberg. Sein Vater
überließ ihm, kaum 19 Jahr alt, ſeine Buchhandlung. 1620 verheirathete
er ſich. 1657 verlor er ſeine Gattin und 1658 verheirathete er ſich zum
zweiten Male, ſtarb aber ſchon am 17. Mai 1659. S. Tobias Ruprecht.
Chriſtlicher Leichenſermon des Herrn Wolfgang Endter. Nürnb. 1659. 4°.

von Erffa, Johann Heinrich, auf Goldſchau, Nieder-Trebra, Hel-
mershauſen, war geboren 28. October 1643 zu Coburg, ſtudirte ſeit 1662 zu
Jena, dann zu Tübingen, wurde Hofmeiſter bei einigen Grafen von Orten-
burg, ging 1670 nach Paris und wurde 1673 Rath und Cammerjunker zu
Stuttgart. In demſelben Jahre berief ihn Herzog Ernſt der Fromme als
Hofmeiſter des Prinzen Chriſtian nach Gotha. 1675 Rath und Amtshauptmann zu Königsberg, dann Kriegsrath der Grafſchaft Henneberg, 1676 Amtshauptmann der Aemter Meiningen, Themar, Maßfeld und Behrungen. 1680
Hofrath und Obervormundſchafts-Director, 1681 auch Hofmeiſter der Herzogin Chriſtine. 1684 Geheimerath beim Herzoge Albrecht, 1687 auch Geheimerath beim Herzoge Friedrich I. 1687 Amtshauptmann zu Camburg.
Er ſtarb 26. Auguſt 1695. S. Michael Bartholomäus, Chriſtadelige Leichpredigt auf Joh. Heinr. von Erffa. Eiſenberg 1695. Fol. Vergl. König,
Genealogiſche Adelshiſtorie. Lpz. 1739. Fol. II. 384.

Ermess, Caspar, Erbſaße auf Kockenberg, war geb. 1592, nahm
ſchwediſche Kriegsdienſte in der Leibgarde, wurde 1624 Capitän und kam
1628 unter Guſtav Horns Regiment. Er ward bei Treyba in Polen gefangen, 1630 Oberſtlieutenant, 1631 Commandant zu Ochſenfurt, dann
Oberſt und Commandant zu Königshofen. 1635 mußte er ſich zu Augsburg
den Kaiſerlichen ergeben. Nach ſeiner Befreiung ging er nach Magdeburg,
dann nach Schwerin, hierauf nach Pommern. 1640 war er Commandant
zu Erfurt. Er ſtarb 12. Mai 1648. S. Caspar Hildebrand, Anxilium
noſtrum a Domino, Leichenpredigt auf Caspar Ermeß. Erfurt. 1648. 4°.

Erbermann, Vitus, geb. 1597 zu Rentweinsdorf bei Bamberg, trat
1620 in den Jeſuitenorden, lehrte anfangs Philoſophie, dann ſcholaſtiſche Theologie und Moral zu Mainz und zu Würzburg, und wurde zuletzt Superior
des Seminars zu Fulda, wo er 8. April 1675 ſtarb. Mit Anſäus, Conring, Caliſt, Gerhard und anderen lutheriſchen Theologen lebte er im Streite.
S. Witte, Memoriae. Jöcher.

Evenius, Sigismund, geb. zu Rauen, ſtudirte zu Wittenberg und
wurde Adjunct der philoſophiſchen Facultät daſelbſt. Von da wurde er als
Schulrector nach Halle berufen (1613). Hierauf ward er 1622 Rector zu
Magdeburg. Dort klagte ihn Ratichius öffentlich an, daß er in ſeiner Dis-
putation „Methodi linguarum artiumque compendiosioris scholasticae
demonstrata veritas (1620. 4°) ſeine Lehrart ohne ihn zu nennen vorgetragen hätte. Auch mit dem Prediger M. Andreas Cramer gerieth er in Streit

2*

(Vgl. Controversia Crameriana Magdeburgensis. Witteb. 1624. 8°). Bei der Zerstörung Magdeburgs im Jahre 1631 hatte er ungemein viel zu leiden. (Vgl. Godofredi Bergneri oratio saecularis. 1717. 4°. Er flüchtete nach Liesland und wurde Rector zu Riga, dann 1633 zu Regensburg. Vom Herzoge Ernst dem Frommen wurde er 1634 als Kirchen- und Schulrath nach Weimar berufen. Er starb im September 1639 zu Weimar an der damals grassirenden Pest. Zwei seiner Söhne und eine Tochter starben wenige Tage nach ihm, und der einzige ihn überlebende Sohn wurde auf Herzog Ernsts Kosten auf dem Gymnasium zu Gotha erzogen. Evenius war Mitarbeiter des Ernestinischen Bibelwerks. S. G. Vockerodt, Andreae Reyheri socius praecipuus Sig. Evenius. Gothae 1724 4°. Jöcher Binder's hundertjähriges Gedächtniß der großen weimarischen Bibel im Anhange zu den Acta historico-ecclesiastica, V, 976. Eckstein, Programm der lateinischen Hauptschule zu Halle. 1850. A. Tholuck, Lebenszeugen der lutherischen Kirche. Berl. 1859, p. 406.

Fend, Immanuel, geb. 10. December 1591 zu Neuburg in der Pfalz, wo sein Vater Schulrector war, studirte seit 1613 zu Wittenberg und Jena, wurde Lehrer zu Neuburg (1615), verlor aber 1617 seine Stelle, als die fürstliche Familie ihre Religion wechselte. Nach wechselvollen Schicksalen wurde er 1621 Schreiber in der Kriegskanzlei des Grafen Ernst von Mansfeld, 1622 wurde er gefangen. Nach seiner Befreiung ging er zum Oberstlieutenant Ußlar zu Senneroda bei Göttingen und wurde Regimentssecretär, hierauf Cammerschreiber und Rentsecretär beim Herzoge Johann Philipp zu Sachsen-Altenburg. Er erhielt 1632 seinen Abschied und wurde nun 1634 Secretär und Cammerschreiber Herzog Ernst's zu Weimar, ging mit diesem 1638 nach Coburg, 1640 nach Gotha und wurde Geheimsecretär. Er starb 14. Juli 1673. S. Johann Christian Gotter, der gläubigen Christen Schutz und Trutz wider alle ihre Feinde. Gotha 1673. 4°.

Fergen, Heinrich, geb. 20. Mai 1643 zu Berla a. W., wurde auf dem Gymnasium zu Eisenach, dann seit 1660 zu Coburg erzogen, studirte seit 1662 zu Gießen Theologie, wurde 1664 Doctor der Philosophie, ging 1666 nach Jena, kehrte aber bald nach Hause zurück. Im Jahre 1668 wurde er Informator beim Hofprediger Ludwig zu Gotha. 1669 wurde er Lehrer der Tertia zu Gotha 1670 Reiseprediger und Beichtvater der drei mittleren Söhne Bernhard, Heinrich und Christian. 1673 Diaconus zu Themar. 1676 Hofprediger zu Gotha, 1688 Generalsuperintendent. Das Waisenhaus zu Gotha half er mit einrichten und führte die Rechnungen darüber. Er starb 11. November 1708. Seine Bibliothek, meist theologische Werke enthaltend, wurde mit der herzoglichen vereinigt. S. Jacob Benedict Ludwig. Der im Leben und im Tode unbewegliche Glaubensbau, Leichenpredigt auf H. Fergen. Gotha 1788. Fol. Sagittarii historia Gothana, p. 194. Jöcher (Ergänzungen).

Fleischbein von Kleeberg, Johann Philipp, geb. 25. Oct. 1601 zu Frankfurt a. M., ging 1617 nach Genf und Lyon, um die französſiſche Sprache zu erlernen, kam dann zu Kaufleuten nach Venedig, wurde Conſul der deutſchen Nation, 1636 kehrte er nach Dentſchland zurück und heirathete. 1649 Rathsherr zu Frankfurt a. M., 1663 Schöffe. Er ſtarb 21. Mai 1671. S. Leichenpredigt auf Joh. Phil. Fleiſchbein von Kleeberg. Frankf. 1663. 4.

Fohmann, Ortholph, geb. 3. Juni 1598 zu Jena, ſtudirte daſelbſt, dann zu Gießen und Königsberg, und wurde Profeſſor der Geſchichte und Poeſie zu Jena, dann Profeſſor der Rechte und Aſſeſſor des Hofgerichts und Schöppenſtuhls. Er ſtarb 6. Januar 1640. S. Johann Major, Vir integer et rectus, Leichenpredigt auf Ortholphus Fohmann. Jena 1635. 4°. Zeumer, Vitae professorum jurium. Weinrich, Hennebergiſcher Kirchen- und Schulenſtaat, p. 413. Freher. Jöcher. Witte, Diarium biographicum.

Foss, Matthäus, geb. zu Schonen, wurde Doctor und Profeſſor der Theologie zu Kopenhagen, königlicher Hofprediger und Biſchof zu Aalborg und ſtarb 1683.

Francke, Johann, geb. 24. Febr. 1626, wurde auf dem Gymnaſium zu Gotha erzogen, ſtudirte die Rechte zu Königsberg und ging zwei Jahre darauf nach Roſtock, beſuchte dann Leyden, bereiſte Frankreich, ging nach Baſel, wo er 1649 Doctor der Rechte wurde. Bald darauf ward er Syndicus zu Ratzeburg, 1653 Geſandter in Regensburg. 1665 ernannte ihn Landgraf Wilhelm Chriſtoph von Heſſen zu ſeinem Rathe. Von dieſem wurde er mit Aufträgen an Herzog Ernſt nach Gotha geſendet, wo Francke ſo gefiel, daß er 1666 als Hofrath in gothaiſche Dienſte berufen wurde. Herzog Ernſt erbaute ihm ein prächtiges Hans. Franke ſtarb 30. April 1670. Sein Sohn war der berühmte Auguſt Hermann Francke. S. Sagittarii historia Gothana, p. 282. Jöcher. Francke's Epitaph ſ. in Joh. Christian Bachov, Tractatus de rebus religiosis ac de sepulcris Gothanis. Gothae 1721, p. 170.

Frantzke, Georg, geb. 25. April 1594 zu Löbſchütz in Schleſien, wurde zu Polniſch-Neuſtadt erzogen, kam 1609 auf das Gymnaſium zu Brieg, bezog 1612 die Univerſität zu Frankfurt a. O. und ſtudirte die Rechte, ging 1613 nach Königsberg, 1619 nach Jena, wurde Hofmeiſter bei einigen Edelleuten, 1627 Doctor der Rechte und Hofgerichtsabbokat, 1629 ſchwarz-burgiſcher Rath zu Rudolſtadt. Als der Graf Karl Günther von Schwarz-burg 1630 ſtarb, behielt ihn deſſen Wittwe Anna Sophia, eine geborene Fürſtin von Anhalt, als Miniſter in ihren Dienſten, bis auch ſie 1632 ſtarb und ihm ein bedentendes Vermächtniß hinterließ. Hierauf wurde er 1633 weimariſcher Rath, 1641 Kanzler und Präſident des Conſiſtoriums in Gotha. Herzog Ernſt benutzte ihn zu den wichtigſten Geſandtſchaften. Kaiſer Ferdinand III., welchem er ſeinen Commentar über die Pandekten zuſendete, erhob ihn 1646 in den Adelſtand und ertheilte ihm die Pfalzgrafenwürde. Er ſtarb am 15. Januar 1659 zu Gotha und vermachte den Armen 600, der Margarethenkirche, in welcher er beigeſetzt wurde, 200, dem Pfarrerfiscus 200, zu zwei Stipendien für solche, welche sich dem Lehrerstande widmeten, 2000, zur Ausstattung tugendhafter Frauenzimmer, vorzüglich aus dem geistlichen Stande, 1000 Gülden. Seine gewandte Feder verfaßte den größten Theil der heilsamen Verordnungen, welche Herzog Ernst erließ. Ebenso vermittelte er hauptsächlich den Eisenberger Vertrag vom Jahre 1634 und die Theilungsverträge vom Jahre 1640 und 1645. Er verfaßte auch unter dem Namen Christian Philometer zwei Bändchen religiöser Lieder. S. Andreas Gnüge, Christum nosse et amare simul sapientia summa est, Leichenpredigt auf Georg Frantzke. Gotha 1659. 4°, wieder abgedruckt im „Denkmal großer und verdienstvoller Staatsmänner". Coburg 1797, p. 75. Joh. Henr. Acker, Ge. Frantzkii vita et fata. Lips. 1714. Mart. Hancke, Panegyricus in memoriam Ge. Frantzkii. Goth. 1660. 4. Joh. Gottlieb Thierbach, Elogium G. Frantzkii. Goth. 1767. Fol. Freher. Witte, Memoriae Decas III, 331. Sagittarii historia Gothana, p. 257. Guil. Hann. Schnetteri Sermo de G. Frantzkio post fata de re litteraria et scholastica Gothana bene merente in G. Vockerodt, Legitimus honoratorum ministeriorum aditus. Gothae 1722. 4°. Galletti, Geschichte und Beschreibung des Herzogthums Gotha. Gotha 1779, II, 277. Gelbke, Herzog Ernst der Fromme, II, 226. Gelbke, Kirchen- und Schulenverfassung, I, 190. 219. Sein Epitaph s. Joh. Christian Bachov, Tractatus de rebus religiosis ac de sepulcris Gothanis. Gothae 1724, p. 165.

Freisslich (Freissling), Johann Weigold (Wigalaeus), geb. 1619 zu München, soll Mönch gewesen und entsprungen sein. Er begab sich unter den Schutz Herzog Ernste des Fr., der ihn als Pfarrer zu Immelborn anstellte. Er starb 29. März 1689. Er nahm 1659 den Herzog Ernst zum Pathen eines seiner Söhne. S. G. Brückner, Neue Beiträge deutschen Alterthums. Meiningen 1863. Lieser. II p. 645

von **Friesen**, Heinrich, geb. 24. April 1578, wurde auf dem Gymnasium zu Gera gebildet, dann zu Dresden, wo sein Vater 1588 Oberküchenmeister wurde. Er studirte seit 1594 zu Jena Philosophie und Jurisprudenz, wurde 1623 Appellationsrath zu Dresden. 1626 wurde ihm die Hauptmannschaft der Aemter Colditz, Rochlitz, Leißnig und Borna übertragen. 1629 Land- und Trankfteuer-Obereinnehmer und Appellationsgerichtspräsident, 1637 Geheimerath, 1640 Kanzler. Er starb 20 Juni 1659. S. Christoph Buläus, Himmlischer Stimme Endurtheil, Leichenpredigt auf Heinrich Friesen. Dresden 1660. Fol. Bal. König, Genealogische Adels-Historie. Lpz. 1727. Fol. I, 402.

von **Friesen**, Heinrich, der Jüngere auf Schönfeld, Putzlau, Jessen und Kraupa, geb. 1610, studirte zu Leyden und zu Paris, wurde kursächsischer Hofrath und zu vielen Gesandtschaften verwendet, vom Kaiser Leopold in den Freiherrnstand erhoben, und starb 14. Mai 1680 als Geheimerath. S. Joh. Andr. Lucius, Leichenpredigt auf Heinr. v. Friesen. Dresden 1680. 4°. Bal. König, Genealogische Adels-Historie. Lpz. 1727. Fol. I, 403.

von **Gablkoven** Balthasar, Hans geb. 1. August 1636 zu Helffenberg, kam 1655 auf das Gymnasium nach Coburg und studirte seit 1656 zu Jena die Rechte. Er wurde 1662 Hofjunker bei Herzog Ernst in Gotha und bereiste 1663 die Niederlande, England und Holland, worauf er 1664 nach Gotha zurückkehrte. Hier wurde ihm nun die Aufsicht über die sechs jüngeren Prinzen anvertraut. 1666 begleitete er als Hofmeister die Prinzen Albrecht und Bernhard nach Tübingen, ging 1668 mit ihnen und mit Prinz Heinrich nach Genf und lehrte im Mai 1669 über Basel, Straßburg, Heidelberg und Darmstadt nach Gotha zurück. Hierauf begleitete er 1670 Prinz Albrecht über Braunschweig, Holstein und Mecklenburg nach Dänemark und Schweden. Im darauf folgenden Jahre (1571) kehrten sie nach Gotha zurück. 1672 verheirathete er sich mit dem Fräulein Catharina Margaretha von Hopfgarten. 1672 Cammerassessor. 1673 Consistorialrath. 1678 Hof- und Justizrath. 1680 Regierungsdirector und Consistorialpräsident bei Herzog Bernhard zu Meiningen. 1685 Obervormundschafts-Director zu Gotha. 1697 Consistorial-Vicepräsident. 1699 Consistorialpräsident. 1705 Geheimerath. Er starb 22. Nov. 1716 S. Johann Balth. von Gabkloven, Stemma genealogicum familiae Gablkovianae, oder Ursprung und Fortpflanzung rc. Gotha 1709. Fol., p. 105. Tobias Dürfeld, die Klugheit der Gerechten, Leichenpredigt auf Joh. Balth. v. Gabkloven. Gotha 1691. Fol. Jöcher (Ergänzungen).

Gallas, Matthias, Graf, geb. 1589 zu Trient, wurde Page, dann Stallmeister bei einem lotharingischen Obercämmerer, ward im spanischen Kriege (1616 und 1617) Fähndrich, trat hierauf in kaiserliche Dienste und wurde unter Kaiser Ferdinand II Oberstlieutenant. 1629 Generalwachtmeister unter Colalto. Er half Mantua erobern und wurde 1631 Generalfeldzeug-, meister und Reichsgraf. Nach der Schlacht bei Leipzig (1631) übernahm er das Commando über die Truppen in Böhmen. Wallensteins Pläne entdeckte er dem Kaiser und wurde darauf Generallieutenant. Nach Wallensteins Tode commandirte er die ganze Armee und zeichnete sich 1634 bei Nördlingen aus. 1637 focht er unglücklich gegen Baner und Wrangel in Pommern und mußte sich 1638 nach Böhmen zurückziehen und sein Commando niederlegen. 1643 trat er noch einmal gegen Torstenson in Schlesien und Holstein an die Spitze des Heeres. Sein Unglück aber nöthigte ihn, das Commando an Hatzfeld abzutreten. Er starb 25. April 1647 zu Wien. S. Johann Ed. Heß, Biographien. Jena 1859, p. 148. Joh. Friedr. Gauhen, Historisches Helden- und Heldinnen-Lexicon. Lpz. 1716, p. 623. Dessen Genealogisch-historisches Adels-Lexicon. Leipz. 1747, II, 337.

de la Gardie, Jacob, geb. 20. Juni 1583 zu Reval, wurde 1613 Reichsrath und vom Könige Gustav Adolf 1615 zum Grafen, 1618 zum Gouverneur von Esthland ernannt. 1635 führte er eine Armee nach Preußen, um dem 26jährigen Waffenstillstande mit Polen Nachdruck zu geben. Er erfocht mehrere Siege gegen die Russen, schloß den Frieden zu Stolbowa und starb als Reichsmarschall und Präsident des Kriegsdepartements am 13. Nov. (12. Aug.) 1652 zu Stockholm. S. J. F. von Lundblad, schwedischer Plutarch, übersetzt von Fr. v. Schubert. Stralsund 1831. II, 151. Eric Gabriel

Emporarins, Oratio funebris in obitum Jac. de la Gardie. Holm. 1652. 4°.

de la Gardie, Magnus Gabriel, geb. 1622 zu Reval, studirte zu Upsala, bereiste Frankreich und wurde 1644 Gardeoberster, 1645 Gesandter am französischen Hofe. Die Königin Christina von Schweden belehnte ihn 1646 mit Magnushof auf Oesel und machte ihn zum Obersten ihres Leibregimentes. 1647 Kriegsrath und Reichsrath. 1648 (17. April) General über die schwedisch-deutsche Armee, des Herzogs Karl Gustav Generallieutenant. Bei dieser Gelegenheit wurde er mit 29 Höfen in Upland beschenkt 1649 Generalgouverneur von Liefland. 1650 erhielt er die Grafschaft Arensberg auf Oesel und das Amt Wollin in Pommern. 1651 Reichsmarschall und Reichsschatzmeister. Anfangs war er der Königin Christina Liebling, später aber wurde er von ihr so gehaßt, daß sie ihn zu stürzen suchte. Er erhielt sich aber beim Könige Karl Gustav im Ministerium, bekam 1656 das Gouvernement über Semgallen und Litthauen und vertheidigte Riga gegen die Russen. 1659 ging er als Gesandter nach Polen. Nach Karl Gustav's Tode wurde er Reichskanzler. Man beschuldigte ihn der Bestechung von Seiten des französischen Hofes, wodurch er das Reich in einen nachtheiligen Krieg verwickelt habe. Eine von ihm veröffentlichte Schutzschrift reinigte ihn nicht von diesem Verdachte. Er starb 26. April 1686 als erster Minister Karls XI. S. E. G. Geijer, Geschichte Schwedens, übersetzt von Swen P. Leßler. Hamb. 1836. III, 392. Witte, Diarium biographicum. Zedler. Jöcher.

Geier, Martin, geb. 24. April 1614 zu Leipzig, seit 1625 zu Torgau erzogen, studirte seit 1628 Theologie zu Leipzig, wurde 1629 Baccalaureus, setzte seine Studien 1631 zu Straßburg, 1632 zu Jena und Wittenberg fort. wurde 1633 Magister, 1639 Professor der hebräischen Sprache zu Leipzig. 1643 Diaconus, 1658 Doctor und Professor der Theologie, 1661 Superintendent zu Leipzig, endlich 1664 Oberhofprediger und Kirchenrath zu Dresden. Er starb 12. September 1680 zu Freyberg. S. Georg Grenn, der erleuchtete großmüthige und gerechte kursächsische Oberhofprediger M. Geier. Dresden 1680. 4° Witte, Memoriae Decas XVI, 2053. Uhsen. Zedler. Jöcher. Joh. Burkh. Menke, De vita et meritis M. Geieri. Lips. 1713. Joh. Christoph Wendler, De vitis quorundam theologorum. Altenb. 1725. Joh. Friedr. Scharf, Memoria Mart. Geieri. Witteb. 1682. 4°.

v. Geissmar, Wilh. Christian, Cammerjunker und Hofmeister zu Gotha, wurde 1680 Rath und Amtshauptmann zu Königsberg, dann als dieses Amt an Herzog Ernst zu Sachsen-Hildburghausen übergeben wurde, ward er Amthauptmann zu Neustadt an der Heide. 1689 zog er mit Herzog Albrecht von Coburg als Haus- und Reisemarschall in das Feld und starb zu Wiesbaden. S. Joh. Werner Krauß, Hildburgh. Kirch-, Schul- und Landeshistorie. Hildburgh. 1753. 4°, IV, 54.

Gerhard, Johann, geb. 17. October 1582 zu Quedlinburg, studirte seit 1599 zu Wittenberg Philosophie, Theologie und Medizin, wendete sich seit 1603 nur dem theologischen Studium zu. In diesem Jahre wurde er

Magister, 1604 ging er nach schwerer Krankheit nach Marburg, wurde 1606 Superintendent zu Heldburg und Professor der Theologie zu Coburg. Er begleitete den Herzog Johann Casimir auf seinen Reisen nach Sachsen (1609), nach Köln (1610), nach Frankfurt a/M. zur Kaiserkrönung (1612), wieder nach Dresden (1613). Hierauf wurde er 1615 Generalsuperintendent zu Coburg, 1616 Professor der Theologie zu Jena. Er war einer der Haupttheilnehmer am Ernestinischen Bibelwerke und starb 20. Aug. 1637. S. Johann Major, Leichenpredigt auf Johann Gerhard. Jena 1637 4°. Dilherr, Laudatio funebris. Jenae 1637. 4. Mich. Schneider, Laudatio funebris. Witteb. 1637. 4°. Joh. Himmel, Programma in funere Joh. Gerhardi. Jenae 1637. 4°. Feuerbornii Oratio parentalis. Marb. 1638. 4°. Zeumer, Vitae professorum theologorum Jenensium. Witte, Memoriae Decas III, 393. Freher. Uhsen. Jöcher. Erdmann Rudolf Fischer, Vita Johannis Gerhardi. Lips. 1723. 8°. Historia ecclesiastica saeculi XVII in vita Joh. Gerhardi illustrata. Lips. 1727. 8. A. Tholuck, Lebenszeugen der lutherischen Kirche. Berlin 1859, p. 127.

Gerhard, Johann Ernst, geb. 15. December 1621 zu Jena, studirte Philosophie und Sprachen seit 1640 zu Altorf; ging dann einige Zeit nach Regensburg, wurde 1643 Magister zu Jena, begab sich 1646 nach Wittenberg um Theologie zu studiren, wurde 1649 Adjunct der philosophischen Facultät, bereiste 1650 Holland, Frankreich und die Schweiz, wurde 1652 Professor der Geschichte zu Jena, 1653 Doctor der Theologie, 1655 Professor der Theologie und starb 24. Februar 1668 zu Jena. S. Sebastian Neumann, Christliche Sterbenslust, Leichenpredigt auf Johann Ernst Gerhard. Jena 1668. 4°. Ernst Friedr. Schroeter, Programma in funere Jo. Ern. Gerhardi. Jenae 1669. 4°. Ge. Wende, Trium admirandorum recensione Joh. Ern. Gerhardi justa personalia. Budiss. 1671. 4°. Joh. Praetorius, Memoria justi sive panegyricus in memoriam Jo. Ern. Gerhardi Susat 1673. Fol. Witte, Diarium biographicum. Freher. Zeumer, Vitae professorum theologorum. Uhsen. Jöcher. Fischer, Vita Joh. Gerhardi, p. 263.

Giessbach, Abraham. geb. 13. Mai 1613 zu Schkeuditz, verlor, kaum 7 Jahre alt, seine Mutter und wurde seit 1629 auf dem Gymnasium zu Coburg erzogen. Er wurde erst Erzieher bei dem Hofrathe Merkel zu Coburg, dann bei dem Kriegsrathe Joachim Ludwig von Seckendorf zu Heldburg. In Erfurt setzte er dann seine Studien fort, ward hierauf 1638 Informator bei Philipp von Hausen zu Groß Ballhausen, dann wieder bei Joachim Ludwig von Seckendorf. 1646 ernannte ihn Herzog Ernst zum Informator des ältesten Prinzen Johann Ernst und der Prinzessin Elisabeth Dorothea. 1657 Hofdiaconus. 1658 Consistorialassessor. Er starb 16. Mai 1681. S. Heinrich Jergen, ein rechtschaffener Theologus und Prediger, Leichenpredigt auf Abraham Gießbach. Gotha 1681. 4°.

Glass, Salomon, geb. 20. Mai 1593 zu Sondershausen, kam 1608 auf die Schule nach Arnstadt, 1610 auf das Gymnasium nach Gotha, studirte seit 1612 die Rechte zu Jena, seit 1615 Theologie zu Wittenberg, lehrte hierauf 1616 nach Jena zurück, wo er mit Johann Gerhard befreundet wurde. 1617 wurde er Magister, 1619 Adjunct der philosophischen Facultät, 1621 Professor der griechischen und hebräischen Sprache zu Jena, 1625 Superintendent zu Sondershausen, 1626 Doctor der Theologie. 1638 kehrte er nach Jena zurück und wurde daselbst Professor der Theologie. Die Herausgabe der Ernestinischen Bibel leitete — er und bearbeitete darin die poetischen Bücher. Herzog Ernst berief ihn 1640 als Superintendenten und Consistorialassessor nach Gotha (Die Vocationsacten im Stadtrathsarchive A. Loc. 60 no. 5.) Er ward zum ersten Generalsuperintendenten ernannt und über die Spezialsuperintendenten zu Waltershausen, Ohrdruf, Ichtershausen, Cranichfeld und Bangenheim gesetzt. Als solcher wurde ihm die Generalvisitation der gothaischen Lande übertragen; 1644 wohnte er auch der Visitation der Universität Jena mit bei. Er starb 27. Juli 1656 zu Gotha und wurde in der Augustinerkirche begraben. Seine Philologia sacra (Jenae 1623) ist noch jetzt ein bekanntes und geschätztes Werk. S. Christoph Brunchorst, Epulum vere credentium d. i. eine christliche Unterweisung 2c. Leichenpredigt auf Sal. Glaß. Nürnberg 1657. 4°. Witte, Diarium biographicum und Memoriae Decas IX, 1199. Freher. Uhsen. Jöcher. Unschuldige Nachrichten. 1720, p. 480. Zeumer, Vitae professorum theologorum. Sagittarii historia Gothana, p. 181. Brückner, Kirchen- und Schulenstaat, II, 10, p. 83. Rudolphi, Gotha diplomatica, III, 267. Galletti, Geschichte und Beschreibung des Herzogthums Gotha, II, 279. Vockerodt, Gothanae atque evangelicae ecclesiae universae tria superioris saeculi lumina: Gualtherus, Glassius, Gotterus. Gothae. 1725. 4°. A. Tholuck, Lebenszeugen der lutherischen Kirche. Berlin 1859, p. 63. Derselbe in Herzog's Real-Encyclopädie der theologischen Wissenschaften. Bgl. XX. VI, 17 und 166 im herzoglichen Haus- und Staatsarchive zu Gotha über den Truck des „Haus- und Kirchenbüchlein von Sal. Glaß."

Glass, Balthasar, der Bruder von Salomon Glaß, war geboren 19. Juni 1596 zu Sondershausen und wurde auf dem Gymnasium zu Gotha erzogen, studirte Medizin zu Königsberg, dann 1626 zu Jena, reiste auf Kosten der Grafen von Schwarzburg nach Italien und wurde dann Hof- und Leibmedicus zu Arnstadt. Herzog Ernst der Fromme berief ihn 1644, nach dem Tode des Grafen Günther von Schwarzburg, als Hof- und Leibmedicus nach Gotha. Hier starb er 28. Januar 1666. Er erfand die sogenannten Glassischen Lebensvillen. Sein großes Haus wurde zum Waisenhause eingerichtet (jetzt Sitz der Justizbehörden). S. Johann Christian Gotter, Apostolische Glaubensfestung, Leichenpredigt auf Balth. Glaß. Leipz. 1666. 4°. Sagittarii historia Gothana, p. 367. Rudolphi, Gotha diplomatica, III, 268. Sein Epitaph f. in Joh. Christian Bachov, Tractatus de rebus religiosis ac de sepulcris Gothanis. Gothae 1724, p. 213.

von Goechhausen, Samuel, Erbherr in Buttelstedt, Altendeck und Gutmannshausen, war geb. 1578 zu Stade, wurde Professor der Rechte zu

Jena, dann Rath, Kanzler und Consistorialpräsident zu Weimar. Er starb 4. Februar 1658 auf seinem Landgute zu Buttelstett. S. Freher. Jöcher.

Göckel, Veit Ludwig, geb. 2. April 1629 zu Neustadt, wurde seit 1640 zu Coburg erzogen, dann seit 1643 zu Nürnberg, studirte seit 1649 zu Helmstädt die Rechte, praktizirte als Advokat 1653 zu Heldburg, ging 1654 wieder auf die Universität nach Jena und wurde Doctor der Rechte. Herzog Ernst ernannte ihn 1656 zum Lehnsecretäre in Gotha und übertrug ihm 1669 die Visitation der adeligen Gerichte im Gothaischen. 1670 wurde er Amtmann zu Wasungen, 1676 Obervormundschaftscommissär zu Gotha, 1678 Consistorialassessor, 1680 Hof- und Regierungsrath, 1686 Gesandter zu Augsburg, hierauf Kanzler und Consistorialdirector zu Tonna. Er starb 26. Sept. 1699 zu Gotha. S. Gottfried Rosenthal, die herrlich belohnte gute Arbeit, Leichenpredigt auf B. L. Göckel. Schwabach. 1699. Fol.

von Schlitz genannt Görtz, Johann Vollpracht, war Director der fränkischen Reichsritterschaft und Ritterhauptmann und starb 1677.

von Götze, Johann, Graf, war geb. 1599, wurde 1615 Soldat, unter Graf Ernst von Mansfeld Oberstlieutenant, trat 1625 in kaiserliche Dienste und focht unter Wallenstein in Pommern, wurde hierauf Gouverneur der Insel Rügen, 1633 in den Freiherrnstand erhoben und Generalmajor. 1634 erhielt er das Commando über die kaiserliche Armee in Schlesien. In der Schlacht bei Nördlingen (1634) commandirte er den rechten Flügel. 1635 ward er zum Reichsgrafen ernannt, nahm Würzburg ein, nöthigte den Landgrafen Wilhelm von Hessen Westphalen zu räumen, ging nach Thüringen, vereinigte sich bei Treffurt mit General Hatzfeld und verfolgte Bauer bis nach Pommern. 1638 Feldmarschall und übernahm mit dem Herzoge von Savelli das Commando über die Reichsarmee. Hierauf wollte er Breisach entsetzen, wurde aber geschlagen und verlor beinahe seine ganze Armee. 1643 führte er das Commando in Schlesien, dann in Ungarn gegen den Fürsten Ragoczi von Siebenbürgen. 1645 vereinigte er sich mit Hatzfeld gegen Torstenson, welcher in Böhmen eingefallen war, und verlor am 24. Februar 1645 durch eine Falconetkugel bei Jankowitz sein Leben. S. Zedler. Joh. Friedr Gauhen, Helden- und Heldinnen-Lexicon. Leipz. 1716, p. 649. Dessen Genealogisch-historisches Adels-Lexicon. Leipz. 1747. II, 361. Joh. Ed. Heß, Biographien. Jena 1859, p. 107.

Goldacker, Christoph Caspar, geb. 25. Sept. 1645 in der Festung Sieburg, zog 1660 mit seinem Hofmeister nach Straßburg, bereiste 1664 die Niederlande und Frankreich, wurde 1679 Kriegscommissär des thüringischen Kreises und starb 23. April 1694 zu Ufhofen. S. Caspar Gabriel Cramer, der mehr als gülbene Schatz in dem Herzensanker der Gläubigen, Leichenpredigt auf Chr. Caspar Goldacker. Langensalza 1694. Fol.

Gotter, Christian Timotheus, Sohn des Superintendenten Gotter, wurde Pfarrer zu Wiegleben, dann 1669 zu Eisfeld, 1674 Adjunctus zu Friemar, und endlich Superintendent zu Wangenheim. S. Joh. Werner

Krauß, Hildburghäusische Kirchen-, Schulen- und Landeshistorie. Hildburgh. 1753. III, 195.

Gotter, Johann Christian, geb. 11. April 1607 zu Mühlberg bei Arnstadt, wo sein Vater Erhard Gotter Advokat und Notar war. Er wurde im älterlichen Hause unterrichtet und 1620 auf die Schule nach Ohrdruf gebracht, studirte seit 1626 zu Jena Philosophie und Jurisprudenz. Ein innerer Trieb führte ihn jedoch bald zum Studium der Theologie. Gerhard, Major und Glaß wurden seine Lehrer. Der Ober-Commenthur von Oberland zu Schleiz ernannte ihn zum Hofmeister seiner Söhne. Auf einer Reise traf er in Erfurt zufällig mit dem Generalsuperintendenten Joh. Kromayer aus Weimar zusammen, und dieser trug ihm die Pfarrerstelle zu Mühlberg an, welche er auch 1633 annahm. Herzog Ernst der Fromme ernannte ihn 1641 zum Adjunctus und Inspector über die Schulen in den Aemtern Wachsenburg, Ichtershausen, Mühlberg und Tonndorf, sowie auch über die Wißleben'schen Dörfer. 1653 Superintendent zu Eisfeld, 1658 Generalsuperintendent zu Gotha. Er starb 4. November 1677 und wurde in der Augustinerkirche zu Gotha begraben. S. Tobias Dürfeld, Christus Jesus, der einige Grund unserer Seligkeit, Leichenpredigt auf Johann Christian Gotter. Gotha 1678. 1°. Frider. Gotth. Gotter, Vitae clarorum virorum, qui Ducatum Altenburgensem illustrarunt. Jen. 1727. p. 4. Sagittarii historia Gothana, p. 188. Brückner's Kirchen- und Schulenstaat. II, 11, p. 90. Rudolphi, Gotha diplomatica, III, 114. Galletti, Geschichte und Beschreibung des Herzogthums Gotha. II, 281. Vockerodt, Gothanae atque evangelicae ecclesiae universae tria superioris saeculi lumina: Gualtherus, Glassius, Gotterus. Goth. 1728. 4°. Georg Hess, Oratio in obitum Jo. Chr. Gotteri. Gothae 1678. 4°. Bestellung der Generalsuperintendenten zu Gotha, Bd. I, f. Loc. VIII, no. 10 im ehemaligen Consistorialarchive zu Gotha.

Gregorii, Gottfried, wurde um 1645 Rector der Schule Tschistoi Pruth in Moskau, dann Prediger an der Offizierskirche. 1667 ging er zur Einsammlung von Beiträgen nach Deutschland und kehrte 1668 mit 2056 Rth. 19 Gr. 7 Pf. zurück. Er starb 1675. S. J. Chr. Grot, Bemerkungen über die Religionsfreiheit der Ausländer im russ. Reiche. St. Petersburg 1797. I, p. 255.

v. Gronsfeld f. Bronkhorst.

Grosshain, Georg, geb. 1601 zu Duderstadt, studirte zu Jena, wurde daselbst Magister, ging 1627 nach Wittenberg, wurde 1630 Rector der Schule zu Arnstadt, 1633 Professor an der Universität zu Erfurt, 1634 Doctor der Theologie, 1637 Hofprediger zu Weimar, wo er am 5. Sept. 1638 starb. S. Binder, Vita Grosshainii. Jen. 1724. 4. Motschmann, Erfordia litterata, Fortgesetzte Samml. I, 1, no. 5, p. 8. Jöcher.

Gualtherus, Balthasar, geb. 1. Mai 1586 zu Allendorf, besuchte von 1600 bis 1602 die Schule zu Frankenhausen, kam 1603 nach Gotha, studirte seit 1606 zu Jena, wurde daselbst Magister, setzte 1607 seine Studien in Gießen fort, kehrte 1608 nach Jena zurück und ertheilte bis 1610 Privatunterricht. Hierauf ging er nach Wittenberg, wurde dann Professor der griechischen Sprache zu Jena, 1612 Professor der hebräischen Sprache, 1621 Superintendent zu Gotha. Herzog Ernst der Fromme übertrug ihm 1633 die Aufsicht über die evangelischen Kirchen und Schulen im Würzburgischen. 1636 wurde er Superintendent zu Braunschweig, wo er am 15. November 1640 starb. S. Jacob Weller, der wunderschöne Himmelswagen, Leichenpredigt auf Balth. Gualtherus. Braunschweig 1640. 4°. Freher. Zeumer, Vitae professorum theologorum. Sagittarii historia Gothana, p. 181. Supplem. II, 861. Rehtmeier. Braunschweigische Kirchenhistorie IV, 504 Brückner, Kirchen- und Schulenverfassung. Zedler. Ueber die Besoldungsverhältnisse des Superintendenten Gualtherus s. CU, XVII, 1 im herzoglichen Haus- und Staatsarchive zu Gotha.

von Hagen, Christoph, auf Hülbstädt, Ober- und Niederrosla, Niedergebra und Stödten, ward gothaischer Geheimer Cammerrath und Landeshauptmann der Grafschaft Hohenstein. Er starb 1674. S. Friedr. Ludw. Anton Hörschelmann's genealogische Adelshistorien. Erfurt 1772, 1, 2 p 110. Fol.

Ein anderer Christoph von Hagen war erst eisenachischer Cammerrath, dann coburgischer Geheimerath und Präsident und starb 1656.

Hattenbach, Jonas Christian, geb. 29. October 1621 zu Schweina, wurde seit 1634 zu Gotha erzogen, studirte 1641–46 Theologie zu Jena, wurde 1647 Pfarrer zu Croch und stand bei Herzog Ernst dem Frommen in besonderer Gunst. 1662 Mitglied des geistlichen Untergerichts zu Eisfeld, 1663 Pfarrer zu Lindenau, 1668 Landinspector, 1674 Superintendent zu Wasungen, 1685 Superintendent zu Meiningen. Er starb 20. Febr. 1695. S. G. Brückner. Neue Beiträge zur Geschichte deutschen Alterthums. Meiningen 1863. Lief. II, 38. Joh. W. Kranß. Hildburgh. Kirchen- Schulen- und Landeshistorie. Greiz 1750. 4°. I, 384. III, 328.

von Hatzfeld, Franz, Graf, Fürstbischof von Würzburg und Bamberg, war 1596 geboren und wurde Domcantor zu Bamberg und Propst vom Collegiatstifte St. Gangolfus, 1630 würzburgischer Gesandter zu Regensburg, 1631 Bischof zu Würzburg. Er floh bei der Annäherung des Königs Gustav Adolf von Schweden nach Köln, wurde 1634 Bischof von Bamberg und nahm 1635 von Würzburg und Bamberg wieder Besitz und empfing vom Kaiser die Lehen darüber. 1636 wurde er in den Reichsgrafenstand vom Kaiser erhoben. 1640 beschickte er den Reichstag zu Regensburg durch seinen Gesandten. Er war wohlthätig, baute ein Waisenhaus und starb plötzlich 20. Juli 1642.

von Hatzfeld, Melchior, geb. 1583, wurde kaiserlicher General, vertrieb die Schweden unter Baner 1636 aus Sachsen, wurde aber vom Kurfürsten bei Wittstock geschlagen und vereinigte sich hierauf mit dem Generale von Götze bei Treffurt. Er entsetzte 1637 Leipzig, schlug 1638 die Schweden und den Kurfürsten von der Pfalz bei Flotho, drang 1640 in Hessen ein, zog

1643 durch Franken nach Böhmen, flegte 1643 über die Franzofen bei Möhringen, wurde 1644 Feldmarfchall, 1645 von Torftenfon gefchlagen und gefangen. Zuletzt commandirte er die kaiferlichen Truppen, welche dem Könige Johann Cafimir von Polen gegen die Schweden zu Hülfe gefchickt wurden, und ftarb 1658. Von dem Erzftifte Mainz erhielt er die erzbifchöflichen Lehen der erledigten Grafschaft Gleichen, vom Kaifer aber wurde er in den Reichsgrafenftand erhoben und erhielt die fchlefifche Herrschaft Trachenberg. S. Joh. Friedr. Gauhen, Hiftorifches Helden- und Heldinnen-Lexicon. Leipz. 1716, p. 733. Deffen Genealogifch-hiftorifches Adels-Lexicon. Leipz. 1747. II, 400.

Heher, Georg Achaz, geb. 30. December 1601 zu Nürnberg, wurde im Haufe feines Großvaters, des Rathes Achatius Oulfius, erzogen und bezog 1616 die Univerfität Altorf, um die Rechte zu ftudiren. Hier disputirte er „De privilegiis studiosorum" und „De successionibus ab intestato", dann zu Jena „De fructibus in jure." Er wurde 1623 Doctor der Rechte und ließ fich als Rechtsanwalt in Nürnberg nieder. 1628 wurde er Untergerichts-Affeffor, 1629 nach Speyer gefendet, worauf er die Schweiz und Italien durchreifte. Dann wurde er 1631 Stadtgerichts-Affeffor. 1631 wurde er vom Könige Guftav Adolf von Schweden zum Regierungsrathe in Würzburg ernannt, dann 1633 zum Bicekanzler und Director der Kriegskanzlei in Regensburg von Herzog Bernhard von Sachfen-Weimar. Nach der unglücklichen Schlacht bei Nördlingen (1634) wurde er vom Herzoge Bernhard nach Königshofen verfetzt, wo er fehr durch die Belagerung litt. Er verlor einen großen Theil feines Vermögens und drei feiner Kinder durch die damals herrfchende Seuche. Herzog Ernft der Fromme machte ihn 1640 zu feinem Regierungsrathe in Gotha. Der Kaifer Ferdinand III. ernannte ihn 1644 zum Comes Palatinus. Hierauf wurde er 1645 von den Herzögen Ernft und Wilhelm als Gefandter nach Osnabrück gefendet. Nach dem Abfchluffe des Friedens 1648 wurde er Kanzler der vier fränkifchen Städte Königsberg, Heldburg, Eisfeld und Heilsdorf. Um die Ausführung des weftphälifchen Friedens zu befchleunigen, wurde er nach Nürnberg gefendet, wo er 19 Monate blieb. 1653 war er Gefandter zu Regensburg. 1655 verletzte er fich durch einen Fall aus dem Wagen und blieb feitdem kränklich, fo daß er feinen Abfchied nahm. Demungeachtet nahm er 1659 das Kanzleramt zu Rudolstadt an und ftarb 23. März 1667. In der fruchtbringenden Gefellschaft erhielt er den Namen „der Mittheilende." S. Juftus Söffing. Ehrenfäule, Leichenpredigt auf Georg Achaz Heber. Rudolstadt 1667. 4°. Freher. Jöcher. Joh. Godofr. de Meiern, Lebensbefchreibungen der weftphälifchen Friedensgefandten, p. 72. Jo. Henr. Stuss, Commentatio de vita et meritis Georgii Achatii Heheri. Gothae 1749 4°. Witte, Diarium biographicum, II, 93. J. W. Krauß, Hildburghäufifche Kirchen-Schulen- und Landeshiftorie. Hildburgh. 1724. IV, 44.

von Heimburg, Fritz, geb. 2. October 1624 zu Wolfenbüttel, wurde privatim unterrichtet und ftudirte feit 1642 die Rechte zu Helmftädt. 1648

Cammerjunker bei Herzog Rudolph August zu Wolfenbüttel, bereiste Holland, Frankreich und die Schweiz, und wurde nach seiner Rückkehr 1654 Legations-rath und Cammerjunker, 1655 Hofrath, 1657 Oberbergrath, 1664 Vicehof-richter und Geheimerath, 1666 Oberhofmarschall und Cammerrath, 1668 Cammerpräsident, 1672 Dompropst zu St. Blasii, 1673 Dompropst zu St. Cyriaci in Braunschweig. 1674 Präsident und Hofrichter. 1685 Gouverneur der Grafschaft Blankenburg. Er starb 16. Juli 1690. S. Nicolaus Sauer-wald, der Sterbenden Urtheil und Vortheil vom Tode, Leichenpredigt auf Fritz von Heimburg. Wolfenbüttel 1690. Fol

Hermann, Christian, geb. 16. September 1647 zu Ramslau in Schlesien, studirte zu Breslau und zu Jena, und wurde Hof- und Reiseprediger des Prinzen Heinrich zu Sachsen-Gotha. Im Treffen bei Siegheim (1674) wurde er gefährlich verwundet, bereiste mit den Prinzen Ernst und Johann Ernst die Niederlande, wurde dann als Prediger nach Breslau berufen, dann 1689 Professor der Theologie am Gymnasium daselbst, zuletzt Kirchen- und Schulen-Inspector. Er starb 20. Febr. 1723. S. Zedler. Jöcher

Hess, Georg, geb. 15. Decemb. 1613 zu Gotha, verlor noch nicht 3 Jahre alt seinen Vater. Seine Mutter heirathete einen Schuhmacher Elias Mädel, welcher den Stiefsohn gut unterrichten ließ, weil er fleißig war. Der Rector Wilke rühmte seinen Fleiß öffentlich in einem Programme. Seit 1631 studirte er zu Jena und nach drei Jahren zu Erfurt, kam dann 1635 als Hauslehrer zu dem Kriegscommissäre Reinhard Wilhelm von Wangen-heim. Als eine ansteckende Seuche die Wangenheimische Familie zur Flucht nöthigte, erlangte er nur mit Mühe seinen Abschied. Er gab nun den Söhnen des Raths Kohlhausen Privatunterricht, wurde hierauf 1637 Conrector zu Gotha und im Juni 1673 Rector. Er starb 28. August 1694. Da seine Frau und Kinder vor ihm verstorben waren, vermachte er sein Vermö-gen (4120 Gulden) armen Studirenden. Er war auch der Gründer des Schulwittwenfiscus. S. Tobias Pfürfeld, die einige, rechte, wahre und be-ständige Freude der Kinder Gottes, Leichenpredigt auf Georg Heß. Gotha 1694. Fol. Vockerodt, Memoria Hessi. Goth. 1696, auch in seinen Sermones panegyrici, p. 58. Sagittarii historia Gothana, p. 212. Ru-dolphi, Gotha diplomatica, IV. 230. Galletti, Geschichte und Beschreibung des Herzogthums Gotha, II, 286. Chr. Ferd. Schulze, Geschichte des Gym-nasiums zu Gotha. p. 180.

Heydenreich, Elias Rudolph, geb. 19. December 1617 zu Wei-ßensee, verlor 1625 seine Mutter, 1631 seinen Vater. Hiob Ludolf wurde sein Vormund und brachte ihn 1632 auf die Schule nach Erfurt. 1635 be-zog er die Universität zu Wittenberg. Durch eine Krankheit verlor er das Gedächtniß, weßhalb er Kriegsdienste nahm. 1644 fing er wieder an zu Er-furt die Rechte zu studiren. 1645 ging er nach Hamburg. Im Februar 1648 wurde er vom Erfurter Senate an den schwedischen Feldmarschall Wrangel als Gesandter geschickt. Herzog Ernst der Fromme ernannte ihn

1652 zum Cammersecretäre in Gotha, dann im October desselben Jahres zum Gerichts- und Consistorialsecretäre. Nach Jenb's Tode (1673) ward er Geheimer Secretär, 1680 Rath. Er starb 12. Januar 1691. S. Sagittarii historia Gothana, p. 340. Sein Epitaph in Joh. Christian Bachov, Tractatus de rebus religiosis ac de sepulcris Gothanis. Gothae 1724, p. 234.

Heydenreich, Jacob Heinrich, geb. 21. März 1623 zu Weißensee, verlor seinen Vater, welcher nach Erfurt gezogen war, im Jahre 1631 und wurde vom Vormunde auf dem Gymnasium zu Erfurt erzogen, studirte daselbst seit 1638, dann seit 1641 zu Gröningen in Friesland, besuchte 1645 Franecker und ging hierauf nach Westphalen. Der Graf Johann zu Sann und Wittgenstein, Gesandter des Kurfürsten von Brandenburg, machte ihn 1646 zu seinem Secretäre. Später wurde er Secretär der verwittweten Kurfürstin, kehrte aber zu dem Grafen von Wittgenstein zurück und wurde Hofmeister der Söhne desselben, bereiste 1648 mit ihnen Frankreich, von wo er 1650 zurückkehrte. 1651 ernannte ihn der Graf zu seinem Rathe, und Herzog Ernst der Fromme berief ihn als Lehnsecretär nach Gotha, ernannte ihn 1656 zum Hof- und Justizrathe. 1660 ging er als Gesandter nach Wien, um vom Kaiser die Lehen zu empfangen. 1663 war er Gesandter auf dem Reichstage zu Regensburg. 1666 Consistorialpräsident zu Gotha. Er vermittelte 1667 die Erfurter Streitigkeiten zwischen dem Kurfürsten von Mainz und dem sächsischen Hause. Im Januar 1673 war er Gesandter auf dem Quedlinburger Kreistage und starb 21. März 1674. S. Johann Christian Gotter, der gläubigen Christen geistliche Augen, Leichenpredigt auf Jac. Heinr. Heydenreich. Gotha 1674. 4°. Sagittarii historia Gothana, p. 270. Galletti, Geschichte und Beschreibung des Herzogthums Gotha, II, 252. Sein Epitaph f. Joh. Christian Bachov, Tractatus de rebus religiosis ac de sepulcris Gothanis. Gothae 1724, p. 173.

Himmel, Enoch, geb. zu Speyer, ward Superintendent zu Orlamünda, dann zu Zeitz, zuletzt zu Torgau und starb 31. Mai 1686. S. Witte, Diarium biographicum, II, 92. Jöcher.

Himmel, Johann, geb. 27. December 1581 zu Stolpe, studirte seit 1601 zu Wittenberg Philosophie und Theologie, ging 1606 nach Jena, 1608 nach Gießen, wurde dann Rector des Gymnasiums zu Durlach, 1612 Rector und Professor zu Speyer, 1614 Generalsuperintendent daselbst, hierauf Rector der Theologie zu Gießen, 1616 Professor der Theologie zu Altorf, 1617 zu Jena, wo er 4. April 1642 starb. S. Freher. Ubsen. Witte, Memoriae Decas XI, 1462.

Hoë von Hoënegg, Matthias, geb. 24. Februar 1580 zu Wien, studirte Theologie seit 1597 zu Wittenberg, wurde 1601 Licentiat der Theologie, 1602 dritter Hofprediger beim Kurfürsten Christian II. zu Sachsen. 1603 Superintendent zu Plauen, 1604 Doctor der Theologie zu Wittenberg, dann Director der evangelischen Stände Böhmens zu Prag, 1612 Oberhofprediger zu Dresden. Er wendete seinen Einfluß bei dem schwachen Kurfürsten Johann Georg I zum Besten der Kirche und der Universitäten zu Wittenberg und Leipzig an, war gelehrt und talentvoll, aber auch neidisch und ehrgeizig seinen Amtsgenossen gegenüber, und befleckte seinen Ruhm durch einen giftigen Calvinistenhaß. In einer Schrift vom Jahre 1621 behauptete er, daß die Calvinisten in 99 Punkten mit den Arianern und Türken übereinstimmten. Im Jahre 1635 soll er vom Kaiser durch 10,000 Fl. bestochen worden sein, um den Kurfürsten zum Beitritte des Prager Friedens zu bewegen. Hoë's Freundlichkeit mit den Papisten stellte ihn in ein übles Licht. Als Entgegnung auf die Beschuldigung der Jesuiten, daß die Protestanten von dem Inhalte der Augsburgischen Confession abgewichen und deshalb kein Recht mehr auf den Augsburger Religionsfrieden hätten, schrieb Hoë: „Nothwendige Vertheidigung des heiligen römischen Reichs evangelischer Kurfürsten und Stände Augapfels, nämlich der wahren reinen, ungeänderten, Kaiser Karl V Anno 1530 übergebenen Augsburgischen Confession und des auf dieselbe gerichteten hochverpönten Religionsfriedens. 1628". Eine Fluth von Streitschriften mit den sonderbarsten Titeln, wie Brillenputzer, Augenputzer, Zungenschlitzer, Staarenstecher, Kälberarzt, Kalbgeschrei u. s. w. war die Folge davon. Außer einer Menge Predigten erschienen von ihm noch viele Streitschriften gegen die römische und gegen die reformirte Kirche. Beim Ausbruche des 30jährigen Krieges bedauerte er, daß so viele edle Länder wie z. B. Böhmen, dem Calvin in den Rachen sollten gesteckt werden. Er starb 4. März 1645 zu Dresden. S. Gottlieb Friedr. Irmisch. Andenken Matth. Hoë von Hoënegg's. Plauen 1746. Joh. Karl Friedr. Taubner. Memoria viri olim celeberrimi Matth. Hoë ab Hoënegg. Dresd. 1792. 4°. Freher. Uhsen. Jöcher. Witte, Memoriae Decas VIII, 1014. Bayle, Dictionnaire historique et critique. Gleichii Annales ecclesiastici, Tom. II. Schröckh, Lebensbeschreibungen berühmter Gelehrten. Leipz. 1790. Tholuck in Herzog's Real-Encyclopädie der theologischen Wissenschaften. Stuttg. 1856. Bd. VI.

von Hörnigk, Ludwig, studirte Medizin zu Gießen, bereiste dann Italien und Frankreich, wurde Doctor der Medizin zu Straßburg, 1628 Comes Palatinus, dann Doctor der Rechte, kaiserlicher Rath und kurmainzischer Hofrath. Er trat 1647 zur katholischen Kirche über, lebte zu Frankfurt a/M. und starb 1667. S. Webel, Liederhistorie. Serpicius, Nachricht von dem Liede „Meine Wallfahrt ist vollendet". 1720. Jöcher.

Hofmann, Caspar, geb. 8. Nov. 1572 zu Gotha, studirte seit 1591 zu Leipzig, ging 1592 nach Straßburg, dann nach Nürnberg, bereiste Italien und kam 1606 nach Nürnberg zurück, wurde 1607 Pestarzt zu Altorf und starb 3. Nov. 1648. S. Joh. Georg et Jac. Pancratius Bruno, Oratio de vita, moribus et scriptis Hofmanni. Freher. Witte, Memoriae Decas I, 132. Beyer, Biographiae professorum medic. Altorf, p. 36. Jöcher.

von Hohenlohe, Joh. Friedr. der Aeltere, Graf, geb. 31. Juli 1617, vermählt 1665 mit Herzogin Amöna zu Schleswig-Holstein-Norburg.

Er starb 17. October 1702. S. Joh. Justus Herwig, Entwurf einer genealogischen Geschichte des Hauses Hohenlohe-Schillingsfürst. 1796, p. 156.

von Hoimb, Christoph, zu Droißig, war fürstlich anhaltischer Cämmerer und erkaufte die Herrschaft Droißig. Er starb 19. Mai 1656.

Holk, Heinrich, war geboren auf der Insel Alsen, führte 1627 sechs schleswigsche Landcompagnien gegen Wallenstein, wurde aber bei Bernstein in der Neumark von den Kaiserlichen geschlagen. 1629 verließ er die dänischen Dienste und sammelte für Wallenstein ein Jägercorps von 3000 Mann. Er war 1632 bei der Einnahme von Prag als Generalwachtmeister, eroberte Eger und wurde Feldmarschall, verband sich dann mit Gallas, eroberte Freiberg, vereinigte sich bei Altenburg mit Wallenstein, half Leipzig einnehmen und focht mit bei Lützen. 1633 focht er unter Wallenstein, zog nach Böhmen, plünderte Zwickau und starb 30. August 1633 an der Pest zu Adorf im Voigtlande. Der Kaiser hatte ihn in den Grafenstand erhoben und ihm die Herrschaften Eschell, Radenthal und Wallensreuth geschenkt. S. Joh. Friedrich Gauhen, Genealogisch-historisches Adels-Lexicon, Leipzig 1747, II, 461. Johann Eduard Heß, Biographien. Jena 1859, p. 21.

von Holzappel, Peter, Graf, Freiherr zu Laurenburg, geb. 1585, nahm Kriegsdienste zu Basel und nannte sich Melander. 1620 Oberster. Er sammelte 1629 ein Regiment für die Republik Venedig. 1633 Generallieutenant des Landgrafen Wilhelm von Hessen-Kassel. Er führte hessische Kriegsvölker dem Prinzen von Oranien in die Niederlande zu, vereinigte sich 1640 mit den Franzosen und Schweden; weil man ihm aber nicht traute, wurde er nach Kassel zurückberufen und entlassen. Später erhielt er das Generalat in Westphalen und wurde in den Grafenstand erhoben. 1646 wurde er an Gallas' Stelle General-Feldmarschall. Er starb 8. Mai 1648 bei Augsburg durch zwei feindliche Schüsse. S. Zedler. Joh. Friedr. Gauhen, Genealogisch-historisches Adelslexicon. Leipz. 1747. II, 464.

Horn, Gustav, geb. 23. Oct. 1592 zu Orbyhus in Upland, studirte zu Rostock, Jena und Tübingen, kehrte 1612 in die Heimath zurück und machte unter seinem Bruder Ewert zuerst die Feldzüge in Liefland mit, ging dann 1614 nach Holland, machte zwei Feldzüge unter Moritz von Oranien mit und erhielt hierauf eine Cammerjunkerstelle an Gustav Adolf's Hofe. Er gewann dessen Vertrauen. Bei der Belagerung Riga's wurde er in die rechte Hand geschossen, und nach Riga's Fall erhielt er mit Bauer zugleich die Ritterwürde, wurde Reichsrath und commandirender General in Finnland. 1625 zeichnete er sich durch seinen Muth bei der Belagerung von Dorpat aus, wurde Feldmarschall und focht bis zum Waffenstillstande mit Polen mit abwechselndem Glücke. 1630 führte er ein Armeecorps aus Liefland nach Deutschland, belagerte Colberg und zwang es zur Uebergabe (März 1631), nahm Theil am Tage bei Breitenfeld (7. Sept. 1631), eroberte Bamberg, wurde aber von Tilly wieder zurückgedrängt und vereinigte sich nun mit Bernhard von Weimar, Baner und Gustav Adolf. Hierauf nahm er Theil am Siege am Lech, eroberte am 28. Nov. 1632 Benfeld und brachte den

Elsaß binnen 4 Monaten in schwedische Gewalt. Am 3. Januar 1634 kamen Bernhard von Weimar und Horn zu Berchingen zusammen, um über den nächsten Feldzug zu berathschlagen; sie konnten sich indessen nicht einigen. Bernhard zog nach Böhmen, Horn nach Bayern, wo er allmählich Biberach, Kempten, Memmingen, Aicha und Landshut eroberte. Hierauf vereinigte sich Horn wieder mit Bernhard bei Burgau, rieth von einer Feldschlacht ab, wurde aber von Bernhard und anderen Generalen überstimmt. Der Ausgang der unglücklichen Schlacht bei Nördlingen (27. August 1634) bewies, daß Horn Recht gehabt hatte; Horn selbst wurde gefangen genommen und erst am 30. Januar 1642 gegen Jean de Werth, Buchhain und Hoffkirchen ausgewechselt. Er ging durch Frankreich und Holland in sein Vaterland zurück. 1644 ging er als Feldherr nach Schonen und führte zwei Jahre lang den Krieg gegen Dänemark. Nach des alten de la Gardie Tode wurde Horn Reichsmarschall, was er auch nach Christian's Thronentsagung blieb. Er starb 10. Mai 1657 zu Skara. Obgleich streng gegen sich selbst und seine Soldaten, befleckte er doch seinen Ruhm nicht durch Grausamkeiten und erwarb sich den Beinamen „der Menschliche" und „der Edelmüthige". Wo er als Feind erschien, empfing man ihn ohne Furcht. Er war gelehrt und tapfer, besonnen, unerschütterlich fest von Charakter und frei von Zorn und Leidenschaften. S. J. F. v. Lundblad, Schwedischer Plutarch, übersetzt von F. von Schubert. Stralsund. 1826. I, 1.

Hornejus, Conrad, geb. 25. Nov. 1590 zu Braunschweig, studirte Philosophie und Theologie zu Helmstädt, wurde 1612 Magister, 1619 Professor der Ethik zu Helmstädt, 1622 auch der Logik, 1628 Professor der Theologie, 1636 Doctor der Theologie. Er starb 26. September 1649. S. Balthasar Cellarius, Herrliche Gnadenbelohnung aller guten Streiter Christi, Leichenpredigt auf Conrad Hornejus. Helmst. 1649. 4°. Statius Fabricius, Programma in funere Conr. Horneji. Helmst. 1649. 4°. Henr. Jul. Scheurl, Natalis academiae Juliae LXXIII cum parentatione in honorem Conr. Horneji. Guelpherb. 1649. 4°. Christoph Schrader, Oratio in obitum Conr. Horneji. Helmst. 1656. 4°. Witte, Memoriae Decas VI, 728. Freher. Ußen. Zedler. Jöcher.

Hortleder, Friedrich, geb. 2. März 1579 zu Pegau, studirte zu Helmstädt und Jena, wurde 1604 Erzieher bei Johann Gerhard von Alvensleben, kam am 14. April 1608, wahrscheinlich auf Empfehlung der Universität Jena, nach Weimar und leitete neben Caspar von Teutleben die Erziehung der beiden Prinzen Johann Ernst und Friedrich, und besuchte mit diesen 1608—1612 die Universität zu Jena, bereiste mit ihnen 1613 Frankreich, England und die Niederlande. Als ausgezeichneter Kenner des sächsischen Staatsrechtes und der Geschichte wurde er zu den Berathungen der wichtigsten Staatsangelegenheiten zugezogen und wurde so zu sagen die Seele des weimarischen Hofes, bereitete sich aber durch seine Vertheidigung der Ansprüche Weimars auf den Vorrang vor Altenburg so vielfachen Verdruß, daß er seinen Abschied forderte, den er aber nicht erhielt; vielmehr stieg sein Ansehen bei der einſichtsvollen Herzogin Dorothea Maria, der Mutter und Vormünderin der fürſtlichen Prinzen. Nach dem Tode der letzteren (1617) wurde er Geheimerath, war aber zugleich Lehrer der Prinzen Ernſt und Bernhard. Er ſtarb 5. Juni 1640. S. Reimmann, Einleitung in die Historia litteraria der Teutſchen, V, 486. Zedler. Jöcher. Zugler's Beyträge zur juriſtiſchen Biographie. Leipzig 1777, III, 106. B. Röſe, Herzog Bernhard d. Große. Weim. 1828. I, 19.

Hossfeld, Friedrich, geb. 5. Januar 1636, wurde zu Salzungen erzogen, dann ſeit 1652 zu Gotha, ſtudirte ſeit 1658 zu Gießen Philoſophie und Jurisprudenz, dann 1662 zu Leipzig. 1665 Doctor beider Rechte zu Altorf. Er war 15 Jahre Hofadvocat zu Gotha, 11 Jahre Aſſeſſor im geiſtlichen Untergerichte, 9 Jahre Scholarch über das Gymnaſium, 13 Jahre regierender Bürgermeiſter und Syndicus der Stadt Gotha, 10 Jahre Landſchaftsſyndicus, 7 Jahre Mitglied des Obervormundſchaftscollegiums zu Gotha, 5 Jahre gräflich hohenlohiſcher Rath zu Ohdruf, 14 Jahre Hof- und Conſiſtorialrath, 2 Jahre Obervormundſchafts Director, und ſtarb 24. Aug. 1697. S. Georg Walther, Die Glückſeligkeit der Kinder Gottes, Leichenpredigt auf Friedr. Hoßfeld. Meiningen 1697. Fol.

Hubmeier, Hippolytus, geb. zu Laber in der Oberpfalz, wurde Rector zu Gera, dann 1620 zu Coburg, 1622 Bibliothekar zu Coburg, 1623 Adjunctus zu Schalkau, 1632 Superintendent zu Heldburg, wo er den 9. December 1637 ſtarb. Er war einer der Mitarbeiter am Erneſtiniſchen Bibelwerke. S. Hönn's Coburgiſche Chronik. Jöcher. Joh. W. Krauß, Hildburgh. Kirchen-, Schul- und Landeshiſtorie. Greiz 1750. 4°. I, 169. V, 423.

Hülsemann, Johann, geb. 26. November 1602 zu Eſſen in Friesland, wurde ſeit 1614 zu Norden in Oſt-Friesland und ſeit 1618 zu Hannover erzogen und ſtudirte Philoſophie und Theologie zu Roſtock (1621), dann 1622 zu Wittenberg, 1627 zu Leipzig, bereiſte die Niederlande und Frankreich, kehrte 1628 nach Leipzig zurück, wurde dann Licentiat der Theologie zu Marburg, 1629 Profeſſor der Theologie zu Wittenberg, 1630 Doctor der Theologie. 1645 Geſandter auf dem Colloquium zu Thorn und Oberhofprediger und Kirchenrath in Dresden, 1646 Profeſſor der Theologie und Paſtor zu St. Nicolai in Leipzig, bald darauf auch Canonicus zu Zeitz und 1651 Probſt und Senior des Kapitels zu Naumburg. 1657 Canonicus zu Meißen und 1660 Superintendent zu Leipzig, wo er am 12. Juni 1661 ſtarb. S. Conrad Porthele, Chriſtliche Begängnis-Predigt (auf Joh. Hülſemann). Lpz. 1661. 4°. Martin Geier, Theologiſche Erklärung aus Pſalm 119, 115. Leipz. 1662. 4°. (Hieron. Kromayer), Programma in funere Joh. Hülsemanni. Lips. 1660. 4. Dav. Schwertner, Panegyricus parentalis, Jo. Hülsemanno dicatus. Lips. 1662. 4. Joh. Deutschmann, Moses theologorum sive Joh. Hülsemannus celebratus. Witteb. 1663. 4°. Witte, Memoriae Decas X, 1371. Freher. Uhſen. Zedler. Jöcher.

Hunnius, Nicolaus, geb. 11. Juli 1585 zu Marburg, ſtudirte Philologie und Theologie zu Wittenberg ſeit 1600. Er hielt 1609 als Adjunct der philosophischen Facultät philosophische, später auch theologische Vorlesungen. 1612 Superintendent zu Eilenburg. 1617 Professor der Theologie zu Wittenberg. Hier polemisirte er gegen die Papisten, Socinianer und Enthusiasten (Paracelsus und Weigel). 1623 wurde er Hauptpastor zu Lübeck. 1624 Superintendent der Lübeckischen Kirchen. Als solcher trat er gegen die Schwarmgeister, die Reformirten und die Papisten auf. Auf dem Convente zu Mölln (26. bis 29. März 1633) präsidirte Hunnius. Seine berühmte Schrift „Consultatio oder wohlmeinendes Bedenken" (1632) ist oben beim Collegium Hunnianum ausführlich besprochen worden. Seine didactische Schrift „Epitome credendorum, oder Inhalt christlicher Lehre" (Wittenb. 1625) erlebte 19 Auflagen und wurde in 4 Sprachen übersetzt. Ein Auszug daraus bildete lange Zeit im nördlichen Teutschland die Grundlage zum Religionsunterrichte in Schulen. Hunnius starb 12. April 1643. Er war redlich, offen und bieder, hülfreich gegen Arme, treu seinen Freunden, aber strenggläubig und oft feindselig gegen Andersgläubige. S. Sebastian Meier, Oratio funebris de vita Nic. Hunnii. Lub. 1643. 4°. Mich. Sirds, Leichenpredigt auf Nic. Hunnius. Lüb. 1643. 4°. Witte, Memoriae Decas V, 580. Freher. Uhsen. Zedler. Jöcher. L. Heller, Nicolaus Hunnius, sein Leben und Wirken. Lüb. 1843. 8°, derselbe in Herzog's Real-Encyclopädie der theologischen Wissenschaften. Stuttg. 1856. VI, 321.

Janus von Eberstädt, Ludwig, auf Großen Gottern und Eberstädt, geb. 5. Nov. 1626, war von 1636—1650 in Diensten des Präsidenten Joh. Kurck zu Abo in Finnland, lehrte dann nach Teutschland zurück und wurde 1651 vom Herzoge Ernst dem Frommen zum Hofjunker ernannt. 1661 nahm er seinen Abschied, trat 1665 in die Dienste der Herzogin Dorothea zu Sachsen-Altenburg als Hofmeister. 1676 wurde er Hofmeister beim Herzoge Albrecht. Er starb 20. Februar 1693. S. Valentin König, Genealogische Adels-Historie. Leipz. 1727. Fol. I, 545.

Isolani, Johann Ludwig Hector, geb. zu Görtz 1580, trat in kaiserliche Kriegsdienste und focht zuerst gegen die Türken, wurde aber 1602 gefangen, jedoch bald befreit, hierauf Oberster der Croaten. 1626 focht er unter Wallenstein. 1630 war er mit dem Herzoge von Savelli in Pommern, 1631 wohnte er der Schlacht bei Leipzig bei, 1632 der bei Lützen. 1633 befand er sich in Schlesien, 1634 General über die Croaten. 1635 Graf. Er nahm Höchstedt ein, focht mit in der Schlacht bei Nördlingen (1634), eroberte Salzungen und Meiningen, fiel dann mit in Frankreich ein, folgte dem Generale Gallas nach Burgund, befand sich 1637 in Hessen, 1638 in Pommern, 1639 am Oberrheine, und starb im März 1640 zu Wien. S. Ersch und Gruber's Encyclopädie. Joh. Eduard Heß, Biographien. Jena 1859. p. 88.

Kallenbach, Elias, geb. 1642 zu Salzungen, kam 1658 auf das Gymnasium nach Coburg, studirte seit 1662 zu Jena, dann zu Gießen, wurde dann Informator beim Amtmanne von Miltitz zu Salzungen, hierauf beim Hofprediger Ludwig zu Gotha, 1668 Diaconus zu Wasungen, 1676 Hofinspector beim Herzoge Friedrich I zu Gotha, 1678 Vicepastor zu Tambach,

1684 Pfarrer daselbst, und starb 1694. S. G. Brückner, Neue Beiträge zur Geschichte deutschen Alterthums. Meiningen 1863. Lieferung II, p. 440.

Kanne, Christian Ernst, geb. 23. Aug. 1617, kam 1621 zu dem Fürsten Bogislaus Radziwil nach Lichtenburg in Franken, wurde 1626 Page bei der verwittweten Kurfürstin zu Sachsen, trat 1634 in dänische Dienste, kam aber 1638 nach Sachsen zurück, bereiste hierauf Frankreich und Italien, trat in florentinische Dienste, dann in schwedische, wurde 1645 Capitänlieutenant, sodann Rittmeister, trat hierauf in kaiserliche Dienste, wurde Oberstwachtmeister, 1652 kursächsischer Cammerjunker, 1656 Trabantenhauptmann, auch Amtshauptmann zu Schweinitz, 1657 Oberstlieutenant, 1661 Untermarschall, Cammerherr und Amtshauptmann zu Schlieben, 1665 ging er als Gesandter nach Dänemark, 1666 Oberster und Inhaber des kurfürstlichen Leibregiments, 1668 Gesandter in Paris, 1670 Obersteuereinnehmer, 1671 Obercämmerer, 1672 Oberhofmarschall, 1676 Freiherr. Er starb 1 August 1677. S. Zedler. Val. König, Genealogische Adelshistorie. Leipz. 1736. Fol. III, 517.

Keyser (Caesar, Keiser), Daniel, war seit 1613 Pfarrer zu Möhra, wurde 1655 vom Herzoge Ernst d. Fr. unterstützt und kaufte 1662 für 150 Fl. Güter zu Kupfersuhl. Er starb 1684. S. G. Brückner, Neue Beiträge zur Geschichte deutschen Alterthums. Meiningen 1863. Liefer. II, p. 656.

Kesler, Andreas, geb. 17. Juli 1595 zu Coburg, studirte seit 1614 Theologie und Philosophie zu Jena, wurde 1619 Magister, ging hierauf nach Wittenberg, wurde dort 1621 Adjunctus der philosophischen Facultät, 1623 Professor der Philosophie zu Coburg, 1627 Doctor der Theologie, 1625 Superintendent zu Eisfeld, dann 1633 zu Schweinfurt, 1634 Director des Gymnasiums zu Schweinfurt, endlich 1635 Generalsuperintendent zu Coburg. Einen Ruf nach Celle im Hannöverschen schlug er 1642 aus und starb 15. Mai 1643. Seine Schriften waren hauptsächlich gegen die Photinianer gerichtet. S. Georg Pfründer, Cygnaea Simeonis cautio, Leichenpredigt auf Andreas Kesler. Coburg 1643. 4°. Joh. Heinr. Hagelgans, Fama posthuma Kesleri. Cob. 1643, 4°. Witte, Memoriae Decas V, 557. Bayle, Dictionnaire historique et critique. Freher. Uhsen. Zedler. Jöcher.

Knespelius, Jacob, war Corrector in der Endterschen Druckerei zu Nürnberg und corrigirte unter anderem das Ernestinische Bibelwerk. Vorher war er Pfarrer zu Einbogen gewesen und 1622 verjagt worden. Später wurde er Pfarrer zu Hohenstrauß (1649), wo er am 23. Juli 1671 starb. S. Jöcher. Joh. W. Krauß, Hildburgh. Kirchen- Schul- und Landeshistorie III, 138.

von Königsmark, Johann Christoph, Graf, war geb. 25. Februar 1605, kam als Edelknabe an den Hof Herzog Friedrich Ulrichs zu Braunschweig und trat beim Ausbruche des 30jährigen Krieges in kaiserliche Dienste. Er wurde nach und nach Rittmeister, trat 1630 in schwedische Dienste, ward Oberstwachtmeister, dann Oberstlieutenant in Sperreuter's Regimente. 1635 gerieth er in Gefangenschaft, wurde aber 1636 schon ausgelöst. Er eroberte

1639 das Eichsfeld, rückte dann nach Franken und von da nach Westphalen, vereinigte sich 1640 mit Baner und wurde General-Feldwachtmeister, zog hierauf mit Torstenson nach Schlesien, 1643 nach Meißen, in das Voigtland, Würzburgische, und von da nach Niedersachsen, Pommern und wieder zurück nach der Lausitz, 1644 nach Verden und Sachsen. 1645 ward er General-lieutenant. 1648 Generalstatthalter der Herzogthümer Bremen und Verden. 1651 schwedischer Reichsrath und Generalfeldmarschall. 1656 durch Unge-witter verschlagen, wurde er bei Danzig von den Polen gefangen genommen und erst nach dem Frieden von Oliva (1660) ausgeliefert. Er starb 20. Febr. 1663 auf einer Reise nach Schweden. S. Eterna gloria magni Jo. Chr. Koenigsmarkii herois, comitis. Holm. 1664. Fol. Zedler. Joh. Friedr. Gauhen, Historisches Helden- und Heldinnen-Lexicon, Leipzig 1716, p. 860. Desselben genealogisch-historisches Adels-Lexicon. Leipzig 1747. II, 551.

von Kötschau, Georg, wurde 1640 gothaischer Hofmeister, dann Hofmarschall und starb 1659 (1673).

Kortholt, Christian, geb. 5. Januar 1633 in Bergen auf der In-sel Fehmern, wurde zu Schleswig und Stettin erzogen, studirte 1652 zu Ro-stock, dann zu Jena, wo er Adjunctus der philosophischen Facultät wurde. „Laubenberger's kohlschwarzes Lutherthum" veranlaßte ihn ein „Kohlschwar-zes Papstthum" zu schreiben. 1660 ging er nach Leipzig, dann nach Witten-berg und zurück nach Rostock. Er hielt mehrere Colloquia mit Katholiken und wurde darauf Professor der griechischen Sprache zu Rostock (1662), auch Doctor der Theologie. 1675 Professor der Theologie, überdies 1680 Pro-fessor der kirchlichen Alterthümer. Er starb 31. März 1694 zu Kiel. S. Ge. Henr. Ayrer, Memoria Chr. Kortholti, Goett. 1731. Fol. Pipping, II, 571. Molleri Cimbria litterata, I, 309. Uhsen. Zedler. Jöcher (Er-gänzungen).

von Kospoth, Friedrich, auf Seibtendorf, Schilbach und Langen-Wolfersdorf, geb. 22. März 1569, wurde mit seinen Brüdern zu Hof erzo-gen, studirte zu Jena, Straßburg, Tübingen und Padua, und wurde 1600 Hofmeister der jungen Prinzen zu Weimar, wo ihm nach und nach acht Prin-zen, unter ihnen Herzog Ernst, anvertraut wurden. 1603 Beisitzer am Hof-gerichte zu Weimar. Bei der Stiftung des Palmordens war er einer der ersten, welche darin aufgenommen wurden. Er erhielt den Namen „der Hel-fende." 1618 Geheimer Cammerrath zu Weimar, 1621 Hofrichter zu Jena, 1627 Amtshauptmann daselbst. Das alte Testament konnte er in der Ur-sprache ohne Schwierigkeit lesen. Er starb 9. Juni 1632. S. Valentin Kö-nig, Genealogische Adelshistorie. Leipz. 1736. Fol. III, 637. Joh. Major, Begräbniß-Sermon bei der Leichbestattung Friedr. von Cospoth's. Jena 1632. 4°. Jöcher (Ergänzungen).

von Kospoth, Friedrich, Erbherr auf Gossa und Burgau, der zweite Sohn des vorigen, war geb. 24. Juni 1630, wurde zu Jena erzogen, stu-dirte 1649 zu Wittenberg Jurisprudenz. 1653 kehrte er nach Jena zurück und setzte seine Studien im Gefolge der Herzöge Bernhard und Friedrich fort. 1654 ging er nach Straßburg, bereiste dann die Schweiz, Frankreich, 1657 auch England, dann die Niederlande. Nach seiner Zurückkunft machte ihn Herzog Wilhelm zum Cammerjunker. Er bereiste 1660 Italien, kehrte im October 1661 nach Weimar zurück und wurde Hofrath, dann 1663 Ober-Cammerjunker und Hofmeister zu Dresden, Cammerherr, Hof- und Justizrath. Er wurde zu vielen Gesandtschaften gebraucht, 1678 Oberaufseher der Grafschaft Mansfeld, gleich darauf Geheimerath und Administrator des Erzstiftes Magdeburg. Er starb 14. October 1701 zu Leipzig. S. Valentin König, Genealogische Adelshistorie. Leipz. 1736. Fol. III, 650. Ehrenfried Dürr, Gedächtnißpredigt auf Fr. von Koppoth. Jena 1701. Fol.

Kromayer, Johann, geb. 8. December 1576 zu Döbeln, besuchte die Schulen zu Döbeln, Budissin, Stralsund und Bunzlau, studirte dann zu Leipzig, wurde 1600 Magister und Pfarrer zu Eisleben. Die verwittwete Herzogin Dorothea Maria berief ihn 1613 als Hofprediger nach Weimar. Herzog Wilhelm aber ernannte ihn 1627 zum Generalsuperintendenten. Er starb 13 Juli 1643 und ist hauptsächlich durch das von ihm 1624 herausgegebene Kirchenbuch für die Pfarrherrn im Fürstenthume Weimar bekannt. Er war Gegner Johann Major's. S. Christian Chemnitz, Oratio parentalis in memoriam Joh. Kromayeri. Jenae 1648. 4°. Witte, Memoriae Decas V, 622. Freher. Uhsen. Zedler. Jöcher.

Krull, Johann, geb. 20. Febr. 1611 zu Halle, studirte seit 1628 die Rechte zu Leipzig, dann 1629 zu Wittenberg, 1633 zu Jena. 1639 Licentiat der Rechte zu Jena und Official des Domcapitels zu Magdeburg. Er wurde 1645 zu den Friedensverhandlungen nach Münster und Osnabrück geschickt. Dort führte er das Directorium unter den evangelischen Fürsten und Ständen. 1649 Hof- und Justizrath und Gesandter in Nürnberg, 1652 Gesandter zu Regensburg. 1654 Vicekanzler. 1655 Geheimer Rath. 1659 Kanzler. 1663 wieder Gesandter zu Regensburg. Er starb 21. Nov. 1668 zu Halle. S. Joh. Andr. Olearius, Analepticum nov-antiquo-catholicum (Leichenpredigt). Halle 1668. 4°.

de Lafoi, Abraham, wurde auf die Empfehlung Caspars von Teutleben, welcher ihn in Jena kennen lernte, von der Herzogin Dorothea Maria als Lehrer für die weimarischen Prinzen angenommen. Wegen Unanständigkeit aber mußte er 1613 Weimar verlassen. Er wurde hierauf schwedischer Kriegscommissär, und als solcher wegen grober Beschuldigung auf die Festung zu Coburg gesetzt (1632). Als die Kaiserlichen im Jahre 1635 diese Festung eroberten, wurde er freigelassen. S. Bernh. Röse, Johann Friedrich VI. Neustadt 1827, p. 9.

Lange, Abraham, geb. 4. Nov. 1565 zu Dresden, wurde zu Altenburg erzogen, studirte seit 1583 Theologie zu Jena, wurde darauf 1585 Hauslehrer in Stardenberg, ging 1586 zur Fortsetzung seiner Studien wieder nach Jena und wurde Magister, dann nach Tübingen und Heidelberg. 1589 Diaconus, 1593 Hofprediger zu Altenburg. 1610 Kirchen- und Schuleninspector. 1612 Doctor der Theologie, 1613 Generalsuperintendent. Er starb 24. December 1615 und war ein Gegner des Ratichius, weshalb er in Ungnade fiel. S. Johann Kromayer, Christliche Leichenpredigt auf Abrah. Lange. Erfurt 1616. 4°. Laurentius Reinhard, Decimae exegeticae. Witte, Diarium biogr. Zedler. Christianus Avianus, Oratio funebris de vita, studiis etc. Abr. Langii. Jenae 1616. 4°.

Lappe, Nicodemus, geb. 20. Oct. 1582 zu Remda, kam 1594 auf die Schule nach Ohrdruf, studirte seit 1600 neun Jahre zu Jena und wurde 1610 Diaconus zu Weimar, 1615 Pfarrer zu Ibaun, 1618 Diaconus zu Arnstadt, 1629 Schuleninspector und Superintendent. Er war einer der Mitarbeiter an der Ernestinischen Bibel und starb 8. November 1663. S. F. F. Treiber, Dissertatio de Superintendentibus Arnstad. Freher. Zedler. Zöcher (Ergänzungen).

Latermann, Johann, geb. 1620 zu Coburg, studirte zu Helmstädt und Königsberg, wurde erst Magister der Philosophie, nahm 1645 am Thorner Religionsgespräche Theil, sollte dann Diaconus zu Königsberg in Preußen werden, er wurde aber des Pelagianismus beschuldigt, und als er von Rostock, wo er den Grad eines Doctors der Theologie erlangte, zurückkehrte, war seine Stelle anderweit besetzt. 1652 Generalsuperintendent zu Halberstadt. Ehebruchs halber mußte er seine Stelle verlassen und wurde später Feldprediger. Er starb 1662. Als Synkretist sollte er, ehe er den theologischen Lehrstuhl betrat, 10 Säze seines Lehrers Calixt widerrufen. Die starren Lutheraner bedrohten ihn sogar als Stifter einer hermaphroditischen Secte, als Verräther an der augsburgischen Confession und an Gott, dereinst nicht christlich zu begraben, sondern wie ein Stück Vieh einzuscharren. S. Erdmann Rud. Fischer, Memoria Jo. Latermanni. Cob. 1762. 4°. Freher. Zedler. Zöcher (Ergänzungen) *).

Lehmann, Georg, geb. 9. Sept. 1616 zu Belgern, studirte zu Wittenberg und Leipzig, wurde 1642 Magister, 1652 Sonnabendsprediger zu Leipzig, 1655 Pfarrer zu Weißenfels, 1659 Licentiat der Theologie, 1660 Doctor der Theologie, 1670 Pastor zu Leipzig, Superintendent und Canonicus zu Zeiz und zu Meißen. Er starb 16. März 1699. S. Joh. Cyprian, Programma academicum in funere Ge. Lehmanni. Lips. 1699. Fol. Pipping, Memoriae, II, 747. Uhsen. Zedler. Zöcher (Ergänzungen).

Leo, Johann Benedict, war Amtschösser zu Georgenthal, ein frommer Mann, aber ein eifriger Hexenverfolger, fertigte 1665 eine neue Amtsbeschreibung und starb zu Salzungen. S. Brückner, Kirchen- und Schulenverfassung, II. 4, p. 29.

---

*) Von ihm verschieden ist Johann Latermann (nicht der Vater), geb. 1575 zu Ibenar, 1609 Amtskastner zu Eisfeld, 1616 Obergeleitsmann zu Erfurt, 1618 Rentmeister zu Coburg 1633 Regierungsrath. Er starb 18. Juli 1655. S. Abraham Bischoff, Kurze schriftmäßige Predigt auf Joh. Latermann. Coburg 1655. 4°.

Leth [Leht], Johann, geb. zu Wegersleben in der Diöcese Arhus 18. Februar 1625, studirte zu Kopenhagen und Sora, wurde Rector der Ritterschule zu Sora, dann Prediger zu Raing in Fühnen, dänischer Consistorialrath, Beichtvater und Hofprediger, und starb 23. August 1688 S. Jöcher.

Lillie, Axel, Graf zu Lilienburg, geb 1603, diente dem Könige Gustav Adolf von Schweden gegen die Polen, begleitete ihn 1630 nach Teutschland, wurde Commandant von Spandau, wohnte den Belagerungen von Würzburg und Mainz bei und verlor in der letzteren sein linkes Bein. 1638 Oberster und erster Assistenzrath Baners, dann Gouverneur in Hinterpommern, eroberte 1639 Demmin, fiel 1640 in der Mark Brandenburg ein, wurde 1642 Generalmajor und Commandant von Leipzig, 1646 Reichsrath, 1651 Freiherr, 1652 Graf von Lilienburg, endlich Gouverneur von Carelien und starb 1662. S. Joh. Friedrich Gauben, Historisches Helden- und Heldinnen-Lexicon. Lpz. 1716, p. 916.

Limprecht, Volkmar, geb. 6. März 1615, studirte in seiner Vaterstadt Erfurt, wurde 1636 Magister, 1637 Rector an der Andreasschule, gab aber, 1650 zum Untercämmerer gewählt, dieses Amt auf. Er war ein Freund des Volkes, besaß aber zu viel Ehrgeiz, und trat, als er an dem Volke keine Stütze mehr fand, auf die Seite von Kurmainz. 1655 bis 1658 ward er zum Oberviertherrn gewählt. Um die Verschönerung Erfurts erwarb er sich große Verdienste. Er wurde hingerichtet 20. November 1663. Vgl. W. J. A. von Tettau, Die Reduction von Erfurt und die ihr vorausgegangenen Wirren (1647—1665). Erfurt 1863, p. 41.

Lobharzberger, Johann Christoph, geb. 5. Februar 1611 zu Freyberg, wurde zu Breslau erzogen und studirte seit 1630 zu Leipzig, seit 1632 zu Jena, wurde 1633 Hofgerichtsadvolat zu Wittenberg, 1640 Doctor der Rechte, 1641 Rath zu Weimar. 1643 wurde er von Herzog Ernst dem Frommen als Hof- und Justizrath nach Gotha berufen, 1647 Consistorialassessor daselbst. Er starb 24. August 1655. S. Christoph Brunchorst, Requies animarum pie defunctorum, Leichenpredigt auf Joh. Christoph Lobharzberger. Gotha 1655. 4°. Sagittarii historia Gothana, p. 268. Sein Epitaph s. in Joh. Christian Bachov, Tractatus de rebus religiosis ac de sepulcris Gothanis. Gothae 1721, p. 194.

Ludolf, Hiob, geb. 15. Juni 1624 zu Erfurt, bereiste von 1645 bis 1652 die Niederlande, England (1647), Frankreich, Italien, Schweden (1650), Dänemark (1651). Herzog Ernst der Fromme sendete ihn 1652 als Legationssecretär auf den Reichstag nach Regensburg. Am 19. December 1653 übertrug ihm Herzog Ernst die Aufsicht über den ältesten Prinzen Johann Ernst. Dafür erhielt er Wohnung, Holz, Licht und 250 Gülden Besoldung. 1660 wurde er, nachdem er zu Altorf auf Kosten des Herzogs sein Doctorexamen gemacht hatte, Hof- und Justizrath. 1661 begleitete er die beiden ältesten Prinzen auf ihrer Reise nach den nordischen Höfen. 1666 Cammerdirector zu Gotha. Nach Herzog Ernst's Tode zog er (im Nov. 1675) nach Altenburg, später nach erhaltenem Abschiede (1678) nach Frankfurt a. M.

wurde 1679 kaiserlicher Reichshofrath, 1681 Commerdirector bei dem Kurfürsten von der Pfalz. Unter seinen Schriften zeichnen sich aus eine Historia Aethiopica, die Amharische Grammatik und Lexicon, eben so die Aethi-
opische Grammatik und Lexicon. Er starb 8. April 1704 zu Frankfurt a. M.
S. Christian Juncker, Commentarius de vita scriptisque ac meritis
Jobi Ludolfi. Lips. et Francof. 1710. 8°: G. Vockerodt, Fructuosa
et fortunata post fata Jobi Ludolfi studia orientalis litteraturae et
consilia de re christiana amplificanda et veritate evangelica inter ex-
teros propaganda. Gothae 1723. 4°. Rosenmüller, Beiträge zur Geschichte
neuer berühmter Staatsmänner und Rechtsgelehrten. Hildburgh. 1800.
Fr. Chr. Matthiae, Nachricht von Hiob Ludolfs noch vorhandenem
Briefwechsel. Frankf. 1818. 4°. Jets over Job Ludolf, door H. E.
Weijers. Uit het Archief voor Kerk - Geschied. IX Deel. 1838. 8°.
Jöcher.

Ludwig (Ludovici), Daniel, geb. 5. October 1625 zu Weimar, studirte seit 1641 zu Jena Medizin, lebte dann zu Wittenberg und Hamburg,
kehrte 1647 nach Weimar zurück, hielt sich dann eine Zeit lang in Jena auf
und wurde 1651 Arzt zu Königsberg in Franken. Hier erwarb er sich als
Arzt solchen Ruf, daß er oft von Bamberg und Würzburg aus consultirt
wurde. 1658 zog er nach Salzungen, wurde 1662 Stadtphysicus zu Gotha,
dann 1666, nach dem Tode des Dr. Balthasar Glassius, Leibarzt Herzog
Ernst's des Frommen. Er starb 3. Sept. 1680. Seine durch seltene Werke
ausgezeichnete Bibliothek wurde mit der herzoglichen vereinigt. S. Sagittarii
historia Gothana, p. 368. Joh. Heinrich in der Vorrede zu der Apothe-
kertaxe zu Gotha. 1714. Jöcher (auch in den Ergänzungen). Joh. W
Krauß, Hildburgh. Kirchen- Schul- und Landeshistorie. Hildb. 1754. 4°.
IV, 61.

Ludwig, Jeremias Balthasar, geb. 27. October 1625 zu Erfurt,
wurde daselbst erzogen und konnte schon im 16. Jahre (1641) seine academi-
schen Studien beginnen, studirte 1642 bis 1644 Philosophie und Philologie
zu Königsberg und kehrte darauf nach Erfurt zurück. Nach kurzem Aufent-
halte bereiste er das südliche Teutschland und die Schweiz, ging dann 1648
nach Straßburg, um seine Studien fortzusetzen, wurde 1650 Pfarrer zu
Tröchtelfingen in Schwaben, 1660 Diaconus an der Predigerkirche zu Erfurt. Von hier berief ihn Herzog Ernst als Hofprediger und Consistorialassessor nach Gotha, wo er am 1. August 1665 einzog. Seine Vocation vom
4. Juli 1665 s. Loc. 48a. no. 4 im ehemaligen Consistorialarchive zu Gotha.
Er starb 3. Juni 1673. S. Joh. Christian Gotter, Der geübten Christen
größte Probe, Leichenpredigt auf Jeremias Balthasar Ludwig. Gotha 1673.
4°. Witte, Memoriae. Sagittarii historia Gothana p. 353. Rudolphi,
Gotha diplomatica, III, 386. Jöcher.

von Mainz, Franz Friedrich Anselm von Ingelheim, Erzbischof,
geb. zu Oppenweiler, wurde Domherr zu Mainz und Statthalter zu Erfurt,
dann 1679 Erzbischof. Er ging 1688 nach Erfurt, weil die Franzosen Mainz

beſetzten. 1690 krönte er den König Joſeph. Er ſtarb 1695 zu Aſchaffen-
burg. S. Imhof, Theatrum Europaeum. Zedler.

Major, Johann, eigentlich Grosse, war geb. 26. December 1564 zu
Reinſtedt bei Orlamünda, kam 1574 auf die Schule nach Weimar, dann nach
einer ſchweren Krankheit nach Orlamünda, hierauf wieder nach Weimar. Er
ging 1581 nach Berlin, 1582 nach Colberg, bezog 1584 die Univerſität Jena,
wurde 1592 Diaconus zu Weimar, 1611 Profeſſor der Theologie zu Wittenberg, 1612 Doctor und Profeſſor der Theologie zu Jena. Er ſtarb 4. Januar 1654. S. Chriſtian Chemnitz, Vera pax animae, oder chriſtliche Leichenpredigt auf Joh. Major. Jena 1654. 4º. Witte, Memoriae Decas
VIII. 1081. Freher. Zeumer, Vitae professorum theologorum, p. 126.
Beyer, Syllabus rectorum et professorum Jenensium, p. 485. Uhſen.
Zedler. Jöcher (Ergänzungen). de Wette, Evangeliſches Jena, I, 101.

Malsius, Simon, wurde 1607 Doctor der Rechte zu Baſel, dann Ad-
vocat zu Leipzig, hierauf Rath mehrerer Reichsfürſten, und ſtarb 1660 zu
Halle. S. Jöcher.

Martersteg, Johann, geb. 14. October 1628 zu Ballſtädt bei Gotha,
wurde Hofmeiſter in Gotha und ſtarb 11. Januar 1663. Er dichtete das
Lied: Wie ſoll ich doch die Güte dein, Jeſu genugſam loben? S. Jöcher
(Ergänzungen). Wetzel, Liederdichter, II, 151.

Matthiae, Johann, geb 1592 zu Weſterhuſeby in Oſtgothland, ſeit
1599 erzogen zu Linköping, ſtudirte ſeit 1609 zu Upſala, wurde 1617 Magiſter der Philoſophie, beſuchte dann die Univerſitäten zu Roſtock, Helmſtädt,
Wittenberg, Leipzig und Gießen, wurde dann Profeſſor der Poeſie zu Upſala
und Hauslehrer, dann Rector der Ritterakademie zu Stockholm, hierauf
Guſtav Adolfs Feldprediger, Hofmeiſter der Prinzeſſin Chriſtina, 1643 Biſchof
zu Strengnäs. Er verlor aber 1669 ſein Amt, weil er mit Duräus, welcher
eine Vereinigung aller Proteſtanten beabſichtigte, zuſammenhielt, und ſtarb
18. Februar 1670. Sein Werk „Rami olivae" machte ihn des Synkretismus
verdächtig, und der Uebertritt der Königin Chriſtina, welche er in der Religion unterrichtet hatte, beſtärkte darin noch mehr. Seine Bücher wurden
1662 in Schweden verboten. Doch wird ſeine Unſchuld in Anſehung des
letzteren Verdachts durch ſeine Briefe an die Königin genügend gerechtfertigt.
Wegen des Synkretismus rechtfertigte er ſich durch ſein Glaubensbekenntniß
auf dem Sterbebette. Cod. Chart. B. no. 511. p. 68 auf der herzoglichen
Bibliothek zu Gotha. Witte, Diarium biographicum, Jöcher (Ergänzungen).

Meisner, Johann, geb. 14. April 1615 zu Torgau, ſtudirte zu Wit-
tenberg, wurde 1638 Magiſter, 1642 Adjunct der philoſophiſchen Facultät,
1649 Profeſſor der Theologie, 1650 Doctor der Theologie, 1660 Propſt.
Er lebte mit Abraham Calov in Streit und ſtarb 11. November 1681. S.
Conr. Samuel Schurzfleiſch, Parentalia Meisneriana sive oratio etc.
Witteb. 1681. Fol. Witte, Memoriae Decas XVI, 2003. Matth. Faber.
Hiſtoriſche Nachrichten von der Schloßkirche zu Wittenberg, p. 150. Erd-
mann, Biographie der Pröpſte zu Wittenberg, p. 24. Uhſen. Zedler. Jöcher.

45

(Ergänzungen). Tholuck. Der Geist der lutherischen Theologen im 17. Jahrhundert. Hamburg und Gotha. 1852, p. 225.

Mengering, Arnold, geb. 1. Sept. 1596 zu Halle, wo sein Vater Kaufmann war. Er studirte seit 1615 Philosophie und Theologie zu Wittenberg, wurde 1618 Magister, ging 1619 nach Jena, wurde 1622 Pfarrer zu Colbitz, 1624 zu Magdeburg. Von da wurde er nach Löbejün und 1627 nach Halle berufen 1630 wurde er durch die Kriegsvölker aus Halle vertrieben und lebte beinahe ein ganzes Jahr in Bitterfeld. 1631 Hofprediger in Dresden. Herzog Johann Philipp berief ihn 1635 als Kirchenrath nach Altenburg. 1638 Doctor der Theologie zu Jena. 1640 Superintendent zu Halle, wo er 12. Januar 1647 starb. S. Witte, Memoriae Decas V, 648. Friedr. Gotter, Elogia clarorum virorum, qui Altenburgum illustrarunt. Jenae, 1713, p. 40. Kettner, Clarus Neostadio australis Magdeb. p. 691. Freher. Ubsen. Zedler. Jöcher (Ergänzungen). Christian Gneintzius, Lessus super manes Arn Mengeringii, Hal. 1647. 4°. Gleich, Annales ecclesiastici III, 665.

Mengwein, Johann Christoph, geb. zu Salzungen, studirte zu Straßburg und wurde 1650 Pfarrer zu Friedelshausen. Seine Besoldung an Geld und Früchten betrug nur 126 Fl. Er bat Herzog Ernst den Frommen um Zulage und starb 28. Mai 1682. Zu einer 1661 auf Befehl aufgestellten Designation seiner Pfarrei bemerkt er schließlich:

Saepe labores sunt, sed praemia parva sequuntur
Hic, dabit in coelis munera larga Deus.

S. G. Brückner, Neue Beiträge zur Geschichte deutschen Alterthums. Meiningen 1863. Lieferung II, p. 453.

Menzer, Balthasar, geb. 11. Mai 1614 zu Gießen, kam 1625 auf das Gymnasium nach Marburg, studirte daselbst Philosophie seit 1628, wurde 1632 Magister, ging dann nach Gießen und studirte Theologie, 1640 Professor der Theologie, 1641 Professor der Moralphilosophie, 1646 Professor der Theologie zu Rinteln. Er wurde 1651 als Professor der Theologie und hebräischen Sprache nach Gießen zurückgerufen. Viele Vocationen schlug er aus. 1652 Oberhofprediger und Superintendent zu Darmstadt. Als solcher wurde er zu mehreren Gesandtschaften benutzt. Er starb 28. Juli 1679. S. Witte, Memoriae Decas XVI, 1980. Freher. Uhsen. Zedler. Jöcher (Ergänzungen).

von Mercy, Franz, geb. zu Longwy in Lothringen, wurde 1631 Oberstwachtmeister unter Piccolomini, erhielt 1633 ein Regiment, wurde aber gefangen, war 1634 wieder im Ober-Elsaß, 1635 bairischer Oberstwachtmeister, 1638 General-Feldzeugmeister. 1640 kämpfte er in der Unterpfalz, war 1641 bei der Belagerung von Wolfenbüttel und bei der Einnahme von Göttingen, 1641 im Breisgau, 1642 im Würtembergischen. Er wurde 1642 bei Kempten geschlagen und mit Lamboy gefangen, aber bald wieder ausgewechselt. Er eroberte hierauf 1643 Rottweil, 1644 Freyberg und wurde Generallieutenant, siegte 1645 bei Mergentheim über Türenne, verlor aber 1645 bei Allerheim sein Leben. S. Pufendorf, De rebus Suecicis sub Gustavo Adolpho. Joh. Friedr. Gauhen, Historisches Helden- und Heldinnen-Lexicon. Leipz. 1716. p. 1058. Zedler.

Meyer, Joachim Bartholomaeus, geb. 16?., unterrichtete schon als Schüler die beiden ältesten Kinder des Herzogs Ernst und wurde 1654 Lehrer derselben. Er blieb es lange Jahre, bis er um das Jahr 1665 die Aufsicht über die Bibliothek erhielt. Er starb um 1701 und ist auch als Liederdichter bekannt. S. Wetzel, Liederdichter, II, 173. Fr. Jacobs, Beiträge zur ältern Literatur. Lpz. 1835. I, p. 11.

Meyfart, Johann Matthaeus, geb. 1590 zu Wahlwinkel bei Gotha, studirte Theologie zu Wittenberg und Jena und wurde 1616 Professor in Coburg, 1623 Director. 1633 wegen seiner Dissertation De disciplina ecclesiastica verklagt, nahm er einen Ruf als Professor an die Universität Erfurt an, wo er mit dem zelotischen Zopf in Streit gerieth. 1627 schrieb er „Vom himmlischen Jerusalem", 1636 erschien „Christliche Erinnerung von den aus den evangelischen hohen Schulen in Teutschland entwichenen Ordnungen und ehrbaren Sitten", dem Herzoge Ernst gewidmet. Er dichtete das Lied: Jerusalem, du hochgebaute Stadt". Er starb 1642. S. Henke, Calixt. II. Abth. p. 82. Herzog's Real-Encyclopädie. Ludwig, Die Ehre des Casimiriani zu Coburg 1725. I, 234. II, 261. A. Tholuck, Lebenszeugen der lutherischen Kirche. Berl. 1859, p. 299.

von Miltitz, Hans Caspar, geb. 1. Mai 1608 zu Glauchau, wurde zu Weimar erzogen und studirte seit 1625 zu Jena, ging 1627 nach Wittenberg, bereiste dann die Niederlande und England. 1634 wurde er Hofgerichtsassessor zu Jena. 1637 zog ihn Herzog Ernst an seinen Hof. 1646 wurde er mit Frantze auf den Reichstag nach Regensburg gesendet. Er wurde zu vielen Sendungen benutzt. So 1642 nach Wien, um Protectorien für die Residenzstädte Weimar, Gotha und Eisenach, sowie für die Universitätsstadt Jena auszuwirken, auch um Erleichterung der Einquartierungslasten in den ernestinischen Ländern zu schaffen (. Instruction, Weimar, 8. Juni 1642, was bei der R. K. Majestät Unser Wilhelms, Albrechts und Ernsts Gebrüder Herzoge zu Sachsen ec. der pp. von Miltitz vor und anbringen soll, A IV Θ 1 im Haus- und Staatsarchive zu Gotha). Seine Sendung hatte jedoch wenig Erfolg (s. WW III, 20 und 21 im Haus- und Staatsarchive zu Gotha). 1645 wurde er Amtmann zu Königsberg in Franken, 1649 Consistorialrath und Cammerjunker zu Gotha, 1654 Vicehofrichter des gemeinschaftlichen Hofgerichts zu Jena. Vom Jahre 1665 an kränkelte er bis zu seinem Tode den 15. Juni 1670. S. Tobias Dürsfeld, der letzte Wille unsers hochverdienten lieben Heilandes und Seligmachers Jesu Christi, Leichenpredigt auf Hans Caspar von Miltitz. Goth. 1670 4°. Joh. W. Krauß, Hildburghäusische Kirchen-Schul- und Landeshistorie. Hildburgh. 1754. 4°. IV, 37. Sagittarii historia Gothana, p. 364.

von Miltitz, Heinrich, geb. 29. August 1619 zu Gutmannshausen bei Weimar, erzogen seit 1632 zu Ohrdruf, seit 1635 zu Naumburg, studirte seit 1636 Theologie und Philosophie zu Jena. Herzog Ernst nahm ihn 1638 in seine Dienste und ließ ihn 1639 zur Fortsetzung seiner Studien wieder nach Jena gehen. 1642 wurde er an Torstenson als Commissär abgeschickt. Hierauf studirte er zu Straßburg (1642) und ging mit Bewilligung Herzog Ernsts 1644 nach Basel, Genf, Paris und in die Normandie. 1646 kehrte er nach Gotha zurück, ward 1648 wegen Vertheilung der schwedischen Kriegs-völker in die sieben Kreise nach Prag geschickt und zog von da aus, als die Stände nach Leipzig gewiesen wurden, dahin, wohnte darauf den 1648 und 1649 vom Kurfürsten von Sachsen ausgeschriebenen Kreistagen bei, ging 1649 nach Erfurt, wo man sich endlich wegen Vertheilung der Völker und deren Verpflegung verglich (s. A IV, Θ 2 bis 4 im Haus- und Staatsarchive zu Gotha). Im Jahre 1655 war er mit zur Abholung der Leiche Herzog Bern-hards nach Breisach abgeordnet worden. Er starb 26. Januar 1672. S. Heinrich Reinesius, Frommer Herzen höchstseliger Zustand nach ihrem Tode, Leichenpredigt auf Heinrich von Miltiz. (Gotha 1672. 4°.

Moebius, Georg, geb. 18. Dec. 1616 zu Laucha bei Waltershausen, studirte zu Jena und Leipzig und wohnte dem Colloquium zu Thorn 1645 bei. 1647 Rector zu Merseburg. 1668 Professor und Doctor der Theologie zu Leipzig, Canonicus zu Zeitz, dann auch zu Meißen, starb 28. Nov. 1697. S. Joh. Cyprian, Programma academicum in Ge. Moebii funere. Lips. 1697. Fol. Pipping, Memoriae, p. 705. Uhsen. Jöcher (Ergänzungen).

Mühlpfort, Hieronymus, wurde Hofgerichtsadvokat zu Jena und war 1650 (20. März) einer der Visitatoren der Universität zu Jena.

Musaeus, Johann, geb. 7. Februar 1613 zu Langewiesen im Schwarz-burgischen, wurde zu Arnstadt erzogen, studirte 1633 Theologie zu Erfurt, wurde 1635 Magister zu Jena, 1643 Professor der Geschichte und Dichtkunst daselbst, 1646 Professor der Theologie. Johann Reinhard beschuldigte ihn grober Irrthümer. Er starb 4. Mai 1681. S. Theophilus Coler, Abbil-dung eines rechtschaffenen Lehrers, Leichenpredigt auf Johann Musäus. Jena 1681. Fol. Witte, Memoriae Decas XVI, p. 2069. Zeumer, Vitae professorum theologorum Jenensium, p. 178. Beyeri Syllabus recto-rum Jenensium, p. 492. Uhsen. Zedler. Jöcher (Ergänzungen).

Mylius, Anton, geb. 3. März 1593 zu Jena, studirte zu Wittenberg, wurde 1644 Magister, 1646 Adjunct der philosophischen Facultät, dann 1621 Diaconus zu Kelbra, 1625 Hofmeister und Consistorialassessor zu Rudolstadt, zuletzt Superintendent zu Cranichfeld, wo er 10. Febr. 1655 starb. S. Hi-storia Myliana, p. 50. Witte, Diarium biogr. Freher. Jöcher (Ergän-zungen).

Mylius, Johann, geb. 14. October 1605 zu Nordhausen, kam 1619 auf die Schule nach Perleberg, dann nach Göttingen, endlich 1626 mit seinem Lehrer M. G. Andreas Fabricius nach Mühlhausen, studirte 1630 Theologie zu Jena, wurde 1634 Pfarrer zu Ershausen auf dem Eichsfelde, 1646 Hof-inspector, 1657 Pfarrer zu Mehlis. Er starb daselbst 1684.

Nehring, Johann Christoph, geb. 16. .... zu Pfullendorf, studirte die Rechte zu Jena, wurde Hofabbokat zu Gotha, 1666 Magister zu Jena, und starb 1692 S. Rudolphi, Gotha diplomatica, III, 332. Jöcher (Ergänzungen).

Neumann, Caspar, geb. 14. Sept. 1648 zu Breslau, wurde 1670 Magister, 1673 Reiseprediger des Prinzen Christian zu Sachsen-Gotha, 1676 Hofprediger zu Altenburg, 1678 Diaconus zu Breslau, 1680 Consistorialassessor und Pastor, 1697 Inspector der evangelischen Kirchen und Schulen und Professor der Theologie, 1706 Mitglied der preußischen Societät der Wissenschaften. Er starb 27. Januar 1715. S. Friedr. Peter Tacke, Merkwürdiges Leben des Gottesgelehrten Casp. Neumann. Bresl. und Leipz. 1741. 8°. Leben des vortrefflichen Gottesgelehrten Casp. Neumann. Berl. 1741. 8°. Moritz Casten, Trutina religionum. Leipz. 1716. Scultet. De hymnopoeis Silesiis, p. 34. Wetzel, Leben der berühmtesten Liederdichter, I, 216. Unschuldige Nachrichten. Teutsche Acta eruditorum, p. 33 und 36. Zedler. Jöcher (Ergänzungen).

Neunes, Ortolph, geb. 27. Sept. 1619 zu Schmalkalden, studirte seit 1640 Philosophie und Theologie zu Jena, wurde 1642 Baccalaureus, bezog 1643 die Universität zu Marburg. 1644 Hauslehrer beim Kanzler Just Sinolt genannt Schütz, mit dessen Söhnen er 1648 auf die Universität nach Gießen ging. 1650 Diaconus zu Nidda in der Wetterau und gleich darauf Archidiaconus zu Schmalkalden, 1652 Oberpfarrer und Inspector daselbst, 1675 Doctor der Theologie. 1699 wurde ihm sein Sohn zur Hülfe beigesetzt. 1701 legte er sein Amt nieder und starb 22. Mai 1702. S. Josua Sebastian Reinhard, Der sichere Geleitsbrief, Leichenpredigt auf Ortolph Neunes. Römhild 1706. Fol. Johann Reinhard Häsener, Die Herrschaft Schmalkalden. Schmalkalden 1825, IV, 194. Zedler. Jöcher (Ergänzungen)

Nicolai, Friedrich Timotheus, wurde Magister der Philosophie und Pfarrer zu Döbritschen, dann 1641 Pastor zu Löberschütz. Er war einer der Mitarbeiter an der Ernestinischen Bibel. S. de Wette, Evangelisches Jena. II, 351. Jöcher (Ergänzungen).

Nihusius oder Neuhaus, Barthold, geb. 1589 zu Wolpe im Braunschweigischen, wurde zu Verden und Goslar erzogen, studirte seit 1607 zu Helmstädt und wurde daselbst 1612 Privatdocent der Philosophie, verließ aber 1614 Helmstädt, weil er glaubte, daß man sein Emporkommen hindern wollte. Er war nun von 1616 bis 1618 Hauslehrer in Jena, wurde dann Informator der Prinzen Friedrich Wilhelm und Bernhard zu Weimar im März 1619. Drei Jahre darauf verschwand er plötzlich aus Weimar und schwor seinen evangelischen Glauben aus Eigennutz in Köln ab 1622. Die Jesuiten beförderten ihn zu hohen Ehrenstellen. Er wurde Propst über das Nonnenkloster zu Haldensleben, 1629 Abt in Ilefeld. Mit List und Gewalt suchte er in der Grafschaft Hohenstein die katholische Religion einzuführen. Bei Annäherung der Schweden im Jahre 1631 floh er nach Hildesheim und nahm ein Canonicat an. Hierauf lebte er mehrere Jahre in Holland, namentlich zu Amsterdam, wo er den berühmten Voß kennen lernte. Zuletzt

wurde er vom Papste zum Titularbischofe in Mysien, vom Kurfürsten Johann
Philipp zu Mainz zum Generalvikare in den heſſiſchen, thüringſchen und eichfeldiſchen Provinzen ernannt. Als ſolcher lebte er zu Erfurt und ſtarb
10. März 1657. S. Leuckfeld, Antiquitates Ilefeldenses. Quedlinb.
1709. 4°, p. 141. Tentzel, Curienſe Bibliothek, I, 724. Ge. Calixt, De
arte nova Nihusii. Acta historico-ecclesiastica. Weimar 1742, VI, 192.
Bayle, Dictionnaire historique et critique. Uhſen. Zedler. Jöcher (Ergänzungen). Schröckh, Reformationsgeſchichte, IV, 252. Bernh. Röſe, Bernhard der Große I, 331.

      Ölhafen von Schöllenbach, Tobias, geb. 23. Auguſt 1601
zu Nürnberg, wurde daſelbſt und ſeit 1615 zu Altorf erzogen. Er widmete
ſich dem Studium der Rechte und der Mathematik, ging 1620 nach Tübingen,
1621 nach Straßburg, dann nach Baſel, bereiſte Frankreich, England und
Holland. Nach ſeiner Rückkehr 1625 wurde er Doctor der Rechte zu Altorf,
hierauf Rathsherr in Nürnberg, ging dann nach Italien, von wo er 1626
zurückkehrte. 1628 Geſandter am kaiſerlichen Hofe. 1629 ernannte ihn Herzog Johann Caſimir zu Coburg zu ſeinem Rathe, 1634 war er auf dem
Conföderationstage zu Frankfurt a/M., 1636 auf dem Convente zu Nürnberg,
1640 auf dem Reichstage zu Regensburg, 1644 Geſandter zu Münſter und
Osnabrück. Hierauf wurde er Rath des Herzogs Eberhard zu Würtemberg,
Prokanzler zu Altorf und Aſſeſſor des Appellationsgerichtes. Dann war er
wieder Geſandter zu Regensburg, 1654 zu Bamberg, 1655 zu Frankfurt a/M.
Er ſtarb 27. October 1666 zu Nürnberg. S. Johann Mich. Dilherr, Prophetiſche Fürſtellung derer von dem erzürnten Gott zum Verderben verworfenen Länder. Nürnb. 1666. 4°. Ernst Cregel, Merita Tob. Oelhafen
suprema laudatione celebrata. Altorf. 1667. 4°. Witte, Memoriae
Dec. III, 432. Harsdörffer et Claud. Sincerus, Vitae jurisconsultorum,
II, 90. Le Long, Bibliotheca historica. Freher. Zedler. Jöcher (Ergänzungen).

      Olearius, Johann, geb. 17. Sept. 1611, wurde zu Halle und Merſeburg erzogen, ſtudirte zu Wittenberg, wurde Superintendent zu Querfurt,
dann Hofprediger und Beichtvater des Herzogs Auguſtus zu Halle, Oberhofprediger zu Weißenfels, Kirchenrath und Generalſuperintendent. Er ſtarb
14. April 1684 zu Weißenfels. S. Joh. Ge. Hoffmann, Concio funebris
germanica in Joh. Olearium. Leucopetrae 1684. Fol. Joach. Leistenius,
Palma florens in funere Joh. Olearii. Leucop. 1684. Fol. Ge. Moebius, Programma acad. in obitum Joh. et Godofr. Olearii Fol.
Witte, Diarium biogr. Pipping, Memoria, I, 17. Freher. Uhſen. Zedler. Jöcher (Ergänzungen). Wetzel, Liederdichter, II, 253.

      Oxenstierna, Axel, geb. 16. Juni 1583 zu Faröd in Upland, ſtudirte von 1598 bis 1603 zu Roſtock, Jena und Wittenberg die Rechte, Staatswiſſenſchaften und Theologie, wurde 1609 Reichsrath und beim Regierungsantritte Guſtav Adolfs Reichskanzler (1612). Er hauptſächlich vermittelte
den Frieden am 16. Januar 1613 mit Dänemark, welcher mit Opfern erkauft

werden mußte. Mit Entschiedenheit trat er der Neigung des Königs zu Ebba Brahe entgegen, obwohl ihr Vater sein Freund war. Im Jahre 1620 warb er für den König um Maria Eleonora, Tochter des Kurfürsten Georg Wilhelm von Brandenburg, und führte sie dem Könige in Stockholm zu. Während der König 1621 den Feldzug nach Liefland unternahm, führte er die Regierungsgeschäfte. 1624 führte er mit Dänemark einen günstigen Frieden herbei. In dem Kriege gegen Polen von 1626 bis 1629 führte er in der Abwesenheit des Königs das Commando. Er brachte einen sechsjährigen Waffenstillstand mit Polen zu Stande. In dem Kriege in Deutschland wurde ihm nach Gustav Adolfs Tode königliche Gewalt übertragen. Der Verrath Wallensteins war ihm verdächtig. Wer sein Vaterland verräth, sagte er, verräth auch Andere. Auf die Zusammenkunft mit Richelieu zu Compiegne im April 1635 folgte ein vortheilhafter Vertrag. Die unglückliche Schlacht bei Nördlingen im J. 1634 machte ihm viel zu schaffen. Wegen nicht ausgezahlten Soldes drohte eine Meuterei im Heere auszubrechen. Sachsen fiel vom Bündnisse ab, und Brandenburg drohte abzufallen, doch gelang es Oxenstierna, alle Stürme zu beschwichtigen. 1640 ging er nach Stockholm zurück und schloß einen Handelstractat mit Portugal und ein Bündniß mit Holland. 1643 erneuerte er den Tractat mit Frankreich, nach welchem die Schweden drei Jahre lang jedes Jahr 1,200,000 Livres erhielten. In Schweden förderte er das Unterrichtswesen und gründete 5 Gymnasien, half den Finanzen auf, unterstützte Handel und Gewerbe, führte das Postwesen ein und errichtete ein Bergwerkscollegium. Der verwittweten Königin trat er oft entgegen und verhinderte ihre Einwirkung auf die Tochter. Tief gekränkt flüchtete Maria Eleonora am 29. Juli 1641 heimlich nach Dänemark und von da nach Preußen. 1645 erhob ihn die Königin Christina in den Grafenstand. Der Thronentsagung der Königin Christina widersetzte er sich umsonst, ebenso der Ernennung Carl Gustavs zum Thronfolger. Sein Sturz schien gewiß, demungeachtet schätzte Carl Gustav seine Verdienste, und er gab ihm den Namen Vater. Oxenstierna starb 28. August 1654. Von seiner Gelehrsamkeit zeugt der von ihm verfaßte zweite Theil der Historia belli succo-germanici, wozu Chemnitz den Namen hergab. S. die Lebensbeschreibungen Gustav Adolfs von Harte, Gfrörer und andern. Clypeum virtutis ac honoris Axel Oxenstierni. Sedin. 1654. 4°. N. N. Franckius, Oratio in obitum A. Oxenstierni. Lugd. Bat. 1655. 4°. Gabr. Oxenstierna, Encomium funebre Axel Oxenstiernae dicatum. Holm. 1655. Fol. Olaus Verelius, Oratio funebris in obitum A. Oxenstiernae. Upsal. 1655. Fol. Paul v. Helmersen, Oratio memoriae Ax. Oxenstiernae. Rigae. 1655. Fol. Eric Gabr. Emporagrius, Concio funebris in obitum Ox. Holm. 1655. 4°. J. F. von Lundblad, Schwedischer Plutarch, übers. von Fr. v. Schubert. Stralsund 1831. I, 1. Johann Friedr. Gauhen, Genealogisches Adels-Lexicon. Leipzig 1747. II, 1703. Jöcher (Ergänzungen). Joh. Ed. Ernst, Biographien. Jena 1859, p. 232.

von Pappenheim, Gottfried Heinrich, geb. 29. Mai 1594, wurde im 14. Jahre nach Altorf geschickt, ging hierauf nach Tübingen und wurde kaiserlicher Reichshofrath unter Matthias (1614), nachdem er kurz vorher katholisch worden war. 1620 nahm er unter Tilly Kriegsdienste. In der Schlacht am weißen Berge bei Prag wurde er mit unter den Todten liegend aufgefunden. 1623 schlug ihn der Kaiser auf dem Reichstage zu Regensburg zum Ritter und gab ihm ein Regiment Quirassire. 1626 unterdrückte er den Bauernaufruhr in Oesterreich. Bei der Belagerung von Magdeburg im J. 1630 zeichnete er sich besonders aus und wurde Feldmarschall. Nach der Schlacht bei Leipzig (1631) schlug er Baner, ging nach Westphalen und vereinigte sich mit Wallenstein. Er nahm hierauf die Stadt Halle weg, mußte aber zu Wallenstein zurückeilen und kam am Abende der Schlacht bei Lützen an. Er ward verwundet und starb in Folge davon am 7. Nov. 1632 zu Leipzig. S. Matth. v. Pappenheim, De origine et familia illustrium dominorum de Calatin, qui hodie sunt domini a Pappenheim. Aug. Vind. 1653. Fol. Pufendorf, De rebus Suecicis sub Gustavo Adolpho. Joh. Friedr. Gauhen, historisches Helden- und Heldinnen-Lexicon. Lpz. 1716, p. 1234. Zedler. Joh. Eduard Heß, Gottfr. Heinr. Graf zu Pappenheim. Leipz. 1855. Derselbe, Biographien. Jena 1859. p. 74.

Paulinus, Johann, ein Jesuit, geb. 1604 zu Neuburg in der Pfalz, gestorben 1671 zu München. S. Alegambe, Bibliotheca scriptorum Soc. Jesu.

Petrejus, Theodor, aus Flensburg gebürtig, studirte orientalische Sprachen, arabisch, armenisch, koptisch und äthiopisch, war auf Kosten König Friedrichs III. von Dänemark längere Zeit in Ostende, bereiste Holland und kam mit dem Rufe eines schlechten und liederlichen Menschen nach Holstein. Er starb 1673 zu Kopenhagen. S. Cod. Chart. B. no. 511, f. 206 in der herzoglichen Bibliothek zu Gotha. Molleri Cimbria litterata, I, 489. Bartholinus, De scriptoribus Danis. Witte, Memoriae. Jöcher (Ergänzungen).

Pfauner, Tobias, geb. 15. März 1641 zu Augsburg, studirte die Rechte zu Altorf und Jena, wurde Hofmeister bei den Herrn von Riedesel und von Wangenheim zu Gotha, dann Canzleisecretär zu Gotha, Informator der Prinzen Ernst und Johann Ernst daselbst. 1680 Amtmann zu Saalfeld, 1686 Hofrath zu Gotha. Er wurde das lebendige Archiv des Hauses Sachsen genannt und starb 23. Nov. 1716. S. Jöcher (Ergänzungen).

Pfefferkorn, Emericus, geb. 20. Januar 1590 zu Creuzburg, wurde 1607 zu Gotha erzogen, studirte seit 1611 zu Jena Philosophie und Theologie, dann Jurisprudenz, kam 1614 nach Gotha zurück und fing als Advokat zu praktiziren an. 1619 wurde er zu Basel Doctor der Rechte, 1631 Rathsherr und Cämmerer zu Gotha, 1634 Bürgermeister und Inspector der Land- und Stadtschulen, dann Obersteuereinnehmer, Assessor des geistlichen Untergerichts und Director des Rügegerichts. Er starb 25. Nov. 1667. S. Johann Christian Gotter, Felicitas πολιτεύματος coelestis, oder die höchste Glückseligkeit des geistlichen Bürgerrechts, Leichenpredigt auf Emericus Pfefferkorn. Gotha. 1667. 4°.

4 *

Pfefferkorn, Georg Michael, geb. 1646 zu Iffta im Eisenachischen, wurde zu Gotha erzogen, studirte zu Jena und Leipzig, wurde 1666 Magister, dann Informator zu Altenburg. 1668 Lector humaniorum, verließ aber bald darauf die Schule und wurde 1673 Informator der jungen Prinzen zu Gotha, 1676 Pfarrer zu Friemar, 1682 Superintendent zu Tonna, wo er 1731 starb. Er wurde vom Kaiser zum Dichter gekrönt und war in den letzten Lebensjahren blind. Er ist Verfasser des Liedes „Wer weiß, wie nahe mir mein Ende". S. Zedler. Chr. H. Lorenz, Geschichte des Gymnasii zu Altenburg. Altenb. 1789, p. 278. Jöcher (Ergänzungen). Wetzel, Lieder-dichter, II, 293.

Pflug, Dietrich, geb. 17. Juli 1621 zu Oldenburg, wurde von Je-suiten zu Köln erzogen, später zu Braunschweig, studirte die Rechte und Philo-sophie zu Rostock. Er kam zum Besuche zu seiner Base Ursula Ende nach Altenburg, wo Herzog Ernst der Fromme ihn kennen lernte, an seinen Hof nahm und ihn zum Hofjunker, dann zum Cammerjunker, 1660 zum Haus-hofmeister, dann 1673 zum Rathe, Hofmarschalle und Obervormundschafts-Com-missäre zu Gotha ernannte. Er starb zu Burg Leinnitz in der Grafschaft Schwarzburg den 14. Juli 1678. Seine Bibliothek, hauptsächlich historische Werke enthaltend, kaufte Herzog Ernst. S. Cod. Chart. A. no. 975 auf der herzoglichen Bibliothek zu Gotha. Adam Tribbechov, Trauerpredigt auf Dietrich Pflug. Gotha 1679. 4°. Sagittarii historia Gothana, p 337.

Piccolomini, Octavio, geb. 11. Nov. 1599 zu Pisa, nahm schon im 15. Jahre Kriegsdienste in einem spanischen Regimente im Mailändischen. Nach geschlossenem Frieden nahm er 1618 kaiserliche Dienste unter Buquov, wurde Cammerherr, Rittmeister, 1625 Oberstlieutenant unter Pappenheim. 1627 führte er Wallenstein 1000 Reiter zu, wurde Capitän der Leibgarde des Herzogs und von dem letzteren zu verschiedenen militärischen und politischen Sendungen benutzt. 1630 zog er unter Colalto in den mantuanischen Krieg. Er focht mit in der Schlacht bei Lützen, verfolgte 1634 nach der Schlacht bei Nördlingen die Schweden und ging mit Isolani nach Franken. 1635 führte er den Spaniern zu Namur die kaiserlichen Truppen zu, entsetzte 1639 Tie-denhofen, eroberte 1640 Höxter. 1643 überließ ihn der Kaiser dem Könige von Spanien. 1648 kaiserlicher Feldmarschall, hierauf in den Reichsfürsten-stand erhoben. Vom Könige von Spanien erhielt er das Herzogthum Amalfi und starb 10. August 1656 zu Wien. S. Pufendorf, De rebus Suecicis sub Gustavo Adolpho. Johann Friedrich Gauhen, Historisches Helden-und Heldinnen-Lexicon. Leipzig 1716, p. 1290. Zedler. Joh. Eduard Heß. Biographien. Jena 1859, p. 379.

v. Pölnitz, Hans Ludwig, auf Köpsen, welches er ankaufte, war geboren 20. October 1612 und wurde Obersteuereinnehmer zu Altenburg. Er starb 9. Dec. 1679 auf Mosen. S. Valentin König, Genealogische Adelshistorie. Leipz. 1727 Fol. 1, 782.

von Ponica, Tobias, wurde Herzog Bernhard's zu Sachsen Geheime-rath und Statthalter in Würzburg, hierauf Gesandter am französischen Hofe

Er brachte es 1635 am französischen Hofe dahin, daß dem Herzoge Bernhard ganz Elsaß und Hagenau abgetreten und 4 Millionen Livres ausgezahlt wurden. Er starb unverheirathet zu Basel. Man gab ihm Schuld, daß er von Frankreich bestochen worden sei. S. Pufendorf, De rebus Succicis sub Gustavo Adolpho. Joh. Friedr. Gauhen, Geneal.-hist. Abels-Lexicon. Leipz. 1719, p. 1223.

Praetorius, Hieronymus, geb. 25. Nov. 1595 zu Hamburg, wurde seit 1609 auf der Schule zu Hannover gebildet, studirte 1615 zu Wittenberg Theologie, wurde 1618 Magister, ging dann 1620 nach Jena, um Johann Gerhard zu hören, und wurde dort Adjunct der philosophischen Facultät. 1626 Professor der Moral und Politik, 1631 Professor der Naturkunde. Nach der Besitznahme von Würzburg (1633) übertrug ihm Herzog Bernhard die Superintendentur daselbst. 1635 Hofprediger bei dem Herzoge Wilhelm zu Weimar. 1637 Superintendent zu Schleusingen und Professor der Theologie am Gymnasium, 1642 Superintendent zu Schmalkalden, wo er am 23. December 1651 starb. Mehrere ehrenvolle Rufe schlug er aus, so den als Superintendent nach Braunschweig (1635), als Professor der Theologie nach Jena (1637), als Prediger nach Frankfurt a/M. (1646), als Hofprediger des Landgrafen Georg von Hessen-Darmstadt, als Superintendent nach Regensburg. Von den Reformirten zu Schmalkalden hatte er viel Ungemach und Kränkungen zu erdulden. S. Ortolph Rennesius, Vera justorum παρρησία, d. i. wahre Herzensfreudigkeit der Gerechten, Leichenpredigt auf Hieronymus Prätorius. Gotha 1652. 4°. Witte, Memoriae. Ludovici, Notitia ephororum Schleusingensium. Zeumer, Vitae professorum theologorum Jenensium. Molleri Cimbria litterata, I, 504. Freher. Zedler. J. G. Ed, Biographische Nachrichten von den Predigern in der Grafschaft Henneberg, p. 58. Jöcher (Ergänzungen) Joh. Reinh. Häßner, Die Herrschaft Schmalkalden. Schmalk. 1825, IV, 53.

Präschenck von Lindenhofen, Zacharias, geb. 19. Januar 1610 zu Sulzbach, wurde zu Neuburg erzogen, studirte seit 1628 zu Altorf, dann zu Jena die Rechte. Aus der Pfalz wurde er um der Religion willen vertrieben. Er wurde zu Jena Doctor und Professor der Rechte (1635), trat dann 1641 in Herzog Wilhelms zu Sachsen-Weimar Dienste, wurde 1645 Geheimerath und Statthalter des Fürstenthums Eisenach. Herzog Ernst der Fromme übertrug ihm 1666 die Aufsicht über die Fortification, das Bau- und Defensionswesen zu Gotha. Die Stelle als Reichshofrath hatte er abgelehnt. Im Februar 1675 wurde er Regierungs- und Consistorialpräsident zu Jena. Wegen der dem Herzoge Wilhelm erwiesenen nützlichen Dienste wurde ihm das Rittergut Berka vor dem Hainich mit allem Zubehöre geschenkt (4. December 1654), s. Receß zwischen Herzog Wilhelm und Ernst wegen des heimgefallenen Ritterguts zu Berka vor dem Hainich im weimarischen Hauptstaatsarchive, Urkunde Aaa, f. 195 no. 123). Er starb 3. Mai 1678. S. Freher. Zeumer, Vitae professorum jurisconsultorum Jenensium, p. 110. Struvii Acta litteraria, Fasc. V, p. 7. Zedler. Jöcher (Ergänjungen). Johann Friedrich Jugler, Juristische Biographien. III, 207. Witte, Diarium biographicum, II, 72.

Quenstedt, Johann Andreas, geb. 13. August 1617 zu Quedlinburg, studirte seit 1637 zu Helmstädt, wurde 1643 Magister, ging 1644 nach Wittenberg, wurde 1646 Adjunct der philosophischen Facultät, 1649 Professor der Theologie, 1650 Doctor der Theologie, 1684 Consistorialassessor und Propst der Schloßkirche. Er starb 22. Mai 1688. S. Witte, Diarium biogr. II, 151. Christian Gottfr. Stenzel, Programma academ. in memoriam Jo. Andr. Quenstadii. Witteb. 1844 Fol. Pipping, Memoria, I, 229. Matth. Faber, Nachricht von der Schloßkirche in Wittenberg, p. 152 flgen. Zedler. Jöcher (Ergänzungen). A. Tholud, Der Geist der lutherischen Theologen Wittenbergs, im 18. Jahrhundert. Hamb. und Gotha 1852, p. 214.

Rappolt, Friedrich, geb. 26. Januar 1615 zu Reichenberg, wurde seit seinem zwölften Jahre zu Pegau, dann seit 1628 zu Pforta erzogen, studirte seit 1634 zu Leipzig, wurde 1636 Magister daselbst, dann Conrector an der Thomasschule, 1663 Rector zu St. Nicolai, 1651 Professor der Dialectik, 1653 der Poesie und zuletzt 1670 der Theologie, auch Canonicus zu Zeitz. Er starb 27. December 1676. S. Johann Benedict Carpzov, Der im Himmel vorgeschriebene Name Friedrich, Leichenpredigt auf Friedr. Rappolt. Leipz. 1678. 4°. Programma de vita et scriptis Rappolti. Lips. 1677. Witte, Memoriae Decas XV, p. 1947. Clarmund, Vitae clarissimorum virorum, IV, 174. Freher. Uhsen. Zedler. Jöcher (Ergänzungen).

Ratichius, Wolfgang, geb. 18 Oct. 1571 zu Wilster in Holstein, gab das Studium der Theologie, welchem er sich gewidmet hatte, auf, weil er wegen seiner schweren Zunge nicht predigen konnte. Die Erfindung einer neuen und leichteren Methode in Erlernung der Wissenschaften erwarb ihm großen Ruf. Er reiste damit nach London und Amsterdam und kehrte erst nach acht Jahren zurück. Der Landgraf Ludwig von Hessen berief ihn nach Gießen. Hier theilte er seine Lehrmethode dem Helvicus und Junius unter der Bedingung mit, sie geheim zu halten, diese aber veröffentlichten demungeachtet darüber ein Werk, „De didactica Ratichii". Die Herzogin Dorothea Maria von Sachsen berief ihn 1613 nach Weimar, dann 1618 der Fürst Ludwig von Anhalt, ein Bruder der Herzogin Dorothea Maria, nach Köthen. Wegen Verläumdung seiner fürstlichen Wohlthäter aber, und weil er nicht leisten konnte, was er versprochen hatte, wurde er des Landes verwiesen. In Köthen legte er zum Drucke seiner Schriften eine Druckerei an. 1620 ging er nach Magdeburg und wurde vom Magistrate begünstigt, entzweite sich aber mit Evenius, worauf er von der Fürstin Anna Sophia von Schwarzburg-Rudolstadt, einer Schwester der Herzogin Dorothea Maria, nach Rudolstadt berufen wurde. Er starb 27. April 1635 zu Erfurt. Seine Manuscripte befinden sich auf der herzoglichen Bibliothek zu Gotha. Er deckte zwar die Mängel und Gebrechen im Schulwesen auf, fand aber nicht die richtigen Mittel zur Abhülfe derselben. Darum konnte er seine prahlerischen Verfprechungen nicht erfüllen. Siehe XX, IV, 1a. im Haus- und Staatsarchive zu Gotha. Motschmann, Erfordia litterata, I, 67. Acker, Vita Ratichii in den Acta scholastica, VII, 2. Meyfart, Progr. in exequiis W. Ratichii. Erf. 1635. Jöcher (Ergänzungen). Ruhlopf, Geschichte des Schul- und Erziehungswesens. I, 400. Heinr. Aug. Franl, Von Wolfg. Ratich und seiner Lehrart. Erf. 1789. 4°. H. A. Niemeyer, Mittheilungen über Wolfg. Ratichius. Halle 1840 bis 46. (5 Programme des Pädagogiums zu Halle). Endlich vgl. oben Band I, p. 25 f. Das Werk von Joh. Christian Förster, Kurze Nachricht von einem berühmten Pädagogen — Wolfg. Ratichius (Halle. 1782. 8), findet sich zwar in Büchercatalogen, scheint aber gar nicht erschienen zu sein.

Ravius, Johann, aus Berlin gebürtig, erwarb sich gute Kenntnisse in den orientalischen und anderen Sprachen. Er hatte den Orient bereist und eine nicht unbedeutende Sammlung von Manuscripten mit nach Europa gebracht. Sein Charakter war unbeständig und unruhig. Die Königin Christina von Schweden berief ihn als Professor nach Upsala, die Academie aber nahm ihn nicht an, weil sie ihn als einen wunderlichen Mann kannte. Man entließ ihn deshalb, doch behielt er seine Besoldung. Er ging nun nach Kiel, wo sich der Präsident von Kielmann seiner annahm und ihm eine Stelle in der philosophischen Facultät anwies, obgleich mit vielem Widerspruche. Denn außerdem, daß man ihn vieler sonderbarer Meinungen, sogar Kezereien beschuldigte, so machte ihn seine biblische Chronologie, welche er für untrüglich ausgab, sehr verhaßt. Calov hatte gegen ihn eine sehr heftige Schrift geschrieben. S. Cod. Chart. B. no. 511, f. 201.

Reichart, Jacob, geb. 20. Januar 1640 zu Memmingen, wurde 1667 Rector am Gymnasium zu Corbach, 1677 Superintendent zu Corbach, 1678 Superintendent zu Tonna, 1685 Superintendent zu Wasungen, 1687 zu Salzungen. 1692 Hofprediger und Consistorialassessor zu Meiningen, 1697 Generalsuperintendent daselbst. Er starb 30. August 1706. S. Zedler. Jöcher.

Reinboth, Johann, geb. 14. Februar 1609 zu Altenburg, studirte Theologie zu Leipzig, Jena und Rostock, bereiste Dänemark, Holland und England, wurde 1636 Propst zu Flensburg, Consistorialdirector, dann 1639 Hofprediger zu Hadersleben, 1645 Oberhofprediger und Propst der gottorpischen und husumschen, 1664 auch der nordstrandischen Diöcese. Er starb 27. Juli 1673 als Generalsuperintendent der Herzogthümer Schleswig und Holstein. S. Witte, Memoriae Decas XIV, p. 1780. Molleri Cimbria litterata, II, 691. Uhsen. Zedler. Jöcher (Ergänzungen).

Reinesius, Thomas, geb. 13. Dec. 1587 zu Gotha, war ein Lieblingsschüler des Rectors Wilde und studirte seit 1603 zu Wittenberg Medizin, ging 1607 nach Jena, wurde 1608 Magister, 1610 Lehrer des Grafen Julius von Schlick in Böhmen. Hierauf ging er nach Padua, wurde auf dem Rückwege in Basel Doctor der Medizin, dann Professor der Medizin zu Altorf. 1617 wurde er Leibarzt der Herrn von Plauen zu Gera und Inspector und Professor des Gymnasiums. 1627 Leibarzt des Herzogs zu Altenburg und Bürgermeister, später kursächsischer Rath in Leipzig. Er starb 14. Februar 1667. S. Witte, Memoriae Decas VIII, 401. Tentzelii Supplementa ad historiam Gothanam, p. 934. Zedler. Jöcher (Ergänzungen). Bayle, Dictionnaire critique. Nicéron, Mémoires. Pruder, Ehrentempel, 3. Zehent, p. 110. Gotter, Vitae clarorum virorum, qui Altenburgum illustrarunt. Brückner, Kirchen- und Schulenstaat. Bd. III. Heft 11, p. 34 Auf der herzoglichen Bibliothek zu Gotha sind Originalbriefe von ihm vorhanden, auch ein curriculum vitae im Cod. Ch. A. no. 456. Biographie universelle. Müller in Wolfs Analecten, III, 256. 294.

Reinhard, Johann, geb. 7. März 1645 zu Hildburghausen, wurde seit 1662 zu Coburg erzogen, studirte seit 1665 zu Straßburg, wurde in demselben Jahre Magister, ging 1672 nach Wittenberg. Nach einem Besuche in Gotha wurde er 1675 Inspector der Kirchen und Schulen in Franken und Henneberg. 1678 Superintendent in Hildburghausen, 1683 Doctor der Theologie, 1684 Consistorialassessor. Er starb 25. Sept. 1691. Seine Streitigkeiten mit den Jenensern sind oben berührt worden. S. Michael Robe, Der ergezliche Zustand der treuen Kirchenengel im Himmel, Leichenpredigt auf Johann Reinhard. Hildburghausen 1697. Fol. Pipping, Memoria, III. 1306. Uhsen. Zedler. Jöcher (Ergänzungen). Joh. W. Krauß, Hildburgh. Kirchen- Schul- und Landeshistorie. Hildburgh. 1754. 4°. IV, 229.

Reyher, Andreas, geb. 4. Mai 1601 zu Heinriche bei Suhl, wurde zu Suhl erzogen, dann seit 1616 auf der Schule zu Schleusingen, studirte seit 1621 zu Leipzig, wo er im Hause des Kaufmanns Georg Winckler Aufnahme und Unterstützung fand. 1625 Baccalaureus, 1627 Magister, hielt 1630 Vorlesungen über theologisch-philosophische und naturhistorische Gegenstände. 1632 Rector zu Schleusingen. 1639 Rector zu Lüneburg, welche Stelle er aber nicht antrat, weil Herzog Ernst ihn 1640 zum Rector des Gymnasiums zu Gotha machte. (Die Vocationsacten A Loc. 60 no. 8 im Stadtraths-Archive zu Gotha). Durch Siegmund Evenius und Professor Mensart zu Erfurt war er dem Herzoge Ernst empfohlen worden. Sein Gehalt belief sich auf 300 Gülden und 10 Klaftern Holz. Am 26. December 1642 kam er nach Gotha und leitete mit vielem Glücke die Schulen bis zu seinem Tode (2. April 1673). Auf seinen Vorschlag wurde eine Classis selecta eingerichtet. Der Ruhm des Gymnasiums verbreitete sich unter seiner Leitung so, daß vornehme Aeltern aus Holstein, Schweden und Dänemark ihre Kinder nach Gotha sendeten. Er war zweimal verheirathet und hatte, wie Herzog Ernst der Fromme, 18 Kinder. Kenntnisse, frommer Sinn und außerordentliche Lehrgaben zeichneten ihn aus. S. Joh. Christian Gotter, Die gewünschte Veränderung, welche sich mit den gläubigen Christen in ihrem Tode zuträgt, Leichenpredigt auf Andreas Reyher. Gotha 1675. 4°. Georg Heß. Parentation mit Gotter's Leichenpredigt auf A. Reyher. Godofr. Ludovici, Historia rectorum (Schulhistorie). Lips. 1708, p. 1. Adolph Clarmund, Vitae clarissimorum in re litteraria virorum, d. i. Lebensbe-

ſchreibung ꝛc. Wittenb. 1708. VII, 187 Witte, Diarium biographicum
Sagittarii historia Gothana, p. 208. G. Vockerodt, Noscendus ex sociis,
discipulis et patronis eorumque epistolis Andreas Reyher. Goth. 1721.
4°. Zedler. Jöcher (Ergänzungen). Galletti, Geſchichte und Beſchreibung
des Herzogthums Gotha, II, 283. Chr. Ferd. Schulze, Geſchichte des Gym-
naſiums zu Gotha. Gotha 1824, p. 119.

Reyher, Samuel, geb. 19. April 1635 zu Schleuſingen, ſtudirte 1654
zu Leipzig, wo der Rathsherr Andreas Winckler ſich ſeiner annahm. Mit
ihm bereiſte er Holland. 1663 Informator des Herzogs Friedrich zu Gotha.
Hierauf ging er wieder nach Holland, wurde Doctor der Rechte, ging wegen
der ausgebrochenen Peſt nach Rinteln, wurde 1665 Profeſſor der Mathematik
zu Kiel, 1673 Profeſſor der Rechte. Er ſtarb 22. Nov. 1714. S. Zedler.
Jöcher (Ergänzungen).

Rinhuber, Laurentius, geb. zu Luccau, wurde auf dem Gymnaſium
zu Altenburg erzogen, ſtudirte Medizin zu Leipzig und ging nach anderthalb
Jahren mit dem Doctor Lorenz Blumentroſt von Mühlhauſen, welcher den
Ruf als Leibarzt des Zaaren annahm, nach Moskau. Hier blieb er 5 Jahre
und reiſte dann im Auftrage des Zaaren mit Paulus Maneſius durch Teutſch-
land nach Italien (1672).

Ritter, Johann, geb. 27. Sept. 1622 zu Lübeck, ſtudirte ſeit 1641
zu Königsberg die Rechte, dann zu Straßburg, bereiſte Deutſchland, Holland,
Frankreich und Italien und wurde nach ſeiner Rückkehr 1651 Licentiat der
Rechte, 1659 Rathsherr zu Lübeck, 1669 Bürgermeiſter, 1686 Oberbürger-
meiſter. Er ſtarb 1. Sept. 1700. S. Zedler. Jöcher.

Rosenberg, Johann, ſtammte aus der Lauſitz, wurde 1661 Profeſſor für Selecta am Gymnaſium zu Gotha, 1672 Rector zu Bautzen, wo
er 1713 ſtarb.

von Rotenhahn, Johann Georg, geb. 2. Mai 1623 zu Enrichshof,
wurde zu Heldburg erzogen und kam 1642 auf das Gymnaſium nach Gotha,
übernahm 1644 ſeine Güter und verheirathete ſich 1662 mit Eliſabeth Sophia von Erffa. 1675 wurde er vom Adel in Franken einſtimmig zum Haupt-
manne erwählt. Er war auch Untercämmerer des Stifts Bamberg und
Aſſeſſor des ritterlichen Lehngerichts, Oberſtallmeiſter und Oberamtmann zu
Stauffenberg und ſtarb 22. Juni 1684 zu Enrichsdorf. S. Balthaſar From-
mann, Ein im Frieden hinfahrender Diener Gottes, Leichenpredigt auf Joh.
Georg von Rotenhahn. Coburg 1684 4°.

Rudbeck, Nicolaus, geb. 5. Januar 1622 zu Aroſia in Schweden,
ſtudirte Theologie zu Upſala, dann auf mehreren deutſchen Univerſitäten,
wurde Paſtor in Dalecartien, dann zu Stockholm, hierauf Doctor der Theologie, Biſchof und Präſident des Collegiums in Aroſia. Er ſtarb 2. Sept.
1676. S. Witte, Memoriae Decas XV, p. 1942. Uhſen. Zedler. Jöcher.

Rudolphi, Andreas, geb. 16. October 1601 zu Magdeburg, ſtudirte
zu Helmſtädt, dann zu Jena Mathematik, ging 1623 nach Leyden, wo er
ſeine mathematiſchen Studien fortſetzte. 1624 bereiſte er Frankreich und lehrte

zu Ende deſſelben Jahres nach Magdeburg zurück. Sein Vater Michael Rudolph führte den Bau der neuen Feſtungswerke zu Magdeburg aus (1625),
wobei ſein Sohn Andreas hülfreiche Hand leiſtete. Nach der Zerſtörung
Magdeburgs diente Andreas von 1632 bis 1636 als Ingenieur dem Herzoge
Wilhelm zu Sachſen-Weimar in der ſchwediſchen Armee und trat dann als
Cammerdiener in die Dienſte Herzog Ernſt's. Derſelbe übertrug ihm 1642
die Aufſicht über den Schloßbau, 1655 über die Fortification des Schloſſes
Friedenſtein und 1663 über den Verwahrungsbau der Stadt Gotha. Bis
1664 führte er auch die Aufſicht über die herzogliche Bibliothek und ſtarb
14. December 1679. S. Tobias Dürfeld, Gottes große Treue, Leichenpredigt auf Andr. Rudolphi. Jena 1680. 4°. Sein Epitaph in Rudolphi,
Gotha diplomatica, II, 166 und in Joh. Christian Bachov, Tractatus de
rebus religiosis ac de sepulcris Gothanis. Goth 1724, p. 229.

Sagittar, Johann Christfried, geb. 28. Sept. 1617 zu Breslau,
wurde zu Jena erzogen, ſtudirte daſelbſt ſeit 1636 Philoſophie, Philologie und
Theologie, wurde 1641 Conrector am Gymnaſium zu Hof, 1643 Rector der
Stadtſchule zu Jena und Magiſter, dann 1646 Profeſſor der Geſchichte und
Poeſie, 1651 Superintendent zu Orlamünda, 1652 Doctor der Theologie,
1656 Generalſuperintendent zu Altenburg, Oberhofprediger und Conſiſtorial-
aſſeſſor. Er ſtarb 19. Februar 1689. Er beſorgte eine Ausgabe von Luthers Werken in 9 Foliobänden. S. Jacob Daniel Ernſt, Der gute Streiter
Chriſti, Leichenpredigt auf Joh. Chriſtfried Sagittarius. Altenb. 1689. Fol.
Witte, Diarium biogr. II, 151. Genealogia Sagittariana. Jenae 1694.
4°. Beyer, Syllabus professorum Jenensium. Zeumer, Vitae professorum theologorum. Pipping, Memoria I, 279. Uhlen. Zedler. Jöcher.
Freher. Gotth. Gotter, Elogia virorum clarorum, qui Altenburgum
illustrarunt. Jenae 1713, p. 56.

von Sandrart, Joachim, auf Stockau, geb. 12. Mai 1606 zu Frankfurt
a. M., lernte die Kupferſtecherkunſt unter Peter Iſſelburg zu Nürnberg und
unter Aegidius Sadeler zu Prag. Hierauf widmete er ſich unter Gerhard v.
Hondhorſt in Utrecht der Malerei, brachte ſieben Jahre in Italien zu und
kehrte 1635 nach Frankfurt zurück. Das Landgut Stockau im Pfalz-Neubur-
giſchen fiel ihm zu, 1647 aber wurde es von den Franzoſen eingeäſchert. Er
ließ ſich in Augsburg nieder, ging 1673 nach Nürnberg, wo er am 14. October 1683 ſtarb. S. ſeine „Deutſche Academie der edlen Bau-, Bild- und
Malerkunſt" 1675. Fol. Lebenslauf und Kunſtwerke Joach. v. Sandrart's.
Nürnb. 1675. Fol. Zedler. Jöcher. Nagler, Künſtler-Lexicon.

Saubertus, Johann, geb. 26. Februar 1592 zu Altorf, ſtudirte daſelbſt Theologie, wurde 1610 Magiſter, ſtudirte dann in Tübingen, Gießen
und Jena, wurde 1617 Katechet und Inſpector zu Altorf, 1618 Diaconus
und Profeſſor der Theologie am Gymnaſium daſelbſt, 1622 Diaconus zu
Nürnberg an der St. Aegidienkirche und Paſtor an der Marienkirche, 1637
Paſtor zu St. Sebaldus. Er ſtarb 2. Nov. 1646 am Steine. S. Ge.
Paul Rotenbeck, Programma in Jo. Sauberti funere. Altorf 1688. 4°.

. Ge. Christoph Geuder, Oratio parentalis, qua Jo. Saubertus Samueli prophetae genere, moribus, virtutibus etc. et morte exhibetur quam simillimus. Altorf. 1689. 4°. Andreae, Umbra Sauberti, 1647. Will, Nürnberger Gelehrten-Lexicon. Wülfel, Lebensbeschreibungen der Prediger zu St. Seebald, 1756, p. 18. Witte, Memoriae Decas V, 629. Pipping, Memoria, I, 215. Zeumer, Vitae theologorum Altorf. Uhsen. Zedler. Jöcher. A. Tholuck, Lebenszeugen der lutherischen Kirche. Leipzig 1859. p. 344.

Saul, Magnus, geb. 7. Sept. 1638 zu Tennstädt. Sein Vater war Pfarrer zu Seebach und wurde 1641 von Soldaten todt geschossen. Der Sohn ward auf dem Gymnasium zu Gotha gebildet, studirte seit 1659 zu Leipzig die Rechte und Philosophie, dann 1662 zu Straßburg. Auf Böcler's Empfehlung ernannte ihn Herzog Ernst zum Lehrer des Prinzen Friedrich im öffentlichen und Privatrechte. Später (1668) wurde er vom Pfalz-Veldenzischen Hofe nach Lützelstein zur Aufsicht über den Prinzen Gustav Philipp berufen. Zugleich wurde er Rath und Geheimer Secretär, 1675 Hof- und Justizrath zu Gotha. Er wurde als Gesandter nach Wien gesandt, um die Lehen über Gotha, Altenburg und Coburg in Empfang zu nehmen. In Wien blieb er vier Jahre, ging 1678, als die Pest dort ausbrach, mit der kaiserlichen Familie nach Prag, und als sie auch hier zu wüthen anfing, wurde er 1680 nach Gotha zurückberufen. Herzog Friedrich ernannte ihn nun zum Consistorialpräsidenten; 1694 wurde er wirklicher Geheimerath und Vicekanzler. Er starb 1 August 1699. S. Heinrich Fergen, Der rechtgläubigen Kinder Gottes heiliges und seliges Verlangen, Leichenpredigt auf Magnus Saul. Goth. 1699. Fol. Zedler. Galletti, Geschichte und Beschreibung des Herzogthums Gotha, II, 293. Sein Epitaph s. in Johann Christian Bachov, Tractatus de rebus religiosis ac de sepulcris Gothanis. Gothae 1724, p. 236.

Scharf, David, geb. 8. August 1624 zu Hamburg, studirte 1644 zu Greifswald, 1646 zu Wittenberg, wurde Magister, dann 1650 Superintendent und Canonicus zu Bardewyl und starb 4. December 1691. S. Zedler. Jöcher.

Scherer, Volkmar, geb. 28. Januar 1556 zu Georgenthal, studirte seit 1572 die Rechte zu Jena, wurde 1582 Doctor der Rechte, 1586 Hofrath und starb 17. Dec. 1612 als Kanzler zu Coburg. S. Witte, Diarium biogr. Freber. Jöcher. Melchior Bischoff, Leichenpredigt bei dem Begräbniß Volkm. Scherer's. Cob. 1612. 4°. Joh. Gerhard, Parentatio in honorem Volcm. Schereri. Cob. 1613. 4°.

Schertlinger, Jacob, geb. 13. Oct. 1613 zu Hamburg, wurde Prinzenerzieher in Mecklenburg. 1645 Cammersecretär beim Bischofe Johannes zu Lübeck, 1648 Informator des Prinzen Gustav Adolf, Geheimsecretär und Hofrath. Er starb 23. Aug. 1672. S. Jöcher.

Scherzer, Johann Adam, geb. 1. August 1628 zu Eger, studirte Medizin zu Altorf, Jena und Leipzig, wo er Professor der hebräischen Sprache.

dann der Theologie wurde, später Confiſtorialaſſeſſor, Canonicus zu Meißen und Tompropſt zu Bautzen. Er ſtarb 23. Dec. 1683. Von ihm ſtammt der ſogenannte Scherzeriſche Balſam her. S. (Ge. Ludw. Goldner), Programma academ. in Jo. Ad. Scberzeri funere. Lips. 1683. Fol. Witte, Memoriae Decadis XVI appendix, p. 2127. Zedler.

Schleupner, Christoph, geb. 19. Sept. 1566 zu Drunsdorf bei Culmbach, wurde zu Gold-Cronach und Hof erzogen, ſtudirte ſeit 1583 zu Wittenberg, wurde 1587 Diaconus zu Meeß, 1589 Diaconus zu Bayreuth, 1598 Paſtor zu Graitz im Würtembergiſchen, 1600 Superintendent zu Hildesheim, 1607 zu Eisleben, 1612 Generalſuperintendent zu Bayreuth, dann auch Beichtvater und Hofprediger. 1625 Superintendent zu Hof und Conſiſtorialbirector. 1632 Generalſuperintendent und Conſiſtorialbirector zu Würzburg. Er ward 1634 durch die Kaiſerlichen vertrieben und begab ſich nach Erfurt, wo er 1635 ſtarb. S. Witte, Diarium biogr. Freher. Jöcher. Motschmann, Erfordia litterata, II.

Schmidt, Peter, legte 1638 eine Buchdruckerei in Gotha an. Herzog Ernſt entließ ihn aber 1643 wegen unanſtändigen Betragens, und an ſeine Stelle wurde Andreas Reyher nach Gotha berufen. S. Zedler.

von Schoenberg, Hans Dietrich, geb. 23. October 1623 zu Rüttelsrohna, wurde von 1638 bis 1641 zu Gera erzogen, ſtudirte hierauf die Rechte zu Wittenberg, ging 1645 nach Altorf, bereiſte 1648 Flandern, von wo er 1650 zurückkehrte. Er übernahm nun ſeine Güter und wurde (1650) Canonicus zu Naumburg, 1654 Hofrath zu Altenburg, 1659 Viceconſiſtorialpräſident, 1668 Präſident, 1679 Kanzler. Er ſtarb 11. October 1682. S. Johann Chriſtfried Sagittar, Wahrer Chriſten beſte Kunſt: dem Herrn ſeine Wege befehlen und auf ihn hoffen, Leichenpredigt auf Hans Dietrich von Schönberg. Altenb. 1682. Fol. Vgl. König, Genealogiſche Adelshiſtorie. Leipz. 1729. Fol. II. 1034. Joh. Gotth. Gotter, Elogia clarorum virorum, qui Altenburgum illustrarunt. Jenae 1713, p. 57. Zedler.

von Schoenefeld, Hans Nicolaus, auf Wachau, geb. 18. Juni 1613, geſt. 6. April 1679, wurde kurſächſiſcher Hof-Juſtiz- und Appellationsrath, 1661 kurſächſiſcher Statthalter in den hennebergiſchen Landen zu Schleuſingen. S. Joh. Friedrich Gauhen, Genealogiſch-hiſtoriſches Adels-Lexicon. Leipz. 1719, p. 1557. Valentin König, Genealogiſche Adelshiſtorie. Lpz. 1736. Fol. III, 975.

Schrader, Christoph, geb. 29. Sept. 1601 zu Rethmar im Lüneburgiſchen, wurde ſeit 1610 auf der Schule zu Celle und ſeit 1618 auf der zu Hannover erzogen, ſtudirte ſeit 1621 Theologie zu Helmſtädt, wo Georg Calixt ſein Lehrer war, ging dann nach Leyden, unterrichtete hierauf den Prinzen Julius Friedrich von Würtemberg in der lateiniſchen und hebräiſchen Sprache. 1632 ging er wieder nach Helmſtädt und wurde Hofmeiſter eines jungen Adeligen. 1635 Profeſſor der Rhetorik zu Braunſchweig. 1636 Magiſter. 1640 Bibliothekar zu Wolfenbüttel. 1649 Generalſchulinſpector. 1653 Propſt im Kloſter Marienberg. Er ſtarb 24. April 1680. Seine Ta-

bulae chronologicae erschienen zuerst im Jahre 1643. S. Andreas Fröling, Unseres Heilandes inbrünstiges Verlangen um die Gläubigen in seiner
Herrlichkeit bei sich zu haben. Leichenpredigt auf Christoph Schrader. Helmstädt 1681. 4°. Hagen, Memor. phil. decad. Böhmer, Memoria professorum eloqu., quos habuit Academia Helmstad. Meybaum, Chronikon
des Klosters Marienberg p. 85. Zedler. Jöcher. Melch. Schmidt, Oratio
in obitum Chr. Schraderi. Helmst. 1681. 4°.

    S c h r i c k e l, D. Johann, geb. zu Hildburghausen, wurde 1635 Amt-
mann zu Königsberg, 1640 Landrath zu Meiningen, dann Hofrath zu Eisenach, zuletzt Geheimerath und Kanzler zu Zerbst, wo er 20. Nov. 1673
starb. S. Johann Werner Krauß, Hildburgh. Kirchen - Schul - und Landeshistorie. Hildburgh. 1754. 4°. IV, 40.

    S c h r o e t e r, Sebastian, wurde Lehrer, dann Professor der griechi-
schen Sprache am Rathsgymnasium zu Erfurt, dann Diaconus und Pastor
an der Michaeliskirche, zuletzt Professor der hebräischen Sprache und Moral
zu Erfurt. Er starb 13. Sept. 1650. S. Witte, Diarium biographicum,
II, 65. Zedler. Jöcher.

    S c h r o e t e r, Wilhelm, geb. zu Salzburg, wurde Doctor der Rechte
und Comes Palatinus, 1643 Hof - und Justizrath und 1653 Gesandter zu
Regensburg, dann 1656 zu Frankfurt a. M., nachdem er vom Herzoge Ernst
1655 zum Consistorialrathe zu Gotha, später 1660 zum Geheimerathe und Kanzler
ernannt worden war. Er starb 1663. S. Witte, Diarium biogr., II, 63.
Koenig, Bibliotheca vetus et nova. Zedler. Jöcher. Joh. Wilh. Krauß,
Hildburgh. Kirchen - Schul - und Landeshistorie. Hildburgh. 1754. 4°.
IV, 40.

    von S e c k e n d o r f, Heinrich Gottlob, geb. um 1635, wurde Rath
des Pfalzgrafen Karl Ludwig, bereiste auf Herzog Ernst des Frommen Kosten
1660 die Niederlande, England und Frankreich (s. Heinrich Gottlob von
Seckendorf's Reise nach Holland, England und Frankreich, 1660 bis 1661,
AAA II, 3 im Haus - und Staatsarchive zu Gotha). Er wurde im Juli
1662 zum Hofmeister der drei Prinzen Friedrich, Albrecht und Bernhard angenommen, später ward er Commandant von Königsberg in Franken. Er
starb 1675 als Gesandter am Hofe des Kurfürsten zu Brandenburg. S.
Joh. Friedr. Gauhen, Genealogisch - historisches Adels - Lexicon. Lpz. 1719,
p. 1602. Sagittarii historia Gothana, p. 339.

    von S e c k e n d o r f, Joachim Ludwig, wurde 1632 schwedischer Oberst.
Er wollte zu den Kaiserlichen übergehen, aber die Sache wurde durch einen
Trompeter verrathen, und er 1642 zu Salzwedel hingerichtet. Sein Sohn
war Veit Ludwig von Seckendorf. S. Pufendorf, De rebus Suecicis sub
Gustavo Adolpho. Joh. Friedrich Gauhen, Historisch - genealogisches Adels-
Lexicon. Lpz. 1719, p. 1602. Joh. Eduard Heß, Biographien. Jena 1859,
p. 379.

    von S e c k e n d o r f, Veit Ludwig, geb. 20. Dec. 1626 zu Herzogen-
Aurach in Franken, besuchte abwechselnd die Stadtschulen zu Mühlhausen,

Erfurt und seit 1639 zu Coburg, wo ihn der Herzog Ernst kennen lernte, sich seiner annahm und zu Ende des Jahres 1640 nach Gotha gehen ließ. 1642 ging er nach Straßburg, um die Rechte und Theologie zu studiren. Dort war er der Aufsicht des Professors Böcler anvertraut. 1645 schenkte ihm der Herzog Ernst 200 Thaler zu einer Reise in die Niederlande. Nach seiner Zurückkunft wurde er 1646 Hofjunker und Aufseher über die Bibliothek des Herzogs Ernst, dann 1651 Hof- und Justizrath, 1656 Geheimer Hof- und Cammerrath und Hofrichter zu Jena. 1663 Geheimerath und Kanzler. In eben diesem Jahre trat er in die Dienste des Herzogs Moritz zu Sachsen-Zeitz. Demungeachtet zog ihn Herzog Ernst bei besonders wichtigen Fällen zu Rathe, so beim Collegium Hunnianum. 1680 wurde er Obersteuerdirector zu Altenburg, verließ 1681 die zeitzischen Dienste und wurde herzoglich-eisenachischer, endlich 1691 kurbrandenburgischer Geheimerath und Kanzler der Universität zu Halle. Vorher hatte er eine Reihe von Jahren den Studien in Meuselwitz gelebt. In den pietistischen Streitigkeiten bewies er große Mäßigung und Besonnenheit. Er starb 18. Dec. 1692 und wurde auf seinem Gute zu Meuselwitz beigesetzt. Sein Commentarius historicus et apologeticus de Lutheranismo 1688. 4°. (deutsch von Junius und im Auszuge bearbeitet von Roos. Tübingen 1788. 2 Bde. 8°.) ist eine treffliche Fundgrube für die Geschichte der Reformation. In seinem „Christenstaat" wird von dem Christenthume an sich selbst und dessen Behauptung wi der die Atheisten und dergleichen Leute, wie auch von der Verbesserung sowol des welt- und geistlichen Standes nach dem Zwecke des Christenthums gehandelt (Leipz. 1684. 8°). Außerdem sind von seinen Schriften bemerkenswerth der „Deutsche Fürstenstaat" (1655), und „Teutsche Reden" (Leipzig 1646. 8°). Die letzteren sind meist in Gotha gehalten worden. S. Joachim Justus Breithaupt, Die himmlische Sättigung in Zeit und Ewigkeit. Gedächtnißpredigt auf Veit Ludwig von Seckendorf. Zeitz 1693. Fol. Pipping, Memoria, II, 1062. Adolph Clarmund, Vitae clarissimorum in re litteraria virorum d. i. Lebensbeschreibung 2c. Wittenb. 1709. VIII, 165. Uhsen. Zedler. Jöcher. Sagittarii historia Gothana, p. 263. Joh. Friedr. Ganßen, Genealogisch-historisches Adels-Lexicon. Leipz. 1719, p. 1618. Christiani Guil. Alb. de Elster, Sermo de V. L. de Seckendorfii cura et studio rei litterariae et scholasticae in G. Vockerodt, Legitimus honoratorum ministeriorum aditus ex rectiorum studiorum curriculo. Gothae 1722. 4°. Dan. Godofr. Schreberi Historia vitae et meritorum V. L. a Seckendorfii. Lips. 1733. 4° Schröckh, Abbildungen und Lebensbeschreibungen berühmter Gelehrten. Leipz. 1764. I, 285. (Selbst, Herzog Ernst der Fromme, II, 230. Trauerrede in Christian Thomasius, Kleine Schriften, p. 498.

Seiler, Daniel, geb. 31. Dec. 1598 zu Straßburg, wurde 1619 Baccalaureus, 1621 Magister, dann Hauslehrer zu Zantb bei Amberg, ging hierauf nach Straßburg, sodann nach Jena, wurde 1627 Hauslehrer beim Superintendenten Kromayer in Weimar, bald darauf Conrector zu Weimar.

1632 Paſtor zu Schwerſtedt, 1637 Hofbiaconus zu Weimar. 1644 Pfarrer und Adjunctus zu Mehlis, 1657 Superintendent zu Ichtershausen. Er ſtarb 6. Aug. 1678. S. Johann Adam Krebs, Der von Gott gekrönte treue Seelenwächter, Leichenpredigt auf Daniel Seiter. Arnſt. 1678. 4°. Witte, Diarium biographicum, II, 118. Jöcher.

Seld, Johann Christoph, geb. 1. Mai 1612 zu Hildburghausen, wurde ſeit 1624 zu Eisfeld erzogen, dann ſeit 1628 zu Coburg, wurde 1631 Informator zu Erfurt, ſtudirte ſeit 1632 zu Jena, wurde hier 1636 Magiſter, ging 1638 nach Wittenberg, 1640 Adjunctus der philoſophiſchen Facultät, 1644 Superintendent zu Römhild, 1645 Doctor der Theologie zu Wittenberg. 1664 Generalſuperintendent zu Coburg und Profeſſor am Gymnaſium. 1669 wurde er vom Herzoge Ernſt mit zu der Viſitation der Univerſität Jena berufen. Er ſtarb 14. Sept. 1676. S. Johann Philipp Eſchenbach, Gottes Schutz unſer Trutz, Leichenpredigt auf Johann Christoph Selb. Coburg 1677. 4°. (Jo. Aug. Stempel), Programma in Jo. Chr. Seldii obitum. Cob. 1676. 8°. Witte, Memoriae Decas XV, 1931. Freher. Ubſen. Zedler. Jöcher.

von Serini, Georg III, Graf, geb. 1596, wurde 1612 Ban von Dalmatien, Croatien und Slavonien, diente 1626 unter Wallenſtein als Reichshauptmann. Als er einem Türken eigenhändig den Kopf abgehauen hatte, zeigte er ihn Wallenſtein, dieſer aber erwiederte, er habe mehr abgehauene Köpfe geſehen, aber keinen ſelbſt abgehauen. Dieſe Scene erregte große Feindſchaft zwiſchen beiden, und Wallenſtein ließ ihm bei einer Gaſterei einen vergifteten Rettig reichen, von welchem er ſo krank wurde, daß er ſtarb (1626). S. Zedler.

Slevogt, Paul, geb. 29. April 1596 zu Poſſendorf bei Weimar, ſtudirte zu Jena, wurde dann Conrector zu Braunſchweig, Poeta laureatus. 1625 Profeſſor der griechiſchen und hebräiſchen Sprache zu Jena, 1654 Profeſſor der Logik und Metaphyſik. Er ſtarb 22. Juni 1655. S. Ge. Nicol. Kriegk, Oratio memoriae et honori P. Slevogtii dicata. Jen. 1698. 4°. Spizelii Templum honoris. Witte, Memoriae philoſophorum, oratorum, poetarum, historicorum. Francof. 1679, p. 244. 8°. Zeumeri, Vitae professorum Jenensium. Freher. Zedler. Jöcher.

von Sparr, Ernſt Georg, Graf, wurde kaiſerlicher Oberſt unter Wallenſtein in Niederſachſen, 1627 in Vorpommern, brandſchatzte Stralſund mit 80,000 Thalern. Guſtav Adolf vertrieb ihn 1630; zu Frankfurt a/O. wurde er 1631 gefangen genommen. Nach ſeiner Befreiung wurde er Generalwachtmeiſter. 1632 wurde er zum zweiten Male gefangen und gegen Löſegeld frei. Hierauf wurde er General-Feldzeugmeiſter. In Wallenſtein's Pläne mit verwickelt, wurde er 1634 arretirt, auf die Fürbitte des Königs Wladislaus IV. von Polen wieder frei. Später wurde er polniſcher General. Der Kaiſer erhob ihn 1664 in den Grafenſtand. Er ſtarb im Juni 1666 in Berlin. S. Zedler.

Spener, Philipp Jacob, geb. 13 Januar 1635 zu Rappoldsweiler im Elsasse, verrieth schon in früher Jugend ausgezeichnete Talente und einen frommen Sinn. Die Bibel und gute Erbauungsschriften waren seine Lieblingslectüre. Er wurde auf dem Gymnasium zu Colmar erzogen, studirte seit 1651 Sprachen und Geschichte zu Straßburg, seit 1654 Theologie unter Conrad Dannhauer und wurde in demselben Jahre Informator der Pfalzgrafen Christian und Johann Karl zu Bischweiler. 1659 ging er nach Basel und genoß den Unterricht Johann Buxtorfs. Hier hielt Spener selbst geschichtliche und geographische Vorlesungen. Darauf machte er eine Reise nach Genf und Lyon, mußte aber um seiner Gesundheit willen wieder nach Genf zurückkehren. Er ging dann nach Straßburg, lebte einige Zeit in Tübingen, bis er als Prediger nach Straßburg berufen wurde. Er lehnte jedoch diese Stelle ab, weil er sich noch nicht für tüchtig und würdig genug hielt. Erst im März 1663 nahm er die Stelle eines Freipredigers an. Nachdem er sich nun auf den Rath seiner Mutter mit Susanna Erhardt verheirathet hatte, wurde er 1666 erster Pfarrer zu Frankfurt a. M. Schon hier trat er als Reformator auf und predigte einfach, rein biblisch und erbaulich, führte auch den Katechismusunterricht wieder ein. In Folge einer Predigt „über die falsche Gerechtigkeit der Pharisäer", in welcher er das todte Christenthum stark geißelte, bildeten sich 1670 die sogenannten Collegia pietatis an zwei Wochentagen, welche ihm später vielen Verdruß und Aerger zuzogen und die pietistischen Streitigkeiten herbeiführten. 1678 erschienen seine „Pia desideria". Kurfürst Johann Georg III zu Sachsen berief ihn 1686 als Oberhofprediger nach Dresden. Nur mit Zagen folgte er dem Rufe. Endlich wurde er 1691 als Consistorialrath und Propst nach Berlin berufen. Hier starb er 5. Februar 1705. Bete und arbeite war der Spruch, den Spener während seines ganzen Lebens befolgte. S. Conrad Gottfr. Blandenberg, Das Leben der Gläubigen, Leichenpredigt auf Philipp Jacob Spener. Frankf. 1705. Fol. Joh. Wilh. Petersen, Parentatio Ph. J. Speneri. Magdeb. 1705. 4°. Carl Hildebrand v. Canstein, Lebensbeschreibung Ph. J. Speners. Halle 1740. 8°. Adam Steinmetz, Leben Ph. J. Speners. Magdeb. 1741. 4°. Friedr. Pfannenberg, Ph. J. Spener, der Kirchenvater des evangel. Teutschlands. Berl. 1833. 8°. Heinr. Schott, Ph. J. Spener's Geburtstag nach 200 Jahren gefeiert. Lpz. 1835. 8°. Wilh. Thilo, Ph. J Spener als Katechet. Berl. 1840. 8°. August Wildenhahn, Ph. J. Spener, eine Geschichte vergangener Zeiten für die unsere. Leipz. 1847. 2 Bde. Wetzel, Lieder-dichter, III. Uhsen. Zedler. Jöcher. L. Hoßbach, Spener und seine Zeit. Berlin 1828. 2 Bde.

Sperreuter, Claus Dietrich, begab sich zu Anfange des 30jährigen Kriegs in schwedische Dienste, wurde Oberst, dann Generalmajor. Er wollte 1635 in kaiserliche Dienste treten, wurde aber 1636 bei Lemgo in Westphalen von den Schweden überfallen und gefangen genommen, gegen 17,000 Thaler Lösegeld aber wieder freigegeben. 1637 kam er nach Bremen, wo er Geld zu erpressen suchte, wäre aber beinahe vom Pöbel ermordet worden. Als Anführer der Sachsen blokirte er 1639 Erfurt. Der Pfarrer Johann Daniel

Ludwig zu Laucha sagt von ihm (s. Brückner's Kirchen- und Schulenstaat, I, 3, p. 261), „er schonte keines Menschen, ließ das arme Weibervolk wie das Vieh nach Walschleben unter Erfurt zusammentreiben und von seinen Soldaten nach Belieben misbrauchen, darüber manch redlich Weibsbild zu Grunde ging. Wer auf der Straße, sonderlich um Erfurt ertappt wurde, der wurde seiner Nase und Ohren beraubt. Den Männern schnitten sie die Bärte mit Sicheln ab, Andere hieben sie gar mit Äxten ab, welches auch einem zu Fröttstedt widerfahren". Sein Plan, die Schweden 1641 zu überfallen, wurde entdeckt. Nach dem westphälischen Frieden ging er nach Liefland. S. Pufendorf, De rebus Suecicis sub Gustavo Adolpho. Joh. Friedr. Gauhen, Historisches Helden- und Heldinnen-Lexicon. Lpz. 1716, p. 1517. Dessen Genealogisch-historisches Adels-Lexicon. Lpz. 1747, II, 1096. Zedler.

Spindler, Johann, geb. 9. August 1600 zu Coburg, studirte 1620 zu Wittenberg und 1621 zu Jena, wurde hierauf Informator zu Wurzen, 1625 Professor der Logik in Coburg. Er starb 14. October 1667. S. Joh. Scharff, Gymnasium Christi spirituale d. i. geistliche Fürstenschul Jesu Christi, Leichenpredigt auf Johann Spindler. Cob. 1668 4°. Witte, Diarium biographicum. Freher. Zedler. Jöcher.

Strauch, Aegidius, geb. 21. Februar 1632 zu Wittenberg, ging 1649 nach Leipzig, um Theologie zu studiren, wurde aber 1650 von seiner Mutter nach Hause zurückgerufen. 1651 Magister, 1653 Adjunctus der philosophischen Facultät zu Wittenberg. 1656 Professor der Theologie. 1662 Doctor der Theologie, 1664 Professor der Geschichte. 1666 Assessor der theologischen Facultät. Herzog Ernst der Fromme berief ihn an seinen Hof nach Gotha und entließ ihn nur sehr ungern wieder. Auf des Herzogs Verlangen schrieb er sein „Breviarium theologicum". 1669 wurde er Rector und Professor der Theologie zu Danzig. Auf Befehl des Kurfürsten zu Brandenburg wurde er 1675 auf der See arretirt, weil er gegen die Reformirten mit Heftigkeit gepredigt hatte, auf die Bitte der Danziger aber wurde er wieder frei. Er starb 29. December 1682 und war einer der größten theologischen Klopffechter seiner Zeit. Um Scandale-berichten zu können, ließ er zu Danzig seinen Vetter regelmäßig in die katholische Kirche gehen. In seinem Wappen führte er einen Rosenstrauch, von welchem, wie er selbst sagt, es heißt: „drückst du mich, so stech' ich dich". Im Schimpfen hatte er es zu einer Meisterschaft gebracht, wie kein anderer. Den jungen Calixt nennt er bald einen Esel, bald eine Schmeißfliege, bald einen Schnarchhansen, einen Rattenkönig vom Ungeziefer Aegyptens, bald den Teufel selbst. „Man sollte ihn (Calixt) rücklings auf einen dreibeinigen Esel setzen und dann durch das Schlaraffenland reiten lassen". Seine Controverspredigten in Danzig schloß er mit den Worten: „der Teufel hole dich Papst, Gott aber sei mit uns". S. Ludolfi, Schaubühne, p. 266. 496. Witte, Memoriae Decas XVI, 2102. Freher. Uhsen. Zedler. Jöcher. A. Tholuck, Der Geist der lutherischen Theologen Wittenbergs im 18. Jahrhundert. Hamb. und Gotha 1852, p. 279.

Strauss, Johann Michael, geb. 13. August 1589 zu Meiningen,

wurde seit 1601 zu Schleusingen erzogen, studirte seit 1607 die Rechte zu Jena, seit 1610 zu Leipzig, dann zu Straßburg, besuchte Paris und Orleans, reiste hierauf nach England und lehrte 1614 durch Frankreich und die Schweiz nach Teutschland zurück, begab sich nach Altorf, wurde 1616 Doctor der Rechte zu Basel und ging dann zum kaiserlichen Cammergerichte nach Speyer. Hier wurde er 1618 Cammergerichtsadvocat, 1619 Regierungsrath zu Gotha. Er empfing 1624 für das kur- und fürstliche Haus Sachsen bei dem Abte zu Fulda die Lehen über Bettenhausen und Seba in der Grafschaft Henneberg. 1641 Hof- und Consistorialrath zu Gotha, 1645 Kanzler der gemeinschaftlichen hennebergischen Regierung zu Meiningen. Er starb 8. November 1661. S. Theodosius Wider, Cancelli piorum d. i. christlicher Leichensermon auf Joh. Mich. Strauß. Schleusingen 1664. 4°. Zedler*).

Strobel, Johann Balthasar, war Magister der Philosophie und Conrector am Gymnasium zu Gotha. Er half dem Rector Reyher bei Ausarbeitung seiner Schriften. S. Ludovici, Schulhistorie.

Strozzi, Petrus, Graf, studirte und ging 1645 mit dem Gesandten Maximilian von Trautmansdorff nach Münster und Osnabrück, darauf nach Brüssel. 1647 nahm er kaiserliche Kriegsdienste in Böhmen, wurde dann Cämmerer bei König Ferdinand IV. von Ungarn und Böhmen, hierauf Trabanten Hauptmann, 1654 nach Kaiser Ferdinands III. Tode Hofkriegsrath und Oberster über ein Regiment. Bei dem Entsatze von Alexandria della Paglia im Mailändischen (1657) wurde er gefährlich verwundet. Dann ward er Generalwachtmeister in Polen gegen die Schweden. 1655 Gesandter am brandenburgischen Hofe. 1662 Gesandter auf der ungarischen Reichsständeversammlung zu Preßburg und kaiserlicher General-Feldmarschall-Lieutenant. Später war er Gesandter in Paris, um Hülfe gegen die Türken zu bitten (1664). Bei der Belagerung der türkischen Festung Canischa ward er wieder verwundet. Er fiel 27. Mai 1664 durch eine feindliche Kugel. S. Joh. Friedr. Gauhen, Historisches Helden- und Heldinnen-Lexicon. Lpz. 1716. p. 1542.

Suarinus, Abraham, geb. 15. November 1563 zu Schleudit, wurde seit 1576 zu Merseburg erzogen, studirte seit 1581 zu Leipzig, wurde 1582 Baccalaureus, 1584 Magister, ging hierauf nach Rostock, 1585 wieder nach Leipzig, 1586 Pfarrer zu Schleudit, 1600 Superintendent zu Delitsch, 1610 Doctor der Theologie und Superintendent zu Altenburg, wo er den 11. Nov. 1611 starb. S. Jos. Clauder, Oratio parentalis de vita, studiis et obitu Abr. Suarini. Lips. 1616. 4°. Joh. Gotth. Gotter, Elogia clarorum virorum, qui Altenburgum illustrarunt. Ludovici, Schulhistorie. Freher. Zedler. Jöcher.

---

*) Ein anderer Johann Michael Strauß war geboren 21. Juni 1672 zu Wittenberg, wo sein Vater Benedict Strauß Oberamtmann war. Er wurde Superintendent zu Pirna und starb 10. Dec. 1692. S. Samuel Benedict Cartzer, Der theure Glaube eines wohl verdienten Lehrers, Leichenpredigt auf Joh. Mich. Strauß. Pirna 1693. Fol.

de Suys, Ernst, Graf, trat zur Zeit der böhmischen Unruhen in das Heer des Grafen Buquoy und ward 1632 Oberst. Er vertheidigte Zwickau, mußte aber doch weichen. 1634 Generalwachtmeister. Er sicherte bei dem Complotte Wallensteins die um Prag lagernden Truppen. 1635 wurde er in den Reichsgrafenstand erhoben. 1636 focht er tapfer in Burgund. 1640 General-Feldzeugmeister. In der Schlacht bei Leipzig am 2. Novemb. 1642 focht er tapfer, wurde aber von den Schweden gefangen, 1644 jedoch gegen Lösegeld wieder frei. Er starb 1645 zu Ips in Ungarn. S. Joh. Eduard Heß, Biographien. Jena 1859. p. 274.

von Taupadel (Dubald), Georg Christoph, geb. zu Taubadel im Altenburgischen, diente zuerst unter Herzog Bernhard von Weimar und war 1631 Oberst, besetzte im Januar 1632 unter Baner Magdeburg, wurde aber im Juni bei Nürnberg von den Croaten gefangen, von Wallenstein jedoch ohne Lösegeld freigelassen. Im Jahre 1632 wurde er in Coburg von Wallenstein belagert. Dieser mußte aber abziehen, ohne die Festung erobert zu haben. Taupadel wurde darauf Commandant und Generalmajor zu Erfurt. 1633 schlug er die Kaiserlichen bei Weismann in Franken. In der unglücklichen Schlacht bei Nördlingen (1634) befehligte er die Reiterei Herzog Bernhards von Weimar. 1638 commandirte er in der Schlacht bei Rheinfelden den linken Flügel und nahm Jean de Werth gefangen. 1639 wurde er bei Wittenweiler gefangen genommen und 1640 gegen Sperreuter ausgewechselt. 1644 zog er gegen die Waldstädte, 1645 ging er über Straßburg nach Mainz und verband sich mit Turenne. Er starb 12. März 1647 zu Basel. S. Pufendorf, De rebus Suecicis sub Gustavo Adolpho. Valentin König, Genealogische Adelshistorie. Lpz. 1727. Fol. I, 967. Joh. Friedrich Gauhen, Historisches Helden- und Heldinnen-Lexicon. Lpz. 1716, p. 1566. Derselbe, Genealogisch-historisches Adelslexicon. Leipz. 1747. II, 1841. Joh. Eduard Heß, Biographien. Jena 1859, p. 362.

Tentzel, Jacob, geb. 1. August 1630 zu Greußen, wurde zu Erfurt erzogen und studirte Theologie und Philosophie zu Wittenberg. Hier ward er 1649 Magister, 1654 Adjunct der philosophischen Facultät, 1657 Diaconus zu Greußen und Consistorialassessor zu Ebeleben, 1658 Superintendent zu Greußen, 1662 Doctor der Theologie, 1671 Superintendent zu Arnstadt, wo er 25. März 1685 starb. Herzog Ernst der Fromme zog ihn in theologischen Angelegenheiten mehrere Male zu Rathe. S. Johann Quirinus Hebenus, Die auf Erden nicht verwahrloste, sondern im Himmel wohl verwahrte Beilage, Leichenpredigt auf Jacob Tentzel. Arnst. 1685. 4°. Wilh. Ernst Tentzel, Comparatio historica inter Jacobum, episcopum Nisibensem et Jac. Tentzelinum. Witteb. 1686. 4°. Pipping, Memoria, I, 63. Unschuldige Nachrichten, 1722, p. 820. Uhsen. Zedler. Jöcher.

von Teutleben, Caspar, geb. 27. März 1576, studirte zu Jena und trat in kursächsische Dienste, wurde dann Assessor des Hofgerichtes zu Jena, hierauf Hofmeister des Prinzen Johann Ernst des Jüngern (1604), mit welchem er Frankreich, England und die Niederlande bereiste (1618). Im

September 1616 wurde er Hofmarschall, dann Geheimerath bei Herzog Johann Casimir zu Coburg und Gesandter in Wien. Im Jahre 1626 ließ er die Kirche zu Lauch erneuern und baute den Thurm. Er starb 11. Febr. 1629 und war der Stifter der „Fruchtbringenden Gesellschaft". S. Johann Friedr. Gauhen, Genealogisch-historisches Adels-Lexicon, Leipz. 1719, p. 1767. Freher. Zedler. Jöcher.

von der **Thann**, Friedrich, geb. 16. Juni 1610 zum Römerstag, wurde seit seinem zehnten Jahre auf dem Gymnasium Harderwyt in Holland erzogen, ging dann nach Genf, bereiste Frankreich und Italien, trat in venetianische Kriegsdienste und war mit bei der Belagerung und Eroberung von Mantua als Oberstlieutenant. Von den Kaiserlichen verabschiedet, nahm er schwedische Kriegsdienste, welche er aber 1635 verließ, um eine Reise nach Persien zu machen. Da diese nicht zur Ausführung kam, nahm er wieder kaiserliche Kriegsdienste. 1652 bis 1654 war er Gesandter des fränkischen Kreises auf dem Reichstage zu Regensburg. Er starb 23. März 1667. S. Johann Herbert, Dulce sub onere refrigerium, herzkräftiges Labsal in Wehmuth und Trübsal, Leichenpredigt auf Friedrich von der Thann. Gießen 1668. 4°.

von **Thillisch**, Friedrich, ward Kriegsrath zu Gotha, dann Oberst und 1669 Commandant der Festungen Friedenstein und Maßfeld. Er starb 1681.

Thilo, Liborius, geb. 24. Februar 1594 zu Gotha, studirte seit 1614 Theologie zu Jena, wurde 1622 Pfarrer zu Ballstädt, 1626 Diaconus zu Gotha, wo er 24. November 1675 starb. S. Joh. Christian Gotter, Der gläubigen Christen Adlers Flug und Zug, Leichenpredigt auf Liborius Thilo. Gotha 1676. 4°. Jöcher.

Thomae (Thomas), Johann, Erbherr zu Raundorf und Frauenfeld, war geb. 28. August 1624 zu Leipzig und kam nach dem baldigen Tode seiner Aeltern mit seinem Bruder (dem Vater des berühmten Christian Thomasius) auf das Gymnasium nach Gera. Seit 1640 studirte er die Rechte zu Wittenberg, Leipzig und Jena. An letzterem Orte wurde er 1648 Doctor und Professor der Rechte, hierauf 1650 Hofgerichtsassessor, 1652 Hofrath in der Landesregierung zu Altenburg, 1659 Consistorialpräsident, 1668 Geheimerath, Kanzler und Obersteuerdirector. Er war ein thätiger, kluger und gewandter Staatsmann, welcher die verwickeltsten Angelegenheiten zu entwirren verstand. Am 1. August 1673 empfing er als gothaischer Gesandter zu Wien die Lehen über die angefallenen Fürstenthümer Altenburg und Coburg und starb 2. März 1679 zu Altenburg. S. Johann Christfried Sagittar, Wahrer Christen sichere Schlafstätte und Ruhe, Leichenpredigt auf Johann Thomas, Altenburg 1679. Fol., wieder abgedruckt in dem „Denkmal großer und verdienstvoller Staatsmänner" Coburg 1797, p. 97. Paul Martin Sagittar, Vita Johannis Thomae. Jenae 1670. 4°. Caspar Sagittar, De laudibus Thomae. Jenae 1680. 4°. Joh. Gotth. Gotter, Elogia virorum, qui Altenburgum illustrarunt. Jenae 1723 (beinahe wörtlicher

Abbruck der Schrift von Caspar Sagittar). Witte, Diarium biograph. Zeumer, Vitae professorum jurisconsultorum. Strubberg, Diarium Salanum. Jenae 1720, p. 394. Zedler. Jöcher. Johann Friedrich Jugler, Benträge zur juristischen Biographie. Leipz. 1719. I, 1. Johann Friedrich Graf von Beust, Altenburgs Kanzler. Dresden 1821. 4°. p. 15.

von Thumshirn, Wolfgang Conrad, auf Ponitz, Nobitz, Lohma und Frauenfeld, war geb. 28. April 1604 zu Ponitz, wurde von Hauslehrern erzogen und verlor im Jahre 1615 seinen Vater Johann Heinrich von Thumshirn, studirte von 1623 bis 1626 die Rechte in Leipzig, war dann drei Jahre in Tübingen, ging hierauf nach Straßburg, um die französische Sprache zu erlernen. Er nahm sächsische Kriegsdienste, wurde aber durch Krankheit genöthigt sie aufzugeben und zog nach Dresden. Die Fürstin Magdalena von Anhalt berief ihn 1632 zur Erziehung ihres Sohnes Johannes (geb. 24. März 1621, gest. 1650). Nach dem Tode seiner beiden Brüder (1639) war er, um seine Güter zu behaupten, genöthigt, in sein Vaterland zu reisen. Hier wurde er dem Herzoge Friedrich Wilhelm II. zu Altenburg bekannt, welcher ihn zum Hof- und Justizrathe ernannte. Am 24. Februar 1640 heirathete er die Tochter des Kanzlers Bertram, Maria Elisabeth, welche ihm 5 Söhne und 4 Töchter gebar. In demselben Jahre wurde er als Gesandter nach Regensburg geschickt, aber bald wieder zurückgerufen zur Theilung des Herzogthums Coburg und Eisenach. 1643 Obersteuerdirector. Im Jahre 1645 ging er als Gesandter nach Osnabrück. 1647 wurde ihm das Directorium im evangelischen Fürstenrathe übertragen. 1653 wurde er Kanzler und brachte später die hennebergische Landestheilung zu Stande und die erfurtischen Händel zum Vergleiche. Er verbesserte die Kirchen und Pfarrgebäude auf seinen Gütern und erborgte 4000 Gulden, welche er zur Vollendung einer Gesammtausgabe von Luther's Schriften herschoß. Er starb 24. November 1667. S. Johann Siegfried Sagittar, Der Gläubigen verborgener Schatz, Leichenprebigt auf Wolfgang Conrad von Thumshirn. Altenb. 1667. Fol. Fridr. Gotth. Gotter, Elogia virorum clarorum, qui Altenburgum illustrarunt. Jenae 1713, p. 45. Leichenpredigten auf ihn von Nicolaus Gerlach in Ponitz, Samuel Haberland in Nobitz, Martin Lorentz in Lohma. Joh. Henricus Stuss, Commentatio de vita et meritis W. C. a Thumshirn. Goth. 1750. 4°. König, Genealogische Adelshistorie. Fol. I, 992. Zedler. Joh. Friedr. Graf v. Beust, Altenburgs Kanzler. Dresd. 1821. 4°. p. 13.

von Tilly, Johann Tzerklas, Graf, geb. 1559, wurde von Jesuiten zum geistlichen Stande erzogen, nahm aber unter Alba Kriegsdienste. Er war fanatischer Katholik, streng in seinen Sitten, keusch, mäßig und tapfer. 1602 führte er 3000 Wallonen gegen die Türken in Ungarn. 1603 Generalwachtmeister, 1604 Ober-Feldzeugmeister. 1607 bayerischer Generallieutenant. 1609 Feldmarschall der katholischen Liga. Mansfeld schlug ihn im April 1621 bei Wiesloch, dagegen siegte er gleich darauf im Mai bei Wimpfen, im Juli 1622 bei Höchst und bezwang die ganze Unterpfalz. Den Herzog Christian schlug er 1623 bei Stadtlohn und wurde Reichsgraf. Im October 1625 schlug er die Dänen bei Seelze, dann siegte er im August 1626 bei Lutter am Barenberge, im October 1627 bei Rendsburg. 1628 eroberte er Stade. 1630 ward er an Wallensteins Stelle General. Im März 1631 erstürmte er Neu-Brandenburg und am 20. Mai Magdeburg. Hierauf machte er einen Raubzug durch Thüringen und Hessen. Gustav Adolf besiegte ihn im September 1631 in der Schlacht bei Breitenfeld. Im December 1631 mußte er sich nach Lothringen zurückziehen. Am 15. April 1632 wurde er beim Uebergange über den Lech von Gustav Adolf geschlagen und starb am 22. April darauf an den erhaltenen Wunden. S. Joh. Friedrich Gauhen, Historisches Helden- und Heldinnen-Lexicon. Leipz. 1716, p. 1595. Dessen Genealogisch-historisches Adels-Lexicon. Leipz. 1747. II, 1169. Tilln. biographische Skizze. Leipz. 1792. 8°. Johann Eduard Heß, Biographien. Jena 1859. Onno Klopp, Tilly. Hannover 1862. 2 Bde.

Titius, Gerhard, geb. 17. Dec. 1620 zu Quedlinburg, studirte seit 1637 zu Jena, seit 1642 zu Helmstädt, dann zu Leipzig. wurde Professor der hebräischen Sprache zu Helmstädt, 1649 Magister, hierauf Professor der Theologie, 1650 Doctor der Theologie. Er starb 7. Juni 1680 zu Helmstädt. S. Andreas Fröling, Vorstellung des Zustandes derer, die im Herren sterben. Leichenpredigt auf Gerhard Titius. Helmstädt 1680. 4°. Witte, Memoriae Decas XVI, 2079. Uhsen. Zöcher. Heinr. Wideburg, Oratio funebris in memoriam Gerh. Titii. Helmst. 1681. 4°. Friedr. Ulr. Calixtus, Oratio in Gerb. Titii funere. Helmst. 1682. 4°.

Torstenson, Lennart, geb. 17. August 1603 zu Torstena, wurde bis 1616 von einem besonderen Lehrer unterrichtet, dann Page bei Gustav Adolf (1618). Für wehrhaft im Jahre 1624 erklärt, wurde er Fähnrich in der Leibgarde, 1626 Hauptmann, 1627 Oberstlieutenant, 1628 Oberst. 1630 ging er mit dem Könige Gustav Adolf nach Deutschland und nahm an den wichtigsten Schlachten Theil, so 1630 bei Breitenfeld, 1631 bei Würzburg. 1632 am Lech. Vor Nürnberg gerieth er in die Gefangenschaft des Kurfürsten Maximilian von Bayern, aus welcher er gegen den Grafen von Harrach ausgewechselt wurde. An der Spitze eines schwedischen Armeecorps eroberte er am 13. April 1633 Landsberg, wurde 1634 Reichsfeldzeugmeister, trug mit bei zum Siege bei Wittstock, war mit bei der verunglückten Belagerung von Leipzig und bei dem Rückzuge nach Stettin. Pommern fiel fast ganz in die Hände der Kaiserlichen. Als aber Baner und Torstenson Verstärkung erhielten, trieben sie die Kaiserlichen bis nach Böhmen. Zu Ende des Jahres 1640 verließ er die Armee, blieb den Winter über in Stralsund und trat 1641 in den Reichsrath. Aber er genoß nicht lange der Ruhe. Nach Baners Tode (1641) wurde ihm die Feldherrnstelle übertragen. Nachdem er die unzufriedenen Truppen beschwichtigt hatte, ging er über die Elbe und Havel am 30. März 1642, drang in Sachsen ein und vereinigte sich bei Sorau mit Stalhans. Schnell nach einander fielen nun Guben, Sorau, Sagan, Groß Glogau (28. April 1642), Sprottau, Trachenberg. Jauer und

Striegau. Bei Schweidnitz wurde der Herzog Franz Albrecht von Sachsen-Lauenburg am 21. Mai 1642 besiegt und gefangen genommen, worauf sich Schweidnitz am 10. Juni 1642 selbst ergab. Torstenson drang nun in Mähren ein und eroberte Olmütz; dagegen mußte er die Belagerung von Brieg aufgeben, weil Piccolomini und Erzherzog Leopold mit ihren übermächtigen Heeren ihn dazu nöthigten. Auf den Ebenen von Breitenfeld erfocht er am 22. October 1642 einen glänzenden Sieg über die Kaiserlichen. Leipzig öffnete ihm am 28. November seine Thore, Freiberg aber konnte er nicht erobern. Im Juli 1643 entsetzte er das bedrohte Olmütz und zog hierauf nach Holstein, dessen Gebiet er am 12. Dec. 1643 bei Oldesloe betrat. In kurzer Zeit hatte er die bedeutendsten Orte besetzt. Im August 1644 erschien er wieder in Teutschland und verfolgte den kaiserlichen General Gallas, der kaum noch mit 2000 Mann nach Böhmen entkam. Am 24. Februar 1645 gewann er die Schlacht bei Jankau, 7 Meilen von Prag. Mit Ausnahme von zwei feindlichen Generalen wurden alle getödtet oder gefangen genommen. Torstenson wäre nun gern bis Wien vorgedrungen, wenn er hätte über die Donau kommen können. Am 4. Dec. 1645 übergab er den Oberbefehl dem Generale Wittenberg und ging nach Leipzig, wo er den Winter über blieb. Im Frühjahre 1646 ging er als Generalgouverneur nach Pommern und im September nach Schweden. Hier erhob ihn die Königin Christina am 5. Februar 1647 in den Grafenstand und schenkte ihm Güter, deren jährliche Einkünfte 10,000 Thaler betrugen. Er starb 7. April 1651. Die Schnelligkeit bei seinen Unternehmungen verschaffte ihm meist den Sieg. Im Glücke nicht übermüthig, im Unglücke nicht verzagt, übereilte er sich fast nie. Als Feldherr stand er keinem der großen Generale, welche Gustav Adolf gebildet hatte, nach, als Mensch übertraf er die meisten an Menschlichkeit und Milde. S. Johann Friedr. Gauhen, Historisches Helden- und Heldinnen-Lexicon. Leipz. 1716, p. 1623. Dessen Genealogisch-historisches Adels-Lexicon. Lpz. 1747. II, 1846. J. F. v. Lundblad, Schwedischer Plutarch übersetzt von J. v. Schubert. Stralsund 1826, I, 207. Zedler.

Tribbechov, Adam, geb. 11. Aug. 1641 zu Lübeck, wo sein Vater Schullehrer war, machte, mit Körper und Geistesgaben reichlich ausgestattet, schnelle Fortschritte und bezog 1659 die Universität Rostock, wo er sich den theologischen Studien widmete; doch schon 1660 rief ihn sein Vater nach Lübeck zurück, weil sich die Aussicht zu einer Anstellung in Lüneburg eröffnete. Seine Freunde riethen ihm ab, weil ihm die nöthige Erfahrung abgehe, und er ging nach Helmstädt (April 1660). Im August 1661 wurde er Erzieher in Rostock. Das ihm im Jahre 1662 angebotene Rectorat zu Colberg schlug er aus, ebenso die Secretärstelle beim dänischen Gesandten. In demselben Jahre wurde er Magister zu Rostock. Hierauf ging er mit seinem Zöglinge nach Gießen. 1664 Professor der Moral zu Kiel, dann auch der Geschichte. 1672 berief ihn Herzog Ernst der Fromme als Kirchenrath nach Gotha. Er wurde nun im genannten Jahre Doctor der Theologie. 1677 Generalsuperintendent. 1679 wurde ihm die Visitation der Universität Jena übertragen. Er starb 16. August 1687. S. Henrich Fergen, Got' liebender theurer Kirchenlehrer Weh und Wohl, Leichenpredigt auf Adam Tribbechov. Gotha 1687. Fol. Vita Adami Tribbechovii ab ipsomet manu propria scripta, QQ XII, 45 im Haus- und Staatsarchive zu Gotha. Pipping. Memoria, I, 187. Sagittarii historia Gothana p. 189. Zedler. Jöcher. Brückner, Kirchen- und Schulenstaat, II, 12, 61.

Verpoorten, Wilhelm, war geboren 18. October 1631 zu Lübeck. Seine Vorfahren waren, von dem grausamen Alba verfolgt um der Religion willen, von Antwerpen nach Hamburg und Lübeck gezogen. Wilhelm Verpoorten (eigentlich van der Poorten) studirte zu Gießen, Jena, Wittenberg, Leipzig und Rostock und wurde 1663 Hofprediger des Landgrafen Friedrich von Hessen-Kassel zu Weselingen. Herzog Ernst der Fromme berief ihn 1668 als Hofprediger und Kirchenrath nach Gotha und übertrug ihm insbesondere die Mitinspection über die Studien der jüngeren Prinzen, Kirchenvisitationen, Revisionen der Kirchenvisitationen, Inspectionen des Gymnasiums, Unterricht der Candidaten und Verschickungen. Im August 1673 zog er von Gotha nach Coburg. Nach Herzog Ernst's Tode wurde er 1676 Generalsuperintendent und Professor zu Coburg. 1678 Doctor der Theologie zu Gießen. Er starb 12. März 1686. S. Cod. Chart. B. no. 511 in der herzoglichen Bibliothek zu Gotha. Brückner's Kirchen- und Schulenstaat, I, 12, p. 1. Witte, Diarium biogr. Goetze, Elogia theologorum. Zedler. Jöcher.

Vockerodt, Joh. Dietrich, war Prediger der Kirche zu Tschistoi Pruth in Moskau und predigte einen Sonntag um den andern auch in der Offizierskirche. Mit Gregorii und dessen Nachfolger Peter Rahn gerieth er in unangenehme Streitigkeiten, die ihm nicht zur Ehre gereichten. Er starb 1688. S. J. Chr. Grot, Bemerkungen über die Religionsfreiheiten der Ausländer im russ. Reiche. St. Petersb. 1797, I, 254.

Volk, Daniel, geb. 7. Sept. 1582 zu Mürstadt, studirte seit 1598 zu Jena, wurde Doctor der Rechte und Amtmann zu Königsberg (1611). Mit Kaspar von Teutleben empfing er im Jahre 1621 vom Kaiser Ferdinand II. die Lehen über Sachsen-Weimar in Wien. Er starb 24. Aug. 1633 zu Würzburg. S. Joh. W. Krauß, Hildburghäusische Kirchen- Schul- und Landeshistorie. Hildb. 1754. 4°. IV, 37.

Volk, Johann Andreas, geb. 29. Aug. 1610, Sohn des vorhergehenden, studirte zu Altorf 1628 und Jena 1629. Herzog Ernst nahm ihn 1631 zu Haßfurt in seine Dienste, 1639 Verwalter zu Irmeltshausen, 1640 Amtsschreiber zu Königsberg, 1641 Amtssecretär zu Heldburg. 1644 Amtsverwalter daselbst. 1649 Amtsverwalter zu Königsberg. Er starb daselbst 8. August 1652. S. Joh. W. Krauß, Hildburgh. Kirchen-, Schul- und Landeshistorie. Hildburgh. 1754. 4°. IV, 43.

Voss, Samuel, geb. 26. August 1621 auf dem adeligen Gute Lupelov im Mecklenburgischen, wurde seit 1633 zu Güstrow erzogen, kam 1638 nach Rostock, studirte seit 1642 Theologie daselbst, dann seit 1646 zu Helmstädt, besuchte hierauf die Universitäten in England und Frankreich, und kam dann nach Gottorp. 1657 Hofprediger, Generalsuperintendent und Kirchenrath in Ostfriesland. Zuletzt wurde er Kirchenrath und Generalsuperintendent des rostockschen Bezirkes und starb 19. Juli 1674. S. Henricus Müller, Treuer Knechte Gottes Amt, Leichenpredigt auf Samuel Poß. Rostock. 1674. 4°. Freher. Zedler. Jöcher.

Wagner, Johann, war Prediger zu Eisenach, Doctor der Theologie und Mitarbeiter an der Ernestinischen Bibel. S. Jöcher.

Wagner, Tobias, geb. 21. Februar 1598 zu Heydenheim im Würtembergischen, studirte im Kloster Maulbronn und zu Tübingen, wurde 1618 Magister an letzterem Orte, dann 1624 Diaconus zu Eßlingen, 1632 Pastor, 1653 Professor der Theologie zu Tübingen, 1656 Prokanzler, zuletzt Propst und Kanzler. Er starb 12. August 1680. S. Witte, Memoriae Decas XVI, 2041. Fischlin, Memoria theologorum Würtemberg. II. 187. Uhsen. Zedler. Jöcher.

Waitz, Jacob, war geb. 1611 zu Schmalkalden, studirte Medizin und wurde 1636 Stadtphysicus zu Gotha, 1668 Rathsherr, 1669 Bürgermeister, dann Obersteuereinnehmer, Rath und Leibmedicus Herzog Ernst's des Frommen. Er starb 3. März 1716. S. Zedler.

Wallenberger, Valentin, geb. 1582 zu Erfurt, ging 1605 nach Arnstadt, dann nach Zerbst, hierauf nach Brandenburg und Magdeburg, kehrte 1609 nach Erfurt zurück und wurde Lehrer an der Schottenschule, 1611 Cantor in Nordhausen, 1616 Magister zu Erfurt, 1618 Adjunctus des Diaconats zu Erfurt, 1621 Pfarrer. Er starb 1639 und gehörte mit zu den Bearbeitern der Ernestinischen Bibel. S. Joh. Matthäus Meyfart, Christliche Leichenpredigt auf Valentin Wallenberger. Erfurt 1639. 4°.

von Wallenstein (Waldstein), Albrecht Wenzel Eusebius, stammte aus einer evangelischen Adelsfamilie in Böhmen und war geboren 14. Sept. 1583 zu Prag. Frühzeitig verlor er seine Mutter (1593) und seinen Vater (1595) und wurde auf den Schulen zu Goldberg und Altorf erzogen. 1604 trat er als Page in die Dienste des Markgrafen Karl von Burgau. In Folge eines Sturzes aus dem dritten Stocke des Schlosses zu Innsbruck glaubte er, weil er unversehrt geblieben war, zu Höherem bestimmt zu sein und trat zur katholischen Religion über. Er wurde nun ein Schüler der Jesuiten, war aber demungeachtet Zeit seines Lebens ein Feind derselben. Sein Drang zum Soldatenwesen führte ihn zuerst in den Türkenkrieg. Schon 1605 ward er Hauptmann. Nach dem Frieden (1606) kehrte er nach Böhmen zurück. Durch eine Heirath mit einer alten reichen Wittwe im Jahre 1609 erwarb er große Besitzungen in Mähren. 1617 warb er im friaulischen Kriege zuerst auf seine Kosten 200 Reiter. Kaiser Matthias erhob ihn in den Grafenstand und ernannte ihn zum Obersten. Nach dem Ausbruche der böhmischen Unruhen zeichnete er sich bald durch seine Thaten aus, wurde 1620 General-Quartiermeister der ligistischen Truppen. Am 18. October 1621 besiegte er den Markgrafen Johann Georg II von Brandenburg-Jägerndorf bei Kremsier. Im September 1623 wurde er in den Fürstenstand erhoben und bald darauf Herzog von Friedland. 1625 sammelte er auf seine Kosten für den Kaiser ein Heer von 20,000 Mann und zog damit nach Halberstadt, Hildesheim und Magdeburg. Am 13. (23.) April 1626 besiegte er den Grafen Ernst von Mansfeld bei Dessau und verfolgte ihn bis nach Ungarn. 1627 vertrieb er die Dänen und kaufte vom Kaiser das Herzogthum Sagan, zog mit seinem Heere nach den Marken und vereinigte sich an der Unterelbe mit Tilly und besetzte Mecklenburg und Pommern. 1628 erhielt Wallenstein pfandweise das Herzogthum Mecklenburg, 1629 aber zum Lehen. 1630 wurde er seines Commandos entsetzt und zog sich nach Böhmen zurück. Da erschien der siegreiche Gustav Adolf von Schweden in Deutschland, und nach vielem Zögern übernahm Wallenstein im December 1631 wieder das Generalat unter harten Bedingungen für den Kaiser. Am 4 (14.) Mai 1632 ließ er Prag stürmen und am Schlusse des Monats waren die Schweden aus Böhmen vertrieben. Nachdem er sich mit Maximilian von Bayern vereinigt hatte, verschanzte er sich bei Nürnberg und wurde von Gustav Adolf in seinem Lager vergeblich angegriffen. Wallenstein zog nun nach Sachsen, und am 6 (16.) November 1632 verlor er die Schlacht bei Lützen, welche mit dem Tode des Schwedenkönigs erkauft wurde. Wallenstein mußte sich nach Böhmen zurückziehen und richtete seine Pläne auf die Eroberung Schlesiens. Am 15 (25.) Februar 1634 ward er zu Eger meuchlings mit Wissen des Kaisers ermordet, nachdem er mit Bernhard von Weimar Unterhandlungen angeknüpft hatte, welche eine Vereinigung mit den Schweden bezweckten. S. Pufendorf, De rebus Suecicis sub Gustavo Adolpho. Joh. Fried. Gauhen, Historisches Helden- und Heldinnen-Lexicon. Lpz. 1716. p. 1704. Dessen Genealogisch-historisches Adels-Lexicon. Lpz. 1747, II. 1243. Joh. Eduard Heß, Biographien. Jena. 1859, p. 1. Die Biographen Wallensteins: Gualdo-Priorato (deutsch von Linf. Nürnb. 1769. 8.), Herchenhahn (Altenburg. 1796. 3 Bde.), Friedr. Aug. v. Grebenitz (Berlin, 1797. 8.), W. F. Heller (Mannheim. 1814. 8.), Friedr. Förster (Potsdam. 1834. 8.), John Mitchell (Lond. 1842. 8°.), E. A. Mebold (der 30jährige Krieg und die Helden desselben. Stuttg. 1835. 2 Bde. 8°.), Franz Carl v. Watterich (Prag. 1843. 12°.), Joh. Heinr. Krönlein. Lpz. 1845. 8°.), Carl Maria v. Aretin. (Münch. 1846. 8°.).

Wandalin, Johann, geb. 26. Januar 1624 zu Wiborg in Jütland. studirte Theologie zu Kopenhagen, seit 1648 zu Leyden, Utrecht, Straßburg, Basel, Gießen und Leipzig, wurde 1651 Professor der hebräischen Sprache. 1655 Professor der Theologie, 1668 Bischof zu Seeland. Dem Könige Christian V. von Dänemark setzte er am 7. Juni 1671 die Krone auf. Er starb im Mai 1675. S. Christian Reitzer, Memoria Joh. Wandalini. Haln. 1741. Fol. Witte, Memoriae Decas XV, p. 1369. Uhsen. Zedler Jöcher.

Wandersleben, Martin, geb. 6. November 1603 zu Wasserthalheim im schwarzburgischen Amte Klingen, bildete sich auf den Schulen zu Greußen, Gotha und Mühlhausen und studirte zu Jena Theologie. 1634 Pfarrer zu

Töpfer auf dem Eichsfelde. 1636 berief ihn Herzog Ernst als Pfarrer nach Riethnordhausen. 1641 Pfarrer zu Schönau vor dem Walde. 1648 Superintendent zu Waltershausen. Hier starb er 3. Mai 1668.

von Wangenheim, Georg, ward 1641 Stallmeister bei Herzog Ernst dem Frommen, dann 1650 Haushofmeister und starb 1659.

von Wangenheim, Georg Wilhelm, war Obersteuereinnehmer zu Gotha und starb 30. April 1651.

von Wangenheim, Johann Georg, Erb- und Gerichtsherr auf Tüngeda, Wangenheim, Hanna und Gräfenau, wurde Landrath zu Gotha, Geheimerath und Obersteuereinnehmer und starb 1704.

von Wangenheim, Hans Ludwig, geb. 1600, wurde vom Herzoge Ernst dem Frommen 1641 zum Jägermeister ernannt und starb 1683 zu Fischbach.

.Wansleben (Vansleb), Johann Michael, geb. 1. November 1635 zu Erfurt, war der Sohn eines Predigers und studirte Philosophie und Theologie zu Königsberg, wurde dann von Hiob Ludolf in der äthiopischen Sprache unterrichtet und ging auf dessen Veranlassung nach London. Hier gab er 1660 dessen äthiopische Grammatik und Lexicon heraus. Bei dem letzteren Werke verfuhr Wansleben so eigenmächtig, daß Ludolf sich genöthigt sah, später (1698) eine neue Ausgabe zu veranstalten, in welcher mehrere Worte wieder weggelassen wurden, welche Wansleben, obwohl sie nicht existirten, aufgenommen hatte. Auch half Wansleben dem Edmund Castell bei Anfertigung des Lexicon heptaglotton. Nach seiner Rückkehr von London schickte ihn Herzog Ernst nach Aethiopien (1663). Wansleben kam aber nur bis Aegypten, wo er sich längere Zeit aufhielt, von da aber im Februar 1665 nach Livorno zurückkehrte und eine Zeit lang in Florenz lebte. Darauf ging er 1665 nach Rom, trat hier zur katholischen Kirche über und ließ sich 1666 in den Dominikanerorden aufnehmen. 1670 besuchte er Paris, gab seine Relazione dello stato presente dell' Egitto heraus und wurde von Colbert begünstigt, zum zweiten Male nach Aegypten gesendet, um das Land noch näher zu erforschen und orientalische Manuscripte für die königliche Bibliothek in Paris aufzukaufen. Wansleben soll auch derselben 334 arabische, türkische und persische Manuscripte verschafft haben. Er war im Februar 1672 nach Aegypten gekommen, aber erst 1676 kehrte er nach Paris zurück und gab heraus „Nouvelle relation en forme de journal de son voyage fait en Egypte" (Paris 1677. 12°.). Colbert war mit dem Erfolge seiner Reise höchst unzufrieden, weil er wenig ausgerichtet hatte und die mitgebrachten Bücher meist aschnuistischen und politischen Inhalts waren. Indem führte er ein so schändliches, unsittliches Leben, daß Colbert ihm seinen Gehalt entzog. Wansleben sah sich deshalb genöthigt, 1678 die Stelle eines Vicars in dem Dorfe Bouran bei Fontainebleau anzunehmen, um nur leben zu können. Hier starb er den 12. Juni 1679. Chapelain schrieb ihm folgendes Epitaphium: Uti vixit, ita morixit. Seine beiden Reisen deutsch in H. E. G. Paulus, Sammlung der merkwürdigsten Reisen in den Orient. Jena. 1794. III. S. Nicéron, Mémoires pour servir à l'histoire des

hommes illustres. Paris. 1734. XXVI, 7. Jérome Lobo, Voyage historique d'Abissinie, traduit du Portugais par Le Grand. A Paris et à
la Haye. 1728. 4°. p. 157, 196. Zebler. Jöcher. Gottfr. Vockerodt,
Programma de Jo. M. Wansleb. Goth. 1718. 4°.

Wasmuth, Matthias, geb. 29. Juni 1625 zu Kiel, studirte 1648 zu
Wittenberg, wurde 1651 Magister, ging 1653 nach Leipzig, dann nach den
Niederlanden, um Golius und Coccejus zu hören. Er gab schon 1654 eine
arrabische Grammatik heraus. Von Holland ging er nach Straßburg und
Basel, wurde 1657 Professor der Legik zu Rostock, 1665 Professor der orien-
talischen Sprachen zu Kiel, 1666 Doctor der Theologie, 1675 Professor der
Theologie. Er starb 18. Nov. 1688. Die Chronologie gründete er auf die
Astronomie. S. Pipping, Memoria p. 255. Witte, Diarium biogr., II.
158 Moller, Cimbria litterata. Conring, De scriptoribus XVI p.
Chr. n. seculorum, p. 226. Tenzel's monatliche Unterrebungen. 1689. Uhsen. Zebler. Jöcher.

Weber, Johann, war Doctor der Theologie, Superintendent zu Ohr-
druf und Mitarbeiter an dem Ernestinischen Bibelwerke. Er starb 1653.
S. Witte, Diarium biogr. Mylius, Bibliotheca de anonymis, p. 200.
Unschuldige Nachrichten. 1704. p. 400. 1708. p. 105. Zebler. Jöcher.

Wedel, Georg Wolfgang, geb. 12. Nov. 1645 zu Golsen in der Nie-
derlausitz, wurde seit 1656 zu Schulpforte erzogen, studirte seit 1662 Medizin.
Philosophie und Mathematik zu Jena, ging 1667 nach Landsberg, kehrte
aber bald darauf nach Jena zurück. Herzog Ernst der Fromme berief ihn
als Landphysicus nach Gotha; er ging aber 1673 als Professor der Medizin
wieder nach Jena. 1679 wurde er Leibarzt des Herzogs Johann Ernst zu
Weimar. 1694 Comes Palatinus. 1717 kaiserlicher Rath. 1718 weimarischer Hofrath. Kurz vor seinem Tode wurde er vom Kaiser Karl VI. in
den Freiherrnstand erhoben. Er starb 6. Sept. 1721. Das Sel volatile
plantarum wurde von ihm entdeckt. S. Johann Christian Gnüge, Der
Hauptschatz der Gläubigen, Leichenprebigt auf Georg Wolfgang Wedel. Jena
1723. Fol. Mylius, Bibliotheca de anonymis, p. 772. Historia bibliothecae Fabricii, VI, 34. Halleri bibliotheca anatomica, 1, 471; bo-
tanica, 1, 557; chirurgica I, 400 Nicéron, Mémoires pour servir à
l'histoire des hommes illustres, VII, 197. Zebler. Jöcher. Wehel, Lie-
derbichter, III, 366.

Weidemüller, Johann, geb. 26. April 1575 zu Creuzburg, wurde
auf dem Gymnasium zu Gotha gebildet, dann zu Magdeburg, studirte dann
die Rechte zu Jena und praktizirte seit 1603 als Advokat zu Gotha. 1606
wurde er Oberstadtschreiber, 1615 Rath und Cämmerer, 1617 Bürgermeister,
Assessor des Consistoriums und coburgischer Tranksteuer-Obereinnehmer. Er
starb 28. November 1646. S. Johann Gnüge, Leichenprebigt auf Johann
Weidemüller. Gotha 1647. 4°. Sein Epitaph in Joh. Christian Bachov,
Tractatus de rebus religiosis ac de sepulcris Gothanis. Gothae 1724.
p. 274.

Weigel, Erhard, geb. 16. Dec. 1625 zu Weuba, wurde zu Wunsiedel erzogen, kam dann nach Halle, wo er sich mathematischen Studien widmete, studirte daselbst, dann in Leipzig, wurde 1653 Professor der Mathematik zu Jena, dann Hofmathematicus und Oberbaudirector, kaiserlicher und sulzbachischer Rath. Er machte sich um die Verbesserung des Kalenders und des Himmelsglobus verdient und starb 21. März 1699 zu Jena. S. Mylius, Bibliotheca de anonymis, p. 867. Zedler. Jöcher.

Weitz, Johann, geb. im Sept. 1576 zu Hohenkirchen bei Georgenthal, wurde auf der Schule zu Ohrdruf seit 1588, dann zu Gotha seit 1592 erzogen, studirte seit 1597 zu Jena, wurde 1598 Baccalaureus, 1599 Magister. Nach seiner Rückkehr von Jena wurde er 1600 am Gymnasium in Gotha als Lehrer angestellt, später wurde er Conrector und nach dem Tode von Wilde (1631) Rector. Er war zu schwach, um Zucht und Ordnung in der Schule zu erhalten. Deshalb berief Herzog Ernst der Fromme an seine Stelle den Rector Andreas Reyher und gab Weitz den Titel eines Directors. Weitz starb aber schon am 24. April 1642. S. Witte, Diarium biogr. Adolph Clarmund, Vitae clarissimorum in re litteraria virorum d. i. Lebensbeschreibung rc. Wittenberg 1707, VI, 187. Sagittarii historia Gothana, p. 206. Freher. Zedler. Jöcher. Galletti, Geschichte und Beschreibung des Herzogthums Gotha, II, 277. Christian Ferdinand Schulze, Geschichte des Gymnasiums zu Gotha. Gotha 1824, p. 112.

Weller von Molsdorf, Jacob, auf Klein-Karsdorf, geb. 5. Dec. 1602 zu Neukirchen im Voigtlande, wurde zu Schladenwalde, Nürnberg und Schleusingen erzogen, studirte 1623 zu Wittenberg, wurde 1627 Magister, 1631 Adjunct der philosophischen Facultät und Professor der Theologie, 1636 Professor der orientalischen Sprachen und Doctor der Theologie. 1640 Superintendent zu Braunschweig. 1646 Oberhofprediger und Kirchenrath zu Dresden. Er starb 6. Juli 1664 und war ein Gegner Georg Calixt's. S. Johann Andreas Lucius, Herrlicher Sieg der Wagen und Reuter Israel, Leichenpredigt auf Jacob Weller. Lüneb. 1664. 4°. Joh. Reichmann, Memoria Jac. Welleri. Witteb. 1664. 4°. Witte, Diarium biogr. und dessen Memoriae Decas XI, p. 1502. Historia bibliothecae Fabricii, IV, 351. Joh. Sebast. Mitternacht, Panegyricus in Jac. Wellerum. Lips. 1666. 4°. Uhsen. Zedler. Jöcher. Walch, Religionsstreitigkeiten in der evangelisch-lutherischen Kirche, IV, 767.

von Weltz, Justinian Ernst, Freiherr, geb. 12. Dec. 1621 zu Chemnitz, suchte die lutherische Lehre unter den Heiden auszubreiten und legirte 12,000 Thaler zur Gründung von Seminarien. Er beabsichtigte eine Gesellschaft unter dem Namen „Jesus liebende Gesellschaft" zu gründen und wendete sich deshalb an den Reichstag zu Regensburg. Dieser verwarf aber 1664 den Plan und nannte den Baron einen Träumer. Er ging darauf nach Holland, ließ sich ordiniren und wurde Heidenapostel in Surinam. Er starb 1668 und soll von wilden Thieren zerrissen worden sein. Unter dem Namen Justinianus schrieb er einige Tractate. S. Spener, Theologische Be-

benfen III, 207. Unschuldige Nachrichten, 1715, p. 789. 1736, p. 300. Historia bibliothecae Fabricii. V, 45. Joh. Friedrich Gauhen, Genealogisch historisches Adels Lexicon. Lpz. 1719, p. 1875. Mylius, Bibliotheca de anonymis, p. 175. Zedler. Jöcher.

Wex, Johann Christoph, ward 1627 zu Altenburg geboren und studirte die Rechte zu Helmstädt und Straßburg, wurde 1656 Doctor und Professor der Rechte, dann Hof- Cammer und Consistorialrath zu Weimar, hierauf Geheimerath und Kanzler zu Merseburg. Er wurde zu verschiedenen Sendungen gebraucht. S. Zeumer, Vitae professorum jurisconsultorum. Zedler. Jöcher.

Wilcke, Andreas, geb. 1562 zu Helmershausen im Heunebergischen, wurde zu Meiningen und Halberstadt erzogen, studirte in Jena und wurde 1582 Rector des Gymnasiums zu Gotha. Er starb 13. Juni 1629 und war einer der ausgezeichnetsten Schulmänner, welche Gotha besessen hat. S. Ge. Hess, Vita Andreae Wilckii vor der Suada Gothana Wilckii. 1657. 8°. Joh. Weitz, Oratio funebris in obitum Andr. Wilckii. Jenae 1629. 4°. Sagittarii historia Gothana, p. 204. Witte, Diarium biographicum, II, 36. Adolph Clarmund, Vitae clarissimorum in re litteraria virorum d. i. Lebensbeschreibung re. Wittenb. 1707. V, 252. Zedler. Galletti, Geschichte und Beschreibung des Herzogthums Gotha, II, 276.

Winter, Bartholomaeus, geb. 24. August 1559 zu Altenburg, verlor kaum ein Jahr alt seinen Vater und kam 1580 auf die Schule nach Halle, studirte 1589 zu Wittenberg, wurde daselbst Magister und ging 1590 nach Jena. 1592 ward er Informator zu Weißenfels. 1598 übertrug ihm Herzog Johann zu Sachsen-Weimar die Erziehung seiner Prinzen. 1618 Obergeleitsmann zu Erfurt, wo er am 6. Januar 1646 starb. Als Prinzenerzieher mußte man wol sehr zufrieden mit ihm sein, da er eine für die damalige Zeit bedeutende Besoldung erhielt, nämlich seit dem Jahre 1606 jährlich 500 Gülden, 2 Malter Korn, 1 Malter Gerste und 15 Klaftern Scheitholz. Er gehörte zu den Gegnern des Ratichius. In seinen „Annales scholastici" (s. E. III, 1 im Haus- und Staatsarchive zu Gotha) schreibt er unterm 15. März 1613, daß „seine gnädige Fürstin (die Herzogin Dorothea Maria) ihm den methodum lateinisch und die Censur und judicium Dr. Graweri und Dr. Joh. Majoris zugestellt mit dem Beding und ernstem Gebote, daß Dr. Abraham Lange, Friedrich Hortleder und ich ihn lesen, aber nicht abschreiben oder etwas dagegen vornehmen sollten. Dr. Johann Major hat hernach dagegen öffentlich protestirt. Als Winter bei der Zurückgabe um die Erlaubniß bat, ihn abschreiben lassen zu dürfen, wurde ihm unter Androhung höchster Ungnade verboten ihn zu copiren oder etwas dawider zu schreiben. Am 17. Mai verließ Ratichius Weimar, und Winter nennt ihn bei dieser Gelegenheit einen „Brauer alles Unglücks und einen groben, ungezogenen, stolzen Gesellen. Parturiunt montes, prodit ridiculus mus. Hat Zwiebeln hergetragen und Knoblauch wieder weggetragen." S. Bartholomäus Elsner, Collatio aus dem 25. Kapitel des 1. Buches Mosis v. 7—10.

Leichenpredigt auf Barthol. Winter. Erfurt 1646. 4°. G. E. Heermann, Nachlese zu dem Beytrage der Lebensgeschichte Herzog Johann Ernst's des Jüngern. Weimar 1786, p. 77.

Witzleben, Georg, geb. 8. August 1616 zu Rudolstadt, wurde daselbst und in Grenzen erzogen, studirte seit 1624 zu Erfurt, dann zu Jena, Leipzig, Wittenberg und Rostock. Mit einem jungen Adeligen bereiste er 1640 Dänemark, hierauf wurde er Professor und Prediger zu Sora in Seeland. 1646 Doctor der Theologie, 1668 Professor der Theologie zu Kopenhagen. Er starb 11. Sept. 1676. S. Witte, Diarium biogr. Goetze, Elogia Germanorum, II, 495. Bartholinus, De scriptis Danorum p. 49. Freber. Zedler. Jöcher.

von Witzleben, Hans Ernst, wurde weimarischer Oberjägermeister und Hauptmann zu Gerstungen und starb 1660.

von Witzleben, Hans Heinrich, geb. 29. Februar 1631, besuchte die Schule zu Arnstadt, kam dann 1652 zum Superintendenten Schneider nach Cranichfeld, wo er mit dem nachmaligen schwarzburgischen Rathe Ahasverus Fritsch zusammen wohnte, von welchem er in der Rechtswissenschaft Unterricht erhielt. 1657 reiste er nach Holland und trat zu Breda unter dem Marquis de Hauterive in Kriegsdienste. Im September 1657 ging er nach Paris und wurde Generaloberster über das schweizerische Leibregiment der königlichen Garde unter dem Grafen von Soissons. Im November 1660 kehrte er in seine Heimath zurück. 1661 wurde er Hofmeister bei den jungen Grafen von Schwarzburg. 1667 Cammerjunker zu Gotha, zuletzt Landeshauptmann. Er starb 1693. S. KK, V, 75 im Haus- und Staatsarchive zu Gotha.

von Witzleben, Wolf Dietrich, geb. 17. März 1616, erbte 1651 die Ebeleben'schen Güter, 1654 wurde er auch Miterbe des Gutes Wolmirstädt. Durch einen Erbvergleich mit seinen Brüdern bekam er die Güter Wolmirstädt und Teuchart erblich, wurde darauf kursächsischer Obersteuereinnehmer und Administrator der Schule zu Roßleben. Er starb 17. April 1684. S. Valentin König, Genealogische-Adels-Historie. Leipz. 1727. Fol. I, 1058.

Wolff, Georg, geb. 3. April 1638 zu Nieder-Löbichau bei Königsberg, wurde zu Berlin erzogen, studirte seit 1661 Theologie zu Wittenberg, ging 1669 nach Dresden und wurde Corrector in der Hofbuchdruckerei, dann Informator. 1676 Diaconus zu Freiberg, 1691 Pastor daselbst. Er starb 23. April 1705. S. Wilisch, Freiberger Kirchen-Historie, II, 222. Zedler.

von Wrangel, Hermann, geb. 1587, nahm frühzeitig schwedische Kriegsdienste und focht anfangs gegen die Russen. 1607 wurde er von den Polen gefangen genommen in der Schlacht bei Keckenhusen, aber bald wieder freigelassen. 1609 erhielt er vom Könige Gustav Adolf den Oberbefehl über die Truppen in Polen und wurde nach der Eroberung von Iwonowgorod Commandant dieser Festung. Er zog hierauf gegen die Dänen und wurde auf Schonen gefangen genommen, durch den 1613 abgeschlossenen Frieden aber wieder frei. 1621 wurde er schwedischer Feldmarschall in Liefland, focht 1626 in Preußen gegen die Polen. 1627 Gouverneur zu Elbing. 1628 Generalgouverneur in Preußen. 1630 schwedischer Reichsrath. Er ging in diesem Jahre mit dem Könige Gustav Adolf nach Deutschland und kehrte nach dessen Tode nach Schweden zurück. 1635 war er Gesandter bei den Friedensverhandlungen mit Polen. 1636 commandirte er eine eigene Armee in Pommern, dann in Brandenburg, wurde aber, weil er mit Baner in Streit gerieth, nach Schweden zurückgerufen (1638) und Generalgouverneur in Liefland. Er starb 1644. S. Pufendorf, De rebus Suecicis sub Gustavo Adolpho. Joh. Friedrich Gauhen, Historisches Helden- und Heldinnen-Lexicon. Lpz. 1716. p. 1783. Dessen Genealogisch historisches Adels-Lexicon. Lpz. 1747. II, 1911.

Wrangel, Carl Gustav, geb. 1613 auf dem Gute Skokloster, trat frühzeitig in Kriegsdienste und wohnte zuerst den Feldzügen des Königs Gustav Adolf in Deutschland bei, diente nach des Königs Tode (1632) unter Herzog Bernhard von Weimar. 1637 kämpfte er als Oberst in Pommern gegen Gallas. Als sein Vater Hermann Wrangel nach Schweden zurückberufen wurde (1638), nahm er unter Baner Dienste, und als der letztere 1641 starb, führte er als Generalmajor mit Pinel und Wittenberg den Oberbefehl gemeinschaftlich und gewann mit ihnen im Juni 1641 das Treffen bei Wolfenbüttel gegen den Erzherzog Leopold Wilhelm und Piccolomini. Nachdem Torstenson den Oberbefehl erhalten hatte, erkämpfte er mit den Sieg bei Leipzig (23. Oct. 1642), war dann 1643 in Böhmen, zu Ende des Jahres aber in Holstein gegen die Dänen, erhielt 1644 den Befehl zur See, besiegte die Dänen bei Fehmarn und eroberte diese Insel. 1645 ging er wieder zu Torstenson's Heere und erfocht mit den Sieg bei Jankau (23. Febr. 1645). Nachdem er in diesem Jahre in den Grafenstand erhoben worden war, übernahm er im December das Obercommando in Schlesien. Zu Anfange des Jahres 1646 brach er in Böhmen ein, zog aber, der überlegenen Macht der Feinde weichend, nach Hessen, eroberte Höxter und Paderborn und vereinigte sich bei Gießen mit den Franzosen, nachdem er schon vorher zum Feldmarschalle und Reichsrathe (im Mai 1646) erhoben worden war. 1647 war er in Franken, rückte nach Böhmen, wurde aber von den Kaiserlichen nach Hessen zurückgedrängt. 1648 in der Oberpfalz, vereinigte sich in Franken mit Turenne und schlug die Kaiserlichen unter Holzappel bei Zusmarshausen. Erst 1650, nachdem der westphälische Friede zur Ausführung gekommen war, kehrte Wrangel nach Schweden zurück. Im Kriege gegen Polen im Jahre 1655 war er Reichsfeldherr und schlug die Polen bei Gnesen im April 1656. Im Jahre 1657 vertrieb er die Dänen aus dem Herzogthume Bremen. 1658 eroberte er Fünen. 1659 entsetzte er als Generalstatthalter von Schwedisch-Pommern die Stadt Stettin. 1660 Mitglied der Vormundschaft über den minderjährigen König Karl XI. 1674 unternahm er seinen letzten Feldzug gegen den Kurfürsten Friedrich Wilhelm von Brandenburg. Während er krank lag, gewann der Kurfürst die Schlacht bei Fehrbellin (18. Juni 1675) und vertrieb die Schweden aus seinem Lande. Wrangel starb 1676. S. Joh. Christoph Fritz, Inscriptio funebris, quae mortem Car. G. Wrangel orbi lugendam devotissimo animo exponit. Holm. 1681. Fol. Johann Eduard Heß, Biographien. Jena 1859, p. 333. Joh. Friedrich Gauhen, Historisches Helden- und Heldinnen-Lexicon. Lpz. 1716.

Wurm zu Heuchelheim, Hans Leutholf, geb. 1544, wurde 1596 zur Revidirung der Consistorial- und Hofgerichtsordnung mit anderen Räthen erwählt. Auch zu anderen Verrichtungen wurde er benutzt und vom weimarischen Hofe öfters zu Rathe gezogen. Er starb 1626. S. Val. König, Genealogische Adelshistorie. Lpz. 1736. Fol. III, 1199.

Zapf, Nicolaus, geb. 2. Febr. 1600, war der Sohn eines Pfarrers zu Wilwitz im Schwarzburgischen, besuchte seit 1614 das Gymnasium zu Arnstadt, studirte seit 1620 zu Jena und unterrichtete seit 1622 Knaben. 1623 ging er nach Wittenberg und unterrichtete gleichfalls als Hauslehrer. 1632 wurde er Adjunct der philosophischen Facultät daselbst. Bald darauf (1633) wurde er Professor der Theologie zu Erfurt, 1634 Doctor der Theologie, 1637 Professor der hebräischen Sprache. Herzog Wilhelm von Sachsen berief ihn 1642 als Kirchenrath nach Weimar. 1643 Hofprediger, und nach Johann Kromayer's Tode auch Generalsuperintendent. Er war Mitarbeiter an dem Ernestinischen Bibelwerke und einer der Visitatoren der Universität Jena im Jahre 1644; auch arbeitete er mit an der weimarischen Agende. Er war Gegner der Weigelianer und gab 1639 die „Treuherzige Wächterstimme" heraus „wegen der an einigen Orten der Stadt Gottes einschleichenden Weigelianischen Mordbrenner". Saubert, Evenius und der Herzog Ernst waren damit gemeint. Er starb 29. August 1672. S. Conrad von der Lage, Splendidissimum triumphantis animae palatium, Leichenpredigt auf Nicol. Zapf. Zeitz. 1675. Fol. Witte, Memoriae Decas XIV, p. 1749. Dessen Diarium biographicum. Motschmann, Erfordia litterata, Fortsetzung 5. Uhsen. Zedler. Jöcher. de Wette, Historische Nachrichten von der Stadt Weimar, p. 187, 234, 381.

Zapf, Salomon, war Hofrath zu Gotha, ging 1666 nach Zeitz, 1682 als Hofrath nach Dresden, hierauf Consistorialrath zu Zwickau. S. Witte, Memoriae Decas XIV, p. 1756. Zedler.

Zinck, Salomon, geb. 15. Mai 1605 zu Schleusingen, ging 1625 nach Speyer und wurde Scribent bei einem Cammergerichtsadvocaten, studirte 1627 zu Straßburg, dann 1630 zu Basel, besuchte Frankreich und wurde 1631 Hofmeister des Grafen von Donau. 1632 ging er nach Italien, dann nach England und von da nach Paris. Er nahm dann unter Taupadel Kriegsdienste, wurde 1635 Capitänlieutenant, setzte aber 1638 wieder seine Studien in Straßburg fort. Von der Königin Christina von Schweden begnadigt, bereiste er Schweden. Der König von Dänemark empfahl ihn dem Kurfürsten von Sachsen, und dieser machte ihn 1643 zum Regierungsrathe in Meiningen. 1660 Rath und Amtmann zu Wasungen, Sand und Frauenbreitungen. Er starb 23. Februar 1674 zu Meiningen. S. Theodosius Wider, Christi wahrhaftige Abbildung durch die zwei herrlichen Namen, Auferstehung und Leben, Leichenpredigt auf Salomon Zinck. Meiningen 1675. 4°. Heydenreich, Denkwürdige Annales, p. 99. Zedler.

Urkunden

zum Leben Herzogs Ernst des Frommen.

6*

Haus- und Staatsarchiv zu Gotha, Original QQ (O) I*

Stiftungsbrief Herzog Ernst's zu Sachsen über 27,000 Mfl. zur Verbesserung des Schulwesens, Weimar 19. April 1629.

Von Gottes Gnaden Wir Ernst, Herzog zu Sachßen, Jülich, Cleve vnd Berge, Landgrave in Thüringen, Marggrave zu Meissen, Grave zu der Marck vnd Ravensbergt, Herr zu Ravenstein, Thun kund vnd bekennen vor iedermenniglich hiemit, welchen dieser Vnser Stiftungsbrief zu lesen für kömt, das wir vielseltig zu Hertzen gefülhrt die vnaussprechliche gnad, güte vnd barmhertzigkeit, welche die Allerhöchste Mayestät des großen Gottes Vnserm Chur und Fürstlichen Hause vnd Vns väterlich vnd reichlich erwiesen in deme, das J. allerhöchste Göttliche Man. das Licht des reinen allein seligmachenden Evangelij in selbigem Vnserm Hauße vor allen andern Fürstlichen Heusern in der gantzen Christenheitt wieder aufgehen lassen, daßelbe auch nicht allein in den vorigen Hundert Jahren bey Vnserer Löblichen Vohr Eltern Zeiten wieder alle argelist, feindliche ahnschläge, Bosheit vnd Thrannei des Antichriste zu Rohm vnd seines ahnhangs, durch seine starke Hand vnd allmächtigen Armb wundersamer weise geschützt, Sondern auch vnter itzigen Zehenjahrigen Innerlichen vnfried vnd ruinen manches königreiche, Churfürstenthumbs, Fürstenthumbs vnd anderer Land vnd Herrschaften des heiligen Römischen Reichs Teutscher nation, bey vns vnd in vnserm Haus noch bis auf diese stundt gnediglich erhält Vnd nicht nachsiehet noch zuläßet, das der Zaun seines weinstocks, welches er aus dem Diensthause Egypti gehohlt vnd mit seiner Rechten in Vnserm Hause gepflantzt, zerbrochen, deßen wurtzel von wilden Säwen zerwühlet, vnd seine Reben von wilden Thiern vnd allen, das fürüber geht, verderbt werden, Vnd das gleichßfals derselbe getreue mildreiche Gott Vns zum Mittgliede solcher seiner wahren Christlichen Catholischen kirch Vermeßen vnd gemacht, Mit dem glantz seines Göttlichen klaren worts erleucht, Vor allen irrsahl vnd abfall bisher gnediglich behütt, Auch sonst mit seinem Zeitlichen segen an Fürstlichen Stande, Ehr, Gesundheit, Fürstlichen auskommen vnd andern seinen gütern dermaßen väterlich vnd mildiglich begnadt, das wir zu schuldiger Demütigster Danlbarkeit zuförderst die teuere Behlage seines Hochwertesten Evangelij, zu Vnserer selbst vnd anderer Leute

Heil vnd seligkeit hie in dieser vergangklichen welt nützlich ahnzulegen, Dort aber als getreue knechte des Herrn Ihme dieselbe mit gewin vnd wuecher wieder zu vbergeben, Vnd auch vor solche vnd andere seine vnzehliche gnad. gaben vnd wohlthaten hie zeitig vnd dort ewigk mit allen himlischen Heer ihn zu loben, zu rühmen vnd zu Preisen, höchst verbunden vnd verpflichtet sind, Wie nun Vnsere Gottselige Geehrte Vohreltern verstendig abgesehen, Das zu erhaltung, fortpflantzung vnd ausbreitung des gnedigk wieder bescheereten reinen worts vnd vnverfälschten Evangely nichte nöthiger, Als das die zarte heran wachsende Jugend Ihrer Fürstenthume, Land vnd Leute wohl vnterrichtet vnd auserzogen, Vnd hierzu tüchtige vnd geschickte Doctores vnd Lehrmeister bestellet vnd verordnet werden möchten, Welche die Artem docendi, Das ist die Kunst andere etwas zu lehren, vorhin wohl gelernt, Vnd ver mittelst Derselben Durch Gottes hülff Ihre vntergebene Jugend zu Gottes wort, Sprachen vnd Freyen guten künsten also ahnführen, vnterrichten vnd vnterweisen köntten, das sie des rechten, nahesten vnd geradesten wegs zur geschicklichkeit nicht fehlen, Sondern durch denselben ohne vnnötige weitleuftigkeit, Sonderbahre mühe vnd einige desperation sein zeitlich vnd geschwinde zum gewunschten ende vnd fürgestreckten rechten Zweck ihrer Studien gebracht werden möge, Zu welchem sonst vntüchtige Lehrmeister die studirende Jugend mit saurer mühe, Zwangl, verdrus vnd arbeit, Auch nicht ohne gentzliche diffidentz vnd vor Zweiffelung, durch langwierige grosse vmb- vnd Irrwege, sehr langsam vnd spath zu führen pflegen.

Dannenhero dann auch mehr angedeutete Vnsere löbliche Vohreltern keinen fleiß noch kosten, Solche Praeceptores zu erlangen vnd nach gebühr zu vnterhalten, geschewt, Sondern ihr möglichstes in der Zeit gerne vnd wiligst gethan haben, Also sind wir auch mit ihnen Diß fals gentzlich einig, vnd erkennen Vns in alle Wege schuldig, Wollten auch, So viel an Vns, vngern nicht was mangeln oder erwinden lassen, So zu nützlicher vnterweisung der Jugend, Beidts Männlich vnd Fränlichs geschlechte, Vnd guter bestellung der Land-Schulen, so wohln in denn armen verweißenden Dörffern, als in Stäten Dienlich, Dem Allmächtigen gefällig, Seiner wahren Christlichen kirch Augspurgischer vnverenderter Confession vnd Dero Zugehörigen Concordien buchs, erbaulich, Zur erlernung Rechts vnd Gerechtigkeit, Guter Medicin, Weisheit, künste vnd Sprachen fürträglich, Oder auch dem Haus Stande in gemein nützlich vnd erspriesslich, Darzu an sich selbst löblich, rühmlich vnd Fürstlich ist, Derenthalben dann, vnd dieweil wir mit sattem grunde von Gelehrten vnd berer suchen wohl verstendigen Leuthen berichtet. Genugsam informirt, zum Theil auch aus der Probe selbst gesehen, befunden vnd ferner betrachtet haben, Was in der Statt Schuel dieses orts allhie zu Weimar. Als in welcher vor etzlichen Jahren vf Christliche wohl- vnd Landes Mütterlich gemeinte fürsehung der weiland Hochgebornen Fürstin Frauen Dorotheen Marien, Hertzogin zu Sachsen, Gebohrnen Fürstin zu Anhalt, Landgrävin in Türingen, Marggrävin zu Meissen, Wittwe, Vnserer gnedigen hertz vielgeliebten Fraw Mutter, Nuhmer Hochseligen ahndenkens, die vorige gemeine art

vnd weiſe die Jugend zu vnterrichten gebeßert, Vnd ohn ahnſehung größeren
vnkoſtens, qualificirte Lehrmeiſter beſtellet worden, Vor frucht vnd nutz geſchaft, Auch wie mit verleihung des Allmächtigen hie vnd anders wo noch
mehr nutz, frommen vnd frucht geſchaft werden kan, Wans ferner am verlag
vnd förderung berührter Lehrart mit nichten mangelt, So ſind wir im nahmen der heyligen hochgelobten Dreyfaltigkeit vnd zu fortpflantzung Deroſel-
ben Göttlichen Ehr vf gnugſamen vorbedacht vnd gepflogenen reiffen rath mit
denen auch Hochgebornen Fürſten Herrn Wilhelm, Herrn Albrechten vnd
Herrn Bernharten, Auch Hertzogen zu Sachſen ꝛc., Vnſern freundlichen vielgeliebten Brüdern vnd Gevattern, gentzlich entſchloſſen, Das Vnſere bey ſolcher
rechtſchaffenen anferziehung der Jugend vnd guten beſtellung der Land Schuelen Vnſerer Brüder L. L. Lb. vnd Vnſers geſamten Fürſtenthumbs, von
dem Zeitlichen vns von Gott verliehenen ſegen ferner Zuethun, Vnd nachfolgende beyde Hauptſummen darzue zu verordnen, zu geben, zu ſchencken
vnd zu wiedmen, Als nehmlich vnd vors 1. 9000 Gülden, in reiner Summa,
So bey Vnſerer freundlichen lieben Brüder vnd Vnſerer getreuen Landſchafft
in der Ober Steuereinahme ſtehet, vnd Vns jährlich mit 6 vom 100 verzin-
ſet wird, Vors 2. 18,000 Gülden, Auch in einer vnzertrenten Summa, Damit Vnſerer Brüder Lb. vnd Vnſere geſamte Cammer vns vorhaft, Das
100 ebnermaßen mit 6 jährlich zu verzinſen, Verordnen auch, Geben, Schencken
vnd Wiedmen hiemit kraft dieſes Vnſers Stieftungsbriefs ſolche beyderley
Hauptſummen, Jngeſamt auf 27,000 gillden ſich erſtreckende, zu viel beſagter
vnterweiſung der Jugend vnd beſoldung derer Lehrmeiſter J. L. vnd Vnſers
geſamten Fürſtenthumbs, welche ſich nach form vnd weiſe ob angeregter ver-
beßerter Lehrarth richten, Sowohl auch zu bezahlung vnd austheilung Derer
Bücher, ſo unter die Jugend vmbſonſt ausgetheilt werden ſollen, Solcher geſtalt vnd alſo: Das beide Hauptſummen, So lange Bis Wir oder Vnſere
Erben vnd nachkommen ſelbſt Solche den Schuelen zu mehrer verſicherung
anliegende gründe, güter, oder Zinſen, lehen vnd ſie ein halbjahr zuvor vf-
kündigen, Oder aber Vnſerer Brüder Lb. vnd die geſamte Cammer mit ahn-
nehmlichen verledigten Lehn, Erbgutt Oder Jährlichen Erbzinſen Dieſelben
abſtatten, vnd die Schuelen dran weiſen werden, J. L. vnd geſammter Cammer geſtundet, Jnmittelſt aber der Zins iedes viertel Jahrs davon entricht
Vnd nach Vnſern hier nachfolgenden Speciahl Verzeichnis Oder anderer
freyen Direction, willen vnd gut achten, welche wir vns, Vnſern erben vnd
nachkommen ausdrücklich hiemit ausbedingt haben wollen, Jetzt vnd künftig
zu ewigen Zeiten vnter die Schuelen vnd Schueldiener aus- vnd eingetheilt,
Auch nimmermehr anderſt wohin, Noch in einigen andern Branch, weder zur
milden, Noch zur profan ſachen ahngewendet werden ſollen, Behalten auch vf
den wiedrigen vnverhoften fall vnd ausdrücklich zwar, wann dieſe vnſere
Hauptſummen vnd ihre jährliche verzinſung zu ſolchen Land Schuelen gebraucht vnd beſtimmt werden wolten, Da die von Vns (als obbermeldet) vor
richtige vnd beſſer erkannte Lehrartt nicht im ſchwange, wie vnd unter was
ſchein ſolchs geſchehen möchte, Vns, Vnſere erben vnd nachkommen anderweit

verordnung vnd verlegung solcher Vnser Hauptsummen vnd Zinsen an ein
eignes gestifte vnd andere sonderliche verneuerte Schuel hiemit außdrücklich
vor, Vnd bedingen Vns, Vnsern erben vnd nachkommen vberdis, das wir
ebnermaßen auch vnd vf diesen Fall, do nehmlich etwan künstig durch eine
andere Brüderliche vergleichnng, Landesörterung oder erbliche Landestheilung
wir von benen orthen, da itzo die verbeßerten Schuelen ahngericht vnd Vnsere gelder hingeordnet, abgefunden werden solten, Jetzt berührte Schuelen
Vnsere Brüder L. zu ihrem gnedigen vnterhalt vnd weiterer versorgung
freundbrüderlich commendiren, abtreten vndt ahntrauen, vnd vielbesagte bei-
derley Summen gelds der 27,000 gülden mit ihrem Zins vnd nutzung an
solche Schuelen, die in Vnsern Landesörthern, Theilen vnd gebieten gelegen,
verwenden vnd versetzen wollen, Treulich vnd sonder gesehrde, Inmaßen dann
zu alles des, so obsteht, vnzweyfelicher Vhrkund vnd Vester haltung dieser
Vnser Stiftungsbrief in gleichen laut Dreyfach vfgericht, Vnd ein exemplahr
Vns Herzogl Ernsten, Das ander Vnserer lieben Brüder vnd Vnser veror-
denten Geistlichen Consistorio, Beneben J. L. vnd Vnsern besehl, Jederzeit
trenlich vnd gehorsamlich darob zu halten, Vnd das dritte Vnserer getreuen
vnd gesamten Landschaft behändigt vnd eingeantwort worden, So bekennen
auch Wier Herzogl Wilhelm, Als dieser Zeit der Eltiste vnd Regierende, Vnd
wir Herzogl Albrecht vnd Herzogl Bernhart, Gebrüder, hiemit, Das alles so
obvermeldt, Nichts außgeschloßen, mit Vnsern rechten bedacht, guten fürgehab-
ten Rath vnd krefftigen einwilligen zwischen Vns vnd Vnsers Bruders Herzogl Ernsts Lb. so verglichen vnd abgehandelt. Gereden vnd verschrieben
Vns darauf vor vns, Vnser erben vnd nachkommen hiemit vnd in kraft dieses, Solchem allen freundbrüderlich Vest vnd vnverbrüchlich nachzukommen,
Vnd haben zu dem ende Beneben Vnsers Bruders Lb. So wohl vor Vns
selbst diesen Stiftungsbrief eigenhändig vnterschreiben, Siegeln vnd volnziehen
helffen, Als auch Vnsere in gesambt verordnte Cammer-Canzler vnd Hof-
Räthe, Sambt etzlichen darzu erforderten Personen aus Vnser allerseits getreuen Landschaft, mit Vnterschreiben vnd siegeln lassen, Geschehen in Vnserer
allerseits Residentz Schloß vnd Statt Weimar Am Sontag Misericordias
DOMINI, 19. Aprilis, 1629.

Wilhelm H. z. S.   Albrecht H. z. S.   Ernst H. z. S.
Bernhard H. z. S.   Friedrich von Kospodt.   Samuel Göchhausen.
Laurentius Brann D.   Friedrich Hortleder.   Tobias Adami.
Hans Vitzthumb von Eckstedt.   Rudolff von Bünau.
Quirin von Volgstedt.   D. D. Arumäns mpria.   Georg Mumler.
            Johann Friese.   Philipp Beyer.

Folgt das Specialverzeichnus, welches schon Bd. I, S. 499 f. abgedruckt zu
finden ist. Summa der gantzen Außtheilung oder jährlichen nenen zulage
1083 Fl. Solche abgezogen von den 1620 Fl. jährlicher Zinßen von
27,000 Fl. Hauptsumma, Bleibt jährlich zu erkauffung der Schulbücher vor
die Jugend 537 Fl.

2.

Haus- und Staatsarchiv zu Gotha, Original WW I, 14 (am Ende).

Königl. Mayt. in Schweden Commission, ein Regiment zu Pferd von 5 Compagnien zu werben.

Wir Gustaff Adolph, von Gottes gnadenn der Schweden, Gothenn vnd Wendenn König, Grosfürst in Finlandt, Herzog zu Ehestenn vnnd Carelen, Herr vber Ingermanlandt, Thunn kundt hirmit, daß wir dem Hochgebornenn Vnserm freundtlichenn liebenn Vetternn Herrn Herrn Ernstenn, Herzogenn zu Sachßenn, Gülich, Cleve vnnd Berg pp. für Vnsernn Obristen zu Roß bestellet, vnnd S. Lden Commission gegebenn, Vns vnd dem gemeinen wesenn zugutt, vnnd zu versterckung Vnserer armee ein Regiment von Fünf Compagnien zu Roß zu werben; zu richten vnnd zue Vnsern Dienstenn zu führenn. Damit nu S. Lden diese angestelte werbung desto besser zu werk richten, vnnd nirgendtwo in gehindert werden müge, Alß ersuchen wir alles vnnd Jedes orts Obrigkeit vnd Herschafftenn, oder wer hiemit belanget werden möchte, in freundtschafft, gunst vnnd gnadenn, den Vnserigen alles ernstes befehlende, Sie wollen seiner Lden nicht alleinn in Ihrenn Herschafftenn vnnd gebieten frey zuwerbenn, officirer zubesprechen, Reuter aufzunehmenn vnnd selbige vns zuzuführenn gestatten, Sondern auch S. Lden officirern vnnd Reutern zu facilitirung solcher Werbung allen gunstigen vnnd geneigten willen erweisen vnnd weder selbstenn noch durch die Ihrige mitt Sperrung Passes oder einig anderer verkreulung behinderlich seyn. Solches seindt wir vmb ein Jedtwedenn nach Standes erforderung in freundtschafft, gunst vnnd gnaden zu erwiedern gemeinet, Vnd die Vnserigenn verrichten daran Vnsers gnedigsten willens ernste Meinung. In Vhrkundt haben wir diß mit eigener Handt vnterschriebenn vnnd mit vnserm Königl. Secret beglaubigen laßenn. Signatum Würzburg den 5. Octobris 1631.

Gustavus Adolphus.

3.

Haus- und Staatsarchiv zu Gotha, Original WW I, 14 (am Ende).

Königl. Mayt. in Schweden assignation etlicher ämter im Stifft Würzburg zum Werb und sammelplatz, auch Werbgeld.

Demnach die Königl. Mt. zue Schwedenn, Vnser allergnädigster Königl vnnd Herr pp. Dero Obristenn, dem hochgebornen Fürstenn Herrn Ernsten, Herzogenn zu Sachßenn, die Bischoffliche Würzburgische Amter Meyburg, Rottenstein, Haßfurdt vnd Rennedt mit allen an- vnd zugehörigen Dörffern vnd pertinentien assigniert, nicht alleinn darin Einenn Sammell- vnd Musterplatz auf Ein Regiment Reutter von Fünff Compagnien, Jede zu Hundert Fünff vnd Zwanzig Pferdenn zu habenn, sondern auch die Auril vnnd Werbgelder darauß zunehmenn, Alß werdenn J. F. Gn. die Beambten

vnnd Jnwohner besagter Ämter dahin zuhalten wißen, daß Sie angedeute
sowoll die Auritgelder vnnd Muster Monatt. benentlich Siebenzehen Taußendt
Vierhundert Dreißig Taler fourniren, alß officiren vnnd Reutter gebührendt
annehmenn, vnnd Roß vnnd Man von Jhrer ankunft bis zur Musterung notürftig
vnderhaltenn vnnd verpflegenn, Gestaldt hochgedacht S. Königl. Mt. Jhnen
hirmit solches ernstlich anferlegenn. Vnnd niemandt der Jhrigenn hochermelte
J. Fürstl. gn. daran hindern solle, bey höchster Vngnade. Signatum vndter Jhr Königl. Mt. eigener Hand. Subscription vnnd furgedrucktenn Secret.
Würzburg, den 5. Octobris Ad. 1631.

Gustavus Adolphus.

4.

Haus- vnd Staatsarchiv zu Gotha WW I, 12. S. 179.

Obristen-Patent.

Wir Gustaff Adolph vonn Gottes Gnaden der Schweden, Gothenn vnndt
Wenden Königl, Großfürst in Finlandt, Herzogl. zu Ebestenn vnndt Carcleun,
Herr über Jngermanlandt vv. Thunen kundt hiermit, das Wier den ......
zu vnnserm Obristen vber Ein Regiment zu Roß bestellt vnndt angenommen.
Thun auch solches in Crafft dieses, Also das er Vnns zu guth Einn Regiment von   compaguien, Jede zu   Pferdt, Jeden Reutter mit
einen guten starden Pferdt sambt aller Zubehörung, wie auch Kugl vnndt
Brustslick versehenn seye, werben, richten vnnd in vnnsern diensten führen
vnndt commendieren solle. Wie nun die compaguien inn Jezgedachter bereitschafft in der Musterung complet befunden werden, So wollenn Wier Jhnen
zu einem gewißen tractement, den Obristen auf Jhn vnndt seinen Stab
Monatlichen, so zu dreißigt Tage gerechnet.

Vnndt dan dem Ritmeister .	250 Reichßthaler
Dem Lentenant	90 "
Cornet	70 "
Quartiermeister	40 "
Dreyen Corporalen Jedem .	25 "
Auf drey Trompeter . . .	60 "
Auf einen Musterschreiber, Bal- bier, Schmidt vndt Sadt- ler, Jedem	15
Vnndt dan auf Jeden Reutter Monatlich	11 "

Darbenebenns dem Ritmeister auf einen wagen, dem Lentenant vnndt Cornet
auf einen wagen, Vnndt dan auf die ganze Compagnie Einen Wagen, auf
Jeden Vierzigt Reichßthr.. aus vnnserer Königl. Cammer entrichten vnndt
bezahlenn laßen. Dem Ritmeister aber in der Müsterung Sechß Pferd, dem
Lentenant Vier pferd, dem Cornet Vier pferde, Quartiermeister zwee Pferde
vnndt dann Jeden Reuter Ein pferdt guth thuen. Diese Reuter wollenn wier
mit waffen vorsehen, vnndt vor Jedes Stück, so viel deren dem Obristen ge-

liefert worden, einenn Monat solbt oder Eilf Rthlr. nach der handt abzynhenn, bei der abdanckung aber solche waffen, dosern sie complet vundt gang vor Acht Rthlr. wiederumb annehmen lußenn, da aber ein Reuter von dem seindt redlich gefangen vundt darüber sein waffe verlieren würde, soll ihm ein andere ohne bezahlung gegeben werden. Sonnsten was er von den waffenn verlieren oder Verderben leßt, soll Ihme an seinem Monatsolbt abgekürzt werden.

Da nun einem Reutter inn Vunsern diennsten sein Pferdt vor dem seindt solte geschoßenn werden vundt bleiben, wollenn wier Ihme dreh Monat solbt dorfüer guth thuen, dergestalt, das er Zweh Monat sich Jederzeit mit seinem gewehre vundt Rüstung beh der Compagnie praesentire, Zum dritten Monat aber mit einem guten Pferdt staffieret seh. Ingleichen da ein Reutter stürbe, oder vor dem seindt bliebe, so soll der Ritmeister Zweh Monat Zeit haben, einen andern an seinen Platz anzunehmen, Vundt die Monatliche besoldnung darauf bekommen. Im fall aber die Compagnie vor dem seindt oder durch Krankheit großen abbruch litte, so wolten wier neu anritgeldt geben.

Im übrigen wollen Wier solche Reutters vundt Regiment, der Corneten, Trompeter, Fahnen vundt abdanckung halber, so woll allen andern, was sonsten beh unsere expedition fürfallen möchte, Zu Jederzeit vunsern alten Teutschen Reuttern gleichhalten vundt tractiren, vundt das Institiwerck über alle Offizirer vundt Vnterhabende Reutter hiermit dem Obristen Leutnant einem Jeden dem verbrechen nach Zustraffen, vundt vunder Ihnen gehorsamb Zuhalten anbefohlen haben. Solche Reutter sollenn Vuns, so lang es Vnns beliebet, vor die einmahl gemachte bestallung dienen, vundt schuldigt sein in vundt außer Lannde in allen Vnsern vortheil zusuchen, schaden abzuwenden, den Articulsbrieff gehorsamb vundt redlich nachzuleben, auch Zu welcher Zeit es sei, von oder zu dem seinde in Schlachten, Scharmützeln, Zuchten vundt wachten, anschlägen, belagerungen, besatzungen, wie ein Jeder entweder mit ganzen Fahnen oder trouppen weis, Von Vuns oder Vunserrn Feldtherrn commandiret wñrde, zu waßer vundt Lanndt, dermaßen willig vundt vnnerdroßen sich vngesparth seines Leibes vundt Lebens Zubezeigen, wie solches ehrlichen vundt redlichen Reuttern wohl anstehet. Zu vhrkundt haben wir diese capitulation mit vunsern eignen händen vnterschrieben vundt fürgedrückten Königl. Secret beglaubiget. Geschehen

5.

Hans- und Staatsarchiv zu Gotha, Original WW I, 14 (am Ende).

Königliche Schwedische ordre wegen attacqnirung des Stettlein Zeil im Bambergischen.

Gustaff Adolph vonn Gottes gnaden der Schweden, Gothenn vundt wenden König, Großfürst in Finlandt, Herzogl zu Eheßen vundt Carelen, Herr vber Ingermanlandt

Vusere freundtschaft vundt was wier der neuuorwanttnus nach mehr liebes vundt guetes vermügen zuuor. Hochgebornner fürst, freundtlicher lieber Vetter, daß E. Lbden die Brückenn zue Haßfurth abtragenn, auch sonnsten der Fehren ſambt denn Schiffenn vnndt flößen von oben herunter auf Schweinfurth führen, die Stadt Haßfurth in eill etwas beſezen laſſen, Daran haben E. Lbben ſehr woll vnndt vnns ein angenehmen gefallen gethan. Damit E. Lbben auch in Ihren aſſignirten Quartieren ſo viell mehrers verſichert, haben Wier dem General Leutenant Baudußin anbefohlen, E. Lbden etliche dragoner zuzuſchiden, Mit welchen ſowoll ein paar hundert Musquetier auß Schweinfurt vnndt 2 Stüdlein, die E. Lbben zu mehrern ſchreden auf Königspergt mit nehmen können, E. Lbben das angedeute Bambergiſche Stettlein will attaqviren, den ausſchuß niederhawen, bundt, wan das Stettlein ſo viell werth, ſelbigs beſezen, beinebens die Brüden zu Eltman vundt ſo viel obwerz zuerlangen ſein, müglichſt ruiniren, dann auch alle böthe, Schiffe, Flöße den Meyn herunter nacher Schweinfurth führen laßen mägen, Verſehen Vnns guter expedition, vundt Empfehlen E. Lbben der gnaden Gottes. Datum. Würzburgf, den 2. Nouembr. Anno 1631.

E. Lbben getrewer Oheimb

Gustavus Adolphus.

Auch hochgeborner Fürſt, Wollen E. Lbben ſobaldt Sie den anſchlag verrichtet, die Musquetier wiederumb nach Schweinſurt Schiden, weiln wir ſolchen ort nit lang entblößt laßen können, Verſehenn Vnns auch E. Lbben Sie ſo führen werden, das Sie nit vmb den Hals kommen.

6.

Georgenthäler Acta, Durchzug und Einquartierung betr. no. 1.

Von Gottes Gnaden Ernſt, Herzog zu Sachſen pp.

Lieber Getreuer, Aus dem Beiſchluſſe haſtu mit mehrerem zu erſehen, was Vns Veit Fiſcher, Schaefer zu Güdelhorn, wegen etlicher Schaffe, ſo bei dem Schultheiſſen u. andern auf dem Düringiſchen Tambach ſtehen ſollen, ſupplicando gelangen laſſen. Nun denn berührter Ort in derer von der königlichen Majeſtät zu Schweden Vns aſſignirten Quartiere eines gehört, und daher derjenigen im Namen höchſt ermeldter Ihrer Königl. Maj. von Vns ertheilter Salva Quardi zuwider, und dergleichen Spolia und Beraubung Unſerer Quartier wir nicht verſtatten können: Als iſt unſer gnädiges Begehren, wofern ſich obberührte Schafe geſlagter maßen in deinem vertrauten Amte an obetwähntem Orte befinden, denjenigen, ſo ſie in Händen, die Reſtitution alles Ernſtes aufzuerlegen. Daburch verfügeſtu Unſern gnädigen Willen. Datum in Unſerem Hauptquartier, Haßfurth, b. 23. Nov. Ao. 1631.

Ernſt H. z. Sachſen.

Unſerm Schöſſer zu Georgenthal u. lieben Getreuen Poppo Silchmüller.

7.

Gedrudtes Mandat.

Demnach viel: vnd mannigfaltige Clagen eingelangt, was maßen Ihrer Königl. Mayeſt. zu Schweden, ꝛc. Vnſers gnädigſten Königs vnd Herꝛn, ꝛc.

Ernſter Verordnung entgegen vnd zuwider, der Vorrath an Getreydt: vnd
Wein vff vnderſchiedlichen dem Hertzogthumb zu Francken angehörigen Ampt:
Schütt: vnnd KornBöden von derenſelbiger Orthen logirenden Soldatesca
angegriffen, distrahirt vnd vereuſert, auch alſo die Quartier gäntzlichen ent-
blöſt werden. Wann dann ſolchem höchſtſchädtlichem Weſen darauß hiernechſt
anders nichts als ſehr groſſe Thewrung, Mangel vnd Dürfftigkeiten im
Lande zugewarten, keines wegs lenger nachzuſehen. Als werden alle vnd
jede höchſtgedachter Jhrer Königl. Mayeſtät, ꝛc. hohe vnd niedere Kriegßbe-
diente, wie auch geſambte Soldatesca insgemein, hiermit nochmals vnd zu
allem Vberfluß, bey Verluſt jhrer Chargen, auch nach befindender Beſchaffenheit Leibs- vnd Lebensſtraffe, ernſtlichen erinnert vnd vermahnet, daß ſie zu
ſchuldiger parition obenangeführten Königlichen Beſelchs, nicht allein mehr
angeregte im Vorrath befindende Getraidt: vnd Weinfrüchte ohnangegriffen
verbleiben laſſen, ſondern auch alle mügliche Hülff vnd Beförderung dahin
erweiſen ſollen, daß beſagter Vorath förderſambſt in die beſtimbte Magazin
Städt geliefert werden möchte. Vrkündlichen vnder meiner Endes vnderzeich-
neten Hand Signatur vnd vorgetruckten Secret Inſiegel außgefertiget, vnd
geben Würtzburg den 26. Nouembris, Anno 1631.

Guſtaff Horn.

8.
Gedrucktes Mandat.

Demnach im Namen vnd von wegen Jhrer Königl. Mayeſt. zu Schweden, vnſers gnädigſten Königs vnnd Herrn, dero verordneten Herren Statthalter vnd Cantzlern angeordneter Landts Regierung Hertzogthumbs zu Francken gnädigſte Verordnung beſchehen, daß vff deren begehren von aller Orthen logirenden Regimender vnd Compagnien Salua Guardia gegeben vnd
an Orth vnd Ende, wo ſie ſolche zu Verwahrung der Getränck vnnd Wein
Vorraths auch ſondere nottürfftigen Anſtalt von nöthen ermeſſen, commandirt
werden ſollen. Als werden hiemit alle vnnd jede hohe vnd nidere Officirer
erinnert vnd befelicht, ſolcher Ordre in allen gevöllig zugeleben, vnd gehor-
ſamlichen nachzuſetzen. Vorderiſt aber bie von Jhnen occupirte Ampthäuſer,
Kellereyen vnd dergleichen, zur Königl. Cammer gehörige Güllter, Renten
vnnd Gefällen, ohn alle Beding, Ein- oder Widerredt abzutretten, was darvon
distrahiret zu restituiren vnd ferners vber den commandirten Salua
Guardien ſolche ſcharpffe Vfſicht haben, vnd jhnen ernſtlichen befehlen von den
Vorrath vnd Rentgefällen im geringſten nichts angreiffen noch verwenden
zulaſſen. Mit dieſer außgetruckten Verwahrnung, da obbedeuter Königl.
Ordinantz zuwider, dergleichen etwz vorgehen vnd hiernechſt Clagen einlan-
gen würden, daß die Commandanten an ſelbiger Statt vnd deren Stelle
ſtehen vnd den Verluſt erſtatten vnd gutthun ſollen. Vhrkündtlich in eygener
Handt Subscription vnnd vndergetruckten Secreti. Signatum Wirtzburg den
5. Decembr. Anno 1631.

Guſtaff Horn.

9.

Haus- und Staatsarchiv zu Gotha, WW I, 17 (gedrucktes Mandat).

Demnach Königl. Mayest. zu Schweden, vnser gnädigster König vnd Herr, der entwichenen erledigte Clöster, Schlößer, Häußer, Höff, Güter vnd Gefäll mit dero Pertinentien, liegenden vnd fahrenden Haabschafft, allenthalben in Stätten vnd vffm Lande, dero verordneten Statthaltern, Cantzlern vnd Räthen deß Hertzogthumbs zu Franken, zu apprehendiren, zu administriren vnd pro bono publico zu verwenden, gnädigst committirt vnd vffgetragn. Als sollen alle vnd jede, beydes hohe vnd niedere Offizire vnd gesambte Soldatesca insgemein nicht allein die Vollstreckung solcher angeordneten Königl. Kommission keines weges sperren oder hindern, vielmehr strack vff Anruffen die hülfliche Handbietung vnd Beytrettung, dabenebenst ob Sie dergleichen vacirenden Güter vnd Gefäll, an mobilien oder immobilien ichtern occupirt, so balden ohn alle Außflucht vnd Einrede die Hand ab: vnd hergegen die vollkömliche vnd vnentgiltige Restitution zuthun Bey vermehdung höchstgedachter Ihrer Königl. May. schweren Vngnade vnd vnablässiger Leibes vnd Lebens Straff. Zu Vhrkund ehgener Hand Subscription, vnd vntergedrucktem Secreti. Signatum Wirtzburg den 5. Decemb. Anno 1631.

(L. S.)   Gustaff Horn.

10.

Haus- und Staatsarchiv zu Gotha, WW I, 21.

Dem hochgebornen Fürsten, vnserem freundlich lieben vettern, herrn Ernsten, Hertzogen zu Sachsen-Weymar zc.

Gustaf Adolph von Gottes gnaden der Schweden, Gothen vndt Weubten König, Vnseren freundlichen gruß, sambt was wir sonsten liebes vnd guts vermögen benor, hochgeborner Fürst, freundlicher lieber Vetter. Demnach wir dem auch hochgebornen Fürsten, vnsern freundlich lieben Oheimb vndt Schwagern, Herren Johann Georgen Marggraven zu Brandenburg zc, commission vfgetragen, vns zu dienst zwey Regimenter, eines vor acht zu Pferdt vnd eines vor zwölf Compaigniens zu fues zu werben, vndt zu solchem endt dero Lauf-Sammel- vnd Musterblatz in dem Bistumb Bamberg assignirt haben. Alß ist vnser F. will vnndt meinung, dafern es die Nothurft erfordern würde, das E. L. besagts Marggraven Lbden soccorirn, beispringen vndt alle gute assistentz leisten wollen. Datum in vnserem Khöniglichen hauptquartier Weinßheim den 7. Decembris Ao. 1631.

E. L. getrewer vetter Gustavus Adolphus.

11. und 12.

Haus- und Staatsarchiv zu Gotha, WW I, 21.

Extract Schreibens sub dato, den 3. July 1632.

Ihre Kgl. Maj. aus Schweden haben vergangenen Donnerstag alle derer officier vom höchsten biß zum niedrigsten vorfordern laßen, vndt bey einer guten stunden ihnen vorgepredigt, wie sie sich wegen des Raubens vnd plünderns gehalten, darbey solche Wort vndt moventia gebraucht, das vielen vornehmen officiern vndt Obersten die Augen vbergangen. Vnter anderm sindt dieße wort gefallen. Ihr Fürsten, Graven vndt herrn, Ihr seit eben diejenigen, die ihr Euerm vatterlande vntren beweißt, vndt daßelbe ruiniren helfft, Ihr Generale, Obristen, Obristlentenants vndt alle officier durchgangen, ich habe euch für rechtschaffene Cavalliere gehalten vndt gebe euch auch Zeugniß, das ihr bey vorgeweßner occasion vndt im fechten [euch] also verhalten, das ich mit euch content, aber wann ich euch jetzt ansehe, vndt bedende euer stehlen, rauben vndt plündern, vndt das ihr mit vnter der dede liegt vndt participiret vndt keine disciplin oder Justitiam haltet, entstehen mir alle haar zum Berge, ist das nicht Gott zu erbarmen, das ein Christ vndt religions verwandter, ein Freundt, ein Schwager, ja wohl ein Bruder den andern außplündern vnd verderben soll, ja die Teufel in der hell beweißen einander mehr treu vndt Lieb, als die Christen vnter sich selbsten, das hertz im leib möchte mir springen, wann ich hören muß, das Schwedische Volk haußet erger den der Feindt, das doch nicht das Schwedische Volk, sondern das Teutsche thut. Hätte ichs gewußt, das ihr solches Humors wehret vnd eurem Vaterlande nicht beßer dienen vndt mehrere Dienst vndt Treue beweisen wolt, ich hette nicht ein pferdt euret halben satteln laßen, Viel weniger euch zum besten meinen Königsleib vndt so viel dapfere helten neben mir in gefahr gewaget, sondern ich wolte euch, weiln ihr ja lust dartzu, in der großen Sclaberey vndt serviret haben steden laßen. Ihr wießet, das ich leichtlich keinen vnter euch etwas Versage. So weiß auch mein Gott, das ich nie anders gesinnet gewesen, da ich einen jeden mit Gottes hülff zu den seinigen geholffen, das Vbrige, was ich mit Göttlichen beystandt erobert oder noch erobern werde, sonderlich das Franken vndt Bayernland vnter euch außzntheilen, vndt keinen vnrecompensiret zue laßen. Aber euer verfluchtes, teuflisches stehlen, rauben vnd plündern hindern mich in allen meinen christlichen Vorhaben vndt intention. Bedenckt ihr das nicht, was die posteritet vndt historien euch vor lob geben werden, oder wie dies gefallene vndt geraubte Guth euren Kindern gedeyen wirdt, was vor schwer gewießen vndt strafe Gottes ihr auf euch vndt euere nachkommen ladet, auch auf das gantze ziehet vnd was [für] rechenschafft ihr am Jüngsten Gericht dafür geben müst. Ich wolte lieber in meinem Königreich der Saw hütten, als solchem vnwesen lenger zusehen; dann ich Gottes Zorn vnd rach auch vf mich bringen würde. Ihr möcht mir Vorwerffen, Ich geb euch kein gelt, wann ich aber die Mittel dartzu habe, euch und die Soldathen zunergnilgen, vndt ihr mir hingegen dießelben hinwegnehmet, plündert vndt außraubet, [an] wem ist die schuldt? Was habe ich dann? nichts. Ich bezeug es mit Gott, vndt ist die warheit, das ich nichts von dießem Krieg habe, das ich mir ein bar hoßen davon köndt machen laßen, wolte auch lieber ohne hoßen reiten, als mit der armen leuth schaden mich bereichern. Doch will [ich] einem jeden, der es begehret, vorlegen, das ich vber 40 Thonnen goldes auß meinem Königreich meinen religions Verwanten vndt euch zum besten in 32 wechßeln herauß machen laßen vnd spendiret. Aber das wolte ich geschweigen. Wann ich nicht so viele gute leute darüber Verlohren hette; dann ich vber 32 vornehme Cavallier eingebüßt hab, welche ich viel höher als das geld geachtet, in ihrer Tugendt nicht zue aestimiren seint, was habt ihr dartzu angewandt, das begehr' ich auch nicht von euch, wann ihr nur den Jenigen das ließt, was euch nicht gehöret vndt gebühret. In Summa, es ist dieße oration, welche etzliche geschrieben, nicht vf etzliche Bögen zubringen; darauf [hat er] die warnung gethan, das er keinen, er wehre Fürst, Grav, Herr, General, Obrist 2c. mehr schonen wolt. Begerten Sie zue meuteriren, wolan, so wolt ers mit seinen Schweden vndt Finnen mit ihnen annehmen vnd sich mit ihnen herumb schmeißen, das die füd davon springen solten, strads darnach Leutenandt henden vnd auß plaßen laßen, das J. Mayt. forthin nicht die Soldaten, sondern die officierer an Leib straffen wolte, vnd alß eben ein Bauer vor den König gelaufen vnd geclagt, wie Jhme eine Kuhe genommen worden, ist Jhr. Kön. Mayt. mit ihme geritten, vndt alß der Bauer ihr Mayjt. die Kuh gewiesen, der Capitain-Leutenant aber mit andern gehandelt vndt es nicht wahr genommen, daß die Kuh an seinem . . . . . .*) vndt den Bauer Schlecht abgewiesen, sey ihre Mayt. vf ihn strad zugeritten vndt bey den haaren erwüscht vndt mitt sich also zum Prophoß geführt, der soll neben einem Schwed. Capitain-Leutenandt alßbaldt Justificirt werden, wie wohl der Capitain-Leutant von vielen große Vorbitt gehabt, dabei sonderlich zu notiren, daß ihr May. den Capitain-Leutenant, indem er ihn beym Kopff erwuscht, gar stard angeredt: Komm her, mein Sohn, es ist viel beßer, ich straffe dich, dann daß vnser herr Gott mich, dich vndt vnß alle Straffe.

13.

Haus- und Staatsarchiv zu Gotha, WW I, 12 f. 193.

Verzaichnuß was wir von Gottes gnaden Ernst hertzog zue Sachsen 2c. wegen vnßeres vnterhabenden Regiments zue Roß außgeleget, auch was wir an Contribution vnd sonsten eingenommen vnd noch restiret.

12,000 Rthlr. — Gr. — Pf.	Werb gelder vff 1000 Pferde, als 8 Compagnien, vff jede 1500 Rthlr.	
16,328 · — · — ·	Zum Mustermonate vff gedachte 8 Compagnien, vff jede 2041 Rthlr.	
1,500 · — · — ·	Stabsgelder,	
29,828 Rthlr. — Gr. — Pf.	Latus.	

---

*) Das fehlende Wort ist ausgerissen.

29,828 Rthlr. — Gr. — Pf. Transport.

855 , — , — , offt 95 Tragoner Anritt geld, offt jeden
9 Rthlr.,

100 , — , — , dem Obristen zu Königshoven Claußen hast-
nern, so er zur Werbung seiner neuen
Trouppen angewendet,

800 , — , — , vor 200 Waffen, so dem Regiment alß das-
selbe zue Haßfurth gemustert worden gegeben,
jedes zu 4 Rthlr.

683 , — , — , der zu Ebelsbach Von Hertzog Bernhardts
F. Gn. Trouppen, auch denen darbey gewe-
senen gefangenen 54 Schwedischen Knechten
nacher Vorchheimb zur ranzion erleget, incl.
des Trompeters Gohring, so sie abgeholet.

196¼ , — , — , offt Zehrung, Bottenlohn, kundtschafft, den pe-
tartirern Vor den Standtaren zu machen,
auch vor handtschuch, so den Reuttern gegeben worden, vnd die petarten zu machen,
Ingleichen vor Rappiere vnd Crauaten;

159 , 16 , 10 , vor Pulver, Lunden vndt Salpeter, so zu
Königl. Maytt. dienste angewendet worden,
incl. 2 Fl. vom Pulver Fuhrlohn von Schleusingen;

6 , 16 , 10 , vor Pantallier hacken, laut des Schloßers
bekanndtnuß vor die Tragoner;

Ferners ist off den andern Monat außgezahlet worden:

1,075 , — , — , dem Obrist Leutenandt Zehmen,
1,050 , — , — , Major Seckendorffen,
310 , — , — , Rittmeister Hanstein,
536 , 16 , 10 , Rittmeister Rußenrumb,
168 , — , — , Rittmeister Truchseßen,
200 , — , — , Rittmeister Münster,
50 , — , — , Capitain Leutenandt Flöricken,
666 , — , — , Bußerm Major Schöhnen [zu Recruten gel-
dern],
80 , — , — , dem Regiments Quartiermeister Lorberberger,
130 , — , — , Cornet Waltersdorffern,
83 , — , — , Cornet Schuhren.

36,977 Rthlr. 6 Gr. 3 Pf.

Dagegen haben J. F. Gn. an Contribution vndt auß denen Ämbtern
empfangen:

Bed, Ernst der Fromme. II. 7

24,941 Rthlr. 9 Gr. 3½ Pf. an Contribution,

3,017 · 15 · — · auß denen Ämbtern, alß

1100 Rthlr. — Gr. vom Voigt zu Mainberg,

300 · — · an Wein, Mainberg,

137 · 15 · an Wein, Mainberg,

200 · — · vor Getraide Von Vorrath Von Haßfurth,

300 · — · auß Haßfurth Von Vorrath,

120 · — · auch auß Haßfurth an
Wein,

500 · — · Item an Wein auß Haßfurth,

360 · — · an Wein von Haßfurth.

Summa ut supra.

27,958 Rthlr. 24 Gr. 3½ Pf.

Diße Einnahmen von vorherbeschriebener Außgab der 36,977 Rthlr. 6 Gr. abgezogen, Ist der Ruckstand

9018 Rthlr. 7 Gr. 2½ Pf.

Signatum Weimar, 7. Aprilis 1633.

14.

Herzog Bernhard von Weimar bevollmächtiget seinen Bruder Ernst, das Herzogthum Franken in seinem Namen zu verwalten.

Von Gottes Gnaden wir Bernhard, Herzog zu Sachsen ꝛc., hiermit thuen kundt vndt bekennen, Demnach die in Gott ruhende königl. Maj. zu Schweden ꝛc. Christseeligsten andenkens, Vns noch beÿ Dero Lebzeiten das Herzogthumb Franken vnd beyde Bißthümer Würzburgk vnd Camborgk, Unserer Ihrer Maj. vnd dem gemeinen Evangelischen Wesen treÿeiserig geleisteten Dienste halben, assignirt, versprochen vnd zugesagt, nunmehr auch solche königl. zusage bemeltes Herzogthumbs Franken vnd beyder Bißthümer, durch würckliche immission vnd tradition den 17. dieses zu Werk gerichtet worden, vndt Wier Vns auch nach diesem der Possession vndt LandesRegierung in nahmen Gottes vnterfangen vnd angemaßet, Weiln Wir aber obberührte Lande in allerhandt Vnordnung vndt Confusion, dardurch sie durch die bishero continuirliche Kriegsläuffte gebracht, befunden, vnd dahero die vnnmgengliche notturfft zu sein erachtet, dieser eingerißenen Vngelegenheit durch Gottes gnädige Hülffe vnd beystandt so viel müglichen abzuwehren, vndt alles wider in gutte ordnung, wie es gegenn Gott vnd der Weldt zu verantworten sein möchte, zu bringen, Uns aber anderer vorfallenen wichtigen Verhinderungen halben, woran dem gemeinen Evangelischen wesen sehr hoch- vnd viel gelegen, vor dißmahl ferner alhier Persöhnlichen nicht aufhalten können, Als haben Wier vmb dieser Vhrsachen willen Dem hochgebornen Fürsten, Herrn Ernsten Herzogen zu Sachsen rc. Vnserm freundlichen lieben Brudern, durch freundbrüderliches bewegliches ersuchen dahin vermocht, das seine Lbd. an Vnserer stadt vnd in Vnserm abwesen, eines vnd das andere, was beides in geist- vnd weltlichen Regierungs- vnbt Cammersachen vorfallen möchte, in gute ordnung zu bringen, vnd gleichsam alß ob Wier selbsten zur stelle wehren, der Lande nuzen vnd aufnehmen zusuchen vnd zu befördern anordnen vnbt in acht nehmen wollen, Inmaßen Wier dan hochgedacht Sr. Lbd. Krafft dieses vollkomnen macht vnbt gewalt geben, mit dem freund Brüderlichen erbieten, Das all dasjenige was sie in obgedachten Vnsern Herzogthumb Francken, beyden Bisthumber Würzburg vnd Bambergl, beides in Canzley- Cammer- Kriegs- vnbt andern dem Lande obliegenden sachen, in Vnsern nahmen vnd an Vnserer Stadt anordnen, befehlen, tractiren, schliesen vnd handeln werden, Wir ieberzeit, ob wehre es von Vnß selbst befohlen, tractiret vnbt gehandelt, vor gültig, Kräfftig vnd genehm halten, auch mennigllich darbey schüzen vnbt handhaben, vnd darbey verbleiben laßen wollen, versehen Uns auch, eß werden Vnsere gehorsame Stände, Prälaten, Graven, Herren, die von der Ritterschafft vnbt sambtliche Vnterthanen, sich mehr hochervoenth Sr. Lbd. geboth vnd verboth, biß Wier dießfals ein anders anordnen möchten, gehorsambllich vnbt gemeß zubezeigen wißen. Zu Vrkundt mit Vnserm fürstlichen Secret vnd eigenheubigen Subscription becrefftiget, Signatum Würzburgl, den 21. Juln 1633.

(L. S.)   Bernhard H. z. Sachsen.

15.

Georgenthäler Acta, Durchzug und Einquartierung betreffend. 1622—1644.

V. G. G. Ernst Herzog zu Sachsen u. s. w. Lieber getreuer, Dir ist unverborgen, welchergestalt dem hochgeborenen Fürsten Herrn Bernharden, Herzogen zu Sachsen rc., Vnsern freundlichen lieben Brudern, das Herzogthum Franken sammt beyden Bistümern Bamberg und Würzburg übergeben und eingeräumt, welche Lande aber durch das bisher continuirte Kriegswesen nicht allein ganz u. gar verderbet u. wüste gemacht, sondern auch der Herrschaft eigene Häuser u. Vorwerke an allerhand Rind- und Schafvieh dermaßen entblößt worden, deswegen hocherwähnt Ihre Lbben sich wiederum bewerben u. soviel möglich eine Anzahl zusammenbringen müßen.

Nun haben wir allhier im Lande gleichfalls eine gewiße Austheilung gemacht, wie u. welcher gestalt hochgedacht Ew. Lbden zum besten um baare billige Bezahlung, als nämllich ein Zuchtschaf um zwey, und ein Lamm um einen Gülden zu erlangen seyn möchte, und unter anderem dem anbefohlenen Amte mit . . . Kühen und . . . Stück Schafvieh ansetzen laßen, begehren demnach hiermit gnädig, du wollest bemeltes Vieh unter deinen Amtsunterthanen noch vor Michaelis zu wege bringen, auch um das Rindvieh mit dem-

7 *

jenigen, bei welchem solches erlangt wird, des Werthe halben gebührliche Anstalt treffen, u. uns sodann förderlichst berichten, wollen wir endlich wegen der Zahlung u. Abholung solche Anordnung thun, damit sie diesfalls zufrieden sein können. Wie wir nun nicht zweifeln, du werdest dich hierunter gehorsamlich erweisen, obbesagten deinen anbesohlenen Unterthanen dieses beweglich zu Gemüthe führen, in Betrachtung man nichts umsonst, sondern gegen billige Bezahlung begehrt, auch ohne das ein Land dem andern in dergleichen Fällen die hülfliche Hand zu bieten schuldig: Als haben sie sich hingegen zu versichern, daß auf zutragende Fälle aus bemelten Landen, wenn sie solchergestalt wiederum erbaut und in Aufnehmen gebracht, sie sich eben emsiger Hülfe u. Vorschub zu getrösten haben werden. Wollten wir dir nicht verhalten. Datum Weimar am 23. September Anno 1633.

Ernst H. z. Sachsen.

16.

Herzog Bernhard von Weimar verwilligt jährlich 2000 Gülden zu milden Zwecken ³¹/₁ 1634.

Vonn Gottes gnaden Wir Bernhardt, Herzog zue Sachsenn, Thun Kundt vnndt bekennen hiermit, das Wir dem Hochgebornen fürsten, Vnsers freundlich geliebten Bruders Herrn Ernstens, Herzogen zue Sachsenn ꝛc., Lbd. vonn Vnserem Einkommen inn Thüringen jährlichen zwey Tausendt gülden bis auff Wiederruffen, Solche an Milde Sachen anzuwenden, volgen zu lassenn vorwilliget, Derhalben Wir diesen Schein vnter Vnser eigenhendigen subscription vnndt fürstlichem Secret Vonn Vnns gestellet, So geschehen zue Regensburgk am 31. Januarii 1634.

(L. S.)   Bernhard H. z. Sachsen.

17.

Tobias von Ponica Statthalter über das Herzogthum Franken.

Vnser freund Brüderliche Dienst, vnd was wir mehr liebs vnd guts vermögen, jederzeit zuvorn, Hochgeborner Fürst, freundlicher lieber Bruder, Wir haben auß E. Lbd. schreiben vnder dato Würzburgk den 26. Nov. des abgewichenen 1633. Jahrs vernomen, wie Dieselbe Vns ersuchen, eß zu befördern, das der Gestrenge Veste Vnser lieber getreuer Tobias von Ponica das Stadthalter Ambt vber das Herzogthum Franken, vndt dorinnen gelegene Bißthümber Bamberg vnndt Würzburgk, darzu wir Ihn vorlengsten vociret, antretten, vnd seinen würklichen bfzug nehmen möge, Weil Wir dan selbsten gerne sehen, das E. Lbd. solcher mithewaltung vbernommen werde, Alß haben Wir Ihn endlichen dahin vermocht, das er solch Ambt anzutretten sich resolviret, auch nunmehr solches zu verrichten, vndt E. Lbd. dadurch die last abnehmen wird, Wie Wir Vns nun gegen E. Lbd. dero bißhero vbernommenen vndt geführten Administration ganz freundbrüderlichen bedanken, Alß ersuchen Wir E. Lbd. sie wollen nichts desto weniger gegen Vns dero freundbrüderliche Affection ferner spüren laßen, vndt Vns mit Dero hochverstendigen raht assistiren, mit dem erbieten, das wo Wir die albereit erwießene Dienste vndt freundschaft vmb E. Lbd. hinwieder werden verschulden können, es an Vns zu keinerzeit vndt gelegenheit nicht ermangeln soll, So Wir E. Lbd. zur nachricht vnaugefügt nicht laßen wollen, Der gnadenreichen Bewahrung des Allerhöchsten treulich befehlende, Datum Regensburgl, den 2. Febr. ao. 1634.

Von Gottes gnaden Bernhard, Herzog zu Sachsen ꝛc.

E. Lbd. bienstwilliger treuer Bruder

Bernhard H. z. S.

18.

Haus- und Staatsarchiv zu Gotha. Original QQ (G) III a. (Copialbuch RR III, 44 ff.)

Eheberedung Herzog Ernst's mit Herzog Johann Philipp's Prinzeſſin Tochter Elisabeth Sophie vom 25. Juli 1636.

Von Gottes Gnaden Wir Johan Philips Herzogl zu Sachsen ꝛc., vnd dan von deſſelben gnaden Wir Ernst, auch Herzogl zu Sachsen ꝛc., Vekennen vnd thun kund offentlich mit diesen Brieff, vor Uns vnd Vnsern Erben, das Wir im nahmen der heiligen Dreyfaltigkeit, vnd also Gott dem Allmächtigen zu lob vnd ehren, auch zu sterkung, wohlfarth, mehrung vnd Fortpflanzung guter Freundschaft, in den Hochlöblichen Fürstlichem Hause Sachsen wohlbedächtiglichen vnd mit guten Willen, auch rechten Wissen vnd guter Vorbetrachtung, Sonderlichen aber mit Vorwiſſen, rath vnd einbewilligung der hochgebohrenen Fürstin Vuserm Herzogl Johan Philipsens etc. freundlicher geliebten Gemahlin, Frawen Elisabethen, Herzogin zu Sachsen ꝛc., gebornen zu Braunschweigl vnd Lüneburgl ꝛc., eine freundschaft der heiligen Ehe, zwischen Vns Herzogl Ernsten zu Sachsen an einem, vnd der auch Hochgebornen Fürstin, Vuserer freundlichen lieben Muhmen, Freulin Elisabeth Sophien Herzogin zu Sachsen ꝛc. am andern theil abgeredet vnd beschloßen haben, Also das Wir itzgemelter Herzogl Ernst das obgenaunte Freulin Elisabeth Sophien zu einer ehelichen Gemahlin nehmen, Vnd wie sich nach Ordnung der Christlichen Kirchen gebühret mit Ihrer Lbd. das Eheliche Beylager zu Altenburgl Fürstlich, Vnd Vnseren auch Vnserer geliebten Vertrauten Stande vnd itziger gelegenheit vnd vmstände nach haben vnd halten. Vnd weill Vnser geliebter Vetter und Herr Schwäher-Vater, Herzogl Johan Philips zu Sachsen ꝛc., die ausrichtung des Beylagers über Sich genommen; So haben Wir zu erleichterung der Vukosten 6000 Thaler dergestalt darzu bewilliget, Das Seine Lbd. solche an denen Vns versprochenen 15,000 Thalern, davon drunten weitere meldung geschieht, allebald kürzer vnd innebehalten mögen, Wir wollen auch Vnsere geliebte Vertraute alß einer gebohrenen Herzogin zu Sachsen geziemet, der gebührent erhalten, Auch Sie vor allen Dingen bey der wahren Christlichen Religion, Gotteswort vnd der vngeenderten Augspurgischen Confeſſion, wie die Keyser Carln V. Anno 1530 übergeben, gemeß,

Darinnen Ihre Lbd. gebohren vnd gezogen, gänzlich verbleiben vnd vnbedrängt laffen.

So sich aber der Fall, das Wir vor Jrer Lbd. mit tode abgingen, zu tragen würde, welches der Allmächtige gnädig vnd lange verhüten wolle: So sollen die Kinder, so Ihre Lbb. mit Vns durch Gottes segen bekommen magt, mit Vormunden, welche der bemelten Religion sein, vorfehen vnd derfelben gemeß vnterwiefen vnd auferzogen werden.

Wann dann solch Ehelich Beylager gefchehen ist, So sollen vnd wollen Wir Johan Philips Herzogl zu Sachfen ꝛc. gemelten vnferm freundlichen lieben Vettern, Herzogl Ernsten zu Sachfen ꝛc. innerhalb Jahresfrist, von dato des Hochzeittages anzurechnen, 20,000 Gülden, jeden zu 21 grofchen gerechnet, an guter Laubüblicher vnd im Chur- vnd Fürstenthumb Sachßen gang vnd geber Münz an groben gangbaren vnd genehmen Sorten, jedoch inmittelst ohne Verzinfung, in Sr. Lbb. Renth Cammer, ohne Sr. Lbb. coften vnd fchaden zu rechten Heyrathguth gegen gebürliche Quittung entrichten vnd bezahlen. Da wir aber binnen folcher Zeit mit baarer Zahlung nicht aufkommen könten, Also dann Sr. Lbb. nottürftige assecuration machen Vnd das 100 jährlich mit fünffen verpensioniren laffen. Und wie wohl Wir Herzogl Johan Philips zu Sachfen ꝛc. Vns fchuldigt erachten, Vnfere geliebte Tochter mit Schmuck, Kleidern, Kleinodien, Silbergefchier vnd andern Ihrem Fürstlichen Stande nach anzustatten: So haben Wir Vns doch aus gewiffen Urfachen mit Herzogl Ernst's Lbb. dahin verglichen, das Wir vor folches alles vnd was mehr zu folcher Fürstlichen Ausstattung gehörig, Sr. Lbb. 15,000 Thaler entrichten, Darvon aber alfobaldt 6000 Thaler vor die ausrichtung des Beylagers abziehen vnd innebehalten. Wegen der übrigen 9000 Thaler aber Seine Lbb. annehmlich vorfichern vnd inmittelst von dem Beylager ahn biß zur Ablegung, jedes 100 mit fünffen verzinfen: Dargegen follen vnd wollen wir Herzogl Ernst alfo baldt folch ehelich Beylager gefchieht, bemeltes Freulin Elifabeth Sophien, Herzogin zu Sachfen, mit einer Fürstlichen Morgengabe, wie folches Herkommen, verfehen vnd begnaben, Nembtlich folgendestages nach dem Beylager, mit einem stattlichen Kleinodt oder Kette von vngefähr 3000 Gülden vnd mit 2000 Gülden Hauptgelder, welches nach Vnfern feligen hintritt (der in des Allmächtigen Händen stehet.) mit 100 gülden jährlich. jeden gülden zu 21 grofchen Meißnifcher Wehrung gerechnet, verzinßet werden foll, Damit Ihr Lbb. handeln, thun vnd laffen mögen nach beroselben besten gefallen. Und wie Morgengabe Recht vnd gewohnheit ist. Darbey dann auch absonderlich abgeredet, das Wir J. Lbb. noch bey Vnfern leben onstadt der Verzinfung von folcher Morgengabe vnd zum Handgelde zu besto mehrer anzeigung Vnfers gegen derfelben tragenden geneigten Willens, jährlich vnd eines jeden Jahres befonders 300 Gülden, Vnd daran 75 Gülden quartaliter reichen vnd geben, Vnd wann nach dem Beylager ein quartal verfloffen, den anfangt damit machen laffen wollen, Die auch Ihre Lbb. jederzeit dero gefallens ausgeben vnd damit thun zu laffen macht haben follen. Doch foll folch Handgeld, fobald Ihre Lbb. Dero Wittumb nach Vnserm Absterben beziehen, allerdings gefallen vnd absein. Die Morgengabe aber der 2000 Gülden Haupt Geldes vnd daher rührenden Jährlichen Zinses nach J. Lbb. Tode, der bey dem Willen des Allmächtigen stehet, (wofern Sie keine Leibes Erben, oder deswegen keine sonderbare Verordnung verlaffen hätten,) Wiederumb auf Vns Herzogl Ernsten, oder Vnsern Erben, wie Morgengabs recht ist, kommen vnd fallen. Da aber Ihre Lbb. solche Morgengabe der 2000 gülden Hauptgelder Vnd den dahero rührenden Jährlichen Zinß niemandes verschaffet hetten, Soll Vns Herzogl Ernsten, Vnsern Erben vnd Nachkommen dieselbe mit 2000 Gülden Hauptgeldes abzulösen, zu Vnsern oder Ihren guten gefallen vorbehalten sein.

Ferner, vnd sobald auch die bezahlung der Zwanzig Tausend Gülden Heyrathguts oder derohalben nothdürftige Versicherung beschieht: So sollen vnd wollen Wir Herzog Ernst ohne Verlängerung, Vnsere zukünftige Gemahlin dagegen mit 20,000 Gülden gegengeldes versehen, Auch Ihre Lbb. Heyrathguth, Wiederlage vnd Morgengabe, vf Vnser vnd Vnserer freundlichen lieben Brüdern Häusern vnd Ambtern Cappelndorff vnd Berca, mit allen zu- vnd eingehörigen, wie alles strack hernach mit mehrern vermeldet wird, versichern. Also, das Ihro Lbb. dafelbsten 4000 Gülden zu 21 troschen Meißnischer Wehrnug gerechnet, Jährlichen einkommens, vnzungen vnd gefällen Beneben 100 Gülden Morgengabes Verzinsung Wohl haben vnd sicher sein mögen, Alles nach laut der specificirten hierüber verfertigten, Vnd von Vns Herzogl Ernsten, auch Vnsern freundlichen lieben Brüdern vollzogenen Anschläge vnd beglaubten Erbregistern, Jedoch weil Vnsere freundlichen lieben Bruders, Herzogl Albrechts zu Sachsen ꝛc. Lbb. Dero Gemahlin vff Cappelndorff albereit vorleibdinget: Wollen wir vor allen Dingen, Vnd zwar noch diese Tage daran sein, damit berürt Ambt Cappelndorff solches Leibgedinges vermittelst einer auswechselung befreyet werden möge.

Vnd weill bey obgemelden bereden Ambtern keine solche Wohnung, so zur Fürstlichen Wibbums Residenz bequemlich izziger Zeit vorhanden: So wollen Wir Herzogl Ernst verschaffung thun, damit eines oder des andern orts dergleichen gebeude, so viell als zu einem Fürstl. Wibbums Sitz vonnöthen, vff Vnsere Vnkosten vorgenommen, vfgejühret vnd verfertiget, Auch vnserer zukünftigen geliebten Gemahlin zum besten in guten tüchtigen staube erhalten werden möge. Inmittelst Aber, vnd woferne solcher baw vor Vnsern in Gottes Händen stehenden tödtlichen Hintritt noch nicht gänzlichen zu ende gebracht sein würde: Soll Vnserer zukünftigen geliebten Gemahlin Vnsere izzige allhier zu Wehmar inhabende Residenz, das gartenhaus genant, sambt zugehörigen gebewden, Auch Ställen, Schoppen vnd garten zu dero Wohnung eraft diß verordenet vnd vorschrieben sein. Vnd sollen Vnsere Erben solch Haus, sambt ob specificirten Zubehörungen, inmittelst vnd so lange Ihre Lbb. Dero Wibbums Hoffhaltung darinnen haben werden, in bawlichen Wesen zu erhalten, Auch den Garten durch einen Gärtner vf gleiche vncosten zu bestellen schuldig sein.

Wofern auch gedachte Häuser vnd Aempter Cappelndorff vnd Berca mit

der Zugehorung die abnutzung der vorgerührten 4000 Gülden, So wohl
100 Gulden Morgengabs Verzinßung Jährlich nicht vollkommen ertragen
möchten, Oder da auch vorgenante Häuser und Ammbter verwüstet vnd verderbet würden (welches der Allmächtige gnädig abwenden wolle,) allso, das
Vnsere geliebte Gemahlin Ihrer Lbb. vollkommene Leipzucht vnd Morgengabs
Verzinßung daraus nicht haben könnte, So wollen wir Herzogk Ernst zu
Sachßen ꝛc. Vnd Unsere Erben vnd Successores solchen mangell von andern Vnsern vnd Vnserer freundlichen lieben Brüdern ꝛc. gewißen Renthen.
Darzu J. Lbb. Drei nahe gelegene Aemter oder Güther zu dero election
fürgeschlagen werden sollen, Jährlich ergänzen, vnd zur gnüge erfüllen, Derselben auch ein ander Haus, so Sie Ihre bequeme Wohnung haben möge,
so lange biß solches Dero verschrieben Wibdumb wieder erbauet, beßetzt und
in nutzung bracht, Dem obgenannten gleichmäßig eingeben, Ausgeschieden.
To dieselben Sitz, Häuser vnd Güter durch Ihre Lbb. oder der Ihren Ver-
wahrlosung, Vnd nicht aus Vnser oder Erben oder Nachkommen verursachung
verderbet würden, Dann vff solchen Fall sollen Ihro Lbb. Erben, was Wir
mit Bauwholze, so in Ihro Lbb. Wibdumb nicht zu bekommen oder in andere Wege vor Hülff vnd förderung zu einem neuen balw thun würden, von
denjenigen, was Sie vff den Fall entstehender Leibes Erben am Rückfall des
Hayrathsguth, oder sonst zu gewarten, so weit Ihre Lbb. von Rechtswegen
darzu verbunden, zu geben schuldigt sein. Es soll aber, was kurz vorher
von den abnutzungen, so entstehen möchten, Vnd deswegen von Vnsern Suc-
cessorn erstattung geschehen solle, gemeldet worden, nur von den allgemeinen
Schäden vnd Verwüstungen bemeltes Wibdumbs verstanden werden, die Particular schäden aber darunter nicht gemeinet seyn, Auch was vor solche particular schaden zu achten, vff ehrlicher bieder leuthe erkündtnis gestellet
werden.

Es sollen auch Ihre Lbb. in obgedachten Häusern vnd Aemtern, wie auch
dem Gartenhause, sofern vnd lange Ihre Lbb. Ihren Aufenthalt darinnen
haben mochten, alle Obrigkeit, gericht vnd Herrlichkeit, so weit sich das Wibdumb vermöge der Erbregister vnd Anschläge erstreckt haben, In allermaßen,
wie Wir vndt Vnsere freundliche geliebte Brüdern das bishero gehabt vnd
gebraucht, nichts ausgeschieden, Denn allein die hohe Landesfürstliche Obrigkeit, auch Vnsere weltliche Ritterlehen, Volge Reichs, Land vnd Tranksteuer,
Die Wir Uns, Vnsern freundlichen lieben Brüdern und Erben vorbehalten
haben wollen, Aber Geistliche Lehen, in solchen Ihrer Lbb. Wibdumb gelegen,
Soll Ihre Lbb. zu vorleihen vnd zu besetzen macht haben. Doch das die
mit tauchlichen Pfarrern der wahren Augspurgischen Confession versehen werden, Auch mögen Ihre Lbb. sich des Niederweidwerks brauchen, Aber anstadt
der hohen wie auch der hasen jagd sollen Ihre Lbb. zu Erhaltung der Fürstlichen Küchen Jährlich 9 Hirsche oder Wild, 10 Rehe vnd 30 Hasen, ein jegliches, wanns zu seiner Zeit am besten, ohne Jägerrecht vnd Ihrer Lbb. Vnkosten, durch Vnsern und Unserer freundlichen lieben Brüdern gesambten Jägermeister eingeschickt werden. Wann es dann der Allmächtige nach seinem

Göttlichen Willen also schicken würde, das wir ehe dann Vnsere zukünftige Gemahlin mit tode abgehen würde; Alßdann vnd nicht eher soll Ihrer Lbd. solche obspecificirte Vermächtnuß, dieselbe Ihr lebenlang zu gebrauchen, zustendig seyn vnd bleiben, Vnd Sie deren, wie Leibs- Zuchtegewohnheit ist, zu genießen haben.

Es sollen auch Ihre Lbd. nach vnsern tödtlichen abgange (der bey dem Willen Gottes stehet) von Vusern Erben den solchen Ihrer Lbd. Widdumb vnd Morgengabe mit Land, Leuten, Gültern, Renthen vnd gülden gegen mäniglich geschützet vnd geschirmet werden, gleich andern Ihren Land vnd Leuthen, wo Sie recht vor denselben vnseren Erben vnd Dero Regierung vngefehrlich leiden will vnd magt. Vnd weill keine Erbare Mannschaft in dem vorschriebenen Widdumb vorhanden, so zur Auswartung zu gebrauchen: So sollen Ihre Lbd. Sechs gewisse nechstangesessene von Abel aus andern Vusern vnd Vuserer Brüder Lbd. Aembtern zur bswartung, Sowohl die Beambten vnd Unterthanen, mittelst eines Handschlags, eventualiter augewiesen vnd zu geleget werden, Vnd soll Ihrer Lbd. zugelassen seyn vff den Fall vnser vberlebens, 6 Monat nach Vnserm absterben bey Vuseren Erben vnd Successoren zu bleiben, Vnd in derselben cost vnd vnterhaltung zu sein. Aber wann Ihre Lbd. Dero Widdumb vor oder nach solcher bestimbten Zeit beziehen wollen; So sollen vusere Erben vnd Successoren obbenandt Widdumb mit aller ein- vnd Zugehörung Ihrer Lbd. von stund ahn wirklich zu übergeben vnd einzuraumen nicht allein schuldig, sondern auch Ihre Lbd. befugt sein, gemelt Widdumb für sich alß bald zu occupiren vnd einzunehmen, innen zu haben vnd zu genießen Ihr lebenlang ungeirret vnd ohne alle Hinderung Vnserer Erben vnd Nachkommen vnd sonst mäniglich von Vnsertwegen. Es sol auch alsdann Ihre Lbd. vnverhindert folgen Ihrer Lbd. Silbergeschirr, Kleinodt, Kleider, geschmuck vnd darzu, was Ihre Lbd. von Vns oder andern von Kleinodien, Silbergeschirr, baarschaft vnd andern geschenkt wehre, Vnd dofern Ihre Lbd. auf solchen J. Lbd. Leibgeding den jährlichen Vnterhalt an früchten nicht finden, Soll vor Ihrer Lbd. einziehen aus Vnserer vnd Vnserer freundlichen lieben Brüder rc. gesambten Reuth-Cammer vnd andern Ambtern so vieel dahin verschaffet werden, alß Ihrer Lbd. bewilligte Järliche abnutzung vnd vnterhalt pro rata temporis wohl ertragen, Oder aber Ihre Lbd. das baahre Geld dafür vnsaumlich angezahlt werden, das Ihre Lbd. damit ihre Widdumbs Hofhaltung nicht allein wohl anfangen, sondern auch Ihr Auskommen vff ein Jahr in Händen haben mögen. Jedoch soll dieser Vorschub nach geendigtem Widdumb Vusern Herzogl Ernsts Erben hinwieder erstattet werden. Darzu soll auch eines unter bemelten Amptsheusern Cappelndorff vnd Berda, wofern es nicht, wie droben erwehnet, zuvor schon geschehen wern, ebenermaßen vor Ihre Lbd. umzugl mit Gebänden vnd Gemächern, wie einer Fürstin zu Ihren Widdumbstandt gebühret, nach nottrnfft angerichtet, desgleichen mit Hausrath, Bett, Leingewandt vnd sonsten also bestellet werden, das Ihre Lbd. davon Ihren Stande vnd wesen nach keinen Maugel haben. Doch soll, vermöge eines Inventary solcher Hausrath vnd anders alfo erhalten vnd dermahleiuft wieder alfo gelaffen werden, alß er im einzug befunden worden; Was aber darüber an Hauß vnd Vorrathe bey wehrendem Widdumb gezeuget, foll der Frau-Wittwen allein erblich zuftehen, des übrigen Voraths aber fich die Wittwe nicht anzumaßen haben. Ihre Lbd. follen auch den obangeregten Widdumb die Zeit Ihres lebens iunen haben vnd gebrauchen, auch allein die eingebände erhalten, Den andern Grundbaw aber zu Ihrer Lbb. notturft Sollen vnfere Erben vnd Successores zu thun pflichtig fein.

Es follen auch Ihre Lbb., do Sie Ihr Widdumb beziehen vnd befitzen, oder inmittelft im Gartenhaufe Ihre Wohnung haben würde, fo viel Holtzung, als Sie deffen vor die Haußhaltung zum brennen, backen, brauen, wafchen, erhaltung der Gebäude vnd ander bedürftig, vnd mehr nicht gegeben, Auch vor Ihrer Lbb. einzuge fich mit derfelben vff eine gewiffe Anzahl Feuerholtzes verglichen, auch darmit rathfamb vmbgegangen vnd vf der Sahle oder Ilmenftöße, oder aber andern nechft angelegenen Höltzern angewiefen, vnd ohne Ihr Lbb. zuthun vnd vncoften vf dem Widdumbfitz oder ins Gartenhaus gefchaffet werden.

Do auch nach vuferem Tode von Vnferer hinterlaffenen Wittwen vf Ihren koften einige mehrere nutzung vf folchen Widdumb könte oder würde angerichtet werden: Soll derofelben folches zu thun nicht allein freyftehen fondern auch Ihro Liebben deffen dero lebenlang, wofern der Wittbenftuell nicht verrückt wird, zugewiefen zugelaffen werden. Ob auch etwas von gülten vnd nutzungen, in den Widdumb gehörig, verfetzt, Oder mit gülten befchweret wehren, oder noch künftigt in ftehender Ehe befchwerungen erwachfen vnd gemacht würden: Damit foll gedachte Vnfere künftige geliebte Gemahlin zwar nichts zu thun haben; Sondern Wir oder Vnfere Erben follen die an andern ortten vff Vnß nehmen vndt ohne J. Lbb. koften vnd fchaden, innerhalb Jahresfrift, ausrichten vnd ledigen.

Es follen auch Ihre Lbb., fo wir vor derfelben mit Tode abgehen würden, Sich an folchen Ihren Widdumb vnd Vermächtniß iuhalts diefer vnd der darüber fonderbahren auffgerichteten Vorfchreibung gnügen laffen, Vnd an vnfern nachgelaffenen Landfchafften, Erbfchafften vnd Gütthern alsdann keine weitere Forderung, Auch mit Vnfern Schulden (ob Wir einige hetten) nichts zu thun haben.

Do Wir aber Ihrer Liebd. aus Liebe, Freundfchaft vnd guter Neigung über diefe Vorfchreibung etwas von Vnfern Erb und eigenthumblichen Güthern vnd Vermögen weiters williglich zugeftellet, verordnet oder verfchrieben hetten; das foll derfelben in folchem Fall auch geleiftet werden.

Es ift auch hierinnen abgeredet, Obwohl die Erlegung der 20,000 Gülden Heirathguths durch Hertzogl. Johan Philipßen zu Sachßen rc. allererft innerhalb Jahresfrift von dem Hochzeittage anzurechnen, gefchehen foll, das doch nichts defto weniger gemeltes Frewlin Elifabeth Sophie rc. mit vnferm Hertzogl. Ernft's rc. Wiffen vnd Bewilligung, vor dem Beyfchlaff gegen gebürliche Caution, fo wir Hertzogl. Johan Philipps beiden Ihren Liebben,

zu verſicherung des Heyrathsguths hinauszugeben erbötig, auff alle Ihre
Frewlin Eliſabeth Sophien Lbd. väterliche, vom Herrn Vater herrührende
Großmütterliche, brüderliche vnd Schweſterliche Erbſchafft vnd anfälle, vnd
alle nachgelaſſene Güther, ſo von den Herzogen zu Sachſen ꝛc. herkommen,
doch ausgeſchieden andere nebenfälle, die ſich auſſer den Chur vnd Fürſtlichen
Hauſe Sachſen ꝛc. zutragen möchten, in beſter vnd höchſter Form der Rechten, vor ſich vnd Ihre Erben gebührende renunciation vnd vorzicht zu thun
vnd daran alle Zahre gerechtigkeit, ſo Ihre Lbd. hetten oder haben mochten,
Dero geliebten Herrn Vatern, Johan Philipßen, Herzogen zu Sachßen ꝛc.
vnd Sr. Lbd. rechten Erben zu ſtellen ſolle vnd wolle, Daran kein anſpruch
oder Forderung, in oder auſſerhalb Rechtens zu haben oder zu gewinnen,
Wie dann auch Wir vnd Ihre Lbd. in crafft dieß Brieſes obgemeltermaßen
Vns verziehen haben.

Ob dann nun wohl angeregter Vorzicht, vermöge des Herkommens im
Hauſe Sachßen, auch vf die mütterliche Erbſchafft pflegt gerichtet zu werden:
Dieweil aber des Frewleins geliebte Mutter, Vnſer Herzogl Johan Philipßen zu Sachſen ꝛc. geliebte Gemahlin ꝛc., crafft dieſes freundlich bewilliget,
das diejenigen 50,000 Thaler Capital, welche Ihre Lbd. in Vnſer Renth
Cammer zu Altenburgl unter andern poſten zu fordern vnd mit dem abzin-
ſen an die Hennebergiſchen Intraden gewieſen, Vnſeren Fürſtlichen Hauſe zum
beſten, bey gemelter Renth Cammer (es tragen ſich gleich die Todesfälle zu
wie ſie wollen) erblich verbleiben ſollen, Ihre Lbd. auch daran mehr nicht
als die Järlichen penſiones Ihr ad vitam vorbehalten, So ſoll dargegen
des Frewlins Lbd. mit der renunciation der Mütterlichen Erbſchaft, geſtalten
ſachen dud vmſtänden nach, verſchonet, Hierdurch aber dem Hochlöblichen Chur
und Fürſtlichen Hauſe Sachßen ꝛc. keine praejudicirliche einführung gemacht
werden; Sonſten aber und ſo viel die übrige Mütterliche Erbſchaft betrifft,
Sollen Vns Herzogl Johan Philipßen, wofern wir unſerer geliebten Gemahlin Todt nach Gottes Willen erlebten, zwey Theil daran, zuſambt dem Sil-
berwerk und das dritte Theil neben dem Schmuck vnd mobilien, Frewlin
Eliſabeth Sophien ꝛc. zukommen; doch dergeſtalt, das ſolche zwey Theil,
nach Vnſeren Herzogl Johan Philipßen ꝛc. ſeligen Abſchiede dem Frewlin ꝛc.
alle Vnſerer lieben einigen Tochter oder Dero Leibes Erben reſtituirt vnd
abgefolget werden ſollen. Da aber Ihrer Lbd. bon Vns, unſerer freundlichen
geliebten Gemahlin (jedoch obige 50,000 Thaler ausgeſchloſſen) oder jemand
anders, wer der in: oder auſſer dem Chur- oder Fürſtlichen Hauſe Sachſen
ꝛc. ſein möchte, durch Teſtamenta oder andern letzten willen etwas ver-
ſchaffet würde: Soll daſſelbe unter der geleiſteten renunciation nicht begriffen ſein.

Weiter iſt bethätiget, ob ſichs begebe, das mehr gemeltes Frewlin Eliſabeth Sophia vor Vnß Herzogl Ernſten ꝛc. mit Tode abginge vnd keine Leibes Erben von Vns beiden gebohren hinterließe, das alsdann Ihrer Liebden,
Jahrnus an Silbergeſchirr, Kleinobien, geſchmuck, Kleidungen vnd ſämptliche
Verlaſſenſchaft, worunter auch die noch hinterſtelligen 9000 Thaler Ausſtat-

tungsgelder begriffen) Vns erblich bleiben, Vnd Wir anstatt dessen allen Vnserm freundlichen lieben Vettern Herzogl Johan Philipßen zu Sachßen oder Er. Lbb. Lehensfolgern 4,500 Thaler, wofern Vnser künftige Gemahlin zc. darüber keine andere disposition hinterlassen, herausgeben sollen vnd wollen.

Die 20,000 Gülden Heyrathguth betreffende haben Wir Herzogl Ernst zwar solche ad vitam billig zu gebrauchen, Nach Vnserm Absterben aber sollen dieselben gleichergestalt wiederumb auf Vns Herzogl Johan Philipßen zu Sachßen zc. oder Unserer Erben vnd Nachkommen Mänliches Stammes fallen; Die Wiederzahlung auch an solchen Münzsorten vnd Wehrung, wie Wir Herzogl Ernst dieselbe empfangen, alsdann geschehen. Vnd damit Herzog Johan Philipßen zu Sachßen Lbb. solches Wiederfahr halber desto sicherer sein: So haben Wir Herzog Ernst zc. craft dieses zugesaget, Seiner Liebden oder Dero Erben so viel gewiße zu den Amtern Cappelndorff vnd Berca gehörige Erbzinßen vnd Gefälle, als die gewöhnliche pension von angedeuteter Summa austregt, alsbald dergestalt anzuweisen, Das S. Lbb. oder Dero Erben solche Erbzinsen vnd Gefälle vff obigen fall, so lange biß das Capital erlegt, (welches dann innerhalb der nechsten dreyen Jahre nach dem fall geschehen soll) wirklich gebrauchen möge, zu welchem Ende dann die Zinßleuthe vf Er. Lbb. selbst eigenen denomination an dieselbe eventualiter gewiesen werden sollen. Ob sich auch begebe, Das Wir Herzogl Ernst vor hochgenanten Frewlin Elisabeth Sophien zc., vnserer künftigen geliebten Gemahlin, mit Tode abgehen würden, Wir hetten dann Kinder mit Ihrer Lbb. erworben oder nicht: So soll Ihre Lbb. alldieweil Sie in Ihrem Widdums stull unverruckt sitzend bleibt, auf solchem Ihrem Widdumb, wie obgemeldet, Ihr Lebenlang sitzend bleiben, Auch Vnsere Erben Ihre Lbb. bei solchem Widdumb ruhiglich schützen, schirmen vnd Haubthaben, als Ihr eigen Land vnd Leuthe, Ohn alle Gefehrde.

So aber Ihre Liebden nach Vnserm Tode zur andern Ehe greiffen würde; Alsdann sollen Vnsere Erben macht haben, Sie mit 20,000 Gülden Heyrath Guth obgemelder Wehrung aus solchem Widdumb zu lösen, Darzu Ihr dann auch Ihre Kleider, Kleinodien, Silbergeschirr, Hausrath vnd was zu Ihrem Leibe gehört, so Sie mitgebracht hetten, auch was ihr ferner geschenket vnd gegeben were, Oder Sie selbsten erzeuget hette, oder sonsten außerhalb Vnserer Landschaft an Ihre Liebden erstorben vnd kommen were, allerdings vnvorhindert folgen sollen, Damit Ihres gefallens zu handeln.

So viel aber vnsere Wiederlage belanget, soll Ihrer Lbb. dieselbe, jedoch das Holtz und Wildpreth ausgeschlossen, jährlich aus dem Fürstenthumb, wie gebräuchlich, Ihr leben lang verzinset, Auch Ihr darumb nothwendige versicherung gethan werden. (Gleichermaßen werden Ihrer Lbb. auch die Morgengabe der 2000 gülden Hauptgelder obgesetzt, biß vf Ihren tödtlichen abgangt jährlich mit 100 gülden verzinset vnd, woferne Ihre Lbb. solche nicht verschaft, vermacht, auch nicht Kinder mit Vns erzeuget hette vnd verlaßet; Soll solche Morgengabe, wie oben gedacht, vff das Fürstenthumb Weymar wiederum fallen, Würden aber Ihre Lbb. Vnsern Todesfall erleben vnd wiederumb zur andern Ehe greiffen, auch in derselben gleichergestalt mit Kindern von dem Allmächtigen gesegnet und begabet werden: Alsdann sollen nach Jhro Lbb. tödtlichen Abgang alle derselben Mütterliche verlassenschaft zugleich vf diejenigen Kinder, so von unser beider Leibe geboren, Vnd auf die, so Jhre Lbb. gehörter gestalt in der andern Ehe erzeuget, erblich kommen vnd fallen. Auch einem Kinde so viel als dem anderen darvon gebühren und zustehen: Es hette dann Jhro Lbb. ein anders durch sonderbare disposition verordnet. Es ist auch ferner und beschließlichen abgeredet, ob Frewlin Elisabeth Sophie vor Vns Herzog Ernsten, oder herwiederumb Wir vor Jhrer Lbb. nach dem Beyschlaf vnd vor erlegung des Heyrathgeldes verstürben, das doch Gott gnädig verhüten wolle, das nichts desto weniger alles das, so sich beyderseits gegen einander zu leisten vermöge dieser Heyrathsvorschreibung gebührt, vollzogen werden soll.

Vnd auff itzt gethane Beredung haben Wir obgemelter Herzog Ernst Vnd Vnser Herzog Johan Philipßen ꝛc. freundliche Liebe Tochter obgenant Frewlin Elisabeth Sophien eigener Person im nahmen Gottes die Christliche Ehe einander versprochen vnd zugesaget: Doch ob mitler Zeit, ehe dann der Beyschlaff geschehen, benelt Frewlin Elisabeth Sophia ꝛc. Oder Wir Herzog Ernst ꝛc. mit Tode abgegangen, das in dem Willen des Allmächtigen stehet: So soll diese Eheberedung und beschließung keinen Theill oder desselben Erben binden, vnd keines Theils Erben darzu verpflichtet sein, Sondern als wenn die nie geschehen gehalten werden.

Vnd Wir Johan Philips, Herzog zu Sachßen ꝛc. Vnd Wir Herzog Ernst zu Sachßen ꝛc. gereden und versprechen bey Vnseren wahren vnd Fürstlichen treuen, diese Vnsere angerichtete Verschreibung stets fest vnd unverbrüchlich zu halten vnd der gänzlich nachzukommen. Wir Herzog Ernst haben auch umb mehrer und fester haltung willen die Hochgebohrene Fürsten, Herrn Wilhelm, Herrn Albrechten vnd Herrn Bernharten, Herzoge zu Sachßen ꝛc., unsere freundliche liebe Brüder freundlich vermocht, das Jhr Lbb. sämmtlich in obbeschriebene Heyrathsabrede Jhren Consens und Willen gegeben, Welches dann Wir erstgenannte gebrüder Herzoge zu Sachßen ꝛc. vor Vns und Vnsere Erben hiermit also bekennen, Alles treulich und ohne Gefehrde. Vhrkundlich haben Wir Herzog Johan Philips Vnd Wir Herzog Ernst ꝛc. beneben obgedachten Vnseren geliebten Brüdern, Vnsere vnd Jhre Lbb. und Dero Insiegell an diesen Brieff heugen lassen, Vns und Vnsere Erben zu dem Juhalt desselben, soviel Vns oder Sie auf die darinnen gesetzte Fälle binden und berüren magt, darmit bekennende und zu vnser Haltung deßen allen versprechende. Geschehen vnd geben am 25. Julÿ Anno 1636.

Johan Philips H. z. S.   Ernst H. z. Sachsen.

Wilhelm H. z. S.   Albrecht H. z. Sachsen.

19.

Haus- und Staatsarchiv zu Gotha E I, A, 1, fol. 214.

Extract nachfolgender adeligen und anderer Personen, so vermöge der Furir- und Reise-Zettel zu bevorstehendem fürstlichen Beilager, beliebt's Gott, einkommen werden.

1636.

	Heilige Mannspersonen, aus hohe und niedere Offizianten.	Adelige Weibspersonen an Frauen und Jungfrauen.	Doctores med. und Magistri Theologiae.	Edle Knaben.	Cammerweiber und Mägdlein.	Secretäre, Canzlisten und Studenten.	Trompeter.	Juncker und Barbiere.	Mundschenke, Pagen und Schneider.	Cammerdiener.	Einspännige Reisige, Knechte, Lakaien, Kutscher und Jungen	
											Mit dem fürstlichen Wagen.	Mit den Offizieren und von Adel.
1. Von Altenburg mit der fürstlichen Braut, Herz. Johann Philipp's fürstl. Gn. und dero hohe Anverwandte	15	6	1 Doct. med.	4	11	2	5	3	4	2	30	47
2. Von Erfurt mit Herz. Wilhelm's fürstl. Gn. sammt dero hohen Anverwandten	8	2	2 Doct. med. und Mag.	—	8	6	4	6	3	2	45	43
3. Von Altenburg mit Herz. Friedr. Wilhelm's fürstl. Gnaden	7	—	—	—	—	1	4	3	3	1	11	15
4. Von Eisenach mit J. F. Gn. Frau Christina, Herz. zu Sachsen, geb. Landgräfin zu Hessen	3	3	—	3	5	1	1	1	1	—	15	5
5. Von Cranichfeld mit J. F. Gn. Frau Anna Sophia, geb. Fürstin zu Anhalt	4	4	—	2	3	1	—	—	—	—	12	2
Summa	40	15	3	9	27	11	14	13	11	5	113	112

Summa aller Personen 373.

20.

Haus- und Staatsarchiv zu Gotha E 1 A. 1. Fol. 166 ff.

Aufwand für die Tafel bei der Hochzeit H. Ernst's 1636.

An schwarzem und rothem Wildpret:

5 wilde Schweine à 5 Fl.	. . . 25 Mfl.	— Gr.
10 Hirsche à 4 Fl.	. . . . . . 40 „	— „
10 Stück Wild à 5 Fl.	. . . . 50 „	— „
20 Rehe à 2 Fl.	. . . . . . 40 „	— „
50 Hasen à 8 Gr.	. . . . . . 19 „	2 „
18 Dammhirsch-Wildpret à 8 Fl.	144 „	— „

298 Mfl. 1 Gr.

An grünem Fischwerk:

6 Stück frische Lachse à 16 Pfd. à Pfd. ½ Fl. 48 Mfl.
4 Schock grüne Forellen à 4 Fl. . . . . . 16 „
18 Ctr. Karpfen à 8 Fl. . . . . . . 144 „

208 Mfl.

An gesalzenem und dürrem Fischwerk.

4 Schock dürre Forellen à 6 Fl. . . . . . 24 Mfl.

An Zugemüsen:

12 Scheffel weißes Mehl zu den Torten, Pasteten und anderer Speisung à 2 Fl. . . 24 Mfl.
5 Scheffel Roggenmehl zu den schwarzen Pasteten à 1 Fl. . . . . 5 „

29 Mfl.

An Essig:

6 Eimer Weinessig à 8 Fl. . . . . 48 Mfl.

An Holz und Kohlen:

12 Klaftern hartes Holz à 1½ Rth. . 20 Mfl. 12 Gr.
12 Klaftern Flößholz à 2 Rth. . . . 27 „ 9 „
100 Stoß Kohlen à 1 Fl. . . . . 100 „ — „

148 Mfl. — Gr.

An Getränken und Brot:

30 Eimer Frankenwein à 6 Mfl. . . . . 180 Mfl.
12 Scheffel Waizenmehl à 2 Mfl. . . . . 24 „
100 Scheffel Roggenmehl à 1 Mfl. . . . 100 „

304 Mfl.

An Unschlit:

7 Centner, das Pfd. à 3 Gr. . . . . . 105 Mfl.

Auslösung bei der Bürgerschaft,
welche Heu und Stroh für die einquartierten Pferde
verschaffen müßen, auf 1 Tag und Nacht 18 Pf. Auf
8 Tage Auslösung auf 330 Pferde . . . . 188 Mfl. 12 Gr.

An grünem Fleischwerke:

10 Landstiere à 10 Mfl. . . .	100 Mfl. — Gr.
20 Spedschweine à 1 Mfl. . .	20 „ — „
156 Schöpse à 2 Mfl.	312 „ — „
100 Lämmer à 1 Mfl.	100 „ — „
20 grüne Rindszungen à 5 Gr. .	4 „ 16 „

536 Mfl. 16 Gr.

An grünem Fischwerke:

½ Ctr. große Forellen, das Pfd. 12 Gr. . .	30 Mfl.
4 Ctr. Hecht à 12½ Mfl.	50 „
½ Ctr. Barsche, das Pfd. à 2 Gr.	5 „
2 Ctr. Speisefisch, das Pfd. 6 Pf.	4 „

90 Mfl.

An Zugemüsen:

50 Pfd. Gerstengraupen à 18 Pf.	3 Mfl. 12 Gr.
1 Scheffel Erbsen	2 „ — „
30 Stück Salz à 17 Gr. 4 Pf.	24 „ 16 „

30 Mfl. 7 Gr.

An Milchwerk:

2 Ctr. geschmelzte Butter à 13 Rth. . . .	29 Mfl. 15 Gr.
6 Ctr. gesalzene Butter à 10 Rth. . . .	68 „ 12 „
1 Tonne Schafkäse	8 „ — „
2 Tonnen gemeine Speisekäse à 6 Fl. . .	12 „ — „
Für Milchrahm und Milch	8 „ — „

126 Mfl. 6 Gr.

An Essig:

10 Eimer à 2 Mfl. . . . . 20 Mfl.

An Getränken und Gläsern:

20 Eimer Würzburger Wein à 13 Mfl. . .	260 Mfl.
60 Eimer Landwein à 4 Mfl. . . .	240 „
50 Eimer Naumburger Bier à 2 Mfl. .	100 „
250 Eimer Speisebier à 1 Mfl. . . .	250 „
Für Krystallingläser	12 „
Für Spitzkelche und andere gemeine Gläser	30 „

892 Mfl.

An grünem Fleischwerke:

50 Kälber à 2 Mfl. . . . . 100 Mfl.

An Federvieh:

20 Kapaunen à ½ Rthl.	10 Rthl. — Gr.
30 zahme Enten à 3 Gr. 6 Pf. . . .	5 „ — „
2 Schock junge Gänse à 6 Gr. . . .	32 „ 6 „
4 Schock alte Hühner, das Stück 2 Gr.	22 „ 15 „
4 Schock junge Hühner à Stück 18 Pf.	17 „ 3 „
120 Paar junge Tauben, à Paar 1 Gr.	5 „ 15 „

92 Rthl. 18 Gr.

An Eiern:

150 Schock Eier à 5 Gr. . . . . . 35 Rthl. 15 Gr.

An grünem Fleischwerke:

2 Polnische Ochsen à 23 Rth. . . .	55 Rthl. 12 Gr.
10 Brü-Schweine à 8 Rthl. . . .	80 „ — „
20 Eiterstücke à 4 Gr. . . .	3 „ 17 „

139 Rthl. 8 Gr.

An dürrem Fleischwerke:

30 Rindszungen à 5 Gr.	7 Rthl. 3 Gr.
6 Schock geräucherte Schöpszüngelein à 30 Gr.	8 „ 12 „
1 Schock Knackwürste à 2 Gr.	5 „ 15 „
1½ Ctr. Westphälische Schinken à 15 Rthl.	22 „ 10½ „
6 Ctr. Speck à 15 Rthl.	90 „ — „

133 Rthl. 19½ Gr.

An Federvieh:

20 welsche Hähne à 1 Rthl. 3 Gr. .	22 Rthl. 18 Gr.
10 welsche Hühner à 1 Rthl. . . .	10 „ — „

32 Rthl. 18 Gr.

An grünem Fischwerke:

10 Kannen Steinbeißen à ½ Rthl. . . .	5 Rthl. — Gr.
1 Ctr. grüner Aal, das Pfd. zu 5 Gr. .	25 „ — „
½ Ctr. Aalraupen, das Pfd. zu 5 Gr. . .	12 „ 10½ „
½ Ctr. Barmen, das Pfd zu 3 Gr. . . .	7 „ 10½ „
½ Ctr. Bratfisch, das Pfd. zu 2 Gr. . .	5 „ — „
50 Kannen Schmerle à 8 Gr. . . .	19 „ 1 „
100 Kannen Mengfische à 4 Gr.	19 „ 1 „
50 Schock Krebse à 4 Gr.	9 „ 11 „

102 Rthl. 12 Gr.

An gesalzenem und dürrem Fischwerke:

20 Fäßlein Austern à 12 Gr. . . .	11 Mfl.	9 Gr.
4 Fäßlein Bricken à 5 Rth. . . .	22 „	18 „
1 Tonne Lachs à 20 Rth. . . .	22 „	18 „
1 Tonne Hecht à 18 Rth. . . .	20 „	12 „
2 Ctr. Stockfisch à 7½ Rth. . . .	17 „	3 „
8 Schock Schollen à 3 Rth. . . .	22 „	18 „
8 Schock Mittelgut à 1 Rth. . . .	9 „	3 „
2 Schock Neunaugen à 3 Rth. . .	6 „	18 „
20 Pfd. geräucherten Lachs à 6 Gr.	5 „	15 „
10 Pfd. Hausenblasen à 12 Gr. . .	5 „	15 „
4 Stro Bickling à 2 Rth. . . .	9 „	3 „
1 Tonne Häring à 14 Rtb. . . .	16 „	— „

170 Mfl. 6 Gr.

An unterschiedenem Zugemüse:

1 Ctr. Reis à 13 Rth.	14 Mfl.	18 Gr.
1 Ctr. Hirse à 5 Rth.	5 „	15 „
1 Ctr. Haidegrütze 4 Rth.	4 „	12 „
1¼ Ctr. Ungarische Pflaumen 7½ Rth.	8 „	12 „
½ Ctr. Spanische Pflaumen 4 Rth. .	4 „	12 „
½ Ctr. gewellte Kirschen 7 Rth. . .	8 „	— „
½ Ctr. Kirschmus 7 Rth. . .	8 „	— „
½ Ctr. Hagebutten	9 „	3 „
12 Pfd. Ulmer Gränplein à 6 Gr. .	3 „	9 „
20 Pfd. Hafergrütze à 1 Gr. . .	— „	20 „
2 Schock Oblaten à 7 Gr.	— „	14 „
8 Kannen Kümmel à 2 Gr. . . .	— „	16 „
8 Kannen Rosenwasser à 10 Gr. . .	4 „	16 „
1 Viertel Wachholderbeeren	— „	8 „
Für allerlei Gartenwerk und Blumen-werk aus dem Hofgarten und alten Baumgarten	30 „	— ,
Für Merrettig, Zwiebeln, grün Kraut, Haupt-Salat und anderes Gartenwerk, so bei den Fremden erkauft werden muß	15 „	— „

119 Mfl. 8 Gr.

An Gewürz:

2 Pfd. Zimmet Safran à 11 Rth.	.	25 Mfl.	3 Gr.
10 Pfd. Pfeffer à 12 Gr.		5 „	15 „
10 Pfd. Ingwer à 8 Gr.		3 „	17 „
3 Pfd. Nägelein à 3 Rth.		10 „	6 „
2 Pfd. Zimmet à 2 Rth.		4 „	12 „
2 Pfd. Muscatenblüte à 4 Rth. . .		9 „	3 „
1 Pfd. Muscatennüße		1 „	7 „
½ Ctr. Canarienzucker		27 „	9 „
1 Ctr. Raffinat		50 „	6 „

137 Mfl. 15 Gr.

An naßen Früchten:

1 Ctr. Mandeln Ambrosin, das Pfd. à 8 Gr.	.	40 Mfl. —	Gr.
20 Pfd. Cibeben à 12 Gr.		11 „	9 „
25 Pfd. große Rosinen à 3½ Gr.		4 „	3½ „
30 Pfr. kleine Rosinen à 4 Gr.		5 „	15 „
20 Pfd. Laubfeigen à 4 Gr.		3 „	17 „
12 Pfd. Citronenblüte à 12 Gr.		6 „	18 „
10 Pfd. große Capern à 5 Gr. 3 Pf. . .		2 „	10½ „
30 Pfd. kleine Capern à 8 Gr.		11 „	9 „
25 Pfd. Baumöl à 7 Gr.		8 „	7 „
25 Pfd. Spanisches Baumöl à 5 Gr. 3 Pf. . .		6 „	5¼ „
20 Maas Oliven à 12 Gr.		11 „	9 „
200 Citronen à 12 Rth.		27 „	9 „
200 Pomeranzen à 6 Rth.		13 „	15 „
100 Limonien		3 „	9 „
2 Stück große Tafel-Pfefferkuchen à 1½ Rth.	.	3 „	9 „

159 Mfl. 19¼ Gr.

An Confect:

8 Pfd. eingemachtes Citronat à 14 Gr.	. . . .	5 Mfl.	7 Gr.
6 Pfd. eingemachte Hindleuften (?) à 14 Gr. . .		4 „ —	„
4 Pfd. eingemachter Calmus à 14 Gr. . .		2 „	14 „
6 Pfd. eingemachter Indianischer Ingwer à 14 Gr. . .		4 „ —	„
2 Pfd. candirte Rosenblätter à 3 Mfl.		6 „ —	„
6 Pfd. allerlei Candirtes à 18 Gr.		5 „	3 „
3 Pfd. Bisam Zimmet à 2 Rth. . . .		6 „	18 „
2 Pfd. Bisamkörner à 1½ Rth.		3 „	9 „
8 Pfd. Manus Christi à 12 Gr.		4 „	12 „

Latus 42 Mfl. — Gr.

8*

Transport 42 Rfl. — Gr.

2 Pfd. rohe Birreen à 12 Gr.	1	„ 3	„
4 Pfr. überzogene Birreen à 18 Gr.	3	„ 9	„
4 Pfd. überzogene Nelken à 1 Rth.	4	„ 12	„
3 Pfd. Cibeben à 1 Rth.	3	„ 9	„
10 Pfd. Mandeln à 12 Gr.	5	„ 15	„
10 Pfd. Zimmet à 12 Gr.	5	„ 15	„
6 Pfd. Ingwer à 12 Gr.	3	„ 9	„
8 Pfd. Corianber à 12 Gr.	4	„ 12	„
8 Pfd. Pomeranzenschalen à 16 Gr.	6	„ 2	„
6 Pfd. Hiudtleuffsten (?) à 14 Gr.	4	„ —	„
4 Pfd. Bibaneln (?) à 14 Gr.	2	„ 14	„
6 Pfd. Fenchel à 12 Gr.	3	„ 9	„
6 Pfd. Anies à 12 Gr. :	3	„ 9	„
5 Pfd. Kümmel à 12 Gr.	2	„ 18	„
5 Pfd. Zuckerbrot à 12 Gr.	2	„ 18	„
14 Pfd. Johannisbrot à 3 Gr.	2	„ —	„
5 Pfd. bittere Mandeln à 8 Gr.	1	„ 19	„
4 Pfd. Mandeln in Schalen à 12 Gr.	2	„ 6	„
8 Pfd. Prunolien à 10½ Gr.	4	„ —	„
5 Pfd. Datteln à 12 Gr.	2	„ 18	„
6 Pfd. Lamperttische Nüße à 10½ Gr.	3	„ —	„
4 Körbchen Marsilier Feigen à 1 Rfl.	4	„ —	„
6 Dutzend Nürnberger große Pfefferkuchen à 1 Rth.	6	„ 18	„
12 Dutzend Nürnberger kleine Pfefferkuchen à 12 Gr.	6	„ 18	„

133 Rfl. 2 Gr.

An Milchwerk:

1 Ctr. Holländischer Käse à 9 Rth. . .	6 Rfl. 6 Gr.		
15 Pfd. Parmesan Käse à 9 Gr. . . .	6	„ 9	„
4 Kreuzkäse à 18 Gr.	3	„ 9	„

16 Rfl. 3 Gr.

Insgemein für die Küche:

1 Stück Haartuch 3½ Rth.	4 Rfl. — Gr.		
2 Pfd. Zuckerbilder und Früchte à 2 Rth. . . .	4	„ 12	„
2 Pfd. kleine Zuckerbilder à 1 Rth.	2	„ 6	„
1 Ries Canzlei-Papier	1	„ 3	„
1 Ries gemeines Papier	—	„ 18	„

Latus 12 Rfl. 18 Gr.

Transport 12 Mfl. 18 Gr.

Für weißes und gelbes Wachs, allerlei Farben,
Malerarbeit, Blattgold und Blattsilber, so
zu dem Schauessen erkauft werden muß . 20 „ — „
Für eiserne Pfannen, Hackemesser, Teller und
Schaufeln . . . . 10 „ — „
2 Scheffel Gerste à 15 Gr. . . . . 1 „ 9 „
10 Scheffel Hafer à 9 Gr. für das Federvieh . . 4 „ 6 „

48 Mfl. 12 Gr.

An Getränken:

4 Eimer Alacanten-Wein à 25 Rth. . . . . .114 Mfl. 6 Gr.
4 Lagel Rheinfall à 20 Mfl. . . . . 80 „ — „
Für Bierhähne . . . . 4 „ — „

198 Mfl. 6 Gr.

An Wachs:

2½ Ctr. Wachs, das Pfd. à 8 Gr. . . . . . 100 Mfl.
8 Schock Pechfackeln à 4 Mfl. . . . . 32 „

132 Mfl.

Futterboden:

55 Mltr. Hafer à 9 Gr. das Scheffel . . . . 262 Mfl. 6 Gr.

21.

Haus- und Staatsarchiv zu Gotha E I A, 1 f. 176.

Verzeichniß,

was denen altenburgischen Herrn Canzlern, Cammer- und Hof-Räthen, Hofmarschall und Stallmeister soll verehret werden, 1636.

Den kurfürstl. Abgesandten eine Kette mit Conterfait von 40 Kronen,
Dem Herrn Canzler eine Kette mit Conterfait von 70 Kronen,
Dem Herrn Cammer-Rath eine Kette mit Conterfait von 70 Kronen,
Zwei Marschällen, jedem eine Kette und Conterfait zu 80 Kronen,
Drei Hofräthen, jedem eine Kette mit dem Conterfait zu 40 Kronen,
Dem Hofrathe Caspar Facius eine Kette mit Conterfait zu 30 Kronen,
Dem Stallmeister eine Kette und Conterfait von 40 Kronen,
Zwei Adeligen, so auf J. F. G. Gemach warten, jedem eine Kette und Con-
terfait zu 40 Kronen,
Dem Fräuleins Hofmeister eine Kette mit Conterfait von 40 Kronen,

Zwei weimarischen Räthen, jedem eine Kette mit Conterfait von 40 Kronen,
Zwei Räthen, jedem von 50 Kronen,
Zwei Adeligen bei J. F. Gn., jedem von 40 Kronen.

Zusammen 870 Kronen.

Dem altenburgischen Rentmeister ein Pokal von 2 Mark 8 Loth,
Dem Hofprediger 100 Rth.,
Dem altenburgischen Trompeter 100 Rth.,
Ihrer F. Gn. Trompeter und Pauker 180 Rth.,
In die Aemter 120 Rth.,
Dem altenburgischen Furier 20 Rth.,
Insgemein 100 Rth.

Zusammen 680 Rth.

22.

Haus- und Staatsarchiv zu Gotha XX, IX, 1.

Dienerbesoldung des Herzogs Ernst im J. 1636.

Hofmeister Georg von Kötschau 230 Fl. an Geld, 20 Scheffel Korn, 20 Scheffel Gerste, 4 Scheffel Erbsen, 5 Klaftern hart Holz, 5 Kl. Floßholz und den Tisch für sich und 2 seiner Diener bei Hofe.

Stallmeister Carl von Britzka 365 Fl. 15 Gr. an Geld und den Tisch bei Hofe.

M. Sigismund Evenius 100 Fl. an Geld.

Die Kammerjungfrau Sara Maria v. Miltitz 45 Fl. 15 Gr. an Geld und den Tisch bei Hofe.

Die Hofjungfrau Höfferin 30 Fl. an Geld und den Tisch bei Hofe.

Das Kammermädchen 16 Fl. an Geld und den Tisch bei Hofe.

Die andern zwei Mädchen 20 Fl. an Geld und den Tisch bei Hofe.

Die Bettmeisterin 100 Fl. an Geld und 4 Klaftern Floßscheite.

Der Jungfraulnecht Hans Aßmus 30 Fl. an Geld.

Der Cammer-Verwalter Franz Rasche 193 Fl. 6 Gr. an Geld zur Besoldung und 118 Fl. 6 Gr. Kostgeld, jede Woche 2 Thlr.

Der Secretär Emanuel Feud 220 Fl. an Geld, 30 Scheffel Korn, 20 Scheffel Gerste, 4 Klaftern Floßscheite.

Der Kammerdiener Andreas Rudolphi 80 Fl. an Geld, 15 Scheffel Korn, 10 Scheffel Gerste, 5 Klaftern Scheitholz, den Tisch bei Hofe und Wohnung frei.

Der Pagen-Inspector M. Johann Meyer 111 Fl. 6 Gr. an Geld und den Tisch bei Hofe.

Matthias Briccius 57 Fl. 3 Gr. an Geld.

Der Kanzlist Joachim Wolfeil 60 Fl. an Geld und den Tisch bei Hofe.

Der Küchenschreiber Wolff Weichardt 60 Fl. an Geld und den Tisch bei Hofe.

Der Mundkoch Nicol. Schrott 40 Fl. an Geld und den Tisch bei Hofe.

Der Meister Jung Lorenz Horn 12 Fl. an Geld und den Tisch bei Hofe.

Der Kesselscheurer 12 Fl. an Geld.

Die Scheuerfrau oder Silberwäscherin 8 Fl. an Geld.

Der Böttner Hans Lösner 24 Fl. an Geld und den Tisch bei Hofe.

Der Wächter Peter Fäsel 20 Fl. an Geld und 52 Fl. Kostgeld, jede Woche 1 Fl.

Der Wächter Christoph Körner 52 Fl. Kostgeld.

Der Furier Hans Kilian Holzmann 64 Fl. 12 Gr. an Geld und den Tisch bei Hofe.

Der Sattelknecht Jonas Gottschalch 54 Fl. 3 Gr. Besoldung und 59 Fl. 9 Gr. Kostgeld, jede Woche 1 Thlr.

Der Reisige Knecht 54 Fl. 3 Gr. an Geld und den Tisch bei Hofe.

Der Stalljunge Hans Fuchß 27 Fl. 9 Gr. an Geld und den Tisch bei Hofe.

Der Stalljunge Hans Hermann 27 Fl. 9 Gr. an Geld und den Tisch bei Hofe.

Der Stalljunge Caspar Sengenlaub 27 Fl. 9 Gr. an Geld und den Tisch bei Hofe.

Die 3 Leibkutscher, der Stangenreiter Hans Hesse 41 Fl. 3 Gr. Besoldung und 59 Fl. 9 Gr. Kostgeld; der Vorreiter Hans Rönniger und der Beiläufer Hans Stahl, jeder eben so viel.

Der Gärtner Hans Gottschalch 20 Fl. an Geld, 1 M. 9 Sch. Korn, ¾ Erbsen, 2 Klaftern Floßscheite.

Der Forstknecht im Gehölz Ambrosius Venus 25 Fl. an Geld.

Der Forstknecht zu Buffart Conrad Rost 20 Fl. an Geld.

Der Baumeister Nicol Deiner Capne 50 Fl. an Geld.

23.

Haus- und Staatsarchiv zu Gotha. XX, IX, 1.

Verzeichniß, was auf des Durchlauchtigen Hochgeborenen Fürsten und Herrn, Herrn Ernsten, Herzogen zu Sachsen 2c., Hofstadt iedes Quartal an der Junker und anderer Diener Besoldung sowohl in Küche, Keller, Silberkammer und Marstall, auch zu Bekleidung der Diener und anderem aufgewendet wird (1636).

91 Fl. 9 Gr. dem Stallmeister von Britzla. 85 Fl. 15 Gr. dem Cammerjunker von Tangel. 45 Fl. 15 Gr. dem Secretario. 48 Fl. 12 Gr. Frantzen dem Kammerdiener. 12 Fl. 10½ Gr. Nicol. Deinern Kleidung. 8 Fl. 12 Gr. Friedrich Romano Hortleber. 25 Fl. 12 Gr. dem Trompeter. 15 Fl.

Ulrich dem Schneider. 15 Fl. dem Küchschreiber. 12 Fl. 10½ Gr. dem Koch. 13 Fl. 15 Gr. dem Fourierer. 13 Fl. 15 Gr. Jonas Gottschald. 13 Fl. 15 Gr. Hans Kilian. 13 Fl. 15 Gr. Hans Dahinden. 6 Fl. 18 Gr. Hans Fuchß. 6 Fl. 18 Gr. Hans Hermann. 4 Fl. Hans Pommeren. 30 Fl. 18 Gr. drei Kutschern. 10 Fl. Schneuauff. 15 Fl. dem Gärtner. 6 Fl. Hansen dem Böttner. 5 Fl. Peter dem Wächter. 25 Fl. der Wälcherin. 6 Fl. 5½ Gr. dem Forstknecht über das Webicht. 3 Fl. dem Kesselscheurer. 100 Fl. M. Evenio.

An Kostgeld: 29 Fl. 15 Gr. Frantzen. 14 Fl. 18 Gr. Jonas Gottschald. 41 Fl. 12 Gr. drei Kutschern. 13 Fl. Peter dem Wächter.

An Kleidung vor die Diener: 333 Fl. auf ¼ Jahr gerechnet.

Vor den Marstall: 308 Fl. 12 Gr. vor 45½ Malter Hafer. 60 Fl. vor 12 Fuder Heu.

Vor Küche, Keller und Silberkammer: 620 Fl. vor die Küche, wöchentlich 40 Fl. 325 Fl. vor den Keller, wöchentlich 25 Fl. 130 Fl. vor die Silberkammer, wöchentlich 10 Fl.

Vor die Handwerker Leute: 150 Fl.

Zusammen 2665 Fl. 20 ¼ Gr., also auf ein Jahr 10,663 Fl. 17 Gr. 3 Pf.

Der Aufwand für die herzogliche Tafel belief sich jährlich auf 2599 Fl. 12 Gr. 4 Pf., für Getränke, Brod und Essig auf 1667 Fl. 15 Gr.

21.

Haus- und Staatsarchiv zu Gotha, XX, VI, 8.

Der Druck der glossirten Bibeln wird dem Buchhändler Endter übertragen.

Zuwissen sey hiermit iedermänniglich, Demnach der Durchlauchtige Hochgeborne Fürst vnd Herr, Herr Ernst, Herzog zu Sachsen etc., Durch Ihrer Fürstl. Gnaden Theologos vnd gelehrte Leute die heilige Schrift also glossiren vnd außlegen lassen, daß in derselben aller schweren, vnbekandten vnd dunckeln Wort Verstand iedermänniglich alsbalden in lesung deß Texts dadurch bekandt gemacht würde, vnd also zu erbauung deß Christenthumbs dienlich sein möchte, Daß derowegen im Namen vnd von wegen ietz Hochgedachter Ihr Fürstl. Gnaden mit dem Ehrnvesten, Hochachtbaren vnd wol vornemen Herrn Wolffgang Endtern, Buchhändlern zu Nürnberg, difes Bibelwerkhs halber mann sich folgender gestalt verglichen.

Nemblich vnd vors erste will er Endter zu solchem werth den ganzen Verlag thun, vnd es in seiner truckerey zu Nürnberg in Form Median verfertigen, also daß es nach aller müglichkeit in einem bond in folio kan gebracht. Davon anderthalbhundert exemplaria auff schön schreib Pappier, die

andern aber auff gut weiß Truck Pappier in gedachter Form getruckt sollen
werden. Dazu er dann, so balden Ihme die fünff Bücher Mosis vberschicket
werden, den Anfang machen, vnd alle acht Tag durch den ordinari Nürnberger Potten, denen Herrn Theologis zu Jena, alß von Ihr sgn. deß werchs
bestellten Reuisoribus, die bogen, so in seiner Truckerey dieselbige wochen gesetzt worden, vberschicken, vnd damit also, biß das werck zu gutem glücklichen
Ende gebracht werde, vnnachläßig continuiren, und nicht geschehen lassen solle,
daß es in einiges Stocken gerathe.

Darnach vnd zum andern soll er im Truck selbsten diejenigen Puncten,
so Ihme deßwegen vorgeschrieben vnd nachgeschickt werden sollen, im context,
correctur und anderm mit allem fleiß in acht nemen vnd nichts vnterlassen,
was außer demselben auch zu deß werchs perfection vnd Vollkommenheit,
auch zierlichkeit nütz vnd dienlich sein mag. Gestalt dann, was Er an Kupfer-
stichen dazuzubringen vorhabens ist, das soll alles vff seinen kosten geschehen
vnd zu werck gerichtet werden. Hingegen wollen auch mehr hochgedacht Ihr
Fürstl. Gnaden Ihnen angelegen sein lassen, daß die vbrigen bücher der
H. Schrifft, welche noch nicht reuidiret worden, ehist vor die Hand genommen vnd also außgearbeitet werden, das Cudter an schleuniger fortsetzung dises
Truckhs keineswegs gehindert vnd auffgehalten werde. Wie sie dann auch
die rißer vnd stellungen, sowohl zu den Tituln der Bibel, deren drey sein
müssen, als nämblich ein general titul vber das ganze Buch, gegen deme
vber deß Herrn Lutheri Seeligen Bildnus gemacht werden solle, der ander
vber die Propheten, vnd der dritte vber das Neue Testament, deren ein ieder
die innhaltende materiam repræsentire, als auch zu denen Chur vnd Fürstlichen
Personen, So Ihr Fürstlich Gnaden von dero Hochlöblichen Hause dafür
stellen lassen wollen, Deßgleichen zu denen dazu gehörigen Land Carten, iedoch
aber auff sein des Cudters kosten machen, vfs beste vnd genaueste als müglich,
ins kupfer bringen lassen wolle.

Vnd damit denen zu diesem werck gebrauchten Laboranten Ihrer schweren bemühung vnd angewandten großen arbeit vnd fleißes halber eine recom-
pens vnd ergötzligkeit widerfahren möge, So solle besagter Cudter, wann das
werck im Truck vollführet vnd zum Stande gebracht worden, dessen Siben-
zig Exemplar ohne endtgelt lifern vnd außantworten, mit deme Vbrigen aber,
als ohne das sein propre gut, seines gefallens nach besten Vermögen zu
schalten vnd zu walten gut fug vnd macht haben. Welches alles also beiderseits beliebet vnd abgeredet, vnd daß disem allem vnverbrüchig nach gelebet
werde, zwei gleichlautende schrifften vfgerichtet, Auch von viel hochgedachter
Ihr Fürstl. Gnaden wegen von mir der zeit vnwirdigem secretario vnd dich-
besagten Herrn Cudtern besiegelt vnd unterschrieben worden. So geschehen
vnd gegeben zu Weinmar am 18. Januarii A° 1638.

25.

Haus- und Staatsarchiv zu Gotha O I 8 1.

Summarischer Extract, was im fürstl. sächf. Ambt Gotha an Menschen, Wohnhäusern, Vieh vnd Pferden in guten Zeiten gewesen, vnd was noch vorhanden, sowol auch waß in diesem 1638 Jahre an Winter vnd Sommer getreide erwachßen, vnd hinwieder (wiewol gar ziemblich) bestellet vnd besahmet ist.

An Korn ist dieses Jahres (1638) erwachßen 2818 Mltr., an allerlei Sommergetreide 4020½ Mltr. Gethaisch Gemeß. Ueber Winter ist mehr nicht alß 4507¾ Acker, jedoch theils nur uff eine Ahrt vnd mit halben sahmen bestellet vnd liegen noch vber 12,000 Acker in diesem felde vnbestellet.

	Menschen		Wohn-häuser		Pferte		Kübe und Rindvieh		Schafe		Schweine	
	in guten zeiten	noch vorhanden	in guter zeit	noch vorhanden	in guter Zeit	noch vorhanden	in guter Zeit	noch vorhanden	in guter Zeit	noch vorhanden	in guter Zeiten	noch vorhanden
Frimar	1110	392	217	125	95	48	360	36	700		300	15
Ballstedt	660	217	129	51	64	7	127	1	500		120	4
Syrahen	235	91	53	16	17	8	151	5	250		80	7
Eschenberga	217	100	17	23	36	8	60	6	389		59	1
Molschleben	1111	460	210	133	85	26	270	20	650		350	25
Bunleben	600	225	124	55	50	10	200	2	500		120	nichts
Warza	570	240	88	18	19	12	180	19	290		150	13
Remhstedt	420	210	64	12	32	10	120	27	100		60	1
Goldbach	840	260	157	77	60	22	360	16	400		210	3
Eberstedt	270	85	32	19	21	5	90	1	300		60	nichts
Pirzenuß	450	90	35	11	30	3	70	4	nichts		65	2
Wiegeleben	390	110	80	25	59	6	97	4	400		70	1
Siebeleben	600	197	126	58	80	12	280	25	900		163	9
Ettleben	420	164	107	40	36	12	180	9	300		120	6
Grabsleben	300	72	64	25	45	6	60	1	700		60	nichts
Großen Rettbach	360	56	80	8	36	nichts	81	nichts	400		83	nichts
Wamhstedt	346	95	58	27	32	13	64	4	310		53	nichts
	8962	3134	1691	783	830	208	2750	180	7029		2150	87

An Gänsen, Hünern, Enten vnd Tauben ist hiebevorn ein großer Vorrath jedes orths vorhanden gewesen, also das mann nicht alleine zur Fürstl. Hofltchen ein ahnsehnliches gegen Zahlung liefern, sondern auch die Stücke in Erb Register befindlich abstatten vnd entrichten können, anjezo aber ist nicht das geringste mehr vorhanden.

Erwachsene Früchte vundt bestellete Äcker.

	Malter Winterfrucht	Malter Sommerfrucht	Ueber Winter bestellte Äcker
Friemar . . .	570¾	911	655½
Ballstedt . . .	142½	207½	186½
Haußen . . .	72	166	218
Eschenberga . .	64½	138	144½
Molschleben . .	443½	514½	487¾
Bufileben . . .	203½	269	287¾
Warza	361	488	572½
Rembstedt . .	23½	77	212
Goldbach . . .	333	248	594½
Eberstedt . . .	30½	39½	54½
Brüheimb . . .	40½	114¼	80
Wiegeleben . .	59½	165	213
Siebeleben . .	253	304½	283
Tüttleben . . .	70	190	290
Grabßleben . .	65	30	75
Gr. Rettbach . .	nichts	nichts	nichts
Gambstedt . . .	85¼	162¼	153¼
	2818	4020½	4507¾

26.

Haus- und Staatsarchiv zu Gotha, O. I. § 1.

Summarischer Extract, was im Fürstl. Sächs. Ambt Tenne-bergk an Menschen, Wohnhäusern, Vieh vundt Pferden in guten Zeiten gewesen vundt noch vorhanden ꝛc. (1638).

	Menschen		Wohn-häuser		Pferde		Küh und Rindvieh		Schafe		Erwachsene Früchte und bestellte Äcker		
	In guten Zeiten	noch vorhanden	in guten Zeiten	noch vorhanden	In guten Zeiten	noch vorhanden	In guten Zeiten	noch vorhanden	In guten Zeiten	noch vorhanden	Malter Winterfr.	Malter Sommerfr.	Ueber Winter bestellte Äcker
Aebach	60	20	(20)	40	24	2	60	1	100				
Sundhausen	129	17 Mann / 10 Wittib	129	80	97	15	210	14	1200				
Illeben	73	35	73	65	47	25	60	40	300				
Walrindel	52	27	52	40	26	8	70	15	300				
Herselgaw	132	41 Mann / 38 Wittib	132	91	80	11	420	33	1200				
Teina	80	45	80	45	20 Pferde / 2 Füllen	17	420	28	840				
Teutleben	90	29 Mann / 11 Wittib	80	40	26	4	60	4	500				
Trüglebenn	57	13 Mann / 10 Wittib	57	22	52	1 un-fruchtbar	120	5	400				
	673	263 Mann / 92 Wittiben	671	127	383	83	1420	110	1840	—			

OIV2 **Ambt Volkenroda**

	Menschen		Wohnhäuser		Pferde		Kühe und Rindvieh		Schafe		Schweine	
	in guten Zeiten	noch vorhanden	in guten Zeiten	noch vorhanden	in guten Zeiten	noch vorhanden	in guten Zeiten	noch vorhanden	in guten Zeiten	noch vorhanden	in guten Zeiten	noch vorhanden
Körner	180	120	180	174	110	41	320	62	900		330	24
Mehler	66	38	66	60	30	12	220	10	400	nichts	120	2
Hohenberga	19	19	19	19	10	2	50	nichts	100		60	nichts
Menteroda Lahmen	80	32	77	57	30	3	200	9	300		120	
Reula	11	3	12	12	6	nichts	25	nichts	50		30	
	356	212	354	322	186	58	815	81	1750	nichts	660	26

27.

Haus- und Staatsarchiv zu Gotha, WW I, 41.

Memorial.

Deßen, was bey dem Hochwürdigen ꝛc. Herrn Leopold Wilhelmen, Erzherzogen zu Oesterreich ꝛc., der Röm. Kayserl. Mayst. Generalen vber dero armeen vnd Gubernatorn deß Königreichs Böheimb ꝛc. Ihr F. Gn. Herr Ernst, Herzog zu Sachsen ꝛc., mündtlich anzubringen ꝛc.

Demnach Herrn Leopold Wilhelms, Erzherzogen zu Oesterreich Durchl. Herzog Wilhelms zu Sachsen F. Gn. nachgesehen vnd zugelassen, daß ietz hochermelt S. F. G. mit denen Weimarischen Directorn bey der Brensächischen sachen Vnderredung auch wegen der Friedensmittel einen Versuch thun möchten: Als hat solches bise vergangne tage hocherwehnt Ihre F. G. Herzog Wilhelm zu Sachsen ꝛc. mit dero Herrn Brudern Herzog Ernste F. G. durch gethane absendung communiciret vnd dero freundtbrüderliche meinung davon begeret. Dannenhero ietzhochgedacht Herzog Ernste F. G. ob die gedanken gerathen, ob nicht vndter besagten denselben mitteln der vornembsten eines die künftige tractaten zu befördern, einen Stillstand der Waffen einzugehen, vorzuschlagen were? Weiln fast allem ansehen nach anietzo gute vnd bequeme gelegenheit dazu sich ereignete: Indeme Erstlich beide kriegende Theil etwas von einander vnd noch in würklicher action nicht wiederumben begriffen sein; Vors andere, weilen beide theil fast in gleichem Vortheil; Drittens der meiste Krieges Schwall auß Ihr Kayf. Mayst. vnsers aller gnedigisten Herrn Erblanden sich befinden; Auch zum Vierdten die Zeit deß von Höchstgedacht Ihr Kayf. Mayst. nach Regenspurg außgeschriebenen vnd vndter andern die Friedenssache mit betreffenden Reichstags herbey rufet. Weil nun mehr hocherwehnt Herzog Ernst F. G. besorget, es möchte dise erwünschte gelegenheit vorvberlaufen, auch bemelte beide Kriegende theil ehist wider gegen einander ziehen: So hatten sie die Kühnheit genommen, vor sich selbsten vnd auß eignen antribe dise Reise anhero eylfertig vnd auß keinem andern gemüte als auß großer schuldiger Liebe, so sie zu deß allgemeinen Batterlandes Wolfart trugen, auff sich zu nemen. Stellen derotwegen zu Hochgedacht deß Herrn Ertzherzogen zu Oesterreich Durchl. hohen discretion, Ob der Anstand nicht ein Mittel were, einen guten Aufang in der Sache zu machen? Vnd da sie es davor hielten, ob Krafft habender Rahs. Mahst. Vollmacht sie geschehen laffen löndten, daß solches durch Herzog Ernsts oder dero Herrn brudern, Herzog Wilhelms J. G., gleich als obs proprio motu geschehe, vnd mehr Hocherwehnt Ihre Durchl. davon noch nichts wüsten, Dörffte vom gegentheil bernommen werden?

Neustatt am 24. Junÿ Anno Christi 1640.

28.
Haus- und Staatsarchiv zu Gotha, XX, VI, 4.

Herzog Ernst errichtet eine Druckerei zu Gotha durch Peter Schmid.

Von Gottes Gnaden Ernst, Herzog zu Sachsen rc., fügc hiemit zu wissen jedermänniglich. Demnach wir vor eine Nothdurft erachtet zu besserem Behuf unserer Regierung und zu Aufnehmung unserer Landschule allhier zu Gotha eine Buchdruckerei aufzurichten, und dazu unser lieber getreuer Peter Schmid, vordem zu Schleusingen wohuhaft, sich gebrauchen zu laffen erbötig worden, als haben wir folgendergestalt mit ihm tractiren und abreden laffen.

Daß er alle Patente, Paßzettel, Mandate und Befehle, deren wir ben gedachter unserer Regierung vonnöten, und wir ihm das Papier dazu liefern laffen wollen, drucken und verfertigen solle. Deßgleichen auch alle gemeine Schulbücher, wenn deren ein, zwei oder 3000 Exemplaria ausgehen sollen, und er dazu das Druckpapier liefern wird, soll er vor den Bogen mehr nicht denn einen Pfennig haben. Da solche Bücher oder andere Schulsachen aber 1000 Exemplaria nicht erreichen, soll deswegen absonderliche Handlung mit ihm gepflogen werden.

Hingegen haben wir ihm zusagen und versprechen laffen, zusagen und versprechen auch kraft dieses jährlich Fünfzig Gülben an Geld, in vier Quartalen gezahlt, zu geben: weil wir ihm aber Wohnung im Augustiner Closter allhier geschafft, so hat er beliebet, daß anstatt des Hauszinfes daran ihm jährlich zwanzig Gülden abgehen, so lange er sich dieser Wohnung gebraucht, oder wir ihm nicht ein ander Logement einräumen laßen. Und soll diese seine Besoldung anfangen, wenn er allhero kommen wird. Deßgleichen sofern er sich außer der Druckerei anderer Handlung enthält, soll er aller bürgerlicher und Kriegslast frei sein. Nit weniger, so viel er vor sich, sein Weib, Kinder und Gesind zum Haustrunk bedarf, soll er ohne Accis zu brauen befugt sein. Zu Urkund und mehrer Gewißheit haben wir dieses mit unserer Hand Unterschrift und Siegel bekräftiget, Er aber obigem allen treulich nachzukommen angelobet und versprochen. Welches geschehen ist zu Gotha am 31. December 1640.

29.

Haus- und Staatsarchiv zu Gotha XX, V, 2.

Auszug aus der Hofgesinde-Ordnung Herzog's Ernst.

I. Soll vnßer gantzes Hoffgesind In Gemein

1. Der Hofordnung in allen puncten nachleben, so viel immer müglich endtweder in Gemein oder absonderlich [was] sein Ambt betrifft.

2. Alle vnd Jede täglich früh vnd zu Abendt sich zu den Gebeth vnd Bibelleßen einstellen.

3. Der Gottseßligkeit vnd allen Christlichen Tugenden für allen Dingen ergeben sein, nicht allein dem eußerlichen schein nach, sondern von Hertzensgrundt vnd in der That vnnd warheid. Damit Sie wißen, wie Sie gegen Gott sich Christlich Zu verhalten vnd deßen Segen in ihren Ambtern vnd vorhaben Crüfftiglich zu führen vnd zu empfinden, auch jederzeit bereit mögen sein, Wenn Sie Gott aus solchen ihren Dienst von hinnen (:welches offt ehe als der Mensch ihm einbildet geschehen kan:) zu sich in sein Reich möchte abfordern, vnd solches alles nach den wuntsch des Königl. Propheten Davids in 119 Psalm: Ach das sich müssen zu mir halten, die Dich fürchten vnd Teine Zeugnüße kennen; Und dem Exempel seiner Treuen Hofdiener in 101 Psalm beschrieben.

4. Den Gottesdienst fleißig besuchen vnd andächtiglich behwohnen mit beten, singen, Predigt anhören vnd merden, ohn mutwilliges außbleiben, außlauffen, vnnöthiges geplauder, Lachen vnd dergleichen :c. In vbrigen sich nach dem praescripto der Sontagsseyer aus der Hanßzucht Verhaltten.

5. Die anstell- vnd anordnung der Gottseßligen Vbungen nicht für ein Pfaffen- nichtig- vnnöthig vnd verschmählich Werd achten, halten vnd bey andern ausruffen, Sondern für ein Göttliches, hochwichtiges vnd hochrühmblich, ia zur Ewigen Seligkeit allerhöchst nötbigen Werd. Weil an Jüngsten Tage für Christi Richterstuhl ein Jeder, nicht als ein Politischer Hoffmann, sondern als ein rechtschaffener Christ wird judiciret werden.

6. Wieder die frommen vnd eingezogenen nicht conspiriren, Terselben spotten vnd Sie für Heiligenfresser außruffen.

7. Ihr Gebeth frühe vnd Abends zue Gott mit allen fleiß vnd hindansetzung der Amptsgeschäffte (außer dem eußersten nothfall) Verrichten. Daß Er Sie regieren wolle in ihren Ambt, daßelbe also zuverrichten, wie es Gott gefället, vnd Sie in Ihrem gewißen gegen Vns Ihren Herrn es vermeinen Zuverandtwortten.

8. Sich vntereinander erbauen in der Gottseßligkeit zum guten an- vnd vom bösen bescheidentlich abmahnen.

9. Ihre Ambtspflicht wol bedenken, Wie sie nicht allein den Menschen dienen, sondern Gott, deßen Augen heller sind als die Sonne vnd schei-

nen auch in die verborgene Winckell vnd bergeſden einen Jeden nach Verdienſt.

10. Ein Jeder das ſeine mit allem fleiß Willigl vnd vngezwungen verrichte vnd nicht auf andere verſchiebe.

11. Bei vnd nach Jhren Amts Verrichtungen ſtets zu Gott ſeuffhen vmb Cräffte des Leibes vnd der Seele, auch glůck vnd Seegen in vnd zu denſelben, Daß ſie zu ſeinen Ehren mögen dienen vnd gerichtet ſein.

12. Den Mißigang alß aller Laſter aujnfangl Wie den Teüffel ſelbſt meiden, nach verrichtung aber der Ambtsgebühr mit Ehrbarn zuläßigen vnd der geſundheit dienlichen exercitiis die Zeit hinbringen.

13. Vnßer Ehr vnd glimpf retten vnd deßen beſtes Jederzeit ſuchen vnd allen ſchaden ſo viel müglich verhůten.

14. Waß einer höret, Daß Vnß verkleinerlich, Keines Weges verhelen, auch ſolche Endeckung für keine Verrätherey, Sondern viel mehr für eine Ambtspflicht halten.

15. Nur einen Herrn vnd Hofe dienen (nicht auf zwey achſeln tragen), es geſchehe denn mit Vnßern Willen vnd bewuſt.

16. Sich des fluchens, ſchwerens, Lügens, Vbelnachrede (ſonderlich von denen, ſo ſie kaum in freundtlichkeit von ſich gelaßen), rühmens der Verübten Vnthaten, ſauffens, vnſlätiger ſchandbarer reden Jederzeit enthhalten.

17. Einer den andern ſeinen gebührlichen respect geben, die Hohe den Nidrigen v. dieſe Jenen xc.

18. Vertrawlich mit einander vmbgehen, einander recht meinen, nicht hinter einander herſtechen oder mit vnd aus falſchen heuchcliſchen Hertzen güte Wortt geben, einander in abweſen verkleinern, höniſch halten, auffziehen, verlachen, die wort Vbel deuten, derer Thun vnd vorhaben, ſonderlich ſo ſie in geringen ſtande, verachte, vber ihren ſchaden ſich frewen, deren geringe fehler auffnutzen xc. Welches alles Lauter Zorn, feindtſchafft vnd Wiederwillen erregett, Daß Band der Liebe, welches der Chriſten kennzeichen iſt, zerreißen, Gott euhſerſt zuwieder als der allen falſchen ein grewell, die falſchen kein glůck auff Erden haben, auch von Vater der Lügen angetrieben, Jhre Dienſt Jhnen ſelbſt ſchwehr machen, Weil keiner zu den andern ſich Zuverſehen, Do ſie doch aber eines Vaters im Himmel Kinder vnd eines Herrn Diener ſein, die in Ewigen Leben einmahl gedencken beyeinander zu ſein, billich inn aller Lieb vnd freundtlichkeit bey einander ſollen wohnen.

19. Keiner ſich ſelbſt rächen, Oder den andern für die Fauſt fordern, Der ausgeforderte auch nicht erſcheine, ſondern, da einen Leides geſchehen, bey den Verordneten Obern es ſuchen.

20. Daß Sauffen euhſerſt fliehen vnd meiden, auch keiner dem andern vor ſich vnd ſonſten anleitung darzu geben.

21. Vnzüchtiger, ärgerlicher reden vnd garſtiger zoten xc. ſich enthalten.

22. Aller Leichtfertigkeit in gemein, Sonderlich aber gegen das Frawenzimmer aller Vnzüchtigen Wort, Werde vnd geberde sich enthalten, vnd dargegen der Keuschheit, Zucht vnd Erbarkeit sich stets befleißigen.

23. In Kleidung Ein Jeder seinen stand sich gemeß verhalten ꝛc.

24. Freundlich mit einander vmgehen, sowohl in Worten als geberden.

25. Willfährig gegen einander sein vnd gerne einander Dienste beweisen.

26. Eines des andern schaden Verhüten helffen vnd dafür warnen.

27. Treu in ihren Diensten sich verhalten, vnd nicht die Finger kleben laßen.

28. Verschwiegen sein vnd nicht austragen bey anderen, was zu Hoffe vertrewliches geredet oder verhandelt wird.

29. Waß einen Jeden gebühret vnd zugeben befohlen wirdt, trewlich außantwortten.

30. Vnß mit Warheid vnder Augen gehen vnd keine Lügen fürbringen.

31. Nicht mit den Verbrächern vnter einer decken liegen, vnd Ihre böse Fündlein helffen vertuschen.

32. Einander nicht nach den Ambt oder Dienst stehen vnnd durch practicen auszustechen sich bemühen.

33. Einander nicht Vnterdrucken mit Haß, Reid, feindschafft vnd Verfolgung.

34. Nicht einen außmahlen, an dem Sie ihren muthwillen vben vnd ihr Müthlein kühlen, Ihn zum Narren machen, vnd also Ihn zum Ritter gedencken zu werden.

35. Auch anders wo in der frembde sich also Verhalten, daß der hohen Obrigkeit deswegen nicht schimpf vnd spott zuwachße.

36. In Vnsern abwesen sich verhalte, Wie in deßen anwesen vnd gegenwart.

37. Inn Summa zu Jederzeit, an allen Orten vnd enden, sich dermaßen verhaltten, so wol in Gottesdienst als Ambtsgeschäfften, Daß vns darauß kein schimpf, spott vnd Vnehre erwachße.

II. Vnsere Oberbediente, welche vber andere verordnet, sollen in Gemein

1. Sonderlich der Gottseligkeit sich befleißigen, Damit Sie desto mehr in gewißen sich verpflichtet befinden als die, so an Eltern stat sein, mit allen ernst, ohne Verdruß, andere zu Gottseligen vbungen zu halten, vnd solches nach dem Exempell des Ebedmelechs, Obadiae, des Königischen zu Capernaum, des Cämmerers der Königin Candaces auß Morenland ꝛc.

2. Mit ihren Exempelln vnd Vnsträfflichen Leben vnd Wandel so wohl in der Gottesfurcht als andern verichtungen den vntergebenen führgehen, damit andere zur nachfolge ihres guten vnd Christlichen Verhaltens angereitzet, auffgemuntert vnd darinnen gesterckt werden, in betrachtung das Exempel mehr bauen als rede vnd Gesetze.

3. Ingegenwart derselben (Wie auch sonsten) aller Ergerlichen Wort,

Werde vnd Geberde sich mit vleiß enthalten, Inbetrachtung des großen ärgernißes so hierauß entstehet vnd darüber Christus das wee geschrien.

4. Die Ihrigen ohn vnumbgengliche noth nicht abhalten von den Predigten, Beth vnd Bibel, sondern auch andern ihnen zustehende lectionen, darauf sich nachmals andere möchten beruffen vnd dergleichen verüben.

5. Ihr Ambt nicht allein mit allen Fleiß vnd nach ihrer gewißenspflicht verrichten, sondern auch daßelbe beständiglich fort vnd fort continuiren, Den newe besen offt scharff, die stumpfe aber stumpf sein.

6. Dofern Sie an eigenpersöhnlicher Verrichtung verhindert werden, daßelbe Zeitig andern auftragen, Oder zum wenigsten ihr abwesen anbeüten, damit anders woher obacht gehalten werde.

7. Keiner sich ohne Vnsern wißen vberselbt begebe, sondern seine Reise zuvor andeüte vnd der erlaßung erwarte, auch zu gewißer vnd bestimbter Zeit sich wieder einstelle.

8. Die Klagen, Welche auch von den geringsten fürgebracht werden, gern vernehmen vnd wohl annehmen, vnd die Beclagten vnsäumig darauf vernehmen oder inquisition anstellen, damit die Wahrheit erforschet werde.

9. Die Persohnen, welche Ihnen der andern verbrechen andeüten, nicht melden, damit andere nicht einen groll wider dieselbe faßen.

10. Die Straffen nicht in die Länge auffschieben, Sondern auf frischer Thatt soviel müglich ergehen laßen, damit den Vbel bey den Verbrechern vnd andern desto zeitiger gewehret werde.

11. Im straffen keine persohn ansehen, also das etliche gestrafft, etliche aber vbersehen werden, sondern gleich durchgehen, sonderlich da einerley mutwilliges Verbrechen ist.

12. Gebührlichen ernst in der straffe sehen laßen, Damit nicht die Verbrecher dadurch erger vnd in der bosheit gesterdet werden, wann mann mit den fuchsschwanz vberhin wischet.

13. Wann etwas wichtiges Zustraffen oder Zuverbeßern fürläufft Zuvorn mit andern Communiciren vnd derer gutbünden darüber vernehmen, ehe mann es zu Werde richte.

14. Ehe die straffen wirdlich verübet vnd auffgelegt werden, zuvor auß Gotteswort derselben vrsachen vnd ernsten nachdruck zu verstehen gebe, Damit auch das Herz oder gemüth gebeßert werde.

15. Welches bey allen andern gelegenheiten vnd discursen in acht zunehmen, Daß auß Gotteswort der rechte grund gezeiget werde, Damit Es desto eigentlicher Verstanden vnd künftiger nachdruck habe.

16. Der Jenigen sich mit ernst annehmen, Welche von andern Vnbilliger weise gedruckt vnd verspottet werden.

17. Nach verlebter straffe sonderlich acht darauf geben, Ob, vnd wie sich die Verbrächer beßern, damit in ermangelung die Straffen geschärffet werden.

18. Vnter den Ordinar Stunden entweder des Gebets, Bibel oder der Lectionen weder die Ihrigen noch andern ohne noth verschicken, vnd also von den Exercitiis abhalten.

19. Wichtige vnd ärgerliche Sachen nicht verhelen vnter den schein als wolle mann Zanck oder Zorn verhalten.

20. Auch außer den Stunden ein Jeder an seinen ort die Vntergebene dahin halten, Daß Sie nichts Böses reden, Thun oder fürnehmen.

21. Sonderlich in gegenwart frembder Leute es dahin richten, Daß nichts ärgerliches geredet oder gehandelt werde.

22. Den Jenigen, Welche es Ihnen für einen schimpf anziehen, daß sie die Lectiones besuchen, dieselbe zu hören vnd etwas Lernen sollen, solches ausreden mit genugsamb gründen aus der Schrifft vnd Vernunfft, sonderlich aber mit anziehung der großen nutzbarkeit, Die Sie anitzo noch nicht sehen vnd empfinden, hernacher aber, Wenn Sie es Verstehen vnd in der That empfinden, höchlich rühmen werden.

(Hier folgen nun die speziellen Anweisungen für den Hofmeister (18 §§.), Hofprediger (28 §§.), Director (16 §§.), Inspector (45 §§.), das andere Hofgesinde, sowohl Pagen und Canzlei-, als Stall-, Küchen- und Kellerdiener, Gärtner und Wächter (20 §§.), endlich die Pagen, Lakaien und Andere, so der Information übergeben werden sollen (10 §§.).

30.

Haus- und Staatsarchiv zu Gotha K K, 7, 2.

Verzeichnuß etzlicher Articul, darauff die Gerichtsherren vnd Beampte in Städten vnd Dörffern gründlichen Bericht einschicken sollen. Erfurt, bei Friedr. Melch. Dedekind, 1640.

1. Ob sich öffentliche Sünder finden, als Spötter, Epicureer, Segensprecher? Oder die verbotene Mittel zu abergläubischen Händeln gebrauchen? bei Zauberern sich Raths erholen? fluchen und sonst den hochgeehrten Namen Gottes in leichtfertigen Reden schändlich mißbrauchen? den Sabbathtag öffentlich entheiligen durch Verachtung des Worts vnd Verschimpfirung des Predigtampts, durch Schwatzen, Schlafen, Spatziren, Kaufen, Spielen, Handthieren, Saufen 2c. unter der Predigt? die ungehorsam und widerspenstig wider ihre Herren seien? in Feindschaft und Unversöhnlichkeit leben? Mord und Todschlag begehen, sich räuffen und schlagen? der Hurerei, Ehebruch und Schwelgerei ergeben seien? Hoffart, Geitz, Wucher, Diebstahl, Räuberei und Betrug treiben? Falsche Eide oder Meineide thun, verleumden, lügen, unnöthige Gerichtsprocesse führen? Kinder und Gesinde verreizen und dergleichen? 2. Wer solche Sünder seien? 3. Ob sie gestraft worden? 4. Ob vor diesem grobe Mishandlung vorgegangen, welche ungestraft blieben, und wer daran Ursach sei? 5. Was es vor Mishandlung gewesen, und wer sie begangen? 6. Ob auch Müssiggänger im Amte, die im Geschrei, daß sie sich

vom Stehlen und Rauben oder andern Practiken ernähren? 7. Ob die Unterthanen auch gehorsam seien? 8. Ob auch die von der hohen Obrigkeit gemachte Ordnungen in Acht genommen werden? 9. Ob die Verbrecher gestraft werden? 10. Ob's auch gleich zugehe mit Anlagen, Contributionen, Frohndiensten und dergleichen? 11. Ob die Prediger und Schuldiener in ihrem Amte auch fleißig? 12. Die Predigten und Betstunden nicht versäumen? 13. Ob die Prediger die Kinderlehren selbst halten? 14. Die Kinder zur rechten Zeit taufen? 15. Die Begräbnisse recht bestellen? 16. Die Kranken fleißig besuchen? 17. Ob sie auch die Sacramente und Ceremonieen der Kirchenordnung nach durchaus gemäß halten, oder bei denselben Collecten und Kirchengebeten Aenderung und Neuerung vorgenommen, und welche? 18. Ob sie neue oder alte Lieder, so dem Volke bekannt, und die Gemeinde mitsingen kann, sonderlich D. Luthers Lieder singen, oder etliche gute Gesänge unterlassen? 19. Ob sie auch das Volk fleißig zum Gebet für alle Stände vermahnen, und demselben allezeit nach der Predigt das verordnete Gebet vorsprechen? Oder in den Betstunden die Litaney gebrauchen? 20. Die Schulen oft besuchen? 21. Im Leben sich unsträflich mit den ihren erzeigen? 22. Mit den Collegen oder Vicinis friedlich leben? 23. Guten Namen bei den Zuhörern haben? 24. Einen gebührenden Ernst wider die Halsstarrigen gebrauchen? 25. Bei der Obrigkeit deshalb Hülfe suchen? 26. Auch sie sonsten gebührlich ehren und respectiren? 27. Ob sie sich auch in fremde Händel mengen, wider ihr Amt? 28. Ob sie unziemliche Nahrungen treiben? 29. Ob sie öffentliche Sünder lassen Kirchenbuße thun? 30. Wie sie sich in ihrem Strafamte erzeigen, ob sie mit christlicher Sanftmuth und guter Bescheidenheit strafen? oder aus Privataffecten und Rachgier ihre eigene Sachen auf die Kanzel bringen, die Leute namhaft, oder doch unvermeldet, übel ausmachen und ausmalen? Sich zu Zorn bewegen lassen? Scharfer, ungebührlicher, schmählicher, grober Worte und Gebehrden in den Predigten sich gebrauchen? 31. Ob sie auch die öffentlichen Laster, um welcher willen der Zorn Gottes über die Menschen kömmt, mit gebührendem Ernst und Eifer strafen? 32. Ob sie auch unnöthige, ärgerliche, unbekannte und nicht erbauliche Gezänke, der Lehre oder Person halben auf die Kanzel bringen? 33. Ob sie in den Kirchen oder in ihrem Hause Beichte sitzen? 34. Ob sie mehr denn eine Person auf einmal absolviren? 35. Ob sie auch Jemand mit der Taufe, Abendmahl und Absolution versäumen, oder aus Rachgierigkeit und Widerwillen eigenes Erkenntniß um Gewinstes willen ohne Befehl des Consistorii die Absolution und das heilige Abendmahl versagen, vorenthalten, oder von der Taufe abtreiben? 36. Was die Prediger vor Besoldung haben? 37. Wo sie stehe? 38. Wie viel davon einkomme? 39. Was davon ganz wüste und unrichtig? 40. Ob die Schuldiener tüchtig zum Amt? 41. Ob sie gute Disciplin halten? 42. Ihre Information also anstellen, daß die Kinder etwas tüchtiges daraus lernen? 43. Im Leben mit den Ihrigen christlich sich verhalten? 44. Ob sie die Prediger gebührlich respectiren? 45. Ob die Kinder auch alle, und fleißig zur Schule gehalten werden? 46.

9 *

Wie viel Waisen im Amte vorhanden? 47. Ob sie alle Vormünder haben? 48. Wie sie ihnen vorstehen? 49. Ob sie alle Jahre Rechnung müssen thun? 50. Ob sie das Inventarium richtig müssen ersehen? 51. Ob sie die Mündel fleissig zur Schule halten, und hernach, welche nicht studiren, sonst etwas Nützliches lernen lassen? 52. Ob ihre Güter noch in gutem Aufnehmen sind? 53. Bei wem sie sich aufhalten? 54. Wie hoch sich jedwedes Vermögen erstreckt? 55. Ob sich die Pfarrer der Kirchen und Armen Nothdurft annehmen, und das Volk treulich und fleissig vermahnen, Almosen zu geben, auch darauf Achtung haben, daß sie recht ausgespendet, u. so viel möglich, treulich damit umgegangen u. allein auf die rechte Armen gewendet u. wohl angewendet werden?

31.

Haus- und Staatsarchiv zu Gotha, WW II, 21.

Gilli de Haesi an Herzog Ernst.

Durchleuchtig Hochgeborner Fürst und Herr Herr rc. Dero Fürstl. gn. schreiben habe ich zurecht Erhalten, waß Anbelanget Cella, so ist solches beschehen, weilln in den gantzen Sumber mich mit Nichten einstehlen wohlen, sondtern sich witerspenstig erzaigt. Dannach ich weter vor Menschen vnd Fieh nicht zue leben, auch eine Expresse ordter von Herrn Graffen Feldtmahrschalln Geleen bethommen, die vmbligendten Landten, Eißenachische diß vnd jenseits deß waltß in gantz Tiringen biß nacher Gotha vnd Tenenberg, so waitt Als ich mich khan bemechtigen, meinen vndterhalt vnd verpflegung zunehmben. Alß khan ich mich nicht genugsamb verwundtern, daß ihr Fürstl. gn. bericht, sie müsten solches nacher Regenspurg zue bekhlagen, deßen mich ihr Fürstl. gn. nicht zueschrelhen, vnd thünen eß hin berichten, wo sie eß belieben, dan ich vnd meine Soldaten von den wint nicht leben thönnen, sondtern Ihr Fürstl. gn. wiert vilmehr belieben, die Anstalt zu machen, damit Ihr Fürstl. gn. Landten den Vndterhalt Lautent leißerlicher ordinantz hieher zuerschaffen: sonsten müste ich eß geschehen lassen, wie eß geth, dan es itz in die zwaiente winter ist, daß ich nicht Einen Pfennig gelt in disen Landten bekhomben. Tan ich nicht Anderst begere, waß die Kaiserliche ordinantz mit sich bringt, ihr Fürstl. gn. wissen den hirigen Ellentigen Zuestandt der Graffschafft Heneberg, daß der Soldatt neben den Vndterthanen in den Eußersten Ruin vnd Verderben stehe, daß also vor Menschen vnd Fieh nicht zueleben, daß ich von den vmbligenden Lauten Lauten meiner orther der Keyserlichen ordinantz nach daß meinige zuesuchen vnd zu verpflegen laßen. Zweiffell nicht, ihr F. G. werten sich deßen nicht waigern, sondtern vilmehr daran sein, damit weiter Vnhaill verhilt mocht werden, vnd befehle mich zu dero F. G. fasor vnd verbleibe Euer F. G. gehorsamster

Meiningen den 3. January Ao. 1641.

Gilli di Haesi.

32.

Haus- und Staatsarchiv zu Gotha, WW II, 37.

Ober Sächsischer Creyß.

	Zu Roß	Zu Fuß	Bringet im Monat	Thut 60 Monat
Hertzogen zu Sachsen Weimarischen vnd Altenburgischen theils	15	60	456	27,360 Fl.
Hertzogen zu Sachsen Coburgischen theils .	10	49	316	18,960 Fl.
Wegen der vier in Thüringen assecurirten Aembter, Chur Sachsen	5	20	140	8,400 Fl.
Die Grafen von Schwarzburg	7	29	200	12,000 Fl.

Die erste als alte Lande sind in zweytheil zu theilen, davon ieder Fürstlichen Linien Weimar u. Altenburg ein Theil zukombt, alß nemlich 228 Fl. Die neuen angefallenen Lande seind in Dreutheil getheilt, zwey vor Weimar, vnd eins vor Altenburg, thut also die Anlage von diesen neuen Landen vor Weimar 210²⁄₃ Fl., die assecurirten Ambter aber kommen Chur Sachsen zu.

Fränckischer Creyß.

		Zu Roß	Zu Fuß	Bringet im Monat	Thut 60 Monat
1.	Bischoff zu Bambergl	30	182	1088	65,280 Fl.
2.	Bischoff zu Würtzburgl	45	208	1372	82,320 Fl.
3.	Bischoff zu Aichstadt	20	132	768	46,080 Fl.
4.	Teutsche Meister	19	55	448	26,880 Fl.
5.	Probsten Camberg, vertritt Würtzburgl . .	1	3	24	1,440 Fl.
6.	Marggrafen zu Brandenburg zu Außpach vnd Culmbach	31	156	1032	61,920 Fl.
7.	Grafschafft Hennebergl Schleusinger Lini .	1	1	16	960 Fl.
8.	Grafschafft Hennebergl Schleusinger Lini Chur vnd Fürstl. zue Sachßen Dreßwischer vndt Weymarischer Lini	7	20	164	9,840 Fl.
9.	Grafschafft Hennebergl Schleusinger Lini, Landgraf Moritz zue Hessen	1	3	24	1,240 Fl.
10.	Grafschafft Hennebergl Römbilder Lini, vertritt das Stifft Würtzburgl	1	2	20	1,220 Fl.
11.	Grafschafft Hennebergl Römbilder Lini, die Chur vnd Fürst. zu Sachßen Dresden vnd Weymarischer Lini	2	8	56	3,360 Fl.
12.	Grafschafft Hennebergl Römbilder Lini, die Hertzoge zue Sachßen Coburgischen theilß	3	10	76	4,560 Fl.
13.	Grafschafft zue Castell	1	4	28	1,680 Fl.
14.	Grafschafft Wertheim, vertritt Graff Ludwig zue Löwenstein	5	25	160	9,600 Fl.
15.	Grafschafft Rineck, vertritt Meintz vnd Erbbach	2	10	64	3,840 Fl.

		Zu Roß	Zu Fuß	Bringet im Monat	Thut 60 Monat
16.	Grafen zu Hohenlohe	8	40	256	15,360 fl.
17.	Herrschafft Spiegelbergt, vertritt Würtzburgt	1	4	28	1,680 fl.
18.	Schenck Gottfried vnd Friedrich von Limpurgt	2	7	52	3,120 fl.
19.	Schenck Heinrich vnd weyland H. Christoffen Söhne von Limpurgt	2	10	64	3,840 fl.
20.	Grafen zu Erbach	2	8	56	3,360 fl.
21.	Grafen zu Schwartzburgt	1	3	24	1,440 fl.
22.	Herrschafft Henneck, vertritt Pfaltzgraff Philips Ludwig	5	7	88	5,280 fl.
23.	Stadt Nürnbergt	40	250	1488	88,800 fl.
24.	Stad Rotenburgt an der Tauber . .	10	65	386	22,800 fl.
25.	Stad Winßheimb	4	30	168	10,080 fl.
26.	Stad Schweinfurth	4	30	168	10,080 fl.
27.	Stad Weißenburgt am Nordgaw . .	3	16	100	6,000 fl.
28.	Georg Ludwig Seinßheimb	1	4	28	1,680 fl.

33.

Haus- und Staatsarchiv zu Gotha, WW II, 18.

Gilli de Haes an Herzog Albrecht zu Sachsen.

Durchlauchtiger, Hochgeborner Fürst rc. Dero Fürstl. Gn. in vnterthenigkeit abermahl zuersuchen, haben E. F. Gn. in dem Einschluß des Extract von Hern Feldmahrschall Geleen zuersehen, dieweil albereit bis zum vierten mahl E. F. Gn. ersuchet. Demnach ich 2 Compagn. Laut meiner ordre in Ostheimb vnd Ambt Lichtenbergt zu Pferd logirt, also zwey zu fuß auf Saltzung vnd dero F. Gn. angrentzenden Landen, wan sie begehren, daß sie aldort nicht liegen sollen, ihren vnterhalt lautend Key: ordinance der pflegt müßen werden, dieweil mir nicht allein alle örther diß vnd jenseits des Waldes, Eisenach vnd Gotha, Waltherßhausen so viel inüglichen zu besetzen, in meine Contribution zu nehmen, Insonderheit diejenigen, so den feind assistenz vnd contribuiren thun, Alß muß ich gezwungen werden, weiln mier keine Hülffe zu beförderung Ihrer Key: Maht. kriegsdienst, sowotl dero Hoch Ertzherzogt Durchl. Leopolt Wilhelm zu Oesterreich E. Fürstl. will vnd meinung ist, die über den wald bevente örther an die hand zu gehen, so viel inüglichen zu besetzen vnd Contribution reichen zulaßen. Weill aber keins davon will verstanden werden, sowohl Ihr Fürstl. Herrn Brudern, Herzogt Ernst, mir durch derselben Stallmeister, alß wan ich einer wehre, der die Leuthe hatzen wolte, 100 Rth. anbieten laßen, vnd mich deßen höchlich zu verwundern habe. Darüber sich Herr Grav von Schwartzburgt referiren, sie wehren Sächs. Lehen, so ficht mich das nicht an, sie gehören hin, wo sie wollen; sondern ich begehre laut meiner ordinantz vf meine vnterha-

bende Regimenter die verpflegung vnd vnterhalt, dieweil in der Grafschafft
Hennebergk weder vor Menschen vnd viehe nicht zu leben, sondern von den
angrentzenden Landen meinen vnterhalt suchen muß. Als wolle ich bey J.
F. Gn. sowohl dem Herrn Brudern, Herzogl Ernsten, vor Gott der welt
protestirt haben, weil man also haben will, mit ein anzahl Völcker ich mich
hinüber begeben vnd solche mittel laut meiner ordre vor die hand muß nehmen, nicht allein Tennebergk, sondern auch ander orth zu occupiren vnd zu
besetzen. Demnach es zu beförderung key. Mahl. dienst gereicht, da ichs nicht
vor meine Interesse, oder der die Lande mit gewalt zusetzen begehrt, sondern
nuhr allein was die Key. ordinance anweist vnd auf mein Soldaten gehörig. Welches E. F. Gn. gehorsam nicht verhalten wollen, vnd dero gnäd.
resolution erwarte. Datum Meiningen, den 14. Januarij 1641.

E. Fürstl. Gn. vnterthheniger

Gilli de Haes.

34.

Haus- und Staatsarchiv zu Gotha, WW II, 29.

Herzog Albrecht und Herzog Ernst an den Kaiser Ferdinand III.

Allergnedigster Herr, E. Keyserl. Mahl. wird nunmehr vmbständig vor-
gebracht sein, was an dieselbe vnsers freundlich vielgeliebten Herrn Bruders,
Herzog Wilhelms zu Sachsen Lb. vnterm dato Weimar den 30 nechst abgewichenen Monats Januarij, sowohl ich Herzog Albrecht den 27 Ejusdem
wegen angesonnener starken Einquartierung des Chur Beyerischen General
Stabs, sambt dreyen Regimentern zu Fueß vnd 300 zu Roß, auch daß deroselben verpflegung vom 15./5. Decembris des nechstabgewichenen Jares an-
gehen, vnd denen in Quartieren befindlichen Officieren vnd Soldaten theils
an gelot, theils an Victualien, denen vorm Feind stehenden aber völlig an
gelot gereicht werden soll, aller vnterthänigst gelangen laßen.

Wiewol wir dann gar nicht zweifeln, E. Keys. Mahl. werden den angeführten gantz Elenden verderbten vnd kümmerlichen Zustand, darinnen sich
vnsere allerseits Fürstenthümber vnd Lande ietziger Zeit befinden, in Keyß.
gnaden beherzigen, vnd was zu deroselben Conservation vnd abwendung deß
vor augen stehenden gäntzlichen ruins vnd vntergangs gereichen mag, Allergnedigst zu verordnen gewillet sein, So haben wir iedoch nicht vnterlaßen
können, E. Keys. Mahl. über voriges noch mit diesem, beederseits Aller vn-
terthenigst anzulangen, bevorab wir von vnsers Herrn Vetters, Herzog
Friedrich Wilhelms zu Sachsen Lb. inzwischen bericht erlangt, wasgestalt dem
Fürstenthumb Coburgk von gedachter Chur Beyerischer Armee die Artiglieria
sambt des General Feldzeugmeisters Mercy Person, sowohl seinem vnd dem
Hagenbachischen Regiment zu suß assigniret, diese Last aber duß gleichfalß
gutentheils zugewiesen werden wil, wodurch dann vnsere, zumahl meine
Herzog Albrechts Arme vnterthanen in solche desperation gerathen, daß die-
selbe Adel und Unadel, hauffenweiß auß dem Lande ziehen vnd sich in das

bittere Elend begeben. Worbey C. Keyf. Mayt. noch weiter Allergnedigst zu vernehmen geruhen wollen, welchermaßen meine Hertzog Ernsten angehörige Laude durch die Haßfeldische Armada merdlichen beschweret worden, in dem ich nicht allein derselben mehrentheils daß Quartier in meinen Aembtern Ichterßhausen vnd Wachsenburgt über 6 wochen verstatten (da dann wegen stetigen außfallens vnd fourragirens in meinen andern benachbarten Aembtern durch Abtrag, vnd verbrennung der Heuser viel Dörffer zu grund gerichtet, vnd vnwiederbringlicher schaden verübt), Sondern auch noch darzu solche Zeit über 3 Regimenter zu fuß nebens dem Sarabetzkischen General Stab ordentlicher weise verpflegen vnd hiernebeu vor die zu Meinungen gelegene Völder Contribuiren müßen. Darbey es doch nicht blieben, sondern so baldt ietztbesagte Armada vffgebrochen, ist die Schwedische Guarnison zu Erffurt noch wie vorhin wieder außgelauffen, vnd die alte vnd neue Contribution mit betrohung militärischer theils ander zu werd gestelten Execution eingefordert. Dannenhero eine Purlautere vnmüglichteit sein wollte, wann wir noch mit einer so hohen last der angesonnenen Chur Beyerischen Regimenter vnd General Stabs verpflegung (welche sich in einem Monat höher Alß die vff ein gantz Jahr bewilligte 120 Monat Römerzugs erstarden würden) belegt werden sollten. Veber dieses wollen C. K. M. Allergnedigst erwegen, daß vnsere Laude dahero in billigmäßige Consideration zu ziehen vnd vor andern zu verschonen, weil sie der Stadt Erffurt gutentheils gar nahe gelegen, vnd bey kunftiger blocquade oder belägerung derselben die Quartier vor C. K. M. Armaden werden verstatten müßen; welches aber zugeschehen vnmüglich, wann sie itzt besagter maßen durch berürte starde forderung vollendts gäntzlich verödet werden solten.

Weil dann C. K. M. auß meinem Hertzog Albrechts Jüngsthin aller vntertthänigst überschicdten Liquidationen allergnedigst ersehen baben werden, was teedes vff die Gil de Hasische Völder, alß auch vormehrbesagte Chur Beyerische Armada gangen vnd sonsten vor damnificationes vnd grausame verwüstung zugefügt; Deßgleichen C. K. M. hierben aller vntertthenigst überschidt wirdt, was vff vorernante Haßfeldische Armada, auß meinen Hertzog Ernsten Lauden bey vorgewesener Erffurtischen blocquade vnd sonsten vffgewendet, Alß gereicht an C. K. M. vnsere aller vntertthenigste gehorsambste bitte, Sie geruhen solches in allergnedigste Consideration zu ziehen vnd daß von vorangezogener affignation der Chur Beyerischen Regimenter vnd General Stabs allergnedigst zu liberiren vnd damit zu verschonen, oder da dnß an den bewilligten 120 Monaten Römerzugsgeldern keine gäntzliche remission wiederfahren kann, an die Generalitet allergnedigst zu rescribiren, darmit daßjenige, so den arméen geliefert, oder ihnen sonsten zu gut kommen, an bemelbten Römerzügen abgehen vnd getürtzet, zur bezahlung des übrigen verbleibenden rests aber, biß wir darzu gelangen mögen, gewiße fristen ertheilt, auch vnsere angehörige Aembter weder in die pflege Coburg, Graffschafft Henneberg, noch sonsten, wie bißhero geschehen, außer dem Ober Sächs. Creiß vnd an andere ohrt gezogen, auch die baselbsthin geforderte Contri-

butiones allerbings caſſiret vnd vffgehoben werden mögen. Diß thun zu
E. K. M. wir vnß allervnterthenigſt getröſten vnd ſeind ꝛc. Datum den
9. Febr. Ao. 1642.

Albrecht H. z. S.   Ernſt H. z. S.

35.

Haus- und Staatsarchiv zu Gotha, WW I, 85.

Die Hennebergiſche Landſchaft an die Herzöge Albrecht vnd Ernſt.

Durchlauchtige, Hochgeborne Fürſten, EE. Fürſtl. Fürſtl. Gn. Gn. ſeindt
Vnſere vnterthenige, pflichtſchuldige, gehorſame vnd ieberzeit bereitwillige
dienſte ſchuldiges getreuen Vleißes vnd eußerſten vermögens zuvorn, Gnädige
Fürſten vnd Herren. Ob wir wohl der zuverſichtigen vnd tröſtlichen Hof-
nung gelebet, Es ſolte nach der am 18. Novembris verwichenen 1641 ihares
vorgangenen recuperation vnd eröberung des Schloßes Maßfeldt vnd dor-
auf den 28. Jannarij einſtehenden ihares erfolgten abfůhrung der Kayſerl.
Gilli de Haiſchen Meynunger Guarniſon ſich bey vns ein erträglicher
Landes Zuſtandt ereignen, Vnſere bißhero im elendt herumber vagirte vnd
noch exulirende arme Mittglieder wiederumb zu ihren verwüſten Heuſern vndt
öde liegenden gůttern gelangen, auch wir die geſampte noch im Landt ver-
bliebene Hennebergiſche vnterthanen nach ſo vielen an Leib vnd guth außge-
ſtandenen tranſſahlen in ettwas eine reſpiration bekommen, So můſten wir
doch leider Gott erbarms mit den lamentirenden Iſraëliten aus dem 14 Capitul des Propheten Jeremiä ſeufzen, klagen vnd ſagen, Wir hofften, Wir
ſolten heil werden, Aber ſiehe, ſo iſt mehr ſchadens da! Dann, Nachdem
nicht allein durch die langwärige blocquirung beſagten Schloßes die ganze
Fürſtl. Graſſchafft in eußerſte ruin gerahten, Vnd bey Vorgangener belagerung
die zunechſt gelegene ohrt genzlich verderbet vnd verwůſtet, in den vmbliegenden Dorffſchafften von den ſtreiffenden parthien alles außſpoliret vnd weggenommen, Die armen Leuthe tyranniſch vnd vnbarmherzig tractiret, veriaget,
vmb ihre arme wenige fahrnuß ganz vnd gar gebracht, vndt denſelben mehr
nicht alß das bloße menſchliche Leben vbrig gelaßen werden, ſondern auch
die reparatur vndt ergänzung des recuperirten, ſehr verwůſteten vndt zer-
ſchoßenen Schloßes den vnterthanen anbefohlen, vndt deßwegen von denſelben
allerhandt beſchwerliche frohndieuſt vndt baucoſten nebſt herbeyſchaffung vndt
erkauffung nohtburftiger bette vndt anderen hauß Rhats, ſo bey erſt-erung
des Schloßes vndt abzug der Schwed. Guarniſon die F. Wůrzburg. Officier
weggenommen, erzwungen, vndt darneben von der vmliegenden Wůrzburg.
Guarniſon ober die Böllige Verpflegung vndt derſelben růckſtändt. vom 1. Juny
an wider des Herrn Ober Auffehers gethane Verordnung vndt aſſignation
noch allerhandt ſtarcke geldtpoſten vor die ſervition neben beſchwerlicher pro-
viantirung vndt getreidig Lieferung durch ſcharffe militäriſche Execution her-
außgeſtoßen vnd darbei allerhand inſolentien vnd beſchwerliche attentaten

vorgenommen. Auch weil die Stadt Mehnungen durch Vor verlaſung vndt
ſahrleßigkeit ſolcher zum theil alda gelegenen Gnarniſon gar lieberlich vndt
ohne einige gegenwehr vbergangen, die Königl. Schweb. Völcker wiederumb
ins landt gebracht, vndt hierdurch der ganzen Landtſchafft eine ſehr große vn-
erträgliche Laſt wegen ſtarcker einquartierung zu roß vndt ſuees, auch be-
ſchwehrlicher ſchanz- und baufrohnen ſo in der Stadt Mehnungen teglich vorgehen, Deßgleichen wegen großer geldt Contribution vnd frucht lieferung zugezogen worden, Zugeſchweigen, was ſonſten dem armen Landt durch die
von bemelter Gnarniſon vndt dero Commenbanten herbehgebrachte vnd zu
ſich gezogene Baheriſche Spurgliſche Renteren vnd andere Völcker, welche im
Landt herumber vagiret, vnd einen ohrt nach dem andern jämmerlich ver-
heeren vnd verderben, vndt den blutarmen Vnterthanen das mit großer mühe
beſchwerliche pflug ziehen vndt handtarbeit erbaute armſeelige wenige Stücklein brodt, Dabeh ſie den verſtehenden winter vber ſich vnd die ihrige erhalten ſollen, vnbarmherziger Weiße ans dem mundt reißen vnd wegnehmen,
vf gegenwertige ſtunde vor ein großer vnäſtimirlicher ſchaden zugefügt wirdt,
Alß werden die noch wenig vbrigen verarmte vndt biß vf den äußerſten
bluthstroßfen anßgeſogene vnterthanen ganz deſperat gemacht, vnd zur flucht
vndt Landtreumung de novo verbhrſacht, auch die jenige, ſo biß hero im
exilio vndt unter frembbden Herrſchafften ſich vfgehalten, von ihrer vorgehab-
ten Rück vndt anheimbskunfft genzlich abgeſchreckt vndt ſtuhig gemacht. Derowegen wir aus höchſt tringender noht vndt vnterthänigſter ſorgfeltigſter vflicht-
ſchuldigkeit nicht vnterlaſſen können, E. E. F. F. Gn. Gn. durch behgefügte
vnterthänige relation des armen Landes beſchwehrliche Zuſtändt vndt beſagten
Schloßes beſchaffenheit vnterthenig zu entdecken vndt derbeh nach allen Bmb-
ſtenden gehorſambſt zu berichten, Daß bemeldes Schloß vndt Hauß Maßfeldt
in rei veritate principalis causa der total rhin vndt grundt verberbung
dieſer Fürſtl. Grafiſchafft geweſen, vndt die innliegende frembbde Garniſon E.
E. Furſtl. Fürſtl. Gn. Gn. vndt andern Intereſſirten Chur- vndt Fürſten
zu Sachßen 2c, vnſern allerſeits Gnädigſten vndt gnädigen Lieben Landes
Fürſten vndt Herrn, alß auch allen deren treuen Henneberg. Uaſaſlen vndt
Vnterthanen, Inſonberheit aber denen am ſchloß nahe gelegenen Aemmtern,
Städten, Grafiſchofften, Herrſchaffts- vndt Adelichen Heuſern vnd baurhöfen
dermaßen ſchädlich vndt gefährlich, Daß zu beſorgen, Wann keine enberung
oder deſogirung mit ißiger Gnarniſon vorgehen, vndt das Schloß nicht mit
der Herrſchafft eigenem geworbenen oder Landtvolck beſezt, vnd darburch eine
von den Schweb. Officiern ſelbſt vertröſtete, vndt beh Menniglich mit ſeuhzen
deſiderirte neutralität erlangt vndt zu wege gebracht werden ſolte, Daß nicht
allein in kurzer Zeit die beſagtem Schloß zunechſt gelegene ohrt ganz öbe,
wüſt vnd vnbewohnt zu befinden ſein: ſonſten auch der ganzen Henneberg.
Landtſchafft der gar anß gemacht vndt derſelben genzliche deſolation vndt enbt-
licher Vntergangl cauſiret vndt verbhrſacht werden dürfſte, Zumahl weil auch
zu ſolcher panolabrie vnd vor augen ſchwebender grundtverderblichen deſolation
neben den motibus bellicis nicht geringe Bhrſach vndt anlaß geben die viel-

seltige vndt sehr große im Landt vorgehende gravamina, deren wir etliche in bengefügtem Catalogo aus höchster vndt eußerster noth zu annotiren, vndt E. E. F. F. Gn. Gn. vnterthenig vorzutragen vnd zu clagen gezwungen vndt gedrungen werden, Inmaßen solche grauamina ben vnserm der gesampten Henneberg. Landtschafft am verwichenen 12. 7bris mit großgünstigem Consens, Vorbewust vnd bewilligung der Chur- vnd F. S. Henneberg. Ober-auffsicht vndt Regierungt 2c. zu Schleusingen gehaltenen Convent von der gesampten Vnterthanen abgeordneten wehmütig angebracht vndt barben hoch-bethenerlich erhalten vnd bezeugt worden, Daß durch solche angebrachte grauamina nicht weniger alß durch das verderbliche Kriegswesen die Vnter-thanen in eußerste ruin, schaden vndt grundtverderben gerahten, Ihrer viel darüber flüchtig worden, mit Weib vnd Kindern aus dem Landt gewichen, vnd sich vnter frembde Herschafften begeben, auch wann solchen im Landt vor-gehenden beschwerungen vndt eingerißenen Consusionen vnd Vnordnungen nicht remediret vndt Rhat geschafft würde, Daß auch diejenigen, so bißhero mit höchster Leibs- vndt Lebensgefahr noch im Landt verblieben, gleichesfalß darunter erliegen, Hauß, Hoff vnd alles verlaßen, vnd das Vatterland mit dem Rücken ansehen müßen.

Seindt demnach wir eußerst genohtbrengt vndt veruhrsacht worden, ben diesem höchst erbärmlichen elenden vnd beschwerlichen Landeszustandt vnsere Zuflucht nechst Gott zu E. E. F. F. G. G. in gehorsahmer demütiger suess-sülliger vnterthänigkeit zu nehmen, mit vnterthäniger höchst stehentlicher bitte, E. E. F. F. Gn. Gn. geruhen gnädigst nicht allein ihres ohnts aus getreuem, sorgseltigen hertzen vnterthänig bengefügte relation vndt nohtbringliche grava-mina in gnädige Consideration zu nehmen, sendern auch Ihre Churf. D. vndt F. Gn. Gn. die gesampte Interessirte Hertzogen zu Sachßen 2c. Vnsere gnädigste gnädige liebe Landes Fürsten vndt Herrn 2c. durch dero hochver-mögende Intercessionales dahin zu disponiren vndt zu bewegen, daß vf dero allerseits zugehörige Fürstl. Graffschafft Hennebergt vnser geliebtes Vatterlandt ein solch gnädigstes gnädiges absehen vnd laudes vätterliche Vorsorge gehabt werde, daß deren Conservation vndt Consequenter vnser aller Heil vnd Wohl-sahrt andern rationibus pracualiren, vnd der beschwerliche vndt erbärmliche Landeszustandt durch delogirung vndt enderung der Maßfelder Guarnison vndt erlangte neutralität ad statum meliorem et tranquilliorem gebracht, vnd vermittelst gnädigst verordneter vnpartheischer vnd des Landes kündiger Herrn Commissarien der Augenschein vnsers verheerten vnd verderbten Vatter-landes eingenommen, darbei alle Circumstantien considerirt, vnd denen im Land vorgehenden höchst beschwehrlichen grauaminibus durch beqvehme wege vnd mittel remediret vnd abgeholfen werden möge. Dann leider zu besorgen, wann vnsere vnterthänigste petita vnd vnvorgreiflich demütigst vorgeschlagene media vndt remedia nicht gnädigst admittirt vndt erhöret, noch durch gnädigst verordnete Commissarien den vnerträglichen beschwehrungen förderlichst abge-holfen werden, sondern dieselben noch lenger in suspenso verbleiben solten, Daß die gütter allerdings vngebaut liegend bleiben, die heußer vndt gebew folgendts ganz vnb gar eingehen vnb vbern hauffen fallen, die Mannschafften vndt Vnterthanen sich genzlich verlieren, vnb also das ganze Lanbt zur Wü- stung vnbt Einöbe werden vnb nichts alß das bloße Lanbt ohne einigen effect vnbt nuzen vbrig verbleiben durffte. Welchen besorgenden vntergang vnbt großes vnwiederbringliches Vnheil bes agonizirenden Vatterlanbts E. E. F. F. G. G. nechst Gott einig vnb allein mit barmherziger gnädigster erhörung vnb gewichtiger erfreulicher resolution gnädigst praecabiren vnbt abwenden können. So deroselben zu vnaussprechlichem ewig wehrenden Ruhm vnb Lob gereichen wirbt vnb von vnß mit vnßerm vnb vnser Kinder Geistlichem gebeth vnb Vatter Vnser zu dem lieben Gott vor E. E. F. F. G. G. vnb deroselben angehörigen langes leben, bestenbige gesundtheit vnb allem Fürstl. wohlstandt mit banckbegierigem gemüth vnbt herzen vnterthenigsten vnb willigsten dien- sten wiederumb gehorsamlichst verdienet werden solle, E. E. F. F. G. G. dem Allmechtigen crässtigen schuz vnbt regierung Gottes vnbt vns zu bero beharrlichen Fürstl. Gnaden vnbt gewichtiger gnädiger resolution vnterthänig befehlenbt. Datum ben 20. 8bris Ao. 1642.

E. E. F. F. G. G. vnterthänige gehorsahme
Gesampte nohtleidende vnbt höchst bedrengte Hennenb.
Lanbtschafft.

36.

Haus- unb Staatsarchiv zu Gotha. E VII, 33, 3.

Designationes der Geistlichen, denen ihre additiones von den Zinsen der 20,000 Gülden Ehegelder gegeben werden sollen 1. Juli 1643.

Aus dem Amte Georgenthal in bas Amt Saalfelb.

20 Mfl.	—	Gr. Pfarrer zu	Friedebach,
24 „	—	„ „	Caulsdorf,
23 „	—	„ „	Langen Orla,
22 „	18 „	„	Lehesten,
15 „	—	„	Weßenborn,
10 „	—	„	Schulmeister zu Lehesten.

Ferner aus dem Amte Reinhardsbrunn ins Amt Saalfelb.

25 Mfl.	—	Gr. Pfarrer zu	Oberloqniz,
10 „	—	„ „	Hohen Eichen,
10 „	—	„	Caplan baselbst,
8 „	—	„	Pfarrer zu Crölpa,
9 „	—	„	Caplan baselbst,
10 „	—	„	Pfarrer zu Graba,
10 „	—	„	„ Schaba,
4 „	—	„	Caplan baselbst,

8 Mfl. — Gr. Pfarrer zu Obernitz,
9 „ — „ „ Friedebach,
15 „ — „ „ Rauendorf,
4 „ — „ „ Caulsdorf,
10 „ — „ „ Lichtenthann,
9 „ — „ „ Garnsdorf.

Aus dem Amte Georgenthal ins Amt Leuchtenburg.

30 Mfl. — Gr. Pfarrer zu Trockenborn,
13 „ — „ „ Gumperda,
30 „ — „ „ Ingerda,
5 „ — „ „ Heilingen,
3 „ — „ „ Zeisch,
10 „ — „ „ Hummelshain,
30 „ — „ „ Eichenberg,
31 „ — „ „ Reusitz,
20 „ — „ „ Herrengroßen,
28 „ — „ „ Dienstedt,
30 „ — „ „ Unterbobnitz,
14 „ — „ „ Altendorf,
8 „ — „ „ Seitenrohda,
34 „ — „ „ Jaegerndorf,
10 „ — „ „ Bockedra,
20 „ — „ dem Rathe zu Kahla.

Aus dem Amte Gotha ins Amt Allstedt.

15 Mfl. — Gr. dem teutschen Schulmeister zu Harbisleben,
33 „ — „ dem Rathe zu Allstedt.

Aus den Aemtern Gotha, Reinhardsbrunn und Ichtershausen an die Stadt Saalfeld.

80 „ — „ dem Kirchenkasten zu Saalfeld.
100 „ — „ dem Rathe zu Saalfeld,
52 „ 8 „ nochmals dem Kirchenkasten zu Saalfeld.

Aus den Aemtern Georgenthal und Reinhardsbrunn an die
Stadt Pößneck.

20 Mfl. — Gr. Pfarrer zu Pößneck,
10 „ — „ Diaconus daselbst,
25 „ — „ dem Rathe zu Pößneck.

Aus dem Amte Reinhardsbrunn an die Stadt Orlamünda.

36 Mfl. — Gr. dem Rathe zu Orlamünda.

Summarum 943 Mfl. 5 Gr.

Dazu sind vermöge der gefolgten Correspondenzschreiben noch gekommen
20 Mfl. — Gr. Pfarrer zu Camsdorf, so er auß dem Vorsteher-
Amt zu empfangen gehabt.
15 „ — „ dem Kirchkasten zu Saalfeld auß dem A. Georgenthal.

---

978 Mfl. 5 Gr. als auf welches Quantum die Rechnungen nach-
gehends geführt worden sind.

37.

Haus- und Staatsarchiv zu Gotha, WW II, 34 und WW III, 40.

**Unterthänige Relation Hannßen Ludewigen vonn Wangen-
heimb Jägermeisters vndt Hannßen Caspars vonn Miltitz ꝛc.
Cammerjungkers ꝛc. Alß sie den 23. Jaunary zue dem
Kays. General Wachtmeister Freyherrn vonn Zaradetzky wegen begehrter Contribution in Gnaden abgeordnet vndt nochmals den 25. Jaunary Morgendts frühe in dem Hause
Maßfeldt zur Audientz admittirt worden.**

Anfänglich haben wir vnß Mittwochen frühe von dem Hause Tennebergt
auß vber den Thüringer waldt in sehr tieffen Schnee vndt bösen Wetter nacher
Schmalkalden [begeben vnd] einen Bothen mit einem Schreiben an J. F. g., von
dem Kays. Generalwachtmeister Zaradetzky auff dem Hauße Maßfeldt abgefertiget,
angetroffen, von welchem wir das Schreiben abgenommen, vndt zu vnserer desto
beßerer Information, vndt Jhm hinwiederumb darauff zu begegnen, erbrochen
vndt gelesen. inmaßen solches Schreiben albereit J. F. g. zu dero gnädigen
Händen eingelieffert worden.

Hierauff haben wir vnß ferner vff Wasungen zue verfüget, alda vber
Nacht verblieben, vnndt ferner Donnerstagt mit dem frühesten nacher Meinungen zue vndt folgendts sobaldt vff Maßfeldt zue dem General Wachtmeister Zaradetzky, den wir alda noch antroffen, begeben, da wir denn alsobaldt
das Creditiv gebührlich vbergeben, welches aber wieder zurücke von einem
herauß bracht worden, mit Vermeldung, dem General Feldtwachtmeister were
mit Brieffen vndt Complementen, darbey kein Geldt were, nichts gedienet.
Geldt were die Losung. worauff wir aber hinwiederumb geantwortet, daß
wir zwar kein Geldt mit vnß bringen, noch alsobalden cum sacco parati
erscheinen kondten, weren aber gnädig instruiret vnd beselligket, dießfalls mit
dem Generalwachtmeister billichmäßige Tractaten zu pflegen, hetten zu bitten,
vnß so weitt gnädige Audientz zu verstatten vndt vnser an- vndt vorbringen
beywohnender seiner hohen Discretion nach gnädig vndt gedultig zu vernehmen, auch mit gewißer Resolution vnß hinwiederumb zu versehen, worauff
Er endlich das vbergebene Creditiv angenommen vndt erbrochen, darneben
vnß andeuten laßen, weill Er wegen etlicher Posten so abzufertigen bemühet,

wir wolten vnß in etwaß branßen auffhalten vndt gedulten, solten baldt hin-
nein erfordert werdenn. Alß wir nun hierauff zu Ihm in das Gemach hin-
nein erfordert worden, ist Er also baldt ohne einige gewöhnliche Complemente
vndt hintangesetzt alles Respects, auch ehe mann ein einig wortt vermöge
gnädiger Instruction Ihm beybringen können, mit dießen wortten herausgefahren: Alle Teuffel solten ihn holen, weill wir ihm nur ein bloß Creditiv
vnndt kein Geldt brächten, auch vnsere Sachen nur auß eitell Complementen
vndt Brieffen bestündten, damit mann Ihn auffzuhalten vnd die Sache ins
weite Feldt zu spiehlen gedächte, daß er alle seine bey sich habende Völcker
wolte zusammen führen, hierüber inß Landt gehen vndt alles anpacken, waß
vonn Menschen, Viehe, Pferdte vndt Mobilien Er nur antreffen vndt finden
möchte, nachmals solches alles mit Sich hinnüber nacher Meinungen in Arrest
führen vndt alda solange enthalten, biß Er seiner gäntzlichen Forderung aller
dienger contentiert, vndt solche Execution wolle Er vnverzüglich morgendes
Tages so baldt in Continenti zu werde stellen, wie Er denn diese wortt mit
hefftigem Eyffer vnd Zorn außgestoßen rc.

Alß wir nun gebethen, der Generalwachtmeister wolle Sich doch nicht
alsobaldt so sehr begustiren, sondern vielmehr seiner beywohnenden hohen
Discretion nach sich so weit vberwindten, vndt vnß gedultig hören, waß vermöge gnädiger Instruction wir dießfals mit Ihm zu reden, vndt zu trac-
tieren besehliget, wie wir denn dieß sonderlich in Mandatis hetten, dem Generalwachtmeister zur anzüge zu remonstrieren, vndt demselben zu versichern,
daß J. F. g. alß ein gehorsamer trewer Reichsstandt vndt der in Kays. beständiger Devotion begriessen, keineswegs gesinnet, der von J. Keys. Maytt.
aller gnädigst begehrten Beyhülffe Sich gäntzlich zu endtbrechenn, sondern
vielmehr, vnangesehen dieselbe in fast vnerträglicher vor allen andern Schwedischen schwerer ordinar vndt Extraordinar Contributions Last wieder Ihren
willen in manglung gnungsahmen Schutzes begriessen, auch in Fränckischen
Creiß nicht gehörig, die mügligkeit gehorsamblich vndt gerne zu C. Keys.
Maytt. vnterthenigsten Ehren vnd Diensten prästieren wollen, alleine wolten
J. F. g. Sich versehen, mann wirde dieselbe ja zum allerwenigsten nicht
höher anlegen vndt beschweren alß die Fränckischen Creiß Stände, inmaßen
wier die beyde Marggraffenthumb Culmbach vndt Onolßbach angeführett, die
doch in keiner feindtlichen Contribution alß J. F. g. begriessen, sondern vielmehr die gleichheit vndt billigkeit hierinnen beobachten vndt mit den gebothe-
nen 5000 Reichs Gülden semel pro semper allerdienges zufrieden sein.
Worauff Er abermahls herausgefahren, es were Ihm so weit mit keinem
Stücke Geldes gedienet, sondern die drey assignierte Compagnien solten vnd
müßten vollständig nach der Keys. Ordinans tractiert vndt verpfleget werden,
dieß vndt keines anders, vndt ob wohl hierauff replicieret worden, daß vermöge des Keys. Schreibens J. F. g. nur zur Beyhülffe vnd nicht gantzen
vndt gewießen Compagnien assigniert, Sonsten es das Ansehen haben würde,
ob wolte man die Craiße vermengen, vndt J. F. G. Landte in Fränckischen
Craiß mit ziehen, dem Herkommen vndt Reichß Abschiedt gäntzlich zuwieder,

so hatt Er doch abermahl hierauff mit gantz vngestümmen Wortten vndt hefftiger bewegung geantwortet: eben die drey Compagnien, das were die Benhülffe. Da wir aber ferner hierauff angeführett, wie J. F. g. zu dergleichen Sich nicht verstehen würdten, sondern vielmehr den begehrten Beytragt nach den Römerzügen richten, auch wie Sie nach der Reichsmatricul angelegt nach proportion der Lande gehen, vndt ein mehres Ihm zum höchsten präjuditz nicht auffbürdten laßen, hatt Er hierauff gesaget: Er ließe solches alles an seinen ortt gestellet sein, vnd were seine Profession nicht, solche vnndt dergleichen Sachen zu decidieren, J. F. g. möchten solches vnd waß Sie dießfalls vor Gravamina zu haben vermeinet bey J. Keyß. Maytt. oder anders wo suchen vnndt außführen, Er bliebe einmahl vor alle mahl bey seiner Ihm ertheilten assignation, in endtstehung bliebe Er nochmals bey der stractlichen Angedrowten militarischen Execution. Ob Ihn nun wohl ferner hierauff von dnß zu gemüth geführett wordten, da Er gleich alles einwendens vnerachtet die scharffe gedrowete Execution würdlich vor die Haudt nehmen wolte, würde Er doch dasjenige nicht zum halben Theill erzwingen, waß er prätenbierte, in betrachtung die Leute hierdurch von Hauß vndt Hoff elendiglich würdten vertrieben vndt in die Nachbarschafft zu weichen getrungen werden, so hetten auch J. F. g. nicht mehr als die einigen zwey Städte, deren die eine, als Waltershaußen, fast gäntzlich abgebrennet, ruiniret vndt verarmen, auß welcher sich außtrücklich vernehmen laßen: Er wolte sich schon bezahlet machen, auch E. F. g. in endtstehung anderer Mittel auff dem Lande vnndt weill man fast alles in die Stadt geflehnet, in dero Residentz Stadt Gotha attaquiren, vnndt Niemandt vor den Thoren sicher ein- vnd außzugeben haben, welche alles anpacken vndt mit sich hinweck führen. Ob wir nun wohl gebethen, der Generalwachtmeister würdte ja E. F. g. residentz so weit verschonen, sagte Er doch hierauff: da fragte Er nichts darnach, were alles zu verantwortten: Weill wier aber endtlich gesehen, daß mit Ihm gantz nicht zu tractiren, auch kein remonstriren, noch einige vernünfftige angeführte ration bei Ihm hofften weder bitten noch stehen helffen, noch einig gehör mehr sein wollen, sondern daß ie mehr vndt mehr mit vngestümen hartten rauchen wortten zugesetzet vndt abgewichen, haben wier endlich vermöge gnädiger Instruction, ob wier wohl nur auff 40 Monath instruiret gewesen vndt ein weniges etwann darüber möchte außtragen, 6000 Reichß Gülden semel pro semper guter Meinung Ihm angeboten, auff welches Erbieten Er sich dergestalt so arg vndt so hefftig entrustet, dergleichen fast noch nie geschehen, sagende: worfür stehet mich etwer Herr an, Er muß mich vor keinen Soldaten vndt der eine Sache verstehet, sondern vor einen Jungen, Bernheudter oder gar ein Kindt achten vnndt haltenn, der Teuffel zureiße mich, nicht 15,000, wolte ehe also baldt mir den Heuder laßen den Kopff vor die Füße legen. Ob wier nun wohl ferner eines mehres zu thun die höchste Vnmüglickeit sehr beweglich vorgeschützet, hat Er doch hinwiederumb geantwortet: weill wier ja vor vnmüglich hielten seinem begehren Satisfaction zu thun, so wolte vndt müste Ers müglich machen; das Geboth, so wier Ihm gethan, kündte Er nicht belieben. folten vnß fchämen, folche Sachen hervorzubringen, denn fo vnmüglich eß were, daß Er würde Kaufer werdten, fo vnmüglich were auch die gebothene 6000 Gülden zu acceptieren, fondern Er verbliebe einmahl vor alle mahl ohne weittere wortt verliehrung bey der vollftändigen verpflegung der 3 Compagnien, wolte auch mit der angebraweten militarifchen Execution nicht länger alß 3 tage inne halthen, Bvdt hatt fonderlich denen örttern vor andern, alß Celle, Meliß, Tambach vndt Georgenthal heftig gedrohet. Nach dem wier nun letblich gefehen, daß bey Ihm ferner nichts zu erhalten, haben wier zu Ihm gefagt, weill der General Wachtmeifter fich fo gar fehr offen- dieret befindten thäte, nichts mehr anhören, noch fich durch etwaß bewegen laßen wolte, müßen wier es alß arme Leute laßen dahinn geftellet fein, vndt leiden, waß wier nicht abwenden noch ändern köndten, wolten es aber alles J. F. g. getrawlich hinderbringen, wier alß abgeordnete Diener hetten vn- fere Schuldigkeit fo weit müßen in acht nehmen, vndt vnfers Fürftl. Herrn Principalen Nothdurft bedenden vnd reden, ftünde nun bey J. F. g., weß diefelbe fich ferner möchten hierauff erklären, worauff Er wiederum geant- wortet: So were Er des Röm. Kahfers Diener vnndt müfte gleichergeftalt deßen Wohlfarth, auch feine Pflicht inacht nehmen vnd bedenden, worauff Er vnß auch auß feinem Gemach mit angehängter Bitte bey J. F. g. Ihn zu recommendieren vnd feine gehorfahme Dienfte demfelben zu vermelden, dimit- tiret. Er hatt fich aber endlich (welches fchließlich alhier zu gedenden) im herruntergehen vnd alß Er gleich zu wagen fiehen wollen, gegen den General adjutanten in Frantzöfifcher Sprache (welches Herr Hoffrath Zincke gehört vndt verftandten) vernehmen laßen, 12,000 Reichßgülden vndt drunter nicht zu nehmen, inmaßen auch nachmahls der Adjutant felber gegen vnß erwehnet. Ob nun wohl eines vndt das andere hierüber noch mehr vorgangen, fo zu referiren mit were, fo halten wier es doch vndt fonderlich vmb glimpfß vndt geliebter Kürtze willen vor vnnöthig, vndt wirdt verhoffentlich auß diefem, waß alß das vornehmbfte vnterthänigl. de simplici et plano referiret worden, der Sachen Befchaffenheitt leidtlich zu judiciren fein, verbleiben im Uebrigen E. F. g. alle vnterthänige Trewgehorfahme Dienfte, eußerftem vermögen nach, zu erweifen iederzeitt fo fchuldig alß willig. Vnß in alle beharrliche hohe Fürftl. Gnade befter maßen hiermit anbefehlende Alß E. F. Gnaden vnterthänige gehorfame trene Diener

Datum Gotha den 27. Jan. Ao. 1644.

H. L. v. Wangenheimb.   Hanß Cafpar von Miltiz.

38.

Stadtraths-Archiv zu Gotha no 201.

Das Mälzen und Brauen in den Dörfern des Amtes Tenneberg.

Demnach dem Durchlauchtigen Hochgebornen Fürften vndt Herrn, Herrn Ernften Hertzogen zue Sachßen 2c. Der Rath zue Gotha bishero unterfchiedlich wahl in untertheinigkeit clagende fürgebracht, welcher gestalb etliche Inwohnere in den Dorffschafften des Ambts Tenuenberg sich unterstanden zue Mältzen, auch, Bier von frembben vndt sonderlichen den Gleichischen Dörffern einzunholen vndt außzuschenden, vndt daß solches, weil es dero Uhralten von den Landgraben in Thüringen erhaltenen vndt von Zeit zue Zeit auch vnlüngst von hochermelter Sr. F. Gn. selbstguedigst confirmirten Privilegien zue wider, abgeschaffet, was eingelegt befunben, von ihnen selbst abgenommen, nud, die Uebertreter in die verordnete Straff vertheilet werden möchten, instendig gebethen, Auch Sr. F. Gn. sich der iyo angeführten sowohl von dero löbl. Vorfahren, alß auch von Ihr selbst geschehenen Confirmation der gesambten Privilegien genielter Stad Gotha vnd insonderheit das mältzen, Bier einlegen vndt Schencken betreffende, sich guetermaßen erinnert, auch barbey dieses befunben, Daß wann in dergleichen fällen die jedes orths ordentliche Obrigleit allemahl angelanget werden sollen, es offtmals unterschleiff geben vndt die Vbertreter der gesetzten Straffe leicht entgehen würden: Alß haben dieselbe des Raths unterthaniger bitte in gnaden deferiret, demselben trafft dieses offenen Patents bies auff wiederruffen nud vnbeschadet derer besagtem Ambt sonst zuestehenden Gerechtigleiten nachgelaßen, Daß Sie, der Rath, wann Sie hinjüro in beglaubte erfahrung kommen, daß an einem oder dem andern orth, es mögen gleich gantze Communen oder Privat Personen seyn, Ihren unstreittig hergebrachten vnd an denselben orthen exercirten Privilegien zuewider, mit mältzen, Bier einlegen vndt schencken gehandelt wirdt, mit zueziehung des Landrichters oder deßelbigen Landknechts alhier ohne absonderliche befehl oder zuelaßung, eigenthetig einfallen vnd, was eingelegt worden, wegnehmen mögen; jedoch also vndt dergestaldt, daß die iederzeit verwürcte Straffen dem herkommen nach von Vnsern Ambtern eingebracht, eingetheilet vndt verrechnet werden sollen. Zue mehrer besterdung dieses offenen Patents haben hochgedachte S. F. Gn. daßelbe mit eigener hand unterschrieben vndt dero Fürstl. Cantzley-Secret bedrucken laßen.

Geschehen zue Gotha den 7. Junii Ao. 1645.

(L. S.)   Ernst H. z. Sachßen.

39.

Haus- und Staatsarchiv zu Gotha, Landtagsacten U I, 40 f. 260.

Der Statt Königs-Bergf in Francken Freyheit vnd Gerechtigkeiten.

Geistlich. Ein E. Rath zu Königsbergk hat das Jus vocandi et praesentandi der Pfarr-, Kirchen- vndt Schuldiener.

Weltlich. Ein E. Rath sitzet vff Cantzleyschrifften vndt hat primam instantiam in causarum cognitionibus bey der Bürgerschafft vndt vota vff Landtägen.

Weltlich außer der Statt:

1. Hasenjagt mit Pausen in der Zent vndt in der Stattflußr vndt Gehöltz.

2. Vögel zu schießen vndt zu stellen in der Stattfluhr.

3. Die Fischerey in dem Bächlein vor dem Roßberg vndt alle Sonnabend in der Naßach.

4. Die Trifft, Hut vndt Wehdt in der Stattfluhr mit Rind vndt Schaffviehe biß an die Hellingerstraße, wie auch auff dem Rieth, ist E. E. Rath vndt gemeiner Bürgerschafft: in dem Stattfluhr vndt Gehöltz aber die Hutwehdt weder mit Rind noch Schaffviehe niemandt frembdes zu betreiben berechtigt.

5. Die Stattgräben, Teich, Wiesen vndt Gefielde vor dem Roßbergl, so gemeiner Statt zugehörig, sind zehende frey.

6. E. E. Raths Feld zu Erbprechtshausen gibt nur die dreyßigste Garbe Zehend, theils ins fürstl. Ampt, vndt theils der Pfarr Preppach, außer das Stück bey der Wolffsgruben.

7. Eines E. Raths Schäfferey gibt das dreißigste Lamb ins F. S. Ampt zu Zehendt.

Weltliche Gerechtigkeit in der Statt:

1. E. E. Rath hat Macht, Stattgericht aufzustellen, welches von dem F. Beampten daselbsten als Richttag geheget, durch den ganzen Rath aber als Schöpffen besetzen wirdt, auch hiebevor fast monathlich gehalten worden.

2. Die Stattgerichtsbußen gehören zur Helfft der landesf. hohen Obrigkeit, die andere Helfft E. E. Rath, wobon einem jeden Schöpffen 1 Groschen zur Gebühr dem Herkommen nach gereichet wirdt.

3. Ehrnbemelter Rath hat in rechtlichen Proceßen, wie obgedacht, die erste Instauz, das ist, wenn ein Bürger mit dem andern oder ein außwerbiger mit einem Bürger zu thun hat, muß er anfänglich vor dem Rath klagendt seine Noturfft suchen.

4. E. E. Rath hat das Recht, Bürgermeister, Rathspersonen vndt Casteupfleger ꝛc. zu erwehlen vndt vorzustellen.

5. Vor oder bey Einem E. Rath kan man Testamente insinniren vndt hinterlegen. Er kan auch Vormunde bestettigen, mit Pflichten belegen vndt Vormundtsrechnungen anhören, auch Geburtsbrieff außfertigen.

6. Ein E. Rath hat die Gerechtigkeit, Brodt, Fleisch vndt Fisch zu besichtigen vndt zu schätzen, item den Beckern die Proben oßtwägen vndt vorbey zu seyn, wie ingleichen den Wirten den Wein zu schätzen, vndt Straff darauf zu ordnen, dann die Verbrecher billichen Dingeu nach zu bestraffen.

7. E. E. Rath ist berechtiget, das Wein- und Getreidig gemeß abzugießen, wie auch den Kaldscheffel zu eichen, vndt do der Uebertretung oder Verbrechen wegen unter Einer Erf. Bürgerschafft ein zentbarer Fall sich begebe, wirdt solcher mit Zuziehung des Zentgraffen verrichtet.

10*

8. E. E. Rath ist besugt, Ele, Maß vndt Gewicht zu besichtigen, vndt die da falsch damit vmbgehen, zu bestraffen.

9. Wer in gemeiner Statt Gehöltz vndt fuhr Schaden thut, hat E. E. Rath Macht, gebührender maßen zu straffen.

10. Das Stättgeld an den Jahr- vndt Wochenmärkten, wie auch der Schoßer (?) vndt das Ungelt gehört gemeiner Statt.

11. Gemeine Statt ist mit 5 Jahrmärckten begnadet, deren die eine vff den Sontag Palmarum, 2) den vierten Sontag nach Trinitatis, 3) Sontags nach Mariä Himmelfarth, 4) Sontags vor Creutzerhöhung, 5) Sontags Advente gehalten werden. Wöchentlich hat es Sonnabends einen Wochenmarckt.

Gerechtigkeiten der Bürgerschafft.

1. Die neugerodeten Weinberge sind 10 Jahr des Zehenden frey.

2. Die Bürgerschafft ist berechtigt, von Bartholomaei biß Faßnacht Viehe zu schlachten, vndt an den Jahr- vndt Wochenmärkten öffentlich zu verkauffen.

3. Was die Bürger auff den vmbliegenden Dörffern vor Wein kauffen, wirdt zollfrey in die Statt passirt.

Besonderer Gebrauch vndt lang hergebrachte Gewohnheiten in der Statt Königsbergk.

Vererbung zwischen Mann vndt Weib. Wenn zwey Eheleute sich zusammen verheyrathen vndt copulirt werden, so ist, sobalden nun das Ehebett beschritten worden, ihnen beederseits zusammengebrachte Haab vndt Gut mit einander vererbet. Es seye denn Sach, daß ein anders bedinget vndt vorbehalten werde.

Von Erbtheilung zwischen Eltern vndt Kindern. Es ist auch vber Menschengedencken, ja besage des vorhanden geweßenen Stattbuchs in die 200 Jahr Sitt vndt Gewohnheit gewesen, wann ein Vatter mit seinen Kindern theilet, so nimbt der Vatter in der Statt an Häusern, darin jedoch keine Feldtgüter gehören, Fahrnuße, Schulden einzunehmen, auch solche zu bezahlen, zwey Drittheile, vndt die Kinder alle mit einander einen Dritten. Wann aber eine Mutter theilet, nimbt sie einen dritten Theil, vndt die Kinder die zwey Drittheil in der Stadt an Häußern, Fahrnußen vndt Schulden, aber an Feldtgütern nimbt beedes, ein Vatter vndt Mutter nur einen Kindestheil.

Signat. Friedenstein, den 18. Mart. 1651.

40.

Haus- und Staatsarchiv zu Gotha, KK, 7. Zusatz zu no. 101.

Den Verwahrungsbau betreffend.

Von Gottes Gnaden wir Ernst Herzog zu Sachsen u. s. w. urkunden hiermit, daß als uns in unserer ao. 1640 getroffenen fürstbrüderlichen Erb-

vertheilung die hiebevor zum Fürstenthum Coburg gehörig gewesene Gothische
Landesportion benebenst etlichen andern Aemtern aus unserm anererbten väterlichen Fürstenthum Weimar assignirt worden, und darinnen wir mit keiner
fürstlichen Residenz versehen gewesen, wir dahero (nachdem zumahl noch ferner
auf Absterben unseres in Gott ruhenden freundlich lieben Bruders Herrn Albrechts, Herzogs zu Sachsen u. s. w. christmilden Gedächtniß von S. Lben.
Dero hinterlassene Residenz Eisenach unserm älteren Herren Bruder H. Wilhelm, Herzog zu Sachsen u. s. w. durchs Loos zugekommen) verursacht worden, auf dem wüsten Berg, vor diesem der Grimmenstein genannt, ein Schloß
zu unserer Residenz, welches wir den Friedenstein benamet, aufzubauen . .
Maßen wir auch kurz hernach mitten in dem hochbeschwerlichen vorigen Kriegswesen, ohne einige Steueranlage und Beihülfe unserer Landschaft, aus unseren eigenen Cammermitteln darzu den Anfang gemachet, und in den folgenden Jahren solchen Bau durch Gottes sonderbaren Segen glücklich vollführt.
Dieweil aber unter diesem Wohnbau die Kriegsgefahr nicht ab-, sondern
vielmehr merklich zugenommen, also daß wir in unserer Stadt Gotha wegen
der sehr schlechten Verwahrung neben unserer fürstlichen Gemahlin und Kindern nicht eine Nacht sicher sein können, So sind wir dahero veranlaßt worden, bemelte Stadt mit etwas wenigem nächst göttlichem Schutz zu verwahren, und uns darinn so gut als wir vermocht in Sicherheit zu behalten. Als
nun in folgenden Jahren bemelte unsere Residenz auch fertig worden, und
wir dieselbe wirklich bezogen, es aber von allen Seiten her, wie männiglich
dieses Orts aus dem Augenschein bekannt, ganz offen gewesen, also daß nicht
allein Menschen, sondern auch wol das Vieh von außen den Berg hinauf
kommen mögen, So haben wir zwar solchen Berg anfangs mit Pallisaden
bestecken lassen, nachdem aber es mit denselbigen keinen Bestand gehabt, auch
wir dadurch wenig gesichert sein können, und daneben befunden, daß ins künftige bei solcher und dergleichen andringenden Gefahr wir oder unsere Nachkommen in solchem Hause weit gefährlicher als in der Stadt selbst sein würden, ob wir wol zuförderst unser Vertrauen zu des allerhöchsten gnädigen
Schutz und Schirm gestellt, So haben wir nichts desto minder auch die
menschlichen Mittel nicht aus den Augen setzen, in desselben Namen auf vor-
gehaltenen reifen Rath und mit Vorbewußt unserer getreuen Landschaft, vor
nöthig erachtet, bemelten Berg etwas besser zu fortificiren und zu verwahren,
Alles zu dem Ende, daß wir auf alle Fälle neben den lieben Unserigen bei
unsern getreuen Unterthanen desto sicherer in solcher unserer Residenz verbleiben und unser landesfürstliche Amt verwalten könnten.

Gleichwie nun der liebe Gott zu dem Schloßbau seine sonderliche Gnade
verliehen, Also haben wir auch in ebendemselbigen Namen und mit gleichmäßiger Zuversicht diese Fortification und Verwahrung an Hand genommen,
und dessen Hülfe und Segen nicht weniger, als in dem vorigen Bau verspürt,
Also daß wir darinn den 22. April dieses 1657 Jahrs ziemlich weit fortge-
kommen. Da sich dann ungefähr zugetragen, daß unser Canzler Dr. Georg
Franzke, welchem von uns und dem hochgebornen Fürsten unserm freundlich

lieben Bruder und Gevatter H. Wilhelm H. zu Sachsen u. s. w. aufgetragen worden, in der bewußten Sache, die vier also genannten affecurirten Aemter (welche vor Jahren nach der Gothischen Kriegsexecution weiland Churfürst Augusto zu Sachsen u. s. w. hochslöblichen Andenkens wegen etlicher rückständiger executiones und Kriegskosten wiederlöslich eingeräumt worden) betreffend, aus den zur selbigen Zeit ergangenen und aus unserm gesammten Briefgewölbe von Weimar anhero gelangte eine historische Relation aufzusetzen, bei deren Durchgehung benachrichtigt worden, daß auf inständiges Begehren weiland Kaisers Maximilian des Anderen unser in Gott ruhender Großherrvater Herzog Johann Wilhelm zu Sachsen u. s. w. christlöblichen Gedächtnisses aš 1567 einen Revers von sich gestellet, daß ins künftige weder von Ihrer Gnaden noch dero Erben der Grimmenstein und die Stadt Gotha wieder befestigt werden sollen, wie solches alles mehreren Inhalts aus seines unsers Canzlers mit seiner Hand pro memoria aufgesetzten hierbei liegenden Atteste sub A zu vernehmen ist.

Als nun hiervon uns hernach von demselbigen unterthäniger Bericht erstattet worden, So haben wir zwar anfangs hierüber, als einer ganz unvermutheten Sache, reifliche Betrachtung gehabt, ob mit der angefangenen Fortification des Hauses zu verfahren oder innen zu halten sein möchte? Endlich aber uns zu jener auf nachfolgende verhoffentlich genugsam mächtige Motiven und Ursachen bewegen lassen. Erstlich, daß weder wir noch auch unsere Räthe und unsere Landstände bei der ersten Berathschlagung dieses Verwahrungsbaues keine Wissenschaft gehabt, auch uns davon weder der Revers noch einige Copei vorkommen.

Zum andern die hohe Nothdurft, indem wir oder auch inskünftige unsere Nachkommen ohne sonderliche Gefahr auf vorostberührter unserer Residenz in Kriegszeiten zu verbleiben und unser Amt zu verrichten nicht getrauten, auch sonst keinen andern verwahrten Ort den Unterthanen füglich Schutz zu leisten in unserm Fürstenthum haben.

Zum dritten die vorgegangene überaus große Gefahr, welche in dem vorigen Kriege, als wir also bloß gesessen, ausstehen müssen. Indem man sonderlich schwedischen Theils in unsere Stadt Gotha eingedrungen und sowol in den Privatwohnungen als auch unserem damaligen Residenzhause visitirt und Getreide gesucht. Worauf die Gefahr einer Totalplünderung so groß worden, daß man zu derselben Abwendung in die funfzig tausend Gulden werth an Getreide und andern Victualien schleunig, doch ordentlicher Weise zusammenbringen und entrichten mußte. Wie denn auch nichts weniger auf dem Lande alle Orte bis auf unser Ambthaus zu Tenneberg und ein Paar Edelmannsberghäuser ausgeplündert und darbei die Stadt und Flecken guten Theils abgebrannt worden.

Zum vierten, dieweil in unserm fürstlichen Hause kein einziger verwahrter Ort vorhanden, dahin wir entweder unsere Pretiosa flehnen oder auch auf den Nothfall in der Person uns sammt den lieben Unserigen retiriren könnten. An andere fremde Oerter aber sich zu begeben ist leider wegen der

Entlegenheit als auch anderer vieler Inconvenientien vor eine unmögliche Sache zu halten, wiewol auch dergleichen Orte bei den Benachbarten nicht wol zu finden sein.

Zum fünften, dieweil dem h. röm. Reich mehr mit einem solchen verwahrten Platze gedient und genutzet wird, als wenn das Land zu jedermannes Raub offen stehen soll. Gestalt denn die Exempla bezeugen, wie viel Chur und Fürsten, auch andere Stände des Reichs wegen Mangelung genugsam versicherter Oerter aus ihren Landen weichen müßen, auch nach erlangtem Frieden solche Ungelegenheit ins künftige vorzukommen ihre Residenzen fortificirt haben.

Zum sechsten, dieweil Gottlob unsere getreue Devotion gegen die röm. Kais. Mtt. und das heilige Reich neben unsern andern actionibus männiglich bekannt ist, auch solcher unser Bau, indem der Platz mitten im Lande gelegen und kein Paß ist, zu keines Benachbarten Nachtheil oder Beschwerung gereichen kann. Und dahero

Zum siebenten nicht zu zweifeln, es würde, wenn wir gleich bald anfangs von obgedachtem Revers Nachricht erlangt und dieses unser Vorhaben Ihrer Kais. Mt. oder auch den Churfürsten und Ständen zu vernehmen gegeben hätten, dieselbige aus obangeführten Ursachen darzu ihren Willen gegeben haben.

Zum achten, dieweil wir zu Vorkommung alles Mißbrauchs bei unsern lieben Kindern und künftigen Landessuccessoren verhoffentlich solche Versehen gethan haben, daß sich von ihnen dergleichen ins künftige nicht zu besorgen. Zu welchem Ende auch geschehen ist, daß nicht allein diese unsere Residenz der Friedenstein genennet, sondern auch über dem Thore gegen die Stadt zu solche Ueberschrift in futuram rei memoriam mit gutem Bedacht gesetzet worden, daß daraus unsere friedfertige Intention, und zu derselbigen Continuation nachdrückliche Vermahnung zur Genüge zu verstehen. Hierzu kommt

Zum neunten, daß, wenn dieser Bau also halb ausgemacht hätte verbleiben sollen, unschwer zu ermessen, daß bei den ehisten motibus (dazu es sich leider in dem h. röm. Reich wegen der großen überaus gefährlichen Conjuncturen gewaltig ansehen läßt) denselbigen andere zu unserm und der Benachbarten Unterthanen unvermeidlichen Schaden, unfehlbar continuiren und ausbauen würden. Das allbereit aber aufgeführte Werk wieder zu demoliren wollte die höchste Unbilligkeit sein, indem wir denselbigen bona fide, von bemeltem Revers nicht das geringste wissend oder auch vermuthend, mit nicht geringen Kosten verfertigen laßen.

Welches wir also zu künftiger Nachricht anhero haben registriren laßen wollen nicht zweifelnd, es würde jedermänniglich, und zuförderst der röm. Kais. Mtt. so wol auch den sämmtlichen Churfürsten und Ständen des Reichs uns hierunter wol entschuldigt halten, und solches Baues halber weder uns noch unsern Successoren etwas ungleiches imputiren, vielweniger aber zumuthen.

Urkundlich haben wir diesen Bericht eigenhändlich unterschrieben und mit unserm fürstl. Canzley Secret bedrucken lassen. So geschehen auf unserem Hause Friedenstein den 22 Nov. 1657.

Ernst H. z. S.

41.

Cammer-Archiv, Stadt Gotha Tit. II. cap. 30 no. 65.

Verzeichniß der Pferde und Mannschaft zum Verwahrungsbau Friedenstein (1657?).

	Pferde	Ochsen	Mannschaft	Wenn täglich ein Mann arbeiten
Obere Grafschaft Gleichen	294	6	189	18
Untere „ „	149	—	191	19
Wangenheimische Dörfer	421	—	281	28
Die von Uetterodt	121	7	206	30
Seebachsche Dörfer	62	—	56	5
Die von Gräfendorf	20	3	21	2
Molsdorf	22	—	7	1
Der von Herda	29	2	27	3
Die von Butlar	—	11	7	1
Witzleben von Liebenstein	61	20	116	11
Witzleben von der Elgersburg	52	—	156	15
Die von Erffa	42	1	27	3
Hans Ludw. v. Hanstein	12	40	—	—
Juliane von Bollar	—	2	—	—
Bernhard Heinr. v. Stein	8	5	22	2
Frau v. Carlewitz	44	—	78	8
Hopfgartensche Dörfer	180	63	82	8
Ämter.				
Gotha	462	—	495	50
Tenneberg	295	21	260	25
Reinhardsbrunn	169	2	318	32
Georgenthal	185	7	460	45
Wachsenburg und Ichtershausen	336	12	363	36
Tonndorf	29	44	77	8
Schwarzwald	90	22	325	33
Bollenroda	117	—	177	18
Städte.				
Gotha	137	—	67	12
Ohrdruf	111	—	51	8
Waltershausen	42	—	30	6
	3471	268	3677 *)	

*) Ein späteres Verzeichniß vom 5. September 1671 weist 5212 Pferde und 522 Ochsen nach. S. Cammer-Archiv, Stadt Gotha Tit. I. cap. 30 no. 45.

Obere Grafschaft Gleichen.

Ohrdruf . . . . 51 Personen
Wechmar . . . . 62 „
Schwabhausen . . . 37 „
Emleben . . . . 21 „
Petriroda . . . . 12 „
Gospiterode . . . 10 „
Pferdingsleben . . . 26 „
Werningshausen . . 21 „

Untere Grafschaft.

Mühlberg . . . . 94 Personen
Röhrensee . . . . 6 „
Gustersleben . . . 39 „
Ingersleben . . . 25 „
Sülzenbrück . . . . 27 „

Wangenheimische Dörfer.

Wangenheim . . . 21 Personen
Haina . . . . . 19 „
Sonneborn . . . . 41 „
Grossen Behringen . 18 „
Wels Behringen . . 14 „
Lester Behringen . . 8 „
Reichenbach . . . 5 „
Winterstein . . . 29 „
Fischbach . . . . 14 „
Sondra . . . . 6 „
Kälberfeld . . . . 16 „
Schönau . . . . 13 „
Kahlenberg . . . 10 „
Hochheim . . . . 23 „
Tüngeda . . . . 16 „
Westhausen . . . 18 „
Pfullendorf . . . 10 „

Die von Utterodt.

Ruhla . . . . . 129 Personen
Thal . . . . . 36 „
Schwarzhausen . . 52 „
Schmerbach . . . 22 „
Sättelstedt . . . 32 „
Deubach . . . . 12 „
Schönau . . . . 3 „
Stockhausen . . . 6 „

Die Frau von Carlowitz.

Herbsleben . . . . 78 Personen

Seebachische Dörfer.

Groß Fahner . . . 29 Personen
Klein Fahner . . . 9 „
Gierstädt . . . . 18 „

Oberstwachmeister v. Gräfendorf.

Mechterstädt . . . . 21 Personen

Wilh. Heinrich v. Thüna.

Molsdorf . . . . 7 Personen

Witzleben v. Liebenstein.

Liebenstein . . . . 23 Personen
Frankenhain . . . 34 „
Gräfenroda . . . . 38 „
Ripperdroba . . . 11 „
Kettmannshausen . . 10 „

Witzleben von der Elgersburg.

Neuroda . . . . 9 Personen
Traßdorf . . . . 15 „
Martinroda . . . 14 „
Manebach . . . 39 „
Gera . . . . . 57 „
Burg (Elgersburg) . 19 „

Die von Erffa.

Erffa (Friedrichswerth) 25 Personen
Metebach . . . . . 2 „

Die von Herda.

Ettenhausen . . . . 16 Personen
Hastrungsfeld . . . 11 „

Hopfgartensche Dörfer.

Ebenheim . . . . 7 Personen
Burla . . . . . 2 „
Mechterstädt . . . 9 „
Ebenshausen . . . 2 „
Lauterbach . . . . 8 „
Frankenroda . . . 9 „

Ratza . . . . . 4 Personen
Neukirchen . . . . 12 „
Cranla . . . . 24 „

Die von Buttlar.

Wildprechtsroda . . 7 „

Gernhard Heinr. v. Stein.

Sauerbrunn . . . 16 Personen
Grumbach . . . . 6 „

Hans Ludw. v. Hanstein.

Ober Ellen . . . . 21 Personen

Kospothische Erbgerichte.

Wölfis . . . . . 21 Personen

Gericht Altenstein.

Schweina . . . . 42 Personen
Gumpelstadt . . . 34 „
Steinbach . . . . 82 „
Waldfisch . . . . 6 „

Amt Gotha.

	Pferde	Handfröhner
Friemar	62	77
Eschenbergen	18	17
Hausen	25	9
Boilstedt	22	22
Molschleben	41	76
Tüttleben	32	33
Siebleben	28	41
Busleben	25	44
Nettbach	12	3
Warza	28	30
Gamstedt	27	15
Wiegleben	28	16
Grabsleben	20	14
Brüheim	24	20
Eberstedt	15	7
Goldbach	42	43
Remstedt	24	24

Amt Tenneberg.

	Pferde	Handfröhner
Hörselgau	37	33
Teutleben	25	22
Aschbach	21	13
Trügleben	11	10
Sundhausen	39	35
Uelleben	27	18
Leina	37	34
Wahlwinkel	25	8
Fröttstedt	11	—
Langenhain	28	43
Klein Tabarz	10	5
Winterstein	5	2
Ruhla	1	32
Klein Schmalkalden	6	7

Amt Reinhardsbrunn.

	Pferde	Handfröhner
Friedrichroda	19	153
Ernstroda	33	45
Wipperoda	13	9
Cumbach	13	2
Röbigen	10	12
Tabarz	18	19
Cabarz	36	20
Finsterbergen	15	33
Altenbergen	6	17
Engelsbach	7	8

Amt Georgenthal.

	Pferde	Handfröhner
Georgenthal	7	11
Tambach	53	151
Dietharz	5	42
Hohenlirchen	31	39
Herrenhof	20	18
Gräfenhain	21	52
Nauendorf	12	17
Schönau	13	61
Catterfeld	10	48
Tobstedt	18	21

Amt Wachsenburg.			Amt Tonndorf.		
Apfelstedt	52	Pferde	Tonndorf	28	Pferde
Bittstedt	16	„	Klettbach	14	„
Bischleben } Roda	24	„	Tiefengruben	11	„
			Hohenfelden	11	„
Crawinkel	24	„	Meckfeld	11	„
Dietendorf	20	„	Amt Schwarzwald.		
Gossel	26	„	Zella	26	Pferde
Haarhausen	30	„	Mehlis	70	„
Holzhausen	18	„	Oberhof	5	„
Korn Hochheim	8	„	Amt Volkenroda.		
Rehestedt	11	„	Körner	64	Pferde
Thören	13	„	Klein Mehlis	22	„
Wölfis	32	„	Menteroda	15	„
Ichtershausen	25	„	Lahmen Reula	4	„
Eischleben	32	„	Hohenberga	12	„

42.

Haus- und Staatsarchiv zu Gotha, Original QQ (E IV) no. III, 1a.

Nebenreceß zum hennebergischen Theilungsvertrage, die Abtretung der 4 assecurirten Aemter betreffend.

Von Gottes Gnaden Wir Wilhelm, Ernst, Friedrich Wilhelm und Moritz, Brüder und Gevettern, Herzoge zu Sachsen, Jülich, Cleve und Bergen, respective Administrator des Stifts Naumburg, Laudgraven in Thüringen, Marggraven zu Meißen, auch Ober- und Nieder-Lausitz, gefürstete Graven zu Hennenberg, Grafen zu der Marck und Ravensberg, Herren zum Ravenstein, auch der Baley Thüringen Stadthalter, Vor Uns, unsere Erben und Nachkommen, thun kund und bekennen hiermit öffentlich. Demnach Wir uf gepflogenen weisen raht die bishero in gemeinschaft behaltene gefürstete Grabschaft Hennenberg mit einander Erb- und unwiederruflich Zutheilen eine nohtdurft und unser selbst eigenes, wie auch allerseits Land und Leuten bestes befunden, Uns aber darneben derer differentien und Irrungen, in welchen Wir und unsere in Gott ruhende liebe Herrn Vorfahren von langen Jahren hero wegen der ⁵/₁₂ an ermelter Fürstlicher Grabschaft Hennenberg, so wohl der Vier also genannten assecurirten Amter Weyba, Ziegenrück, Arnshaug und Saxenburg, sambt denen darzu gehörigen Städten begriffen gewesen, erinnert, In dem man sich an Fürstl. Weimarischer und Altenburgischer Seiten uf die mit denen weilandt gefürsteten Grafen zu Hennenberg, und zwar durch übernehmung einer sehr großen Schuldenlast getroffenen und von der damahligen Römischen Keyserl. Mt. confirmirten Erbverbrüderung, craft welcher nach absterben des Fürstlichen Hennenbergischen Männlichen Stammes die verledigte Grabschaft uf dieses Fürstliche Hauß alleine kommen und fallen

ſollen, unter andern gegründet, auch daß oberwehnte Vier Ambter, welche
weiland Churfürſt Auguſto zu Saxen ꝛc. Chriſtmilder gedachtnüß etlicher da-
mahls rückſtändig geweſener Gothaiſchen Kriegscoſten halber wiederlößlich eingeräumt worden, nach abſterben Herzog Johann Friedrichs deß mittlern zu
Saxen ꝛc., weil man ſich beßen delicti im geringſten nicht theilhaftig gemachet, ohne endtgeldt wieder zu reſtituiren oder doch zum wenigſten man
ſich des wiederlößungs-Recht, vermöge der darüber ausgefertigten aſſecura-
tion, biß zu ewigen Zeiten zu gebrauchen, angeführet, Hergegen wegen des
Churfürſtl. Haußes von Uns Herzog Moritzen, ſo viel die 8/12 an der gefürſteten Gravſchaft Hennenberg betrift, man ſich uf den weiland Hochermelten
Churfürſt Auguſto zu Saxen ꝛc. ertheilten Keyſerlichen Expectantz Brief erfolgte unterſchiedliche würckliche Belehnungen und bisherige langwürige poſſes
fundiret, auch zu einiger reſtitution erwehnter Vier aſſecurirter Ambter nicht
verſtehen wollen, ſondern darauf beſtanden, daß das Wiederlößzungs-Recht
mit abſterben weiland Herzog Johann Friedrichs des mittlern zu Saxen und
deßen Söhnen beſage des Reichs-Abſchiedes de Anno 1570. gänzlich er-
loſchen, und noch hierüber eine hohe Poſt von Einmalhundert Vier Tauſend
Fünfhundert Vier und Neunzig gülden Capital an rückſtändigen Gothaiſchen
Kriegskoſten mit und nebenſt dem Intereſſe zu bezahlen, und gleichwohl Wir
allerſeits aus tragenden Chriſtlichen eyfer, liebe und begierde zu Fried und
einigkeit nich unbillich dahin geſehen, damit ſolche differentien und Irrungen
durch gütliche mittel und wege Zugleich mit beygeleget, und in unſerm Chur-
und Fürſtlichen Hauſe iimb ſo viel mehr rechtſchaffenes, beſtändiges gutes
freundvetterliches Vertrauen künftig erhalten, auch uf die werthe Poſterität
transferiret werden möge, Daß Wir derohalben nicht allein unſere Räthe zu
dem ende Zuſammen geſchicket, und wir etwa aus dieſen irrigen puncten ex
aequo et bono Zuſammen nohtbürftig und mit fleiß berahtſchlagen laßen,
ſondern Sie auch ſelbſt in reiffe Deliberation gezogen, und endlich im nahmen
der Hochheyligen Dreyfaltigkeit Uns nachfolgender geſtalt wißentlich und wohl-
bedachtig mit einander vereinbahret und zu grund aus verglichen, Remblich.
Ob zwar die gefürſtete Gravſchaft Hennenberg ſo inn- als außerhalb Landes
unterſchiedene Adeliche und andere Lehen Zu verleyhen hat, weßhalben Uns
Herzog Moritzen zu Saxen ꝛc. über die in unſer nunmehr erblich zugeſchla-
genen Schleuſingiſchen portion der 8/12 an erwehnter gefürſteten Gravſchaft
Hennenberg ſeßhafte Lehn Leute gegen die andere ein Ziembliches an Lehen
und Rittergütern ermangelt, und Uns nicht unbillig nach proportion daran
zu erſetzen, daß dennoch Wir obgedachten unſere freundlich geſiebten Herrn
Vettern zu bezeugung unſerer freundvetterlichen affection vor alle und iede
an- und Zuſprüche ſowohl wegen der 8/12 an der gefürſteten Grabſchaft Hennenberg, als auch ermelte Vier bishero alſo genanten aſſecurirten Ambtern
ſolchen mangel alle dieienigen Lehen- und Rittergültern, welche in- oder
außer dem Henneberg. Teritorio ſitniret anßer Sechs Adelichen Lehnſchaften
ſambt deren Ritterdienſten, als Hans Georg Marſchall zu Eckartshaußen wegen des halben Dorfs daſelbſt, mit Einem pferde, Baltin Julius und Hans

Fredrich von Rothenhain zu Renthweinßdorf wegen Acht gütern zu Hörieth und andere mit Einem pferde, Dann Georg Wolff und Hanß Christoph und Phillip Sebastian von Rothenhain zu Mertzebach wegen eines Wolfs zu Memmelsdorf und andere auch mit einem Pferde, Veit Julius und Wilhelm Ulrich von Liechtenstein zu Heiligersdorf, mit dem Tramershof bey Heiligers-dorf gelegen und andere Stücke, in Lehnbrief benahmet, mit einem Pferde, und Hanß Jacob von Lichtenstein zu Lohma mit der Schenkstadt daselbst und ihrer Zugehörung, auch mit einem Pferde, wie auch Balten Friedrich, Hanß Ernst und Carl Sigmundt, Gebrüdere von Hutten zu Birckefelbt mit dem Dorf Rambsthal und andern Stücken in Lehnbrief benahmet, mit einem pferde, als welche Uns nebenß denen in unserm Landes Antheil gesesenen Vasallen verbleiben, gäntzlich schwinden und fallen laßen, und solche Hoch-bermelten unserer freundlichen lieben Herren Vettern und respective Herrn Vaters Gn. und LL. als ein praecipuum in beständigster form Rechtens es geschehen kan, mag und soll, hiermit und kraft dieses überlaßen, cediret und abgetreten, die sich dann darauß freundvetterlich Zuvertheilen wißen werden, mit dem angehengten Versprechen, daß Wir unserer freundlich ge-liebten Chur- und Fürstl. Herren Gebrüdern L. L. L. Consens und einwilli-gung hierüber nicht allein answürden, sondern Uns auch noch darzu eußerst bemühen wollen, damit deß Durchlauchtigsten Herrn Churfürsten zu Saxen rc. und Burggraun zu Magdeburg rc und Meisen rc. unsers freundlichen lieben Herrn Bruders und Gevatters L., oberwehnte noch rückständige 104594 fl. Gothaischer Kriegscosten an Capital und Zinßen, in deme solche Ihrer Ld. rc. allein zustehen, und was noch sonst etwa dahero zu praetendiren seyn möchte, allerdings remittiren und fahren laßen mögen, Jedoch behalten Wir Uns unserer sämbtlichen freundlichen geliebten Herren Gebrüdern die gesambte Handt an denen übrigen 7/12 theil der gefürsteten Grabschaft Henneberg hier-mit ausdrücklich bevor, Welches auch Wir Herzog Wilhelm und Herzog Ernst Gebrüdere, sowohl Wir Herzog Friedrich Wilhelm, allerseits zu Sachsen rc. Zu gleichmäßiger contestirung unserer beständigen freundvetterlichen affec-tion endlich acceptiret und angenommen, auch hiermit und in kraft dieses aller und ieder unsere an denen 5/12 theilen der gefürsteten Grabschaft Hen-nenberg, so wohl oft erwehnten Vier also genauten affecurirten Aembtern und allen deroselben Regalien, Ein- und Zubehörungen, bishero gehabten An- und Zusprüchen, wie Sie nahmen haben mögen, Uns gäntzlich begeben, und benenselben, insonderheit aber der Reichs Lehen, Landesfürstl. Hoheit, eigenthumb und andern gerechtsamen in beständigster form Rechtens renun-ciren und absagen thun, iedoch die gesambte handt und mit belehnschaft an besagten Vier Aembtern undt denen 5/12 theilen der gefürsteten Graffschaft Henneberg Uns vorbehältlichen, maßen denn auch bey dem ersten nach Got-teswillen sich begebenden fall Die Reichs Lehns Briefe geeundert und dieser unser nuhmerigen Vergleichung gemees eingerichtet werden sollen. Wie nun gegenwertiger freundvetterlicher Vertrag mit allerseits guten wißen, freyen und ungezwungenen willen, auch gepflogenen Zeitlichen raht hierüber verhandelt, beschloßen und aufgerichtet worden. Also gereden und Versprechen Wir vor Uns, unsere Erben und Nachkommen in kraft dieses briefes sambt und sonders bey Fl. Ehren und wahren worten, daß Wir demselben in allen seinen puncten, Claußulen und Anhängen, getreu- und unverbrüchlich nachleben, darüber stet und fest halten, Darwieder nichts fürnehmen, thun oder handeln, noch solches Jemanden Zuthun befehlen oder verstatten wollen. Uhrkündlich haben Wir obgenante Brüdere und Gevettern, allerseits Herzogen zu Saxen ꝛc., diese Vergleichung mit eigenen händen unterschrieben und mit unsern Fürstl. Secreten wißentlich betrucken laßen, So geschehen Weimar zur Wilhelmsburg Donnerstags vor Laurentj war der Neundte August Monats Im Jahr Christi 1660.

Wilhelm.   Ernst H. Sachßen.

43.

Haus- und Staatsarchiv zu Gotha, A VI (3) no. 4.

Herzog Ernst an die Röm. Kaiserliche Majestät.

Euer Kaiß. Maj. sehndt meine allerunterthänigste in beharrlicher trewe und gehorsamb beflißenste Dinste bevorn, Und habe aus deroselben allergnädigst an mich ergangenen Schreiben sub dato Wien am 26. May, welches mir den 1/11 Junij auf der Post zukommen, mit nicht weniger betrübniß verstanden, welchermaßen der grausame Erbfeind christlichen Namens der Türd zu denen biß anhero stard verhofften Friedenshandlungen so gar nicht mit Ernst geneigt, daß er vielmehr zu einem mächtigen geschwinden Einfall in das Königreich Ungarn und E. Kayß. Maj. Erblande sich rüste, auch all schon im Anzuge begriffen sey, und erkenne ich darbey zuforderist mit allerunterthänigster schuldigster Devotion, daß E. K. M. deßen allen so ausführlich über das, was dero höchstansehnlicher Kayß. Commissarius zu Regensburg auf izigem Reichstage deshalben eröffnet, mich verständigen. auch meines wiewol geringfügigen Raths u. eilender Hilffe in Kaiß. Gnaden mit sonderbarem hohen Erbieten allermildest und bewegligst begehren wollen. Ich habe meines Theils seithero der in Siebenbürgen entstandenen Unruhe zwar höchlich gewünschet, auch Gott angerufen, daß er E. K. M. Königreiche und Lande und fürders das ganze Röm. Reich vor dem gewaltsamen Einbruche dieses grausamen Feindes gnädiglich bewahren wolle, nicht so sehr aus Furcht u. Scheu für neuer Unruhe, deren zwar ich in meinem nun in das 62ste Jahr sich erstreckenden Alter u. nach mancherley von Jugend auf ertragenen Last und Beschwerung natürlicher Weiße mich wol entfreyet wünschen möchte, als in betrüblicher Erinnerung, wie leider so gar schlecht ohngeachtet deßen durch übergroße Gnade Gottes gleichwol nun geraume Jahr mehrentheils genoßenen Reichsfriedens die innerliche Kräfte des Vaterlands beschaffen seyen, dann da ist zu bellagen, daß es noch immer am rechtschaffnen Vertrauen u. aufrichtiger treuer und friedensmäßiger Zusammensetzung im Reiche ermangele, hingegen die Verbitterungen zwischen den spaltigen Religionen sich wieder herfür thue, auch ein und andern Orts mancherley Absehen u. Behauptungen neu erwecter Prätensionen mit Oppression der benachbarten u. schwächeren, auch mit großem mißbrauch der Justiz fürgenommen werden, Daraus große Kosten und Bürden der armen Unterthanen entspringen, hingegen zur gemeinen Wolfahrt u. zumal auf Mittel u. Bereitschaft, wie einem allgemeinen so mächtigen Feindt zu begegnen, oder auch demselben in seinem bekannten untreuen und friedbrüchigen Beginnen zu gelegener Zeit fürzukommen wäre, wenig Gedanken sich ereignen, anderer täglich sich mehrender schädlicher Gebrechen u. sonderlich des ohnerhörten alle Stände überschwemmenden Luxus, wordurch allen alten und neuen löblichen Ordnungen zuwider die Einkünfte erschöpft, die ohne das nicht große Geldmittel in die Fremde gespielet, u. der gemeine Haufe, durch deßen Arbeit u. Vermögen sich doch die höhern nähren müßen, je mehr u. mehr der Nahrung u. Aufnehmung geschwächt, u. also dem gesammten Vaterland die rechte innerliche Stärke nach und nach entzogen wird, zu geschweigen, daß es also kein Wunder, wann anstatt realer Bezeigungen in ereignender allgemeiner Noth die domestica mala nichts als lamentationes verursachen, auch viel bösere effectus, wo Gott nicht sonderlich Gnade u. Verschonung fürgehen laßen wird, nach sich ziehen, wie denn zu besorgen, daß bei solcher Bewandtnis u. wegen der darbey fast durchgehends einreißenden Ruchlosigkeit der gerechte Gott zu Verhängung großer Strafen gleichsam genöthigt werde. Dannenhero ich dann meines wenigen Theils bald nach angetretener E. K. M. Regierung nicht gering Verlangen getragen, daß durch deroselben allerhöchste Autorität bey dero von dem allgütigen Gott verliehenen höchstpreißlichen Gaben an allerhöchster Würde, Weisheit u. Vermögen, auch blühendem Alter (welches der höchste Gott in stets währendem Wolergehen segnen u. vermehren wolle) die consilia bey noch währender u. leider jezuweilen nicht so gar sicher stehenden Reichsruhe, wie insgemein zu des H. Reichs Aufnehmen u. Wolfahrt, als auch insonderheit auf die nicht unvermuthete Fälle der besorgten Türckischen Armatur in Zeiten hätte gerichtet werden mögen, gestalt es dann an E. K. M. heilsamer und rühmlichster Intention ohne Zweifel nicht wird gemangelt haben, allermaßen ich mich dann allerunterthänigst erfreue, daß dieselbe in obangeregtem dero Kais. Schreiben dergleichen allerhöchstgültige contestationes zu entdecken sich gnädigst gefallen laßen. Es ist auch, so viel ich meines Orts begreifen kann, wol gewiß u. unzweifelich, lehret es auch Gottes Wort u. die gesunde Vernunft, daß mit rechtem Bestande u. Versicherung glücklichen successus wider einen so gewaltigen u. blutdürstigen Feind nichts gedeihliches fürzunehmen, wann nicht zuvorhero u. zugleich das Corpus Reipublicae in seinem innerlichen Gebrechen gebeßert, und zu Uberstehung so großer Gefahr auch kräftiglicher rechtschaffener Gegenmittel wol disponirt u. erhalten wird. In solcher Betrachtung habe ich meiner E. K. M. u. dem H. Reiche zutragender hohen Pflicht nach, auch aus Antrieb christlicher gewissenhafter Schuldigkeit, wiewol ich mich unter die schwächsten u. geringsten bescheidenlich zu rechnen habe, meinen Abgesandten zu Regens-

burg dahin befehligt, daß er zu allerförderst über die Frage von der zukünftigen Hülfe wider den Erbfeind das fürnemste Absehen auf diesen Zweck mit
richten, darnächst aber, oder vielmehr, wie es die Zeit u. Ort erfordert,
pari passu zu tapferer u. nützlicher Anstalt des Kriegs allerhand mir nach
meiner Wenigkeit aus Erholung deßen, was je vorzeiten bey solchen Kriegen
ergangen u. sich izo möchte praktiziren laßen, beygefallene Erinnerungen u.
Fürschläge thun u. veranlaßen, besonders aber im Ende dahin zielen solle,
daß durch E. K. M. hohe der Sache wol verständige Ministros u. etliche
Deputirte der Stände eine nützliche ordentliche Consultation über dergleichen
Dingen gehalten, u. nach Notturft continuirt werden möchte. Ich bin auch
gänzlichen Vertrauens, es werden Churfürsten und Stände des Reichs bey
gegenwärtiger Noth keine andere Intention führen, als mit E. K. M., dem
höchsten u. allerwertheſten Oberhaupte, nach Möglichkeit zusammen zu treten.
Darbey dann auch E. K. M. nichts unterlaßen, was sowol zur Beförderung
solcher Zusammensetzung, als auch zu gedeihlicher Fortstellung der Kriegs-
rüstung dienet, besonders aber nach dero höchsterleuchtetem Verstande ein u.
andere in vorzeiten fast allemal sich ereignenden Mängeln u. schädlichen Hin-
dernußen abzuhelfen trachten, gestalten dann dahin mit zielet u. ersprießet
wann zu Erlangung und Erhaltung eines wol gerüsteten mit vernünftigen
tapfern Häuptern versehenen Kriegsheeres nicht allein kein Fleiß gesparet,
sondern auch ein und anderer aus der Erfahrung in bisherigen Kriegen gut
befundener Vortheil in allerhand Kriegsnotturft bedacht, ein beständig consi-
lium bellicum formiret, richtige Bezahlung an Geld u. Materialien, die im
Lande füglich zu haben, verordnet u. zu Erhebung des Proviant- und Am-
munitionswesens, wozu die Bequemlichkeiten der Ströme u. Flüße wol etwas
beßer mit Zurichtung neuer Canäle, auch freyer Ab- u. Zufuhr aller Kriegsnotturft zu gebrauchen stünden, nichts unterlaßen wird, welches alles um so
viel nöthiger, weil dem Verlaut nach der Erbfeind in Kriegsexercitien u.
Waffen auch um ein grosses gegen vorige Zeiten zugenommen, u. wäre wol
zu wünschen, ist auch E. K. M. allerhöchster Fürsorge wol werth, daß man
in etlichen Stücken, die einem christlichen Kriegsvolke noch viel mehr anstünde,
von dem Feinde selbst gleichsam Exempel der Nachfolge nehmen möchte wie
man dann nicht ohne schon Wind bekommen müßen, daß der Gehorsam u.
Disciplin bei den unserigen viel schlechter beschaffen, die Tractamente oder
Stabpracht u. Verschwendung bey den Officieren allzu groß, wie auch die
Unordnung mit dem Troß gar unerträglich. Bevorab aber werden E. K. M.
in Kayf. Gnaden von mir, dero getreuem Reichsfürsten, vermerken, daß um
die Religionsfreyheit sowol für E. K. M. Erbkönigreiche u. Lande, dahin in
E. K. M. allergnädigstem Schreiben schon höchst rühmlich gezielet wird, als
auch sonsten im Reiche nach Anleitung des Friedenschlußes ich meines wenigen Theils meinem Gewißen u. zu meiner Religionsverwandten unbillig
tragender Liebe nach angelegentliche Sorgfalt spüren laße und mich danner-
hero erkühne, E. K. M. allerunterthänigst gehorsam anzurufen, zu solchem
Werke christliche u. heilsame Wege zu ergreifen, daß nicht allein der Stände

in Ungarn u. Siebenbürgen Gemüther hierunter nicht weiter erreget, sondern auch in gemein den protestirenden Ständen u. dero Unterthanen die Devotion u. Begierde sich in solchen Kriegen desto mehr u. kräftiger gebrauchen zu laßen vermehret würde, wann ihnen die Besahrnuß entnommen u. Sicherheit gemacht wird, daß sie nicht allein in währendem Zuge u. bei täglich vorstehender Todesgefahr ihrer Religionsübung keinen Mangel haben, sondern auch nach glücklicher Endung des Kriegs u. beruhigten Landen sich u. ihre Religionsgenoßen an ihrer Gewissensfreyheit u. Uebung des Gottesdienstes ruhig sehen u. finden mögen. Bey solcher Vergewisserung möchte u. könnte ein u. andere Standesperson nicht nur mit einem gemeinen Contingente in dergleichen Fällen sich angreifen, sondern auch wol aus einem besonderen Eifer die Ehre Gottes u. das Aufnehmen der Christenheit zu befördern ein mehreres u. größeres auf fürgehende gewiße Vergünstigung Orts und Gelegenheit anwenden, inmaßen dergleichen Fürschläge im vorigen Säculo ins Mittel kommen, auch von der Krone Hispanien mit der Insel Malta nicht ohne Nutzen practizirt worden. Bey iziger von E. K. M. mir allergnädigst eröffneter Eilfertigkeit wünschte ich von Herzen, daß meine getreue u. aufrechte Intention zu E. K. M. u. des Reichs Diensten die Kräfte genüglich respondiren möchten. Es wollen sich aber dieselbe in Kays. Hulden versichert halten, daß alle demjenigen, so auf fernerweite Reise u. vertrauliche Berathschlagung zu der bevorstehenden Kriegsangelegenheit, wie dieselbe hinkünftig zu dero Erbkönigreiche u. Lande, auch des ganzen Reichs u. der Christenheit Heil zu führen u. zu beobachten, auch auf unverhoffte Unglücksfälle, die Gott vielmehr gnädiglich abwenden wolle, eine Bereitschaft u. Nachzug zeitlich zu bedenken, nutzbarlich beschloßen werden kann, ich nach der Mensur meiner wenigen Lande mit gutem Herzen u. allerunterthänigster Willigkeit beytreten werde. Für dieses Jahres Campagne aber, weil ich auf solche eil u. lang gewährte Deliberation über der Volkshülfe, dergleichen alsobald in die Weite zu senden nicht gefaßt, wollen E. K. M. über die unlängst baar offerirte 25 Römermonate, die auf dero Verordnung ich parat halte, annoch 10 Monate, u. ferner auf instehend Martini anderweit 15 Monate (oder nach ferner Gutbefinden das Volk darfür) u. also auf dieses Jahr bis zum Feldzuge künftigen Jahres in allem 50 Monate meines Anschlags, allergnädigst zu einer Bezeigung meiner allerunterthänigsten Gutwilligkeit annehmen, u. wohin ich die izo versprochenen 35 Monate füglich zahlen solle, mich bedeuten laßen. Darnächst ich, wann inmittelst die Kriegsverfassung eingerichtet wird, auf künftige Zeit mich nach Vermögen auch angreifen u. am liebsten meine Hülfe alsdann auf Volk richten, inzwischen auch auf die dazu nöthige Anstalten u. gute Bereitschaft meiner Unterthanen mit Fleiß bedacht seyn werde. Bitte darbey E. K. M. in allerunterthänigstem Gehorsam, Sie wollten auf mich u. mein Haus, wie insgemein also insonderheit bei der mich u. meine Mitinteressenten sehr betreffende Angelegenheit wegen der mitten in unsrem Lande liegenden Stadt Erfurt eine allergnädigste Reflexion nehmen u. nicht geschehen laßen, daß durch übereilte kriegerische unnöthige Execution bey diesen zumal gefährlichen Zeiten etwas anderes, als E. K. M. fürgebildet wird, gesuchet, sondern vielmehr mein u. meines Hauses aufrechten, rechtlichen u. billigmäßigen petitis u. oblatis, inmaßen ich deshalben absonderlich E. K. M. abermals alleruntertthänigst anlangen muß, stattgegeben werden möge; denn E. K. M. allergnädigst ermessen wollen, daß ein solch innerlich Feuer mich nicht nur über die Maßen betrüben, sondern auch die meisten Kräfte meiner Landstände u. armen Unterthanen, die ich, wie Gott auch sonder Ruhm vieler Orten im Reiche bekannt, sorgfältiglich bey Nahrung u. Mitteln um des gemeinen Wesens sowol als ihrer eigenen Wolfahrt willen zu erhalten, jederzeit getrachtet, ohne alle Noth consumiren würde, dem allen leichtlich vorzukommen seyn u. zu E. K. M. allerhöchstem Nachruhme, auch niemandem zur Beschwerde, sondern vielmehr zu Stiftung beständiger Ruhe dieser Lande gereichen, mich aber u. mein Haus unendlich obligiren wird, wodurch dero allergnädigstes Einsehen u. Vermittelung einige allzuheftige Beginnen u. weit gestellte disegni moderirt u. die Termini des gebührlichen alten Statuts bey gemelter Stadt erhalten, u. zu solchem Zwecke zielende reputirliche u. billigmäßige Mittel nicht ausgeschlagen werden, welches ich also mein u. meiner Lande äußersten Nothurft nach in dem deroselben zeitlichem Wolwesen u. der Nervus zu E. K. M. u. des Reiches Dienste, welcher sonst in diesen unnöthigen innerlichen Beschwerden zugesetzt u. verzehrt werden müße, an diesen Dingen guten Theils dependiret, in unterthänigster Confidenz mit anzubängen mich erkühnen wollen. Euer Kays. M. damit der allgewaltigen starken Obhut Gottes zu Kays. selbst verlangendem Wolergehen u. zumal zu siegreicher Uebung u. Außgang dero Waffen wider den einbrechenden grausamen Feind getreulichst angebende, zu dero beharrlichen Kayserlichen Hulde aber mich, mein Haus u. Landschaft demüthigst befehlend. Datum Friedenstein 14. Juny Anno 1663.

44.

Herzogliche Bibliothek zu Gotha Cod. Chart. A, no. 101, f. 26.

Instructions-Puncta für Johann Michael Wansleben.

Demnach uns Johann Michael Wansleben, der orientalischen sprachen und anderer Wissenschaften Studiosus zu vernehmen gegeben, daß er gesinnet were eine Rehse nach Abissinien zu thun und sich daneben erbeten, da wir ihm zu beförderung der Ehre Gottes u. seines worts etwas in gnaden auftragen wollten, solches willigst zu übernehmen, auch treulich u. fleißig zu verrichten, mit unterthänigster bitt, ihme beförderung u. zuschuß zu solcher Rehse nach unserm selbst eignen belieben u. gutfinden auß gnaden zu thun, u. uns dann der Zustand gedachten Königreichs, sonderlich wegen der von vielen seculis darinn erhaltenen Christlichen Religion bekant, auch zu hoffen, es könte dergleichen Rehse heute oder morgen zu vielen guten dienen; so haben wir ihm solch vorhaben nicht zu widerrahten gewust, sondern vielmehr auf gewiße maße zu befördern u. bemelten Wansleben mit etlichen Instructionspuncten, damit er seine Reyse desto vorsichtiger u. nützlicher anstellen u. verrichten könne, zu versehen in gnaden beschloßen; Ob Gott der Herr gnade geben wolte, daß durch dieses mittel gründliche erkundiguug über ein u. andern Punct eingeholet u. dadurch sowohl anderer Christlicher Potentaten gemeiner Christenheit wohlfahrt zu bedencken, alß auch den Abißiniern selbst, nach dem Zustande unserer christlichen Kirchen u. Policeyen zu fragen ursach u. anlaß gegeben werden möchte. Und zwar wollen wir

1. das gnädigste Vertrawen zu ihm haben, erfordert es ohne das auch die Christl. schuldigkeit bey einem solchen hochwichtigen Vorhaben, daß er sein Christenthumb u. Gottesfurcht ihm einen rechten ernst seyn laße, Gott den Herrn u. den Hauptzwed seine Ehr u. Lehr stets vor augen u. im Hertzen habe, fleißig u. andächtig bete, die gefahr unter so widrigen religiouen u. barbarischen Völdern betrachte, jedoch mit Paulo unverzagt sage: Ich bin gewiß, daß weder Todt noch Leben, weder Engel noch Fürstenthumb, noch gewalt rc. mich scheiden könne von der liebe Gottes, die da ist in Christo Jesu unserm Herrn, auf daß er in gefahr getrost, in widerwertigkeit gedultig u. in hoffnung frölich, eine solche höchst gefährliche Reyse als einen ordentlichen beruf mit guter resolution antreten u. fortsetzen könne. Im übrigen wird er sich der Christlichen Erbarkeit, sittsamkeit u. mäßigkeit, auch bescheidenheit im Nachforschen u. fragen u. insgemein also zu verhalten haben, daß er ohne ärgernuß u. vorwurff das vorgesetzte Ziel erreiche.

2. Soll er seine Reyse mit ehester bequemen gelegenheit nach Italien u. zwar erstlich auf Venedig u. dann auf Livorno nehmen u. sich hierzu der mitgegebenen recommendationen bedienen. Dabey wir denn aus gewißen Uhrsachen für gut ansehen, daß er sich nur seines taufnamens Johann Michaelis gebrauche. U. nachdem er allerohrten fleißige erkundigung eingezogen u. nach erforderung einer solchen Reyse mit zugehöriger Nothdurfft sich in einem u. andern bestmüglich versorget, auch mitterzeit in der Italiänischen sprache fleißig geübet haben wird; soll er die erste bequemste u. sicherste gelegenheit über Meer zu fahren ergreiffen u. nach dem unter den kauffleuten gewöhnlichen gebrauch sich mit leib u. gut gegen ein gewißes vom hundert assecuriren laßen, damit er auf den fall der gefangenschaft, welche Gott verhüte, ohn unser Zuthun gelöset werden könne, auch zu desto beständiger einrichtung solches contracts sich erfahrner Leute guten Rhats u. gesetzener Leute caution gebrauche; da er aber doch hierüber in unglück u. gefahr gerathen sollte, wollen wir aus Christlicher liebe, so viel wegen entlegenheit deß ohrts u. anderer umbstände halben geschehen kan, uns seiner in gnaden anzunehmen nicht unterlaßen.

3. Dafern es sich mit der schiffart in etwas verziehen, oder keine bequeme gelegenheet sich sobald ereignen solte; solches falls können wir geschehen laßen, daß er sich eine Zeitlang nach Rom begebe u. daselbst deß itzigen Zustandes deß Königreichs Abissinien, jedoch mit guter behutsamkeit u. verschwiegenheit erkündige, jedoch zu Livorno eine gewiße abrede hinterlaße damit er auf ereigende gute gelegenheit sobald nachricht davon erlange.

11 *

4. Wann er nun mit der hülffe Gottes glücklich über Meer u. in Aegypten gelanget, soll er sich angelegen seyn lassen, bey dem Alexandrinischen Patriarchen in Kunnschafft zu kommen, u. durch solche gelegenheit alle nachricht sowohl wegen fernerer Reyße alß auch wegen deß gegenwertigen Zustandes in Abißinien zu erfahren u. darnebeu die Arabische sprache fertig zu begreiffen trachten.

5. Wenn ihm nun Gott der Herr glücklich in Abißinien u. deß Königs hofflager verhilfft, soll er sich keines andern vernehmen lassen, alß daß er aus einer Christlichen begierde das Land zu besuchen zu dieser Reyße getrieben worden; weil in Europa erschollen, wie das Christliche Volck der Abißiner durch eine sonderbahre Guade Gottes mitten unter so vielen Barbarischen nationen bey dem allein seligmachenden Evangelio u. wort Gottes erhalten, auch vor wenig jahren auß der Hand der widersacher wunderbahrer weyse errettet worden, man auch sonst von ihrer liebe zu Gottes wort, beständigkeit bey der Christlichen Religion u. guten sitten, redligkeit u. aufrichtigkeit gnugsame nachricht vernommen; so hette ihn verlangt, das land selbst zu sehen u. zu besuchen, darzu ihm dann ein Christlicher Fürst, welcher dem Königreich Abißinien alles gute gönnete u. wünschte, vorschub u. förderung gethan. Derselbe wehre nun neben andern Evangelischen Potentaten geneigt, zu eines solchen christlichen Königreichs aufnehmen u. wohlfahrt dasjenige gerne mitzutheilen, was ihm Gott der Herr für vortheil u. anstalten in Kirchen u. Policeywesen in Kriegs- u. Friedenszeiten verliehen hette, damit die Abißiner dadurch gelegenheit bekämen sowohl die Christl. Religion unter so großer menge herumbwohnender unchristlicher Völcker auszubreiten, alß auch ihr eigen Königreich in sicherheit, ruhe u. wolstand zu sehen, zu welchem ende ihme freystünde, ihmand der ihrigen herauß reysen u. von allen dingen nothwendige kunnschafft einholen zu laßen, könten sich auch deßen wohl vergwißern, wenn dergleichen hin u. wider reysenden Personen nur sicherheit vor dem Türcken in Aegypten u. mittel über Meer zu kommen geschafft würden, daß alsdann durch Christlicher Potentaten vorsorg sie bißeit des Mittelländischen Meeres keinen mangel leyden, sondern vielmehr alle mügliche Hülffe u. beystand finden solten.

6. Wann nun seinem anbringen gehör gegeben wird, mag er wohl, jedoch ohne vorgeben einiger schickung, unser insonderheit mit Nauten gedencken u. sie unserer guten intention zur Ehre Gottes u. gemeiner wohlfahrt versichern, auch da uns der König etliche tüchtige Subjecta, bey denen ein Christlich fromm gemüht u. gute geschicklichkeit zu verspüren, recommendiren würde, daß wir denselben unterhalt verschaffen u. Sie in denen zu dem gemeinen besten nützlichen wißenschafften u. Künsten unterrichten laßen, sonsten aber, dafern der König in Abißinien nur jenseit Meers obgedachter maßen das seinige zur sache thäte, auch andere Christliche Potentaten zu bewegen uns angelegen seyn laßen wolten, damit bißeits zu stifft- u. erhaltung guter freundschafft, auch erreichung gemeiner wohlfahrt aller müglicher beytrag gethan würde.

7. Dafern man ihn nun von religionssachen fragte, hette er den mitgenommenen auffatz zu zeigen, vor sich aber im discurs alle gute behutsamkeit zu gebrauchen, u. bey ereignender difficultet u. zweiffel es auf communication u. conferenz beyderley Kirchen zu stellen.

8. Soll er sich vor allen Dingen auch noch in Aegypten erkundigen, was mit Petro Heylingen von Lübeck vorgangen, was seine verrichtung drinne gewesen, u. wie es mit seiner Zurückreyse u. der außgesprengten Zeitung eigentlich bewandt.

9. Ingleichen soll er auch gründlich zu erfahren trachten, ob dem also, daß Herr Gregorius auf der See blieben, u. wie es damit ergangen.

10. In dem Lande selbst soll er zubörderst die bewußte denckwürdige mutation so sich vor 30 Jahren darinn zugetragen, nach allen umbständen der Zeit, Ort u. Personen fleißig erforschen u. da müglich einen beglaubten bericht von der nation selbst zu erlangen trachten.

11. Nechst diesem soll er bemühet sein, den Statum ecclesiasticum sambt den vornehmsten Hauptstücken ihrer religion, die einrichtung deß Kirchen Regiments, macht u. gewalt deß Königs in geistlichen sachen, der geistlichen ansehn u. authorität, Kirchenceremonien, cathechization, der jungen u. alten Kirchen Historien u. was sonsten das Kirchenwesen belangt, in gründliche erkundigung zu bringen.

12. Ingleichen den Zustand der Policey, macht u. stärke deß Königs, abtheilung der hohen u. niedrigen bedienten bey hoff u. der regierung, sonderbahre, denckwürdige anstalten in Kriegs- u. Friedenszeiten, stärcke der feinde u. benachbarten, intraden u. einkünfte, gelegenheit u. zustand der Stätte, Päße, waffen, volck, geld, Bergwercke u. dergl., was zu erhaltung einer Policey u. Regiments von nöhten.

13. Die unterschiedlichen abrten u. beschaffenheiten der Unterthanen u. von diesem Königreich dependirenden Völcker, unterscheyd ihrer sitten u. sprachen, abtheilung in gewiße Provincien u. gubernamente, sambt denen darin gehörigen stätten u. dörffern u. was etwan sonst denckwürdiges von einer oder der andern nation observiret werden kann.

14. Nicht weniger die natürliche beschaffenheit u. fruchtbarkeit deß Landes, wie daßelbe an flüßen, gebfirgen, Seen u. d. g. geachtet, wie es eigentlich umb die ableitung des Nili, so in deß Königs Händen stehen soll, bewandt, darbey er dann die elevationes poli nehmen, jedoch bey allen solchen erkündigungen gebührende behutsamkeit brauchen soll, auf daß er keinen bösen argwohn von sich gebe, zumahl ehe er mit der Nation in vertrauliche Kundschafft kommen.

15. Ferner ihre Historien u. geschichte sowohl vergangener als ietziger Zeiten, sambt der Chronologi u. geschlecht Register der Könige, auch wiefern sie die gelehrtheit achten, u. wie weit sie es zum höchsten bringen.

16. Seine rückreyse betreffend, wird er dieselbe nach gnugsam genommener erkündigung in den wichtigsten puncten, wie es die Zeit u. Sache leyden wird, anzustellen haben. Da aber bald an ihm begehret werden solte,

mit etlichen, die man herauß reyfen laßen wolte, zuziehen, hette er solches zu thnen und denselben zu ihrer reyfe behrähtig u. behülfflich zu feyn, zufördert aber eifenden bericht davon zu thuen. Im übrigen wollen wir uns auf die specialnachricht u. information, so ihm unfer Hoffrath Herr Hiob Ludolff geben wird, bezogen, u. zum beschluß die Gottesfurcht u. verfichtiglcit nochmals ernftlich anbefohlen haben.

17. Wie er nun solches alles zu beobachten u. feine treu ungesparte fleißes zu erweifen u. auf feine, Gott gebe, glückliche widerkunfft umbftändliche relation zu thun durch einen handschlag an Eydesftatt versprochen u. zugefagt, also haben wir uns zu einem gewißen hiermit erklären, und damit dem unterthänig gefuchten Vorschub u. beytrag zu feiner vorhabenden Reyse thuen wollen. Nemlich zu der Reyse nach Italien u. über Meer biß in Aegypten 200 Thaler, dafelbft ein oder zwey Jahr zu fubfiftiren (600), u. zwar jährlich 300 Thaler, dergeftalt daß ihm 150 Thaler bey der abfahrt außgezahlet u. das übrige durch wechfel nachgemacht werde, u. dann bey der widerzurückreyse von Aegypten biß widerumb herauß 200 Thaler, worauf er feine rechnung zu machen u. feine fachen darnach anzuftellen wißen wird. Uhrkundlich baben wir diese puncte eigenhändlich underschrieben u. mit unferm fecret beftärcken wollen. So gefchebn Friedenftein den 29. Junii Ao. 1663.

Ernft H. z. Sachffen.

45.

Ueberfetzung des Abyffinifchen Paffes, welchen Wansleben bekam.

Ernestus von G. Gn. Herz. z. Sachffen, Jülich, Clere und Berg, Landgraf in Thüringen, Markgraf zu Meißen, welche Landschaften in Teutschland liegen, welches ein Königreich in Europa ift. Der Friede Gottes mit Freude u. Gefundheit, beides an Leib u. Seele, bewahre alle diejenigen, so diefen offenen Brief sehen u. hören verlefen. Kund u. zu wißen fei euch, daß Ueberbringer diefes Briefs, Namens Johann Michael, aus unferem Lande bürtig, fich bei uns an unferem Hofe angemeldet und uns unterthänigft bittend bei uns angebracht, wie er Luft u. Begierde habe, nach Aegypten u. Aethiopien zu reifen, die chriftlichen Kirchen dafelbft zu fehen, hätte auch ihre Sprache lernen u. in ihren Büchern ftudiren wollen, bat uns deswegen unterthänigft, daß wir ihm ein Zeugniß und Paßbrief geben möchten, damit fie ihn nicht in einen böfen Verdacht hätten, fondern vielmehr für einen guten Chriften halten u. mit Lieb u. Freundschaft aufnehmen möchten. Weil uns nun folch fein Vorhaben gefallen, wohl wißend, daß er eine chriftliche Perfon aus Deutschland u. kein Franke i. e. Papift fei, u. daß er Gott im chriftlichen Glauben fürchtete, in Wiffenschaften u. Sprachen wohl unterwiefen u. dazu ehrlichen u. aufrichtigen gemüths fei, fo fehen wir daher gern, daß ihm mit allen Freundschaften u. Gutthaten begegnet werde. U. nachdem wir mit sonderbarem Wohlgefallen vernommen, wie die Könige von Abyssinien bei ihrem christlichen Glauben in der Lehre der Propheten u. Apostel, der Herren Väter auf dem Nicaenischen Concilio versammelt, und derer zu Constantinopel u. Ephesus beständig geblieben: haben wir daher grosse Begierde bekommen, dieses alles ganz eigentlich u. gründlich zu erfahren. U. weil ohne das alle Christenglieder eines Leibes sind, so ist's billig, daß sie unter einander bekannt werden, u. einer dem andern nach Möglichkeit hülfliche Handleistung thue sowol in geistlichen als leiblichen Dingen, gestalt denn auch wir von Herzen begierig u. bereit sind, alles das Gute, welches uns Gott der Herr durch seine unendliche Güte mitgetheilt, entweder an Wissenschaften oder Künsten, ohne einigen Gewinn ihm auch willigst mitzutheilen. Und wünschen daneben herzlich, daß Gott der Herr das Reich Abyssinien sammt ihrem Könige, deßen Hoheit wir hoch veneriren, erleuchten, segnen u. behüten wolle; auch zugleich jedermann bittend, sie wollen gedachten Johann Michael als einen Christen mit christlicher Liebe aufnehmen, auch, nachdem er seine Reise vollbracht, mit Friede u. guten Willen wieder von sich laßen, welches wir wiederum gegen die ihrigen, so sie zu uns kommen werden, also halten wollen. Zu deßen Urkund u. mehrer Gewißheit haben wir dießen Brief auf Abyssinisch schreiben laßen u. haben ihn mit unserm Siegel bestärket u. mit unserer eigenen Hand unterschrieben. Gegeben in unserer Residenzstadt Gotha, welche in Deutschland liegt, so da ein Königreich in Europa ist, den 20 Juli im Jahre nach Christi unseres Heilands u. Seligmachers Geburt 1663, welcher ist Gott hochgelobet in Ewigkeit. Ihm sei Ehre. Amen.

46.

Haus- und Staatsarchiv zu Gotha QQ * 12.

Landgraf Ludwig von Hessen verbessert auf Anregung Herzog Ernst's die Pfarrer- und Schullehrer-Besoldungen.

Von Gottes Gnaden wir Ludwig Landgraf zu Hessen, Fürst zu Hersfeld, Graf zu Catzenellenbogen, Dietz, Ziegenhain, Nidda, Schauenburg, Yssenburg und Büdingen ꝛc. Geben hirdurch zu vernehmen, alß Wir durch Gottes gnade Vnß ernstlichen fürgesetzt haben, in Vnßerm, Vnß von Gott anvertrawten Fürstentumb vnd Lande eine sonderbahre Vfsicht auf Kirchen vnd Schulen zu haben vnd vnder anderm auch dahin zu sehen, wie in demselben die Pfarrer vnd sonderlich die Schuldiener dergestalt mit Besoldung versehen worden, daß Sie ein solches außkommen darbey haben, damit Sie Ihre Kirchen vnd Schul Arbeit, anbejohlner maßen mit Freuden vnd vngehindert thun können; Vnd dann von dem Durchleuchtigen Fürsten Herrn Ernsten, Herzogen zu Sachßen ꝛc., Vnßerm hochgeehrten Herrn Schwieger Vatter, durch deßen Lb. vielfaltige treuvätterliche vnd christeiffrige ganz wohlgemeinte erinnerung, wie auch vnd nicht weniger durch die von Seiner Lb. zu eben dergleichen Christlichem Zweck zielende vnd Vns, zu abstattung einer

schweren schuldpost gethane freundvetterliche ansehnliche Geldvorschüß, Wir
dergestalt in Vnßerm gefaßten Christlichen vorhaben gestärcket vnd mehr an-
gereitzt worden, daß wir auch vnß bewegen laßen, Vnßer Christlich gemüth
vnd gefaßten vorsaz hochgedachtes vnsers Herrn Schwieger Vatters Ld. schrifft-
lichen zuerkennen zugeben, vnd dieselbe Crafft dieses vnßere briefs zuversichern,
in offtermelter vnßerer Christlichen intention durch Gottes hülffe vnd beystand
beständig zuverharren, alßo daß wir nicht allein die Pfarrer, sondern auch
vnd fürnehmlich die Schuldiener, alß welche in den Schulen zum wahren
Christenthumb das erste Funbament legen vnd alßo hierbey die gröste vnd
meiste arbeith zuthun haben, mit genugsamb vnd vollstirtigen besoldungen
versehen, vnd da es bey Vnßern Vnterthanen oder Kirchen Casten vnd Ein-
künfften zuschwer fallen, oder alßbann an mitteln gebrechen wolle, auß vnßern
aigenen Cammermitteln soviel darzu deputiren vnd anwenden wollen, alß nur
darzu vonnöthen sein kann oder würde, Gestalt Wir zu solchem ende vnd in
specie zu verbeßerung der Armen Schuldiener Besoldungen, wo solches vonnöthen sein wird, den durch gemelten Vorschuß bey bezahlung angeregter
Schuldpost erlangten nachlaß der Sechszehentausent Sechshundert Sechszig
vnd Sechs Reichsthaler vnd die davon Jährlich fallende Zinßen Crafft dießes
verwidmen vnd darzu bestimmen, auch nicht vnverlaßen wollen, Solche vnd
dergleichen Vnßere Verordnungen vnd Stifftungen dergestalt zu confirmiren
vnd festzustellen, daß alle Vnßere Erben vnd Nachkommen nach Vns höchst-
verbunden vnd schüldig sein sollen, zu allen zeiten solche Vnßere gemachte
anordnunge auf das genaueste zuhalten vnd es bey derselbigen vnverendert
verbleiben zu laßen.

Zu deßen allen Vrkund vnd gewißer Versicherung vnd festhaltung sotha-
nen Vnßers gefaßten vnd hierin gemelten Christlichen vorhabens haben Wir
gegenwertigen Schein zu papier bringen laßen mit vnßerer eigenhändigen
Vnderschrifft vnd Beytruckung Vnßers Fürstlichen Secrets bekräfftiget vnd
mehrmahls hochgedachtes Vnßers herrn Schwieger vatters Ld. einhändigen
laßen. So geschehen in dero Residenz Hauße Friedenstein den 3. Januarii
Anno 1667.   Ludwig.

47.

Herzogl. Bibliothek zu Gotha, Cod. Ch. A, 102 a f. 20.

Die deutsche Augsburgisch-evangelische Gemeinde in der Sloboda zu Moscau bittet um Unterstützung.

Denen Durchlauchtigsten Großmächtigsten Königen u. Herren, Denen
Durchlauchtigsten, Hochwürdigsten, Hoch- u. Wohlgeborenen Churfürsten,
Fürsten, Grafen u. Herren, wie auch denen Hoch- und Wohledlen, Wohl-
ehrenfesten, Hoch- u. Wohlweisen, vesten u. mannhaften, Hoch- u. Wohlge-
lehrten Rittern, Edlen Obrigkeiten, Reichs- u. an See-Städten, sämmtlichen
resp. Beschützern, Beförderern u. Patronen der Evangelischen Augsburgischen
Religion, vnsern respective gnädigsten, gnädigen u. großgünstigen Herren.

Des Allerdurchlauchtigsten Großmächtigsten großen Herren Czaaren u. Großfürsten Alexii Michaelowitz, des ganzen großen, kleinen u. weißen Reußlandes Selbsterhaltern zu Musco, Kiov, Wallodimer, Novogoro, Czaar zu Casan, Czaar zu Astrachan, Czaar zu Sibirien, Herr auf Pleßkov, Großfürst zu Litthauen, Smolensko, Twerih, Wollimer, Podolien 2c. 2c. Wir bestallte u. eigenhändig untergeschriebene Officirers, als ich Nicolaus Baumann, General-Lieutenant u. Obrister, Hermann von Staden, Obrister, Erich Andreson Fuchs, Obrister, Friedrich Gerschou, Obrister, Gustav von Kampen, Obrister. Christian Liebenau von Lilienklau, Obrister, Johann von Hove, Obrister, Friedrich Meyer, Obrister, Wir sämmtliche Elterlinge, Vorsteher u. Verwalter der teutschen Augsburgisch-evangelischen Officirers Gemeine allhier in der teutschen Sloboda vor Moscou, wünschen allen christlichen Potentaten, Königen, Churfürsten, Fürsten, Grafen, Freiherren, Rittern, geistlichen u. weltlichen Herren, Städten u. Obrigkeiten, auch allen christlichen Gemüthern, so diese Schrift lesen u. zu Herzen nehmen werden, Gnade u. Segen von Gott dem Vater aller Barmherzigkeit, u. die Liebe Jesu Christi unsers Heilandes sammt der tröstlichen Beiwohnung Gottes des heil. Geistes zuvor.

Zu Euch, Ihr Königlichen Majestäten, Ihr Churfürstlichen u. Fürstlichen Durchlauchtigkeiten, Hoheiten u. Gnaden, zu Euch, Ihr christliche hohe geistliche u. weltliche Obrigkeiten, Ritter, Edle, freie Reichsstädte, An See Städte, Städte u. Regierungen; ja zu allen, die wir Beschützer unsers Glaubens, Patrone der Augsburgischen Confession u. Beförderer unseres Christenthums nennen u. begrüßen können, nimmt jetzo die teutsche Augsburgische Evangelische in der Muscou wallende Kirche, welche sich wohl vor allen anderen aus des Propheten Esaiae 54 cap., v. 11 die elende u. trostlose nennen mag, ihre tägliche Zuflucht. Sie fliehet darum zu Königlichen u. Fürstlichen Armen, Regierungen u. Rathsstuben, weil sie weiß, daß allda die göttliche Tugend u. Barmherzigkeit am meisten residiren u. sich enthalten soll. Wir Glieder u. schuldige Verwalter dieser jetzt klagenden Gemeine haben zwar zum herrlichen Exempel bei dem Throne Ihrer Czaarischen May., unserer jetzo aller gnädigsten Obrigkeit, auch Majestätische Barmherzigkeit zum Ueberfluß gefunden u. zur Verwunderung genossen, indem hochgedachte J. Czaar. May. durch Gottes allergnädigste Regierung u. auf Ihre Churfürstlich jetzo höchstlöblich regierende Durchlauchtigkeit zu Sachsen Herrn Johann Georg des Andern 2c. 2c. churfürstlich gnädigst u. anno 1662 durch unsern in dero Churfürstlichen Residenzstadt Dresden geordinirten Pastorem, Zeigern dieses, Herrn Mag. Johann Friedrich Gregorii schriftlich hereingesendete Intercession, uns so hoch begnadiget, daß wir, wir ausländische dero May. jetzo bediente Officirer durch deroselben öffentliche allergnädigste Privilegien (welches traun eine Wunderschickung von Gott genennet werden mag) zu öffentlicher unverhinderlicher Uebung unseres Gottesdienstes, nach unserer Väter Sitten u. Ordnung aller lutherischen Kirchen, aufs neue wiederum ein öffentliches u. zu unserem Gottesdienste wohl bequemes Bethaus in der teutschen Sloboda vor der Residenzstadt Moscou aufbauen dürfen, welches dann nunmehro von a. 1665 an bis

hieher mit Stühlen, Bändern, Taufsteinen, Kanzel u. Altar in solcher bequemen u. bei uns üblichen Form stehet und selbst den Reußen behaget, beßer
als jemals zuvor ein dergleichen Kirchgebäude allhier gestanden oder auch
fremden Christen gefallen können.

Ach aber! wie muß ein solches liebes neues Kirchgebäude bei aller seiner
Vergütung dennoch durch den Mund seiner Glieder u. Bedienten gleichsam
seufzen u. der Welt fast klagen, daß es nicht allein die vorgeschoßenen Mittel, so Se. Exc. Herr Nicolaus Baumann, J. Czaar. Maj. wohl verdienter
General Lieutenant theils aus eigenem Beutel mildthätig vorgestreckt, theils
auch bei Abbruch u. Mangel zur Ausführung solches theuern Werks durch
mitthätige Handbietung wohl vermögener Kauf- u. Handelsleute mehr
Zuschuß suchen, erhalten u. anwenden müßen, u. es dadurch, welches Gott
belohnen wird, so herrlich aufrichten laßen, bisher noch nicht wieder erstatten,
sondern auch nicht einmal seine getreue Diener als Pastoren, Schuldirectoren
u. Cantoren belohnen können?

Zwar wir Häupter u. Verwalter dieser itzt klagenden Gemeine können
so sehr über die gutherzige Mildthätigkeit unserer Glaubensbrüder allhier
nicht klagen; weil aber selbige theils in dem weit begriffenen Rußland hin
u. wieder verlegt u. zerstreut sein u. sonst nimmermehr an einem Orte sich
beisammen befinden, theils auch bei steigender Nothdurft jetziger schweren
Zeit selbst eigenen Unterhalt kaum haben können, indem ihnen oftmals ihre
monatliche Besoldung mehr als Jahre lang enthalten wird, als fället es un-
möglich, zu jährlichem Auskommen der armen Kirche Schatzes genug zu
finden u. zu sammeln, dadurch sie sich nur von den harten Anforderungen,
so die Creditores mit gutem rechte ie mehr u. mehr mit größerem Drang
u. Unmuth thun, sich retten möge. Wo sollen wir denn nun hinfliehen?
wie sollen wir sie retten? Sollen wir aufs neue zu dem allergnädigsten
Throne J. Czaar. Maj. uns wenden? Das möchte wohl für eine allzustolze
Frechheit u. verächtlichen Mißbrauch der erwiesenen hohen Gnade, als wollten wir uns daran nicht begnügen laßen, aufgenommen werden. Sollen
wir denn auch unsere hohe Landes Obrigkeiten u. Glaubensgenoßen, als die
Stützen u. Säulen unserer Religion mit dieser Klage vorbeigehen, daß muß
traun uns außer Landes zu einem unverantwortlichen Fehler, bei hiesigen
Landesleuten aber zu Verachtung unserer Kirche ausschlagen, als welche meinen würden, daß unsere Gemeine weder Patrone noch Gönner finden könnte.

Wohl denn! der Magnet suchet seine Ruhe unter dem Nordsterne durch
eine heimliche u. unerforschliche Anverwandtschaft; u. hiesige in die Fremde
wallende Kirche suchet auch ihre Vergnügung bei den Lichtern u. Sternen
ihrer Glaubensverwandtschaft, vielleicht durch heimlichen u. göttlichen Antrieb.
Und das hat uns bewogen, daß wir nach lang gehaltenem Rath u. reifer
Erwägung beschloßen, zu mehrerem Nachdruck u. Glaubenswürdigkeit, u.
weil auch sonst niemand aus unserem Mittel von J. Czaar. Maj. Kriegs-
diensten abgelaßen werden kann, unserem getreuen Seelsorger u. wohlverord-
neten Pastoren bei iezt erwähnter u. klagender unserer teutschen evangelischen

Officirers Kirche, Herrn Magister Johann Gottfried Gregorii mit beigege-
bener sattsamer Vollmacht desto lieber abzufertigen, weil ohne das unsere
Gemeine von seinen Herrn Collegen, Herrn Pastor Johann Dietrich Bocke-
roth indeßen zu voller Genüge bedient u. versorgt werden kann, daß er alle
unsere Nation u. Religionsverwandten, hohen Häupter, Obrigkeiten u.
Städte, geistliche u. weltliche Herren um allergnädigste. gnädige u. hochge-
neigte Handbietung u. mildthätige Beisteuer anflehen, u. also unserer armen
nothleidenden Kirche einen (Gott gebe vermöglichen) Unterhalt einsammeln u.
uns getreulich einbringen soll. Wohl denn, allergnädigste u. gnädigste Königliche, churfürstliche u. fürstliche Häupter der christlichen Welt u. ihr. günstige
Erhalter u. Glieder der Augsburgischen Confession, vor welchen unser hierzu
abgefertigter getreuer Seelsorger u. Pastor, Herr Magister Johann Gottfried
Gregorii mit dieser Klagschrift unsern unterthänigsten Fußfall u. dienstge-
benen Gruß ablegen wird, Euch schließen wir unsere noch verlaßene Kirche
in die allergnädigsten, gnädigsten u. hochgünstigen Arme, Euch legen wir
nächst Gott alle Hoffnung in ihren gnaden- u. liebevollen Vaterschoos nieder, von Gottes wegen bittend, Sie wollen allergnädigst, gnädigst u. günstig
geruhen, unsere Kirche u. Gottesdienst in Ihren allergnädigsten Schutz, Pflege
u. Sorge aufzunehmen u. aus Ihrer weltberühmten Mildthätigkeit die Ströme
Ihrer Gnaden u. christlichen Liebe auch bis hierher nach Muscou fließen zu
laßen, u. unsere arme Gemeine mit einer freudigen u. freigebigen Beisteuer
u. Geschenke versorgen u. erhalten helfen, u. dadurch nicht allein hiesigen
Landen, sondern auch aller Welt erweisen, wie noch Gottes Ehre u. die
Fortpflanzung ihrer wahren Religion bei ihnen geachtet sei. Wir sehen allhier mit verwundernden Augen das Glück der hiesigen reformirten Kirche,
auf welche die hochmögenden Herren Staaten von Holland solch ein sorgfäl-
tiges Auge von fern haben, als wenn sie ihnen mitten in Amsterdam stünde,
u. dieses gibt uns eine große Hoffnung zu gleicher Glückseligkeit, die uns
auch unsere Glaubensbeförderer nicht minder zuwenden werden.

Denket denn, Ihr Königliche, Churfürstliche, Fürstliche Häupter, Ihr
hohe Obrigkeiten, Ihr Städte, christliche u. weltliche Regierungen, daß Christus
itzund aus der Fremde zu euch kommt u. wünschet sehnlich aufgenommen zu
werden, vergrößert denn euren zeitlichen Ruhm mit dem ewigen, welchen
Ihr aus Christi Munde hören sollt: Ich bin ein Gast u. Fremdling gewesen
und Ihr habt mich aufgenommen, Matth. XXV, 35. Wir wollen allhier
unsere Dankbarkeit auch bis gen Himmel in unsern Seufzern schallen laßen,
u. so oft der Gottesdienst bei uns verrichtet wird, auch Ihrer in unserm
Kirchengebet bei Gott gedenken, daß er ihnen hier glückliche u. friedliche Regierung in ihrem Reich u. Ländern, auch ersprießlichen Segen in ihrem Regimente, Handel u. Wandel u. allen hohen Verrichtungen verleihe, dort aber
die ewige Kirche aufsetzen u. seligen Lohn dafür schenken wolle.

Solches wünschen von Herzen im Namen der ganzen teutschen Augsburgischen evangelischen christlichen Officiersgemeine allhier deroselben obge-
nannte Verwalter, Elterlinge u. Vorsteher, welche zu mehrer Beglaubigung

dieſer Schrift, u. zu Bewegung aller chriſtlichen Herzen dieſen demüthigen
Brief von Wort zu Wort noch einmal in ein offenes u. mit Zahlen von
Blatt zu Blatt abgetheiltes Buch ſtellen laßen, in welches ein jegliches hohes
Haupt, vornehme Stadt u. chriſtliches Herz den Zuſchuß u. Steuer ihres
gnädigſt geneigt u. zugethanen Gemüths nach der Ordnung zu unſerer un-
fehlbaren Nachricht einzeichnen möge, u. dieſen unſern Brief haben wir (welches in dem Buche wegen deßen Unbequemlichkeit nicht geſchehen können) mit
unſerm großen Kirchenſiegel beurkundet, welches zu mehrerem Nachdrucke die
älteſten Patrone unſerer Kirche nebſt beiden dieſes Jahr waltenden Elterlingen
mit ihrem Namen u. angebohrnen Petſchaft bekräftiget. So geſchehen vor
der Reſidenz Muſcou in der teutſchen Slobodda, den 12 Martii Ao. 1657.
Nicolaus Baumann General Lieut. Obr.   Friedrich Geſchew Obriſt.
G. von Kampen   Chriſtian Liebenau von Lilienklau.
Friedrich Meyer

48.

Cammerarchiv zu Gotha, Insgemein, XI Tit. III b no. 8b.

Fundation Herzog Ernſt's für die fürſtliche Regierung.

Von Gottes Gnaden Wir Ernſt, Hertzog zu Sachßen ꝛc. hiermit uhrkunden und bekennen, Demnach wir im rückdencken der geſehrlichen und hoch-
verderblichen Zeit des lang gewehrten teutſchen Krieges vor nöthig ermeßen,
eine ſolche Vorſehung vor Unſere Liebe nachkommen zu thuen, daß bey künftiger entſtehung der gleichen und anderer verderblichen leufften, uſn ſoll alle
andere mittel vom Lande auß der ſteur und ſonſten, daß doch Gott gnädig
verhüten wolle, zu unterhaltung Unſerer zur Regierung verordneten Cantz-
lars, Räthe, Secretarien und anderer darzu benöthiger Diener ermangeln
ſolten, Eine gewiße Fundation, gleich bey Unſerem Fürſtl. Conſiſtorio auch
geſchehen, zu verſchaffen, daß uf ſolchen unverhofften ſoll die darzu benöthigte
beſoldungsmittel an geld, getreide, holtz und dergleichen darvon hergenommen und gebrauchet werden ſollen. Alß iſt noch geſetzte Fundation undt be-
wiedmung von Uns wohlbedächtig angeordnet worden, Nemblichen:

600 Fl. an geld, 36 Fl. vor ein fuder Königsb. wein, 14 Gothaiſche
Malter Korn, 14 Gothaiſche Malter Gerſten, 25 Claſter tennen holtz, dem
Cantzlar.

1371 Fl. 9 Gr. dreyen Hofräthen, iedem 457 Fl. 3 Gr., 30 G. Malter Korn, 30 G. Malter Gerſten, iedem 10 G. Malter, auch denſelben, 75
Claſter tennen Holz, iedem 25 Claſter, ingleichen 400 Fl. dem Lehen-und
Gericht Secretario, iedem 200 Fl., 20 Claſter tennen Flößholz denſelben,
iedem 10 Claſter, 300 Fl. dem Canzley-Regiſtratore und Bothenmeiſter, iedem 150 Fl., hierüber 4 G. Malter Korn, 2 G. Malter Gerſten, 12 Claſter Holz, dem Canzley Regiſtratori, 8 Claſter Holz dem Canzley Boten-
meiſter. 315 Fl. an Gelde den dreyen Canzliſten, iedem 105 Fl., 21 Claſter
tennen Flößholz denenſelben, iedem 7 Claſter, 52 Fl. dem Canzleydiener.

Summa 3074 Gülden 9 groschen an gelde jährlicher Besoldung, inclusive Ein fuder wein, thut an Capital 61,489 gülden, dann 48 G. Mltr. Korn, 46 G. Mltr. Gersten, 161 Clafter tennen Flößholtz Und sollen diese 48 Goter Malter Korn und 46 Goter Malter Gersten uf obigen manglungsfall auß der Collectur Salza hergenommen, die 161 Claftern tennen Flößholtz aber, weill darzu keine andere mittel, von der Leinaflöß allhier vor der Stadt iedesmal gereicht werden.

Und weil Wir hierüber verordnet, daß noch vier qualificirte personen, als zween Theologi, welche nach der ufgesetzten Instruction in Sieben unterschieblichen puncten ihre ufgetragene arbeit verrichten sollen, und zwen Juristen, so nebet Information undt lesung in Jure, der studirenden Jugend beym Gymnasio allhier, auch sich bey der Rathstuben in Commissionibus, verschickung, oder worzu man ihrer sonst benötiget, zu gebrauchen, bestellet werden sollen, deren jedwedem jährlich 400 Fl. an gelde, und also allen Vieren 1600 Fl. gereichet werden sollen, welches an Capital 32,000 gülden außtreget Und also in gesambt beede solche stiftung, als der zur Regierung Verordneten und dieser absonderlich bestellten Vier personen jährliche Geldbesoldungen uf 4674 gülden 19 groschen jährlicher Reuth, und also an Capital vf 93,489 Gülden sich belauffen, Alß sollen darzu nachgesetzte posten gebrauchet und zu nichts anders angewendet werden. Signatum Friedenstein den 12 April Anno 1667.

Zu dießer Fundation sollen gebraucht werden:

22,857 Fl. 3 Gr. an 20,000 Thlr. Capital beim H. Administrator Hertzogl Augusto zu Sachßen, laut Obligat. den 20. Januarÿ ao. 1666.

11,428 · 12 · an 10,000 Thtr. Capital bey Hertzog Rudolff August zu Braunschweig Wolffenbüttel lt. Oblig. 23 Febr. ao. 1666.

11,428 · 12 · an 10,000 Thlr. Capital bey Hertzogl Philipp Ludwig zue Hollstein l. Oblig. 1 Nov. 1666.

48,571 · 9 · an 42,500 Thlr. Capital bey H. Landgraff Ludwig zue Heßen Darmbstadt lautt Obligat. den 2 Januar 1667.

94,285 Fl. 15 Gr. ist also übrig 796 Fl. 15 Gr.

49.

Herzogl. Bibliothek zu Gotha Cod. Ch. A. 101, f. 88.

Nicolas Rhesen à M. Finck, Licencié en droit et Conseiller de S. Alt. Ser. de Saxen etc. à Gotha.

A Heidelberg, ce 9 de Mars 1669.

.... J'espère que vous êtes à Gotha dans les bonnes graces de leurs Altesses Seren., comme vous le meritez, et que vous avez encore quelque souvenir de ce que vous m'avez commendé touchant le

Michaël Wansleben, moine Dominicain à Rome, dans le monastère de la Minerve, proche de la Rotonde, lequel lieu il n'y a presque personne à Rome qui ne le sache. Le nom de Wansleben est inconnu à tout le monde dans le dit cloître, où il est appelé simplement le Père Michaël, Tedesco; mais quand il souscrit des lettres, il se nomme Jean Michel de Wansleben. Il s'est fait raser en moine, il y a, je crois, deux ans, et peut à cette heure, parler toutes les fois, quand il lui plaît, en conversation sans témoin. Et quoique par les règles du Couvent soit permis au Prieur de voir toutes les lettres, qui tombent entre ses mains pour ses domestiques, cela ne se pratique pourtant pas, si non en cas d'un très grand soupçon, qu'on a de quelqu'un. Mais un tel peut bien aller lui-même à la poste, pour recevoir ses lettres sans qu'il donne la peine au Maître des postes, pour les faire porter au monastère, et y peut faire sa repouse, sans les montrer premièrement à ses Supérieurs. Le dit Wansleben passe pour Allemand, et ne cache pas le lieu de sa naissance, bien qu'il cache ses friponneries et son ingratitude envers son Prince, son grand bienfaiteur. Quand il est venu chez nous, il a eu ordinairement en sa compagnie un Italien qui n'a su rien parler allemand, afin de pouvoir parler tout ce qui lui plaisait. Et cela est arrivé assez souvent. Car tous les mois les religieux ont un jour tout entier libre pour se divertir, ce qu'ils emploient ordinairement à la débauche outre qu'ils ont la liberté de sortir plusieurs fois dans la semaine, pourvu qu'ils soient un peu adroits, et ne se rendent pas suspects par une mauvaise conduite. Notre moine n'a point encor fait imprimer, ni son voyage, ni aucune autre chose, et je crois, que son ignorance l'en a empêché jusques à présent. Je crois pourtant que son voyage sera un jour imprimé, d'autant que j'ai vu deux autres religieux y travailler et remplir le dit voyage de fables et de mensonges ridicules. Il n'a aucune connaissance de la théologie, ni de belles lettres, tellement que je ne m'étonne pas, si s'est précipité dans l'abîme de la perdition en se rendant Papiste. Les langues orientales pourtant lui donnent quelque estime, lesquelles il cultive encore avec quelques Messieurs Mores, dont le nom m'est inconnu, et lui-même n'a su me les nommer. Je crois pourtant, qu'il en fait quelque mention dans sa lettre pour S. A. Ser. Au reste il n'y a pas beaucoup de difficulté de se pouvoir servir commodement de la bibliothèque du Vatican, pourvu qu'on passe pour honnête homme. Je doute, si Wansleben s'en est beaucoup servi. Tout ce que j'ai pu obtenir de lui de ses écrits, je vous [les] envoie à présent, pour les donner à S. A. Ser. votre maître, et j'espère qu'on me pardonnera, que je ne les aie pas envoyés plutôt, d'autant que je n'aie point eu plutôt de commodité pour cela; mais la lettre que Wansleben écrit à S. A. Ser., vous a attendu plus de trois mois à Spire dans une des miennes pour vous, à cause que vous m'aviez donné l'assurance parfaite de vous y trouver. Pour conclusion, sachez, s'il vous plaît, que Wansleben est le plus grand fripon et le plus deloyal coquin qui se puisse jamais rencontrer au monde, qui n'a ni conscience, ni rien de tout ce qui convient à un honnête homme. Il est un fou si orgueilleux et un ignorant si déterminé, qu'il n'a point de honte de blâmer des gens qui par ses vertus sont beaucoup au-dessus de sa calomnie. Un jour, quand il se met effrontement à médire un Seigneur d'une naissance de la plus haute d'Allemagne, et qui a il y a longtemps, acquis l'applaudissement général de tous ceux qui suivent la prudence et la vertu, je me trouvai forcé de lui reprocher son ingratitude avec menace d'en chercher la vengeance par le moyen de quelques Cardinaux qui seraient bien aise d'obliger une personne comme celle, dont il parlait si desavantageusement. Mais mon voyage pour Naples m'obligea de partir de Rome le lendemain; cependant ce parjure craignant mon retour dit à quelquesuns de mes amis, que j'avais mal parlé de la religion catholique et du Pape, et qu'il avait été obligé par sa conscience, de le dire au Maître du Palais Sacré, et que le Consistoire avait déjà donné un décret, pour me faire prisonnier, dont je fus averti à Naples de mes amis, qui tâchèrent de me persuader de ne retourner plus à Rome; mais moi qui avais la conscience nette et gardé toujours assez de prudence pour ne faire point une action si sotte, ne manquai pas de revenir et de surprendre tellement ce fourbe par ma presence, qu'il ne dit autre chose, si non qu'il s'était seulement raillé en parlant à mes amis. Mais, Monsieur, vous savez bien, qu'il y a assez de moyens à Rome de perdre un homme de bien, et de rendre coupable l'innocence même, comme l'expérience nous l'apprend tous les jours; car ce n'est pas une difficulté d'y trouver des faux témoins qui fassent un serment pour deux testons, et toutes sortes de crimes pour un gain de peu d'argent. Mais j'abuse de votre patience etc. ... Notre moine dont la mechanceté est mêlée d'une dernière simplicité, fait présent de son portrait à S. A. Ser. ....

Nicolas Rhesen (Röse).

50.

Herzogl. Bibliothek zu Gotha Cod. Ch. A. 1116.

Landgraf Friedrich zu Hessen an Herzog Friedrich zu Sachsen-Gotha.

Durchleuchtiger Fürst, hochgeehrter Herr Vetter u. sehr werthester Herr Bruder, Ich habe vor etlichen Tagen durch einen Expressen an mich Abge-schickten von J. Lbd. dem administratori vernommen, daß Ew. Lbd. nunmehr mit J. Lbd. der Princeß Magdalene Sybille völlig versprochen, worzu dann E. Lbd. von Herzen gratulire. Ew. Lbd. wißen aber, daß bey meiner letzten Anwesenheit zu Gotha ich dieselbe versichert, daß ich bereits mit gedachter

Princeß engagirt wäre, u. wer mir sie nähme, mir zugleich das Leben mit nehmen sollte, als versehe mich zu E. L. als zu einem genereußen Fürsten. Sie werden zu Ihrer selbst eigenen Gloire mir Satisfaction geben zu Pferde mit einem Paar Pistolen, ou seulement l'épée à la main. Innerhalb etlichen Tage werde zu Schmalkalden sein, alsdann E. Lbd. Resolution erwarten u. werden mir alle Orte gleich sein, wohin es Ew. Lbd. belieben wird, c'est-à-dire sur les frontières de vostre pays gegen Schmalkalden. Ew. Lbd. müßen aber über 6 oder 8 Personen nicht mit bringen, werde auch, en soy de cavalier, nicht mehr bey mir haben; enfin, cher l'Prince, eine so wackere Princeß meritirt wohl auch solches. Berlaße mich also ganz sicher, Sie werden sich als ein Cavalier einstellen, widrigenfalls würde ganz andere Concepte von E. Lbd. zu faßen Ursach haben. Adieu donc, en attendant votre reponse avec impatience. E. Lbb. schuldiger Diener Friedrich L. z. Hessen.

P. S. Seind E. Lbb. ein wackerer von Ehren, so sagen Sie keinem Menschen in der Welt hiervon, den 21. dieses soll ein Cavalier von mir in Schmalkalden sein, u. Ew. Lbd. Resolution erwarten. Wo es der Herr Vater erfährt, werden sie es suchen zu empêchiren, muß also ganz verschwiegen sein. Sie werden es schon als ein ehrlicher Fürst zu menagiren wissen.

Homburg vor der Höhe, den 13. August 1669.

NB. Wollen Sie nur mit 2 oder 3 Personen kommen, bringe bei Verlaß meiner Ehre nicht mehr mit.

51.

Herzogl. Bibliothek zu Gotha, Cod. Chart. A 1116.

Herzog Ernst an Landgraf Friedrich zu Hessen.

P. P. Freundlicher lieber Vetter. Uns ist am gestrigen Montage ein Paquet von Johann Ochsen an Unsern Rentmeister, eben da wir denselben in Angelegenheiten auf unsere Aemter verschickt, zu Handen gestoßen, u. nachdem wir solches, in Meinung etwas darinn zu finden, so Uns oder Unsere Cammer antreffen möchte, eröffnet, haben wir neben anderen Briefen an Unseren Hofjunker Geismar u. andere auch ein Schreiben von Ew. Lbd. an Unsern ältesten Sohn Friedrich, Herzogen zu Sachsen, unter einem Couvert mit unbekanntem Siegel darinn gefunden.

Wann Wir denn solches kraft der Autorität, die Uns Unser väterliches Amt über ihn gibt, gleichfalls seiner unwissend eröffnet, so haben Wir daraus mit höchster Befremdung ersehen, daß es ein der Erbverbrüder- und Erbvereinigung Unserer beiderseits Häuser u. der von Ew. Lbden jederzeit bezeugten hohen Freundschaft gegen Uns u. die Unserigen ganz zuwider laufendes Cartel gewesen, welches Ew. Lbden unter dem Vorwande eines von ihm vorgenommenen Versprechens mit Unserer Fräulein Base zu Halle, Fräulein Magdalena Sibylla, Herzogin zu Sachsen, mit der Sie sich engagirt hätten, an ihn abgelaßen. Nun Wir denn solche Proceduren nicht anders

als wider Gott u. die Reichsconstitutiones laufend, u. welche bei Particular
Leuten gestraft zu werden pflegen, erkennen u. darneben frei bekennen müßen,
daß dies ganz seine Weise, womit ehrliebende Fürsten des Reichs ihre Ehre
zu vertheidigen u. die etwa zustoßenden Widrigkeiten von sich abzulehnen trachten, sein könne. So haben Wir Ew. Lbb. in Unserer Ihro bereits genugsam bekannten u. erfahrenen Aufrichtigkeit diesfalls nicht bergen wollen, daß
sowol Wir selbst so christlich u. redlich gesinnet, als auch Unsern Sohn eben-
nermaßen gesinnet wißen, daß Wir so wenig Ew. L. als einigen anderen
Menschen in ihrem Befinden Eintrag zu thun gemeint sein würden, da etwas
verbindliches zwischen E. L. beiderseits Ew. Lbb. u. den fürstlichen Aeltern
vorgegangen wäre. Demnach aber beides Wir als Unser Sohn genugsam
versichert sein, maßen Ew. Lbb. zum Ueberfluß aus der Beilage, welche Uns
durch einen expressen dahin abgefertigten Diener von fürstlich-hallischer Seite
wieder zurückgebracht worden, erfahren können, daß, wie jetzt erwähnt, so
wenig an Seiten der fürstlichen Aeltern als des Fräuleins selbsten einige ver-
bindliche Einwilligung oder Consens Ew. Lbb. ertheilt worden, noch ohne
der Aeltern Willen ertheilt werden können: als werden Ew. L. keine Ursach
haben, mit solcher Feindseligkeit sich gegen Unsern Sohn zu bezeugen, noch
viel weniger aber sich auf den ihm bestimmten Ort u. Zeit zu bemühen, in
vornemlicher Erwägung, daß, nachdem Wir Unserm Sohn von dem obge-
dachtermaßen intercipirten Schreiben u. Ew. L. unbefugten Anmuthen Part
zu geben billig angestanden, Sie daher Ihren Zweck nicht erreichen werden.
Vielmehr aber nehmen Wir Ursach, von Ew. Lbb. runde aufrichtige Erklärung bei so bewandten Umständen zu begehren, ob Sie sich mit Unserem
aufrichtigen Gemüth beruhigen u. Unser u. der Unserigen, auch Unseres Hauses Freund, wie Sie bisher rühmlich gewesen, ferner zu verharren begehren,
dabeneben auch aller etwa besorgenden anzüglichen Discursen von den Unserigen sich als einem tugendhaften raisonablem Gemüth, oder ob Sie sich als
ein Widerwärtiger, den Reichs Constitutionibus u. Landfrieden zuwider bezeugen u. alle considerationes hintanzusetzen gedenken, welchen von uns unverhofften u. nicht wünschenden Falles Wir neben dem ganzen Chur- u.
fürstlichen Hause, so hierbei nicht weniger als Wir interessirt, auch zu solchen
Mitteln u. Wegen bedacht sein müßen, wie es Uns Unser Stand u. die
Reichssatzungen zulaßen. Wir zweifeln aber nicht, Ew. Lbb. werden sich vielmehr die raison überwinden laßen, u. Uns mit einer solchen Antwort, die
Uns Unser treuherziges Gemüth gegen Sie zu continuiren bewegen möge,
viel lieber begegnen, in deßen Erwartung wir Ew. Lbb. zu freundvetterlichen
Diensten geneigt sein.

Friedenstein, d. 18. Aug. 1669.

Ernst H. z. S.

52.

Haus- u. Staatsarchiv, Original CC IIa, 4.

Frohn-Receß des Ambts Geörgenthal.

Zu wißen sey hiermit, Alß der Durchlauchtigste Fürst und Herr, Herr
Ernst, Herzog Zu Sachßen rc., so bald nach antretung dero angefallenen
Fürstl. Landtes portion uf Unterthänigstes ansuchen sämbtlichen Unterthanen
des Ambts Geörgenthal, ihnen die schuldige Frohndienste, sowohl mit Au-
span, alß der hand uf gewiße iahre gegen ein genandtes Frohngeld mit
Vorbehalt etlicher tage und gewißer dienste erlaßen, Allermaßen die Anno
1642, 1646 und 1652 ufgerichtete und bißhero continuirliche Frohnvergleiche
mit mehren besagen, Und aber kurtz verschiener Zeit die Unterthanen Ihre
dienste Lieber in Natura oder an sich selbst wiederum Zu leisten, darneben
aber auch uf gewiße maßen wegen eines andern weiten Frohngeldes zu handeln sich vernehmen laßen, daß dannenhero Hochgedacht S. Fürstl. Durchl.
bewogen worden, vor vollziehung einer weitern handlung obgedachter Unterthanen des Ambts Geörgenthal schuldigkeit an Frohnen, So Sie beedes
mit Ausspan, alß der Hand thun müßen, eigentlich verzeichnen und in
gegenwartigen Rißatz bringen zu laßen, damit beedes Sie selbst und dero
Fürstl. Nachkommen an Einem, dann die Unterthanen am andern theil
gründliche Nachricht haben mögten, Welchergestalt in künfftigen Zeiten
erst erwehnte dienste mit der Hand und Geschirr, anzunehmen und zu
leisten, so wohl auch watz solchenfalß die Unterthanen an Frohn-
gebühren zu entrichten. So viel nun anfänglich die Anspänner belanget
dieweil sich zwischen den Sieben Unterdörffern, alß Geörgenthal,
Hohenkirchen, Herruhoff, Gräsenhain, Reilendorff, Catterfeld undt Schonau,
gegen die Oberdörffer Tambach und Diethartz, wie auch Cobstädt, sich von
Altersher ein Unterschied im Frohnen befindet, Alß wird es dabey
billich gelaßen, und Zwar so viel obgedachte Sieben Unterdörffer betrifft,
so gestehen die Anspänner derselben, und achten sich schuldig,

An Pferdfrohnen inner ambts zu verrichten

1. Alle baufuhren Zu dem Fürstl. Ambthauße Zu Geörgenthal sambt
deßen Umbfang und Zugehörigen Eingebeuten, alß Kirchen, Schul,
Kornhauß, Zeüghauß, Backhauß und Brauhauß, Scheuern, Ställen, Stubereyhäusern, Ziegelhütten, Gefängniß, Thurm, Land-
knechtswohnung, Wachthauß, Forrwerckshauß, worinnen ietzo der
Fischer und Wiesenvoigt wohnet, Ingleichen Zu den Röhrbrunnen.
allerhand Zum bauen erforderte nothdurfft, obgleich die materialia
Zu den oberzehlten gebäuden außer Ambts geholet werden müßen,
Wie auch das Tennenlüchenholtz ins Ambthauß beyzuführen.

2. Zu ausbeßerung der Gärtten und Wiesen werden Zäune, Reis-
sig, Aeste und Zaunpfähle von ihnen zugeführet.

3. Ferner zu den Schäfferey gebäuden zu Hohenkirchen und Schonau

4. Zu den Schneid- und Mahlmühlen zu Geörgenthal und Hohenkirchen.

5. Zu Verwahrung der Teiche und Dämme und anderer Waßergebäude, als brücken und wehre.

6. Zu Beßerung und Erhaltung der Wege und Stege, Holz, Stein-schlacken und Schürd beyzuschaffen.

7. Zu dem Hirttenhauß zu Geörgenthal.

8. Zu reparirung der Teichdämme, und bey Fischereyen zu ab- und Beyführung des Salzes und anderer nothdurst, die Fuhren zu berrichten.

9. Zu des Amtsackerbau Jährlich Zwey tage mit so viel Pferden oder Ochßen, alß ein jeder hat zu ühren, Nemlich einen Zu Win-ter, den andern Zu Sommerbestellung, dargegen bey allen vor-gesetzten Frohnen Einem Anspänner auf ein Pferd Ein groschen und zum Mittagsjutter Eine halbe Metze Hafer täglich gegeben wirdt.

10. Ist ein jeder Anspanner, es sey mit Wagen oder karn, wie Er sich deßen gebraucht, Sieben futter oder karn heu ins Ambthauß oder uf die Schäfferey Zuführen schuldig, dargegen ein jeder An-spanner des tages Vier Pfd. brod und Zwey käse bekompt, waß aber das Heuschleißen betrifft, werden uf ein jedes Pferd des ta-

11. ges vier groschen gegeben, und denn bey hohen- und Niederjagten die Fuhren ohne Entgeld zu berrichten, auch in den Förder wälden leumen uf die Saltzlecken Zuführen, Zugleichen des gebirschte Wild-pret ins Forsthauß des knechts, so es geschossen, zu schaffen.

12. Item des Ambtschößers Beschiedfische, do er dergleichen bekommen, von Reinhardsbrunn nach Geörgenthal gegen die gewöhnliche ge-bühr Zuführen, Alle diese Frohnen werden nach der reihe auf alle Geschirr, niemand ausgeschlossen, biß solche herum berrichtet.

Wie wohl nun die gedachte dörffer auch zu der Schmiede zu Geörgen-thal, und Zu den beeden Forsthäusern doselbst und zu Gräfenhain, alle be-nöthigte baufrohnen gethan, und ferner schuldig gewesen, den Wein so in des Ambts Weinbergen erwachßen, von den Keller in Geörgenthälerhoff gegen Erffurth, und von Siegelbach ins Kloster zuführen, gegen ein halb stübgen most auf ein jedes Geschirr, Obgedachte Gebände aber seithero vererbet, und die Weinberge ins Ambt Wachßenburgk geschlagen worden, so werden zwar die Frohnen, do andere dergleichen häuser gebauet, oder die weinberge wie-der Zu dem Ambt Geörgenthal gebracht werden solten, von Fürstl. Herr-schafft darzu vorbehalten. Mittler Zeit aber sollen und wollen die Unter-thanen jährlich gewiße wildprets und Fischfuhren aus dem Ambt zur Fürstl. Hoffstadt gegen eine halbe metze hafer, Ein Maas bier und eine Zeile brod auf jedes Pferd gerechnet, thun.

Weil auch seithero das dorff Georgenthal an seßten merclich zugenom-men, welche doch vor alters, da mehrentheils nur Herrschaffitsdiener gewohnet, den andern Sechs dörffern keine hülffe bey ihren Frohnen gethan, So wollen S. Fürstl. Durchl. zwar geschehen laßen, daß Sie den andern Unterthanen

12 *

in den Unterdörffern gleich, so oft die Reihe an sie kömpt, frohnen, doch daß Sie hingegen mit einander die zur Herrnhöfer Mahlmühlen erforderte Frohnen verrichten, und die Wiese, der Ohrdruffer teich genant, ohne Entgeld vergatten, und das Heu davon einführen.

II. **Die Anspänner zu Tambach und Dietharß bekennen sich zu Frohnen, und sind schuldig,**

1. Das Büchenküchenholß umbsonst, das Geschirrholß aber, welches die Fürstl. Herrschafft an Ihrer Hoffstadt bedarf, wie auch schindeln, gegen Erlegung ein groschen undt eine halbe Meße hafer auf jedes Pferd ins Ambthaus zu schaffen.

2. Das im Wald Tambachischen, wie auch auf den hinterbergen Georgenthalischen Forst geschoßene Wildpret zu hohlen, in das Forstknechtshauß, da es geschoßen, zu führen, und die Salßleden daselbst mit leihmen und Salß zu versehen, hierüber

3. Mit Ihren Pferden, sowohl Winters alß Sommers Zeit bey den Bäären, Luren, Wolffs und SchweinsJagden alleine, mit den andern Dorfschafften aber auch auf die andere hohe jaglen zu ziehen, wie wohl die Tambacher und Dietharßer, die tücher und zeüge zurecht, und an gehörige örtter zuführen schuldig sind, und zwar alles ohne Ergeßligkeit.

4. Item zu Bechhütten, deren Helffte den landmännischen Erben zustehet.

5. Auch sind die Dietharßer, das Heu uf der Michaelshende unterm Steinbühl, auf dem Tambacher Forst gelegen, alleine und ohne Ergeßligkeit in die nahe darbey gelegene Wildscheüer zuführen, auch Winterszeit in die rauffen zu schaffen, schuldig und geständig.

6. Sonst haben auch die Anspänner ießgedachter dörffer zum Richtershoff, Forst und Zeüghauß, Wildenställen und Füllenhäusern auf dem Tambacher Forst, wie auch zu deuen Herrschafftlichen Schneidemühlen bey Dietharß vor alters gefrohnet, dieweil aber gedachter gebeüde theils eingangen, theils vererbet, theils anderswotin geseßet worden, so behält sich zwar Fürstl. Herrschafft bevor, erkennen sich die Unterthanen schuldig, in Fall diese und dergleichen Gebäu wieder aufgerichtet werden sollen, die schuldige Frohnen darzu, wie vor alters zuthun, Mittler Zeit aber zu denen nach und bey Georgenthal geseßten Schneidemühlen, wie auch denen über Georgenthal liegenden Hammerwerken, die benöthigte Frohnen zu verrichten, darbey ihnen auf ein Pferd Ein groschen und eine halbe Meße Hafer zum Mittagsfutter gegeben werden soll.

III. **Cobstädt.** Die Anspänner dieses orths sind schuldig und gestehen an Fuhren inner Ambts Fünff und Zwanßig mltr. Zinß Getreyde aus dem Dorffe Cobstädt ins Ambt nach Georgenthal zuführen, und zwar ohne Ergeßligkeit.

Außer Ambts.

1. Der Fürstl. Herrschafft und dero Comitat, wie auch dero Räthe und Beambten, wann Sie in Herrschafften verschicket werden, biß in das nechste Ambt gegen Futter und mahl vorzuspannen.

2. Haben die Hohenkirchische und Herrnhöfische Aufspanner gegen einen groschen und eine halbe Metze hafer täglich uf ein jedes Pferd den Fischsatz, so in andere ämbter zu versetzen, überführen müßen.

3. Die Grafenhäiner und Neuendorffische Anspanner das uffm Stutthäuser Forst gefällete Wildpret, weil sie ihre Huth und trifft, auch die Leseholtzgerechtigkeit dahin haben, ohne Entgeld zu hohlen, und ins Stutzhauß zu bringen. Wie wohl nun das Dorff Kobstädt, als welches dem Ambte Geörgenthal etwas entlegen, die Frohnen Zu dem Geörgenthälischen Forrwerck zu Rottleben vor alters gethan, auch die Pfähle zu den Siegelsbacher und andern Ambtsweinbergen geführet, Nachdeme aber obgedachtes Forrwerck vorlängst verkaufft, die Weinberge aber ins Ambt Wachßenburgk geschlagen, Alß erbiethen sich die Unterthanen Gutwillig ins Künfftige Ein Aequivalent, daß ist, anstatt dieser alten abgegangenen, andere gleichgültige Fröhne, wie man sich deren billichen dingen nach vergleichen wird, zu übernehmen, alß etwa in abholung der Geörgenthalischen Zinßen in den auswärtigen dörffern, oder sonst, und sich darinnen ihrer unterthänigsten schuldigkeit nach der Gebühr zuerweisen. Gestalt denn auch die Sieben Unterdörffschafften anstatt des Mosts, so sie aus erstgedachten Weinbergen entweder nach Geörgenthal oder in den Geörgenthälischen hoffe nach Erffurth zuführen schuldig gewesen, die obgedachte Fisch und Wildpretsfuhren zur Fürstl. Hoffstadt zu leisten sich hiermit verbündig machen.

An Handfrohnen.

1. Müßen der Sieben dorffschafften sämbtliche Hintersiedler die Handfrohn am Ambthauße Zu Geörgenthal und allen oberwehnten eingebenten, wenn etwas einzureißen oder ufzubauen gewesen, nichts ausgeschloßen, verrichten, auch wo nöthig, Hauß, Hoff und Ställe saubern und reinigen, Item zum Brunnen mit ausgraben und Einlegung der röhren, Teiche, Dämmen und Waßergebänden, ingleichen zu sey- und räumung des durchs Ambtehauß gehenden Waßergrabens, wie auch mit aufhauung des Eißes, damit das Waßer in seinem rechten Strohm bleibe, Handdienste thun, Stackten eingraben, Holtzwerck zusammenlegen und an gehörigen ort tragen.

2. Ingleichen sind sie schuldig, die Gärtten und Wiesen, mit aushauung der Zaunpfähle, auch mit verzäunung und Zerziehung der Maulwurffshügel, auch Weyden und alte bäume abzuhauen, aufzubinden, zu vergatten, die fruchtbaren bäume aber zu reinigen,

gegen Winters zu lüfften, und gegen dem Früling wieder zu bedecken.

3. Zu den schäfferengebeüten zu Hohenkirchen und Schönau.

4. Ferner zu den Schneid- und Mahlmühlen zu Geörgenthal und Hohenkirchen.

5. Zu verdamm- und Fischung der teiche, auch öfnung der teichgräben, die Handdienste zu verrichten, wie auch andere wassergebäude, alß brücken und wehre, einlegung der Reißer am Ufer der Apffelstadt.

6. Wege und Stege zu beßern und zu halten, außgenommen die stege, welche die Herrschaft durch dem Emblöbischen Waßerknecht versehen läßt, über den Neübfgeworffenen Floßgraben, hingegen wird die Reüe steinerne brücke, gleichwie sie mit den gesambten Dorffschaften Ambts Geörgenthal, Cobstedt allein außgenommen, Reülgemacht, also auch inskünftige unterhalten.

7. Zu dem Hirttenhauß zu Geörgenthal handfrohn zu leisten.

8. Kraut und Rüben, wie auch flachß zu gäten, solchen zu rauffen, und, biß er gehechelt worden, zu bergatten.

9. Item den haber zu rechen und

10. Das Getreyde im Ambthauße, so oft es begehret wird, zu stürtzen und zu wenden, welche handdienste alle nach der Reihe von hauß zu hauß, bis solche herum verrichtet, und jede Person des tages

11. einen groschen und einen halben tag 6 Pf. gegeben wirdt. Ferner müßen Sie uf die hohe- und Niederjagten mit ziehen, auch das kleine Wildpret, alß rehe, Haasen, Auerhahn, zur Fürstl. Hoffstädt tragen.

12. Auch sind sie schuldig ohne entgeld auf folgenden Wiesen das graß zu hauen und das heü ufzumachen, alß uf den

54. Acker. 16. ruthen Schaaffwiesen,
15¼. Acker. —   Albrechtswiesen,
28. Acker. 22½ ruthen Große Rindnellen,
18½ Acker. 16- ruthen Hammerwiesen,
14¾. Acker. 30. ruthen Krautgemein,
15½. Acker. 4. ruthen Langewiesen,
5½. Acker. 6. ruthen Hopffgartten,
2¾. Acker 11½ ruthen hüchsichte wiesen,
3¾. Acker —   hinter Reüendorff an Georg Wolffs gartten.

13. Die übrigen wiesen aber des Ambts Geörgenthal müßen sie Dergestalt bergatten, baß ein jeder hintersiedler 2½ gantze. oder 5. halbe tage bey dem heil machen, dürren gabeln, und Dämmeln sich brauchen laßen, dargegen Einen gabler 2 Pfd. brod und Ein käse, dem andern Gemeinen fröhner aber nur 1 Pfd. brod und ein Käse gegeben wirdt.

14. Letzlich müßen sie auch in Herrschaftsgeschäften und Ambtsan-

gelegenheiten briefe bis in das benachbahrte Fürstl. ambt fort-
tragen.

Wie wohl nun die Handtdienste zu den beyden Forsthensern zu Geörgenthal und Gräfenhain, wie auch zu der Schmiede zu Geörgenthal, weil diese
Gebeübe vererbet, nunmehr abgehen, alle übrige dienste, auch von den andern sechs dörffern, indem zu Geörgenthal wenig oder keine Unterthanen gewesen, allein verrichtet werden müßen, So wollen es zwar S. Fürstl. Durchl.
dabey bewenden, auch darneben geschehen laßen, daß die ietzigen und künftigen Unterthanen zu Geörgenthal in ihrer Reihe und Ordnung die handtdienste mitthun, doch daß auch zu der Herrnhöfer Mahlmühle nnd Ohrdrnffer
teichwiese, gleich andern Herrschafftlichen gebäuden und gütern, so oft es
die Noth erfordert, die benöthigte dienste geleistet, und selbige damit gebührend versehen werden, worbey jeder Person des tages Ein Pfd. Brod nnd
Ein Käse gegeben werden soll.

Die Tambacher und Dietharter hintersiedler leisten Handdienste.

1. Bey der Bechhütten, welcher helfste den Landmännischen Erben zu
   Tambach zustehet, sind auch schuldig

2. Die Saltzlecken uf den Tambacher Forst und den leümen zuhaden,
   und in mangelung der fürleüthe das Saltz aus dem Ambt abzu-
   holen und sambt den leümen an gehörige örtter zutragen, oder
   mit Schubkarren zuführen.

3. Die Bäären, Lur, Wolfs und Schweinsjagten Winters- und
   Sommerszeit alleine (jedoch daß diejenigen, so auf die Schuhr
   gangen, jeder einen alten Feilerwerckebaum davor bekomme), aber
   mit den andern dorffschafften auf die andere hohe Jagten zu ziehen, ingleichen

4. Wildbahn und Stallung zu räumen, heden zu machen, die tücher
   und zeüge auf- und abzuladen, aufzuhengen, zutrucknen, nnd zwar
   alles ohne entgeld, auch ferner

5. Das heü vor das wildpret zu bitten nnd in die rauffe zu bringen, jedoch daß gegen Erlegung eines groschen auf jede Person.

6. Den hopffen im Ambthause zupfählen und zupflocken, gegen er-
   melder Ergetzligkeit eines groschens; über dieß sind die Tambacher
   insonderheit schuldig, die wege von der heßischen gräntze am Neßel-
   berg an biß ans Steinern Creütz am Rothenbach alleine zu beßern
   und zu erhalten, darzu Sie von Fürstl. Herrschafft Sechs fl. bekommen.

7. Sind die dietharter schuldig, das heü uf der Michaelsheyde ohne
   Ergetzligkeit alleine bszumachen.

Und weil die Tambachische und Dietharter gesambte Unterthanen mit
dem heümachen uf den Herrschafftswiesen verschonet werden, als müßen Sie
Jährlich auf ein jedes hauß acht Pfennig Sammelgeld ins ambt entrichten,
besage ambtsrechnung, Außer diesem haben Sie auch vor diesem zum richters-

hofie‧ Forst‧ und Zeughauß, wildeßällen und Füllenhäuser auf dem Tam‧
bacher Forst, wie auch zu den Herrschaffts Schneidemühlen bey Dietharz ge‧
frohnet, nachdem aber diese gebeute theils eingangen, und theils vererbet
worden, so bleibet Fürstl. Herrschafft vorbehalten, Erkennen sich die Unter‧
thanen schuldig, da diese und dergleichen gebeüte wieder aufgerichtet würden,
die schuldige handfrohnen darzu wie vor alters zuthun. Mittler Zeit aber
zu denen nach Geörgenthal gesezte Schneidemühlen und Hammerwercken die
erforderten Handdienste zu leisten, bey welcher arbeit täglich Ein groschen auf
iede Person gegeben werden soll.

Die hintersiedler zu Cobstedt haben vor alters die handfrohnen zu den
gebeüten des Kloster Forrwerds zu Rottleben geleistet, auch das Sticken und
Kleüben verrichtet, nachdeme aber solches vorlängst verkaufft, so sollen sie an
statt deßen künfftig andere gleichgültige handfrohnen, deren man sich billichen
dingen nach vergleichen würdt, übernehmen und getreulich verrichten, Sonsten
sind die dörffer des gantzen ambts schuldig, einen heerwagen mit einander
zu halten, und denselben mit Pferden und aller Zugehörung auszurüsten,
die weil aber dieses zu der Heersfolge und nicht zu der Frohnbarkeit gehöret,
so wird es billich an seinen ort gestellet, und damit, wie es sonst im Fürsten‧
thum bräuchlich, gehalten.

Daß nun die Unterthanen mit allen Vorbeschriebenen einig und zufrie‧
den, auf beschehene deütliche vorlesung die specificirte dienste von Puncte zu
Puncte gestanden und bejahet, auch solche fleißig und willig der ausgelaße‧
nen Fürstl. Landesordnung nach zu leisten sich erklähret, Deßen zu Uhrkund
ist gegenwärtiger brieff dreyfach, als einmahl vor das Fürstl. Ambt, und ein‧
mahl vor das Fürstl. Archiv, und einmahl vor die Unterthanen von den
Beambten, mit beytrückung des Ambtssiegels, dann denen Schultheißen, El‧
tisten und dorffs vorstehern vor sich und in vollmacht der gesambten Unter‧
thanen, beysetns gewißer hierzu erforderten Zeügen unterschrieben und besie‧
gelt worden, So geschehen Geörgenthal den 9. Jannarij Ao. 1671.

(L. S.)　　　　　　　　　Fürstl. Sächß. Ambt daselbst.
　　　　　　　　　　　　　Johannes Benedict Leo.

(Mitunterzeichnet von den Schultheißen, Gerichtsschöppen und Aeltesten zu
Tambach, Georgenthal, Dietharz, Hohenkirchen, Herrenhof, Gräfenhain,
Neuendorf, Schönau, Catterfeld und Cobstädt).

53.

Haus‧ u. Staatsarchiv zu Gotha, Original QQ (H I) no. 6.

H. E's Disposition wegen des Begräbnisses und der Direction in den Collegiis.

Demnach auch von Gottes gnaden Wir Ernst, Hertzog zu Sachsen ꝛc.,
in dem Eingang unserer Regiments Verfassung vertröstung gethan, wegen
unseres Begräbnisses nach unserm in Gottes gnedigen Händen stehenden hin‧
tritt, wie auch deß Textes, welcher in der Leichpredigt erkleret werden solle,

mehrere Vorſehung anhero zu thun; Als wollen wir ſolches kraft dieſes hiermit verrichtet vnd vnſern willen vnd meinung dahin erkleret haben:

Daß ſolches vnſer Begräbnuß obberührten ſolle, auff arth vnd weiſe, wie bey deß Durchleuchtigen Fürſten vnſers in Gott ruhenden, freundtlichen lieben Bruders vnd Gevatters Herrn Albrechts, Hertzogens zu Sachſen ꝛc. Chriſtlöblichen gedächtnuß Begräbnuß vnd Leichenconduct zu Eiſenach gehalten worden vnd deßen beſchreibung beyhanden iſt, gleichfalle gehalten vnd verrichtet werden, vnd außer deme aller vbermüßige Pracht vnd gepräng dabey vnterlaßen, dazu auch mehr nicht als die allernechſten anverwandten erſuchet werden ſollen. Der Text aber, welchen wir in der Leichpredigt zu erkleren verordnen, iſt beſchriben von dem Apoſtel Paulo in der andern zu den Corinthern am 13ten Capitul im 13ten verſicul, in dieſen worten: Die Gnade vnſers Herrn Jeſu Chriſti vnd die liebe Gottes vnd die gemeinſchafft des Heyligen Geiſtes ſey mit Euch allen. Amen.

Ferner haben wir auch dieſes anzufügen der Notdurfft ermeſſen, daß gleichwie auß bewegenden Vrſachen vor gut vnd nutzlich befunden, daß zu mehrer beförderung vnd vnvnterbrochenen Lauff der geſchäffte in allen vnſern Collegiis, dem geheimen Rath, der Regierung, Conſiſtorii vnd Cammer die Directoria geſondert, vnd jedes abſonderlich mit einer gewiſen Perſon verſehen vnd beſtellet werden, vnd in den beyden Erſten dieſelbe den Namen vnd Titul Geheimen Raths oder Cantzlers oder reſpective Vice-Cantzlers führen: Alſo wir die außtheilung der geſchäffte derſelbigen dergeſtallt füglichſt einzurichten zu ſein erachten: Daß, was nach inhalt der geheimen Rathsordnung in ſolch Collegium gehöret, darinnen auch ferner verbleibe vnd von denen dazu Verordneten daſelbſt deliberiret, ſodann von dem Directore die außarbeitung angeſtellet vnd verfüget werde: was aber nach der Cantzleyordnung in vnſere Regierung gehörig iſt; als, neben den Juſtizſachen, auch Lehen- vnd Conſens-Policey vnd Innungsſachen, beſtellung der bedienten, ſonderlich zur Juſtiz vnd deren expedition allhier vnd auff dem Land geſetzet werden, ſolches ſoll auch daſelbſt ferner vorgenommen vnd verrichtet werden: jedoch daß, wo bey denenſelben auch diener annehmung vnd dergleichen ſonderbare wichtige vmbſtände vnd bedenken vorfallen, ſodann der Director deß Regierungs-Collegii, als welcher ohne das ordenlich im geheimen Rath ſeine ſtelle vnd ſtimme hat, ſolche daſelbſt zu erinnern, zu referiren vnd deren fernere vberlegung vnd ſchlußes zu gewarten haben ſolle. Da aber hiernegſt wir oder vnſere Fürſtliche Nachkommen nach gelegenheit der Zeiten, der geſchäffte vnd Perſonen die Direction deß geheimen Raths vnd Regierung Einer Perſon zu vertrauen nutzlicher befinden würden, wollen wir vns vnd Ihnen hierunter verordnung zu thun vorbehalten haben. Signatum Friedenſtein den 13ten Februarii Anno 1671.

Ernſt H. z. Sachſſen.

54.

Cammer- Archiv zu Gotha, Insgemein XI, 3 no. 8.

Herzog Ernst's zu Sachsen Stiftung für die lutherischen Prediger zu Utrecht.

An Ehrn Johann Adam Hünersengern undt Ehrn Johann Baers, beyde Evangelische lutherische Prediger zue Utrecht.

Von Gottes Gnaden Ernst H. z. S. ꝛc. Würdige liebe Andächtige undt besondere. Uns ist aus Euerem unterm dato des 4. Maii nechsthin abgegangenen unterthenigsten schreiben gebührend vorgetragen, sowohlen auch von Unseren geliebten Söhnen mündlich hinterbracht worden, welchergestallt die Evangelische lutherische gemeinde zu Utrecht ihr Kirchenhauß daselbst erweitern zu laßen vorhabens, wegen ermangeluden Kircheneinkommens aber ben solchen mitteln nicht sey, dieses werd für sich allein zu erbauen undt dannenhero veranlaßt würden, neben anderen der ungeänderten Augspurgischen confession zugethanen Potentaten, auch Unß umb eine gnädigste beysteuer durch Euch unterthänigst anzulangen. Wie Uns nun zuförderst lieb zu vernehmen ist, daß gedachte Christliche gemeinde von tag zu tag wächset undt zunimmet, Also tragen wir keinen Zweifel, es werden die zur erweiterung des Lutherischen Kirchhauses benötigte mittel wohl von anderen orthen zu erlangen undt beyzubringen seyn. Damit aber inzwischen zur stifftung eines gewißen jährlichen Kirchen Einkommens undt zur Besoldung deren bey der Evangelischen lutherischen Gemeinde zue Utrecht bestellter ordentlicher Kirchenbiener ein anfang gemacht werde, So erklären Wir Uns hierburch dahin, daß wir zue solcher besolbung Zweyhundert Rthler Capital von dato an vorgestellt fundiren wollen, daß bavon auß Unserer Renth Cammer allhier jährlich auff Jacobi Zehen Reichsthaler beständiger Renth oder Zinses so lang gereicht undt gegen quittung derer iedesmahl bestellter beyden Evangelischen lutherischen Prediger verabfolget werden sollen, biß das Capital der Zweyhundert Rthlr in der Stadt Utrechtt oder bort in der Nähe sicherlich untergebracht undt also außgethan werden kann, daß obgemeldte Unsere stifftung beständig erhalten werden, nnd die jährliche renth der Zehen Rthlr der Kirchen alß ein einkommen zue der Kirchenbiener besoldung beharrlich undt unverrückt verbleiben möge. Inmaßen, da sobalbt iezo sich gelegenheit ereignen sollte, das Capital uff solche maße bort in loco alß eine beständige fundation gegen gnugsame versicherung an- undt unterzuebringen, wir baßelbe so fortt außzahlen zu laßen gemeinet seyn. Wolltens Euch zue gnädigster anttwortung verhalten Undt seyn Euch ꝛc. Datum Friebenstein ben 29. Juli ao. 1671.

55.

Herzogl. Bibliothek zu Gotha Cod. Ch. A. 1099.

Was bei der Einsegnung des Fürstl. Fräuleins Magdalena Sibylla, H. z. Sachsen, u. darauf erfolgtem Beilager Ihro Durchl. H. Bernhards, H. z. Sachsen, mit der auch Durchl. Prinzessin u. Fräulein, Fräulein Maria Hedwig, Landgräfin zu Hessen, vom 18. bis 23. November incl. 1671 bei Fürstl. Hofküchen, Apotheken, Kellerei, Silber Cammer ꝛc. auf dem Fürstl. Hause Friedenstein aufgegangen, Summa Summarum **1713 Fl. 13 Gr. 8½ Pf.**, nämlich:

1. Bei Fürstl. Hofküche 882 Fl. 5 Gr. ½ Pf.

Fl.	Gr.	Pf.		
72	10	—	Pf.	2283 Pfd. Hirschwildpret.
68	18	8	„	1085 Pfd. Schwarzwildpret.
4	17	4	„	152 Pfd. Rehwildpret.
26	14	—	„	70 Stück Hasen.
69	11	—	„	2190 Pfd. Rindfleisch.
—	15	—	„	3 Stück Rindszungen.
12	6	—	„	258 Pfd. Schweinefleisch.
—	18	9	„	15 Pfd. Rothwurst.
—	12	—	„	12 Stück Bratwurst.
19	4	3	„	201½ Pfd. Sped.
4	16	—	„	121 Pfd. Kalbfleisch.
—	8	—	„	2 St. Kalbsköpfe.
—	3	6	„	2 St. Kalbegekröse.
170	3	6	„	4515 Pfd. Schöpfenfleisch.
20	9	—	„	206 St. Schöpfenschwänze.
54	15	2	„	698½ Pfd. grüne Karpfen.
3	9	—	„	72 St. dürre Karpfen.
—	3	6	„	1 Maas Gemangfische.
1	18	—	„	26 Pfd. Stockfisch.
14	4	—	„	298 St. grüne Forellen.
12	19	6	„	154½ Pfd. grüner Hecht.
7	9	—	„	13 St. Spanferkel.
18	—	—	„	14 St. wälsche Hühner.
1	11	—	„	4 St. Kapaunen.
1	10	—	„	31 St. Rebhühner.
27	8	—	„	220 St. alte Hühner.
5	7	6	„	75 St. junge Hühner.
4	16	—	„	50 Metzen Salz.
25	15	—	„	108 Metzen Mehl.
16	4	7	„	42½ Schock u. 5 Eier.

46 Fl. 5 Gr. — Pf. 485½ Pfd. Butter.
4 „ 20 „ — „ 80 Pfd. Holländ. Käse.
2 „ 17 „ 10 „ 172 St. Heringe.
— „ 9 „ 2 „ 11 Schock Schnecken.
3 „ 12 „ — „ 60 Pfd. Kirschmus.
1 „ 15 „ — „ 108 Maß Milch.
13 „ 13 „ — „ 48 St. Gänse.
14 „ 6 „ — „ 400 St. Bricken.
22 „ — „ — „ 1100 St. Austern.
1 „ 5 „ — „ 4½ Pfd. Lachs.
5 „ 6 „ — „ 222 St. Krammtsvögel.
1 „ 9 „ — „ 20 Pfd. dürre Kirschen.
1 „ 2 „ 8 „ 75¼ St. Citronen.
4 „ 1 „ — „ erkaufte Küchenspeise.
1 „ 9 „ 7½ „ 52½ Pfd. Hirse.
— „ 15 „ 9 „ 15¾ Pfd. Gerstengraupen.
2 „ — „ 9 „ 42¾ Pfd. Hafergrütze.
— „ 2 „ 3 „ 4½ Pfd. Haidegrütze.
2 „ 6 „ 4 „ 145 Pfd. Zwetschen.
2 „ 6 „ 9 „ 9¾ Pfd. Kapern.
1 „ 18 „ — „ 9¾ Pfd. Oliven.
20 „ — „ — „ 10 Klftrn. Holz.
42 „ 18 „ — „ 150 Stöße Kohlen.
— „ 13 „ 8 „ 10¼ Pfd. Reis.

2. Bei fürstl. Hofapotheke 176 Fl. 5 Gr. 9 Pf.

13 Fl. — Gr. — Pf. 42 Pfd. Canari Zucker.
9 „ 3 „ — „ 36 Pfd. Resinath.
1 „ — „ 4 „ 48 St. Pfefferkuchen.
1 „ 12 „ 9 „ 15 Pfd. große Rosinen.
2 „ 3 „ — „ 15 Pfd. kleine Rosinen.
2 „ 6 „ — „ 16 Pfd. Cibeben.
2 „ 14 „ — „ Datteln 8 Pfd.
2 „ 7 „ — „ 7 Pfd. Pineen.
— „ 14 „ — „ 2 Pfd. Prunolien.
— „ 18 „ 8 „ 7 Pfd. Johannesbrod.
— „ 20 „ — „ 8 Pfd. Feigen.
12 „ 18 „ — „ 60 Pfd. rohe Mandeln.
— „ 18 „ — „ 2 Pfd. Kümmelzucker.
2 „ 11 „ — „ 6½ Pfd. Mandeleinschalen.
2 „ 7 „ 6 „ 8¼ Pfd. Pfeffer.
1 „ 19 „ — „ 8 Pfd. Ingwer.

1 Fl.	15 Gr.	— Pf.	½ Pfd. Muscatblumen.
1 „	3 „	9 „	11 Loth Nägelein.
2 „	7 „	— „	7 Pfd. Zuckerbrot.
1 „	11 „	6 „	5 Pfd. Coriander.
2 „	14 „	— „	6 Pfd. Zimmet.
1 „	5 „	— „	4 Pfd. Aniszucker.
— „	13 „	— „	2 Pfd. Fenchel.
2 „	10 „	— „	8 Pfd. Mandelzucker.
1 „	19 „	— „	5 Pfd. Manus Christi
2 „	16 „	— „	7¼ Pfd. Berbeslöchlein.
4 „	6 „	— „	10 Pfd. Nägelein Zucker.
1 „	6 „	— „	3 Pfd. Cibeben.
1 „	16 „	— „	4¼ Pfd. Hindtleufsten.
1 „	8 „	— „	3½ Pfd. Calmus.
— „	18 „	— „	2 Pfd. Cardemom.
1 „	15 „	— „	3 Pfd. Zimmetmandeln.
2 „	12 „		4½ Pfd. Spanisch Brod.
1 „	19 „	6 „	4½ Pfd. englische Stritzel.
1 „	10 „	6 „	3½ Pfd. spanische Plätzchen.
— „	18 „	— „	2 Pfd. Citronenschalen.
2 „	14 „	— „	6 Pfd. Pomeranzenschalen.
3 „	5 „	3 „	6½ Pfd. Macaronen.
6 „	6 „	6 „	100 St. Citronen.
7 „	19 „	8 „	100 St. Pomeranzen.
3 „	12 „	— „	100 Pfd. Kastanien.
2 „	— „	8 „	16 Pfd. wälsche Nüsse.
9 „	3 „	— „	48 Schock Borstorfer u. Pauliner.
4 „	12 „	— „	24 Schock große Birnen.
2 „	16 „	— „	3½ Pfd. Thierchen ⎫
3 „	11 „	— „	4½ Pfd Kirschen
— „	16 „	— „	1 Pfd. Birnchen
— „	4 „	— „	¼ Pfd. Aepfelchen ⎬ candirt.
1 „	18 „	— „	3 Pfd. Mandeln
1 „	5 „	— „	2 Pfd. Nägelein
1 „	5 „	— „	2 Pfd. Zimmet
1 „	9 „	— „	2 Pfd. Muscatnuß ⎭
— „	8 „	— „	¼ Pfd. ganze Muscatnuß.
1 „	10 „	6 „	1¾ Pfd. holländ. Bräzel.
2 „	6 „	— „	2 Pfd. Citronatboden.
1 „	19 „	— „	4 Pfd. Citronat eingemacht.
2 „	10 „	— „	4 Pfd. candirte Kränze.
— „	13 „	4 „	10 Lth. Bisam-Zucker.

1 Fl. 17 Gr. 6 Pf. 1¾ Pfd. Aepfel
4 „ 4 „ — „ 4 Pfd. Citronen
1 „ 17 „ 6 „ 1¾ Pfd. Pomeranzen
2 „ 7 „ 6 „ 2¼ Pfd. Pflaumen
4 „ 4 „ — „ 4 Pfd. Pfirschen
1 „ 13 „ — „ 1½ Pfd. Kirschen
4 „ 6 „ — „ 3 Pfd. Morellen
} troden Confect.

— „ 10 „ 8 „ 2 Buch Gold zum Marzipan.

2. Bei Fürstl. Hof-Kellnerei 420 Fl. 19 Gr. 5 Pf.

33 Fl. 18 Gr. — Pf. 5 Eimer 73½ Maas Sommeracher
73 „ 7 „ 11¼ „ 14 „ 23½ „ „
17 „ 5 „ 1¾ „ 3 „ 44 „ Königsberger
31 „ 16 „ 2¼ „ 10 „ 47 „ „
71 „ 13 „ 11 „ 23 „ 71 „ „
21 „ 18 „ 7½ „ 10 „ 75½ „ „
10 „ 19 „ 4 „ — „ 43 „ Spanischer
} Wein.

91 „ 18 „ 11½ „ 165 „ 34 „ Gothaisches Bier.
11 „ 17 „ — „ 19 „ — „ Naumburger „
2 „ 19 „ 6 „ ¾ Malter 34½ Zeilen Semmeln.
48 „ 10 „ 2½ „ 24 Malter 41¼ Zeilen Brod.
2 „ 5 „ 3 „ 42½ Maas Weinessig.
2 „ 17 „ 4½ „ 5 Eimer 7 Maas Bieressig.

4. Bei Fürstl. Silber Cammer 110 Fl. 6 Gr. 6 Pf.

38 Fl. 6 Gr. 1½ Pf. 114¾ Pfd. Wachs.
65 „ 3 „ 4½ „ 400½ Pfd. Unschlitt.
6 „ 18 „ — „ 96 Stück Pechfackeln.

5. Bei dem Fürstl. Futterboden.

92 Fl. 120¾ Malter Hafer à 16 Gr.

6. Bei der Flöße.

32 Fl. 16 Klaftern Holz in den Ofen.

Signatum Friedenstein den 29. November Anno 1671.

56.

Haus- und Staatsarchiv zu Coburg, Copie, C III, 2 n. No. 2.

Johann Ernst Herzog zu Sachsen-Weimar an Herzog Ernst.

Pr. Pr. Ew. Gnaden anderweites freundliches Schreiben ist Uns wohl zukommen, daraus Wir ersehen, daß Ew. ꝛc. nochmals darauf bestehen wollen, ob sollte Deroselben das Successionsrecht allein zukommen. Wann Wir aber gleichwohl Unsers Theils die kaiserlichen Lehnbriefe vor Uns haben, so ausdrücklich auf das jus primogeniturae sich beziehen, u. dann in diesem Falle, da man mit Sachsen-Altenburg nicht concurriret, sondern demselbigen fürstlichen Hause, worinnen solches jus üblich gewesen, nunmehro succediret, billig sich darnach zu achten hat, wie dann auch das fürstliche Testament hierauf mit klaren betheuerlichen Worten gegründet, über dieses die gesammte Hand auf beide Linien, nämlich auf Unsers Herrn Vaters Hochlöblichen Andenkens Gnaden u. dero männliche Leibeslehnserben zugleich u. ohne Benennungen einiger gradus praerogativ eingerichtet, und ferner die gemeine Lehnsrechte u. deren Lehrer bestärken, daß, wenn eine Linie ganz abgeht, wie in diesem Falle geschehen, die übrigen Linien, so von dem primo acquirente zugleich herstammen, ohne Unterschied oder einzigen Verzug zu admittiren, solches auch der natürlichen Billigkeit gemäß u. gar hart sein würde, wann Kinder ihres Herrn Vaters frühzeitigen Todes halber solcher Stammlehngüter u. Fürstenthum u. Landen gänzlich entbehren sollten, wie dann nicht leichtlich in Unserm Chur- und fürstlichen Hause einiges Exempel einer solchen ungleichen Succession wird zu finden sein, sondern vielmehr, wann in dergleichen Fällen Streitigkeiten entstanden oder vermuthet worden, der Sache bald durch billig mäßige Verträge abgeholfen worden, darzu Wir denn Unseren vorigen Contestationen nach nochmals ganz willig u. bereit sein, im maßen Wir denn, weil Wir selbsten nach Altenburg Uns zu begeben verhindert worden, Unsere freundlich geliebten Herren Brüder, Herrn Johann Georgen u. Herrn Bernharden, Herzogen zu Sachsen 2c. Liebden, dießfalls genugsam Vollmacht aufgetragen. Als ersuchen Ew. 2c. Wir vor Uns u. Unsere 2c. hiermit freundvetterlich, die auch Ihres Orts beliebte gütliche Handlung dergestalt zu befördern, daß Ew. 2c. freundvetterliche beständige Affection Wir in der That verspüren mögen, u. das alle gute Vertrauen in Unserm fürstlichen Hause unaufhörlich erhalten werde, u. thue in übrigen Uns u. Unsern 2c. alle zustehende jura nochmals feierlichst bedingen u. vorbehalten. Ew. Gnaden 2c. verbleibend. Datum Weimar zur Wilhelmsburg d. 23 Aprilis 1672.

V. G. G. Johann Ernst H. z. Sachsen.

57.

Haus- u. Staatsarchiv zu Gotha QQ (EV) no. 2.

Beireceß*).

Bei Verabhandlung der fürstlich-altenburgischen Succession ist zwischen den fürstlich gothaischen u. weimarischen resp. fürstlichen Principalen u. Gevollmächtigten auch dieses als ein Hauptstück u. Fundament solches Vergleichs

---

*) Der Hauptrecß von demselben Datum enthält die Punctation über die altenburgische Succession, welche in dem Theilungsrecße vom 16. Mai 1672 noch genauer bestimmt werde.

verabhandelt u. geschlossen worden, damit beide fürstliche Häuser gotha- u. weimarischen Theils hinkünftig desto mehr in beständiger Einträchtigkeit erhalten u. alles Mißverneehmen abgewendet werde, daß durch einen beständigen ewigen Vertrag versehen werden solle, gestalt auch hiermit verglichen, festgesetzt u. geordnet ist, daß inhalts der bei diesem fürstlichen Sammthause aufgerichteten Verträge u. ausgelassenen kundbaren Schriften, auch Judicial- u. Extrajudicial-Einwendungen, die Primogenitur allewege nach dem wirklichen Alter, so im natürlichen Laufe der Jahre, Monate u. Tage besteht, nicht aber nach den Linien, nach Repräsentation, nach fictione juris gerechnet u. geachtet, auch die Successiones in Linea collaterali außer dem Falle concurrirender Brüder u. Brudersskinder nach Ausweis der Erbverbrüderung u. kaiserlichen gemeinen Rechte in allen Fällen nach Nähe des gradus u. der Sippzahl geschehen u. fallen, u. darwider von keinem Theile zu keiner Zeit nichts turbiret noch vorgenommen, noch von einigen Richter, Freunde oder Verwandten dem dargegen Handeluden einiger Beifall, Vorschub oder Hülfe in oder außer Rechtens gegeben oder gethan werden soll. Dessen zu Urkund dieser Vergleich von anwesenden fürstlichen Principalen u. Gevollmächtigten unterschrieben u. besiegelt worden ist. So geschehen Altenburg den 6. May 1672.

In Vollmacht Unsers   Johann Georg H. z. S.   Bernhardt H. z. S.
gnädig hochgeehrten   vor uns u. in Vollmacht vor uns u. in ebenmäßiger
Herrn Vaters Gnaden   Unsers freundlichst ge-   Vollmacht.
Friedrich H. z. S.   liebten Bruders.

58.

Herzogl. Bibliothek zu Gotha, Cod. Chart. B. 1412, cap. 9, und hiernach auch in Spiller v. Mitterberg's diplomatischer Sammlungen Vol. I. im Weimarischen Hauptstaatsarchive, H. Ernst's Hof- u. Regierungsstaat.

Lehenstabelle der fürstl. Sachsen-Gothaischen in- und auswärtigen Lehenleute, Geschlechter, Hauptlehn, Sitze, Ritterpferde, Anschlag und Lehentaxe.

Inwärtige	Auswärtige	Hauptlehen.
Lehenleute.		
1. Grafen von Hohenlohe	—	Obergrafschaft Gleichen
2. Grafen v. Schwarzburg-Sondershausen	—	Grafschaft Untergleichen
3. Graf zu Schwarzburg-Rudolstadt	—	Ilmenau u. Paulinzella
4. Reußen jüngerer Linie	—	Obergrafschaft Cranichfeld
5. v. Wangenheim Winterstein	—	Winterstein
6. v. Wangenheim deff. Stammes	—	—
7. von Seebach	—	Groß-, Klein-Fahner u. Gierstedt
8. Carlwitz	—	Herbsleben, ratione der Schenk- u. der Knoblochschen Länder
9. Rudolfe zu Herbsleben	—	Güter zu Herbsleben
10. Januße zu Eberstedt	—	Güter das., ist Afterlehen
11. Bogel zu Hochheim, jam Gedeon v. Wangenheim	—	Bogelsches Gut zu Hochheim
12. Scharfenstein	—	Siedelhof zu Goldbach
13. Witzleben zu Molschleben	—	Mannlehengut zu Molschleben
14. Hopfgarten zu Ratza	—	Amt Heinediz
15. Hopfgarten zu Mechterstedt	—	halb Mechterstedt u. andere Dörfer
16. Gräfendorf	—	halb Mechterstedt
17. Utterot zum Scharfenberg	—	Haus Scharfenstein, Gerichte u. Dorfschaften
18. Die von Erfa.	—	Erfa
19. Teutleben zu Laucha	—	Laucha
20. Die von Witzleben zu Liebenstein	—	Liebenstein 2c.
21. Witzleben zur Burg	—	Elgersburg 2c.
22. Griesheim zu Herda	—	Herda 2c.
23. Thüna zu Molsdorf	—	Molsdorf
24. Sachsen das.	—	Mannlehngut zu Molsdorf
25. Cospote zu Wölfis	—	Mannlehngut zu Wölfis

Sitz.	Ritter-pferde.	Anschlag.	Lehentare.
Ohrdruf	6	—	100 Rth.
—	4	--	50 „
—	—	—	—
Cranichfeld	—	—	—
Sonneborn, Winter-stein, Groß Behringen, Hütscheroda, Heßwinkel	8	—	12 „
Wangenheim, Rünge-roda u. Brüheim	4	—	12 „
Gr. Fahner und Klein Fahner	4	—	10 „
Herbsleben	1	—	8 „
Herbsleben	1	—	3 „
Eberstedt	¼	—	5 „
—	1	—	5 „
Golbbach	¾	—	5 „
Molschleben	1	—	4 „
Naha	6	—	}28 „
—	3	—	
Mechterstedt	1	—	—
Schwarzhausen, Thal	3	—	20 „
Erfa	3	—	{ 6 „ wegen Erfa. / 5 „ wegen Aspach
Laucha	2	—	6 „
Liebenstein, Unter- u. Oberhaus	3	—	12 „
Elgersburg	3	—	16 „
Herba	—	—	8 „
Molsdorf	3	—	10 „
Molsdorf	—	—	5 „
Wölfis	1	—	8 „

13*

Inwärtige	Auswärtige	Hauptlehen.
Lehenleute.		
26. Volgstedt zu Wölfis, jam der Forstmeister zu Georgenthal David Schmidt	—	Lehngut zu Wölfis
27. Bergen zu Tambuchshof	—	Tambuchshof samt Schäferei
28. Bafold zu Ingersleben	—	Gleichische Mannlehngut zu Ingersleben
29. Wittern zu Dietendorf	—	Dietendorf
30.	Joh. Friedr. von Gleichen u. Hans Christoph von Holleben	Lehngut zu Ettischleben
31.	Röder zu Dörrfeld	Zinsen zu Mellingen
32. Mühlpfort zu Ichtershausen	—	Lehngut zu Ichtershausen
33. Trebra zu Teutleben	—	Lehngut zu Teutleben
34. Uetterodt	—	Lehngut zu Weißenborn
35. Rentmeister Breithaupt	—	Gospiteroda
36. Hackspan	—	Kemnote zu Waltershausen
37. Spielhausen	—	Gut zu Trügleben
38. Wangenheim	—	Erbgerichte auf Nonnenberg
39. Gläser zu Sundhausen	—	Spitznasische Gut zu Sundhausen
40.	—	Brühl zu Gangloff Sömmern	Etliche Güter das.
41.	Kutzleben zu Gröningen	Oelmühle u. andere Lehnstücke das.
42.	Eckardt zu Uttenhausen	Erblehngut das.
43.	Müller zu Nieder Dopstedt	Freihof das.
44.	Dachröd zu Gangloff Sömmern	Erbmannlehngut das.
45.	Garman zu Großen Gottern	3 Hufen Land in Salzer Flur
46.	Jädel zu Gebesee	Lehngut das.
47. Stange zu Tonndorf	—	sächs. Lehngut u. Schifferhof
48.	Knorre zu Solstedt	Mannlehngut das. u. Breitenbach

Sitze.	Ritter-pferde.	Anschlag.	Lehentaxe.
Wohnung zu Wölfis	—	—	— Rth.
Wechmar	—	—	—
Ingersleben	1	—	6 „
Dietendorf	1	—	6 „
Ingersleben, Wild-spreng	—	—	4 „
	—	—	—
	—	—	—
Teutleben	1	—	3 „
Kloster Weißenborn	—	—	6 „
Gospiteroda	1	—	3 „
Remnote	—	—	6 „
Freihof zu Trügleben	—	—	4 „
Fischbach	—	—	6 „
Sundhausen	—	—	5 „
Gangloff Sömmern	—	—	—
	—	—	—
Uttenhausen	—	—	—
Rieder Dopstedt	—	—	—
Gangloff Sömmern	—	—	—
	—	—	4 „
	—	—	—
Tonndorf	1	—	—
Solstedt	1	—	7 „

| Inwärtige | Auswärtige | Hauptlehen. |
Lehenleute.		
49. Amtmann Miltitz	—	Cralachische Güter zu Salzungen
50. Butlar zu Salzungen	—	Burgsitz daf.
51. Buttlar zu Wildprechtsroda	—	Wildprechtsroda
52. Reckrodt zu Salzungen	—	Güter daf.
53. Hundt von Wentheim zum Altenstein	—	Altenstein ꝛc.
54. Stein zum Liebenstein	—	Liebenstein ꝛc.
55. Wechmar zu Wenigen Schweina	—	Mannlehngut zu Wenigenschweina
56. —	Reckrodt zu Brandenburg	das halbe Gericht Brandenburg
57. Wellische Erben zu Salzungen	—	Zinkische Güter
58. Hanstein zu Ober Ellen	—	Mannlehngut zu Ober Ellen
59. —	Herda zu Brandenburg	Hinterschloß Brandenburg
60. Buttlar zu Düttles	—	Düttles c. p.
61. Schröterische Erben	—	Bohnenburgische Lehen zu Tiefenort
62. Spielhausen	—	Lehngut Tiefenort
63. Schmidtische Erben	—	Halbe Röhrigshof
64. Fuldaische Wittwe zu Salzungen	—	Hälfte des Guts Hembach u. Ober Rhön
65. Silchmüllersche Wittwe	—	die andere Hälfte
66. Capit. Schrampf	—	Schenkstätte z. Kieselstadt c. p.
67. Ziechler	—	ut supr. zu Kieselstadt
68. Rußwurm zu Hellingen	—	Mannlehngut zu Hellingen
69. Hütten zu Gompertshausen	—	Erblehngut daf.
70. Marschall zu Einöd	—	Einöd c. p.
71. Idem zu Erlebach	—	Erlebach
72. Truchses zu Schwidershausen	—	Schwidershausen c. p.

Sitze.	Ritter-pferde.	Anschlag.	Lehentaxe.
Salzungen	1	—	5 Rth.
Salzungen	1	—	5 „
Wildprechtsroda	1	—	6 „
—	1	—	5 „
Altenstein	5	—	25 „
Liebenstein	2	—	{ 8 „ vor einen Lehn-brief 6 „ vor den 2, die Peinlichkeit betr.
Wenigenschweina	1	—	—
Lauchröben	3	—	—
—	—	—	3 „
Ober Ellen	3	—	14 „
Brandenburg	3	—	10 „
Düttles	1	—	5 Goldgülben
Wohnung daf.	—	—	4 „
Tiefenort	—	—	4 „
Halbe Röhrigshof	1	—	—
—	—	—	4 „
—	—	—	4 „
—	—	—	6 „
—	—	—	3 „
Hellingen	1	—	10 „
Gompertshausen	1	—	6 „
Einöb	—	—	{ 3 „ weg. b. Mühle 4 „ wegen Einöb 4 „ weg. Erlebach
Erlebach	1	—	
Schwidershausen	—	—	{ 6 Rth. wegen Schwik-tershausen 6 „ wegen 500 Acker Gehölz

Inwärtige	Auswärtige	Hauptlehen.
Lehenleute.		
73. Heßberg zu Völlers-hausen	—	Völlershausen
74. Schöppach zu Haubinda	—	die Höfe Haubinda
75. Lichtenstein	—	halbe Viehzehend zu Hef-lingen
76. Idem	—	Vogtei u. Zehend Keßlitz
77. Leipold zu Schlechsart	—	Schlechsart u. Leitenhausen
78. Ratiborsky zu Bill-muthhausen	—	Lichtensteinische Zehend daf.
79. Heldritische Jungfern	—	Stierlein Gütchen zu Holz-hausen
80. Gemeinde Lindenau	—	Wüstung zu Holzhausen
81. Weber zu Hildburg-hausen	—	Haus, Hof u. Wiesen zu Westhausen
82. Stieberin zu Engenstein	—	Engenstein c. p.
83. Rosenau, jam Born	—	Goßmannsroda it. Har-raßer Höfe
84. Marschall zu Bratten-dorf	—	Brattendorf
85. Idem	—	Schwartzbach
86. Rath zu Eisfeld	—	Hof Steubach
87. Schleicher daf.	—	⅓ Zehend daf.
88. Der im Hoff	—	Drahthütte in Neubrunn
89. Dr. Schridel	—	Zehend zur Bürde
90. Gemeinde Sachsendorf	—	⅔ Zehend daf.
91. Schwenck zu Eisfeld	—	⅓ Zehend zu Sachsendorf
92. Schubartische Erben zu Eisfeld	—	⅓ Wiese bei der Feldmühle
93. Beer daf.	—	⅓ an solchen Wiesen
94. Merckel zu Unter-Neu-brunn	—	2 Stück Harzwald, außer-halb Heubach
95. Idem	—	wegen der Eibleiten Harz-wald
96. Einwohner zu Heubach	—	unterschiedliche Lehnstücke
97. Meisch zu Heubach	—	etliche Güter im Amte Eis-feld
98. Hattenbach	—	⅓ Zehend zu Oberwind
99. Jenneberger zu Schwarzbach	—	Papiermühle daf.

Sitze.	Ritter-pferde.	Anschlag.	Lehentaxe.
Böllershausen	—	—	—
Hautinda	—	—	6 Rth.
—	—	—	—
—	—	—	—
Schlechsart	—	—	4 Mfl. 8 Gr. 6 Pf.
Billmuthhausen	—	—	4 ,,
Holzhausen	—	—	3 ,,
—	—	—	5 ,,
—	—	—	3 ,,
Engenstein	1	—	6 ,,
Goßmannsroda	1	—	6 ,,
Brattendorf	1	—	4 ,,
Schwartzbach	—	—	4 ,,
—	—	—	8 ,,
—	—	—	6 ,,
—	—	—	5 ,,
—	—	—	—
—	—	—	3 ,,
—	—	—	—
—	—	—	—
—	—	—	—
—	—	—	—
—	—	—	—
—	—	—	—
—	—	—	4 ,,
—	—	—	3 ,,

Inwärtige	Auswärtige	Hauptlehen.
Lehenleute.		
100. Gleichmann zu Eisfeld	—	Garten u. Scheuer
101. Beyersche Erben daf.	—	Garten in der Vorstadt, jetzo 3 Häuslein
102. Glasmacher zu Fahrenbach	—	Glas - Holz - u. Brau-Gerechtigkeit
103. —	Streitberg zu Straßendorf	¼ Zehend zu Brünn
104. Fabritius zu Dörfles u. Kettenbrunn	—	Dörfles zu Kettenbrunn
105. Vollische Erben zu Königsberg	—	5 Acker minus ¼ Wiefe in Hellinger Flur
106. Diemar	—	Lehnschaft zu Wafungen
107. Auerochs zu Oepfershaufen	—	Güter daf.
108. Heerda zu Oepfershaufen	—	Güter daf.
109. Eschwege	—	halb Roßdorf
110. Wechmar	—	andre Hälfte Roßdorf
111. Marschall von Ostheim	—	Erblehngut Sindershaufen
112. Spechtart	—	Burg Aschenhaufen
113. Rumrodt zu Rofa	—	Kemnote daf.
114. Miltitz u. Buttlar	—	Rußwurmische Gut zu Frauenbreitungen
115. Buttlar zu Grumbach	—	Gut Grumbach
116. Gut Dermbach	—	Gut Sorga
117. Todenwart	—	halb Todenwart u. Wernshaufen
118. Stein zu Biberstein	—	die Nebelsgrube
119. Idem	—	Regentweroba
120. Zinck	—	7½ Hufe zu Wallenhaufen
121. Auerochs	—	Lindenhof
122. Dr. Bolckart	—	Kemnote u. Hof zu Wafungen
123. Zeilfelder zu Schmalkalben	—	Wüstung Streithaufen
124. Zinck	—	Neckers u. Uttendorf
125. Buttlar zu Salzungen	—	Hof zu Salzungen, Lengsfeld u. Leimbach

Sitz.	Ritter-pferde.	Anschlag.			Lehentare.
—	—	—			—
—	—	—			3 Fl.
—	—	—			—
—	—	—			—
Dörfles	—	—			—
—	—	—			—
—	—	3153	Fl. 10	Gr.	—
Oepfershausen	1	22850	„ 10½	„	12 „
Oepfershausen	1	9807	„ —	„	10 „
Roßdorf	1	17247	„ 10½	„	12 „
Roßdorf	1	15831	„ —	„	10 „
Sinbershausen	1	14309	„ —	„	8 Rth.
Aschenhausen	1	11669	„ 10½	„	—
Roſa	1	1000	„ —	„	20 Fl.
Frauenbreitungen	1	2315	„ —	„	—
Grumbach	1	4765	„ 10½	„	10 „
Sorga	1	3010	„ —	„	14 „ 5 Bz.
—	—	1542	„ 5¼	„	—
—	—	1410	„ —	„	—
—	1	447	„ 5¼	„	—
—	—	665	„ 10½	„	—
—	—	530	„ 10½	„	—
—	—	200	„ —	„	—
—	—	20	„ —	„	—
—	—	1429	„ —	„	—
—	1	8647	„ 10½	„	—

Inwärtige	Auswärtige	Hauptlehen.
Lehenleute.		
126. Erfa	—	Erfa
127. Raschau zu Wechmar	—	10 Hufen u. 1 Siedelhof
128. Grießheim	—	Gut zu Elxleben an der Lengwitz
129. Reckrodt zu Salzungen	—	Gut zu Hilpershausen u. Salzungen
130. Wechmar	—	halbes Gut Wenigenschweina
131. Witzleben	—	Manebach
132. Hesenführer	—	das Hesenführen
133. —	Speßart	Aschenhausen
134. —	Marschall zu Waltershausen	Schloß u. Zugehör zu Waltershausen
135. —	Wechmar ·	Gut zu Fischersheim

Amtsäßige vom Adel im Fürstenthume, als

1. Im Amte Gotha.

1. Scharfenstein zu Goldbach.
2. Rudolf zu Herbsleben.
3. Carlwitz zu Herbsleben wegen des Cämmerischen u. Knoblochischen Guts zu Herbsleben.
4. Die Janusse zu Eberstädt.
5. Vogel zu Hochheim.
6. Witzleben zu Molschleben.

2. Im Amte Tenneberg.

1. Die von Erfa wegen Aspach.
2. Vogel zu Boilstedt und Uelleben.
3. Trebra zu Teutleben.

Site.	Ritter-pferde.	Anschlag.		Lehentare.
—	1	6234 Fl. —	Gr.	10 Fl.
—	1	4820 „ —	„	12 „
—	1	1258 „ 20	„	—
—	—	1596 „ 9½	„	} —
—	1	4323 „ 18½	„	
—	1	3480 „ 15¾	„	6 „
—	½	2610 „ 13⁷⁄₁₂	„	—
—	—	72 „ —	„	—
—	1	11969 „ 10½	„	—
—	1	21981 „ 10½	„	—
—	—	45 „ —	„	—

3. Im Amte Wachsenburg und Ichtershausen.

1. Basold zu Ingersleben.
2. Ziegler zu Ingersleben.
3. Jost Friedr. von Gleichen zu Ingersleben wegen des Guts Ettischleben.

4. Im Amte Tonndorf.

1. Die Stange zu Tonndorf.

5.

1. Die Knorre zu Sollstedt u. Breitenbach.

59.

Herzogliche Bibliothek zu Gotha, Cod. Chart. B no. 1412. Cap. XV.

Specification der Cammergüter mit kurzer Benennung der Pertinenzien nach den Aemtern eingetheilt.

I. Amt Tenneberg.

Bei diesem Amte ist das Vorwerk Fröttstedt. — Ein gering Wohnhaus
bewohnt der Schäfer.

230⅜ Acker Land an 7½ Hufen 5⅜ Aeckern einzeln

25½ Acker Wiesenwachs

1 Garten 1½ Acker 10 Ruthen am Kirchgäßlein

1 Garten zwischen der engen u. breiten Gasse

1 Teichlein ½ Acker 10 Ruthen

1 Teichlein ¼ Acker

1 Teichlein 4 Viertel Acker 4 Ruthen

1 Teichlein 8 Ruthen

} Diese Teichlein liegen unterm Berlach an einander u. sind ganz wüst.

1 Teichlein bei dem Brauhaus ist auch wüst

1 Stück Fischwasser von 135 Ruthen

Fürstliche Herrschaft hat itzo nur ½ eigenthümliche Schäferei zu dem Vorwerke oder Gleichischen Hofe.

Wiesen außer Amt Tenneberg.

10 Acker an der Leina bei Hörselgau

2 Acker im Boilbach.

II. Amt Reinhardsbrunn.

9 Acker Grummetswiesen ober Schnepfenthal, der kleine Kern genannt

31 Acker Wiesen unter Schnepfenthal, der große Kern genannt.

III. Amt Salzungen.

Eigenthümliche Güter so zum Kloster Allendorf gehören.

146½ Acker Artland

54½ Acker Reckrobtisch

35 Acker Wiesenwachs

59 Acker Wiesenwachs Reckrobtisch

1 Garten gegen den Schnepfenberg

1 Gärtlein am Salzsee

1 Gärtlein, so vor diesem ein Hopfenstecklein gewesen

1 Drittheil an selbst Erlag.

Fließende Wasser.

Ein Stücklein an der Werra

Eine ganze Salz Nappen, die Propstei genannt

1916 Acker Gehölz.

IV. Amt Creyenberg.

Vorwerk Creyenberg

362 Acker Artland

85½ Acker Wiesenwachs

1 alter Schloßgarten

12 Stück Melkkühe u. des weiteres können 10 Stück gelte Kühe darzu geschlagen werden

Die Vorwerksschäferei liegt zu Tiefenort oben im Dorfe mit einem weitläufigen Platz, u. können 1000 Stück Schafvieh darauf gehalten werden.

V. Amt Ichtershausen.

Ein Vorwerk u. eine Schäferei bei diesem Amte

Eine Wohnung für den Hofmeister oder Schäfer

Ein Viehstall

Eine Schaf- u. Fruchtscheuer

546 Acker an 18 Hufen 6 Ackern Artland in drei Feldern

216 Acker Wiesenwachs

  1 Gras- u. Baumgarten 2½ Acker hinter dem Amthause

  2 Acker Hausgarten zwischen dem Vorwerksteiche u. Viehstalle

        An Vieh

 20 Melkkühe

 1 Brommer

Etliche Stück gelte Vieh

 3 Sauboden

 1 Eber sammt der Vermehrung

Federvieh werden dem Schäfer die Hälfte gelassen. Wenn aber ein Hofmeier gehalten wird, kommen der fürstlichen Herrschaft an Federvieh 2 Theile, u. dem Hofmeier der dritte Theil zu.

      Schaftrift

Zu Ichtershausen

Zu Eischleben

In der Ruderslebischen Flur können 1014 Stück Schafvieh gehalten werden

VI. Amt Wachsenburg.

   Vorwerk Holzhausen

Ein Vorwerk u. Schäferei

297¾ Acker Artland

 8½ Acker Wiesen

  1 Baumgarten zu Holzhausen, 2 Acker beim Vorwerk

  1 der Bodengarten überm Dorfe Holzhausen, 6½ Acker

  1 Teichlein im Bodengarten

  1 Teich, der große Teich im Einoth, ist wüste u. zum Wiesenwachs, halb 14¾ Acker 15¼ R.

  1 Mittler Teich im Einoth, 10¾ Acker 7½ R.

  1 Der Drelangel daselbst, 1 Acker 12 R.

  1 Das kleine Teichlein hinter der Schäferei.

Diese 4 Teiche werden jetzo zum Wiesenwachs genutzt.

Von Vieh wird nichts gehalten den Sommer über, außer was aus dem

Stalle Reinhardsbrunn den Winter über dahin geschlagen wird, im Frühling wird's wieder dahin getrieben.

Wiesenwachs zu der Schäferei

43 Acker 55 R. Wiesen

1900 Stück Schafröser zu beschlagen.

Schaftriften.

1 Holzhäuser Flur
2 Tambuchshöfer Flur
3 Von Tambuch bis in's Bittstädter Feld
4 Von Goßlar bis in's Crawinkler
5 Von Goßlar bis in's Liebensteinische Feld
6 Von darin bis in's Planische, Espenfelder u. Arnstedter Feld
7 Haarhäuser und
8 Sülzenbrücker Feld
9 Kornhochheimer Feld bis an des von Thüna oder Molsdorfer Grenze u. Dörfer, auf Sülzenbrücker Haarhäuser Rieth u. Wiesen vom Frühling an bis Walpurgis.
10 Ein Ort für die Lämmer jährlich im Tambuch eingeräumt.

VII. Amt Volkenroda.

Das fürstliche Haus oder Kloster

Das inwendige Vorwerk

318¼ oder 10 Hufen Artland

2 Acker Ein Garten am Vorwerke

1¾ Acker der Graben oder Zwinger vor dem Thore zwischen den 2 Thoren.

Wiesenwachs.

3 Acker oder dritte Theil von den 10 Ackern an der Sahlfelder Wiese, die anderen 2 Theile gebraucht der Schösser u. Forstknecht

2 Acker Wiesen im Holzbach.

Das auswertige Vorwerk.

296¼ Acker oder 9 Hufen 26¼ Acker Artland

3 Acker der Garten am Vorwerke

11 Acker eine Wiese unterm Weidenhofe sammt zugehörigem Krautflecken an der langen Reihe Weiden hinunter

Ein Wohnhaus 2 Stockwerke hoch

Osterkörner Vorwerk.

Ein Wohnhaus von 2 Stockwerken

343⅜ Acker an 11 Hufen 10 Acker Artland

95¼ Acker Wiesenwachs an 6 Wiesen.

Vorwerk Böthen.

Ein Wohnhaus von 3 Stockwerken

6 Hufen Landes 7¼ Acker Artlandes

33¼ Acker Wiesenwachs.

Schäferei in Körner.

Ein Wohnhaus mit 2 Stockwerken

908 Stück Schafvieh

49 Acker 1½ Viertel inner Amts
55 Acker außer Amts ⎱ Wiesenwachs.

An Gärten

1 Garten am Kloster oder Amtshause, 20 Acker

1 Bienengarten oder der Hopfenberg, 2½ Acker

1 Der alte Bienengarten oder Kellerhof, 4½ Acker

1 Acker Krautland beim Sahlseder Wege

Eine Hufe Land, so der Schösser jährlich anstatt Getreide Besoldung einnimmt.

VIII. Amt Königsberg.

Vorwerk des Amts

Ein Hofhaus

160¾ Acker Artland u. 26 R.

40¼ Acker Wiesenwachs, 32½ R.

3 Acker 48 R. Ein Garten über dem Wasser gegen die Schloßmühle, so meist zum Feldbau umgerissen.

3 Acker minus 3 R., der hintere Baumgarten am Höfinger Gäßlein zu Feldbau umgerissen

1½ Viertel der Kälbergarten hinter dem Schloßgraben

26 Garben Brennholz, welches die Gemeine jährlich in das Schloß zur Haushaltung zu geben schuldig.

Vorwerk Windberg.

Ein Haus

163 Acker Artland u. 8 Güter

7⅛ Acker Garten unter dem Hof der Pfeffergrund genannt, Wiesenwachs.

IX. Amt Heldburg.

Vorwerke oder halb Bauhöfe.

Hof Heldburg

Der liegt in der Stadt, hat ein Wohnhaus, eine Stallung sammt einem großen Stadel, einer Stallung u. Wagenschoppen sammt einem bedeckten Keller

195¼ Acker Artland

25¾ Acker Wiesen

Hof Hundszeug oder der Neue Hof

liegt an Gebäuden in einer Ringmauer verfaßt unterm Schlosse Heldburg

222 Acker Artland

48 Acker Wiesen.

Hof Gellershausen

hat Ein Wohnhaus mit einem Stalle

347¾ Acker Artfeld

40½ Acker Wiesen.

Hof Weßhausen

Der liegt im Dorfe, hat Ein Wohnhaus u. Stallung, Einen Stadel
177 Acker Artland
36³⁄₄ Acker Wiesen.

Der Lobensteinische Hof zu Gompertshausen

liegt in Gompertshausen, hat Ein Wohnhaus mit Stallung, Einen Stadel
100 Acker Artfeld
33³⁄₄ Acker Wiesen.

Hof Rieth

Der liegt im Dorfe Rieth, hat ein alt bös Wohnhaus mit Stallung sammt
einem Stadel
185¹⁄₂ Acker Artland
22¹⁄₂ Acker Wiesen.

Hof Holzhausen

Der liegt im Dorfe, hat ein Wohnhaus mit Stallung sammt einem Stadel
112¹⁄₂ Acker Artland
25 Acker Wiesen.

X. Amt Gotha.

Vorwerk Gotha.

Ein Wohnhaus sammt Scheuer u. Ställe
12 Hufen Landes zur Art an 384¹⁄₄ Ackern
13¹⁄₂ Acker Wiesenwachs.

Vorwerk Goldbach.

21¹⁄₄ Hufen Artland an 624¹⁄₄ Ackern
45¹⁄₂ Acker Wiesenwachs
Ein Haus, Scheuern, Ställe u. Gärten, das Caithaus genannt.

XI. Amt Frauenbreitungen.

Klosterhof zu Frauenbreitungen.

275¹⁄₂ Acker Artland, 4 R., die Ruthe zu 16 Schuhen
103¹⁄₄ Acker Wiesenwachs.

60.

H. Ernst's Hof- u. Regierungsstaat, Cod. Chart. B 1412 Cap. 22 auf der
herzogl. Bibliothek zu Gotha u. hiernach auch (1671) in Spiller v. Mitterbergs Diplomatischer Sammlungen Bd. 1 im Weimar. Hauptstaatsarchive.

Jagdgerechtigkeit

steht der fürstlichen Herrschaft zu:

1. im Amte Gotha 1) am Cronberge; 2) am Seeberge; 3) im Molsch-
leber Zagel in Eschenberger Flur; 4) im breiten Holze in Eschenberger Flur
hatte das fürstl. Amt die Vorjagd, sodann die von Carlowitz den Koppel;
5) im Waniger Hölzchen in Eschenberger Flur; 6) im Abtsberge in Eschenberger Flur. Obgleich das meiste Gehölz der Grafschaft Tonna zugehörte

n. die Jagd von derselben beanſprucht wurde, ſo ward dies doch nicht zugeſtanden, weil ſchon H. Johann Caſimir dieſe Holzungen alle 3 Jahre bejagt hatte; 7) im Ballſtädter Hölzchen; 8) im Büſler Holz; 9) im Röbiſchen Hölzchen. Obgleich die von Tonna die Koppeljagd beanſpruchten, ſo wurde dies doch nicht zugeſtanden; 10) im Wiegleber Hölzchen. Die Koppeljagd in der Flur gehört denen von Wangenheim, das Hölzchen aber bejagt das fürſtl. Amt.

II. im Amte Tenneberg auf allen Amtsgehölzen u. Grenzen für ſich allein, auch auf das von Teutleben zu Laucha, ſo wie auch auf die Gehölze der Mechterſtedter Gemeinde. Die 8 Pflegedörfer mußten die Dienſte leiſten u. zur Fortſchaffung des Zeugs ſoviel Pferde u. Hinterſiedler, als begehrt wurden, ſchicken. Bei hohen Jagden hatte die Pflege Gotha an Pferden u. Hinterſiedlern zwei, die Pflegedörfer des Amts Tenneberg nur einen Theil herzugeben. Auch die andern Amtsdörfer, als Langenhain, Kl. Tabarz, Winterſtein, Ruhla u. Kl. Schmalkalden Tennebergiſchen Orts mußten beim Jagen ohne Vergütung aufwarten. Das Dorf Fröttſtädt war von allen Dienſtleiſtungen frei. Wenn neue Jagdzeuge gemacht oder alte geflickt wurden, mußten die Schneider aus dem Amte Gotha zu 2 Theilen voran arbeiten, den 3ten Theil daran verrichtete die Pflege Tenneberg ohne Vergütung. Bei der Hirſch- u. Schweinhatze mußte die Ausrichtung für die Jäger u. Hunde die fürſtl. Herrſchaft thun, wenn aber in den Feldhölzern gejagt wurde, waren die 8 Pflegedörfer dazu verpflichtet.

Die niederen Jagden hat die fürſtl. Herrſchaft in dieſem Amte u. allen ihr gehörigen Wäldern u. Gehölzen ohne Koppel, ſowie auch in dem Wahlwinkler Gemeindeholz u. ſonſt in Feld u. Flur, ſo weit das Gehege geht. Die niedere Jagd mit Koppel hat die fürſtl. Herrſchaft auf dem Bocksberge, im Birken Joche an der Ecke, nach Emleben zu gelegen, mit dem Grafen zu Ohrdruf, welcher aber nur einmal im Jahr Haſen darin zu jagen befugt iſt, wobei ihm die Gemeinde Emleben eine Mahlzeit ausrichten muß. Neben der fürſtl. Herrſchaft iſt Heinrich John Vogel zu Uelleben befugt, in der Uelleber Flur bis an die Hegeſäulen Haſen zu hetzen. Sonſt hat dieſes Amt auch die Koppeljagd auf der Haard bei Wahlwinkel neben dem fürſtl. Amte Reinhardsbrunn. Bei den Niederjagden ſind die Unterthanen der 8 Pflegedörfer die Jagddienſte u. Folge mit der Hand u. Pferden allein zu verrichten verbunden.

Die Fürſtl. Herrſchaft hat die Folge nach Weidmanns Art auf 24 Stunden lang auf das Heſſiſche u. das v. Wangenheimiſche Gebiet ebenſo auf des Grafen von Kirchberg u. der v. Uetterodt Gehölze, ſie aber — die Heſſiſchen ausgenommen — nicht auf das herrſchaftl. Gebiet. Die Grafen von Kirchberg, die von Wangenheim und von Uetterodt haben auf ihren Gehölzen die hohe Jagd jährlich von Trinitatis bis Andreä.

III. im Amte Reinhardsbrunn. Die hohe u. niedere Jagd Gerechtigkeit, außer am u. um den Nonnenberg, wo ſie dem Jägermeiſter Hans Ludwig v. Wangenheim gehört. Alle Anſpänner in dieſem Amte ſind

14 *

schuldig. die Jagdfrohndienste zu verrichten, wie auch die Hinterfiedler mit der Hand. Die fürftl. Herrschaft hat überall ohne Koppel zu jagen.

IV. im Amte Georgenthal die hohe Jagd im Georgenthäler, Gräfenhainer u. Bittftädter Forfte, auch auf den Stift- u. Bauernhölzern, als Neilftädter, Gehrer, Stift Petri zu Erfurt Gehölz, Seeberger, Schwabhäufer u. Ernftädter Holz, auch in der Haard, welche zum Gute Heerda u. zur Gemeinde Wölfis gehört, ferner im weimarifchen Gehölze, die Haingrube genannt, wo die Grafen von Hohenlohe von Trinitatis bis Andreæ die hohe Jagd mit Koppel haben, aber mit den Rehen von Trinitatis bis Faftnacht. Alle Unterthanen außer denen zu Cobftädt müßen mit Hand u. Pferden folgen.

Die niedere Jagd hat die fürftl. Herrschaft auf dem Georgenthäler, Tambacher u. Gräfenhainer Forfte allein u. foweit das Gehege geht, ferner auf dem Bittftädter Forfte, dem großen Tambach u. Wachfenburger Gehölze. nach Weidmannsbrauch auch die Folge auf 24 Stunden in das Heffifche u. Hohenlohifche. Den Grafen von Hohenlohe aber ift diefes nicht geftattet. Im kleinen Tambuch, Birkig, Schlüßel u. Hünerberg haben die von Adel zu Wölfis u. der Befitzer des Gutes Heerda, fowie auch der von Bergen wegen des Tambuchs Hofs die Hafenhatze, wenn aber ein Reh mit einläuft, find fie folches der Herrschaft zu liefern schuldig. Auf dem Crawinkler Forft in der Schlehenpfütze hat der von Griesheim wegen des Guts Heerda die Koppeljagd, u. die von Adel zu Wölfis haben die Koppeljagd im Lampertsgehre u. durch die Au, wo der Weg nach Ohrdruf zu gehet, von da auf hin neben dem Steiger bis an den Eifenberg.

V. im Amte Schwarzwald die hohe und niedere Jagd in den Gehölzen u. Feldern in den Zeller, Stutzhäufer, Crawinkler, Gräfenröder x. Arlesberger Forften, ausgenommen zwischen der Landftraße, fo vor Crawinkel gegen Ohrdruf geht, wo die von Witzleben zu Liebenftein der Reh-Jagden von Andreæ bis Faftnacht befugt; dann von da bis an die alte Gehre, als am Diebfteige, Pertzel u. fallenden Leiten, wo die von Witzleben die Sauen vom Stride zu hatzen haben, aber nicht zu pirfchen u. mit dem Zeug zu jangen. Die von Witzleben haben die hohe Jagd in ihren eigenen Gehölzen u. in der München Heyde von Trinitatis bis Andreæ, jedoch ohne Folge. Der von Lichtenberg zu Gefchwende hat auf feinen eigenen Gehölzen die hohe u. niedere Jagd das ganze Jahr durch u. zwifchen der Windifchen u. alten Gehra mit dem A. Schwarzwald die Rehe Jagd in Koppel. Die Herrn Grafen von Schwarzburg hatten die hohe u niedere Jagd in ihrem eigenen Gehölze, dem Welfeberg genannt, aber die Folge nur von Morgen bis Abend, fo lange der Tag leuchtet, ohne Hund u. Büchfe, nur mit einem Hirfchfänger. Die Herrn Grafen von Hohenlohe und Gleichen haben in ihrem eigenen Gehölze auch die hohe Jagd, u. zwar Hirfche von Trinitatis bis Andreæ, die Sauen aber von Andreæ bis Weihnachten, u. die Rehejagd bis Faftnacht zu pirfchen u. zu jagen. aber ohne Folge. Die Unterthanen sind schuldig, die Jagdbdienste zu thun, wenn sie erfordert werden, auch die Anspänner.

VI. im Amte Eisfeld die hohe Jagd. Die Jagdfuhren müßen die 4 Frohndörfer Crod, Brünn, Brattendorf u. Oberwind, wenn nur 6 Zeug-wagen erfordert werden, allein verschaffen, sind deren mehr nöthig, so haben die übrigen Dörfer des Amts sie mit zu schaffen. Was an Wildpret gepirscht wird, muß jedesmal das nächste Dorf, welches die Huthweide hat, nach Eisfeld führen. Die fürstl. Herrschaft hat die Niederjagd im ganzen Amte, ausgenommen die Besitzer der Rittergüter Engenstein, Brattendorf u. Schwarz-bach haben auf ihren Gehölzen u. Fluren innerhalb des Neubrunner Forstes die Niederjagden, als Rehe, Hasen, Füchse, Dachse, Vogelweide u. dergl. Der Goßmannsröder Besitzer hat das kleine Weidwerk von Brünn an bis Goßmannsroda. Der Besitzer des Ritterguts zu Bockstädt hat innerhalb des Sachsendorfer Forsts die Niederjagd. Die Koppeljagd u. das kleine Weid-werk hat neben der fürstl. Herrschaft der Besitzer des Ritterguts Brattendorf in Lehen. Die Bürger zu Eisfeld haben auf ihren Gehölzen das Recht kleine Vögel zu fangen, aber sonst nicht zu jagen. Der Goßmannsröder Ritter-gutsbesitzer hat mit der fürstl. Herrsch. zugleich die Teiche zu beschießen. Die Jagdfolge hat die fürstl. Herrschaft auf Coburgischer oder Altenburg. Seite 24 Stunden mit Hunden u. Hirschfängern, aber ohne Büchsen. Auf der Schwarzburger Seite hat die fürstl. Herrsch. in die Wälder mit Büchsen u. Hunden die Folge, sie aber nicht herüber.

VII. im Amte Heldburg die hohe Jagd incl. die Rehjagd, sowie der Trappstädtische Vertrag vom 2. Febr. 1599 u. der mit Coburg vom 23/2 1646 bestimmt. Die Jagddienste müßen die 118 Frohngüter mit Fahren und Anspannen in der Wüstung Sülzbach, welche die Ummerstädter inne haben, thun, wie auch die anderen Frohngüter zu Lindenau, Hellingen ꝛc. Was an Wildpret gefangen od. gepirscht, müßen die Frohngüter aus dem Gehölze in das fürstl. Amt überliefern. Beim Jagen sind alle Amtsunter-thanen auf Erfordern zu erscheinen schuldig. Die fürstl. Herrschaft hat die Niederjagd ohne und mit Koppel innerhalb des Amts in sämmtlichen eigenen Gehölzen u. Fluren, die Niederjagd mit Koppel außerhalb des Amtes mit denen von Stein, Lichtenstein u. Altenstein diesseit u. jenseit des Flußes Hellingen. Der von Nußwurm zu Hellingen hat die Niederjagd in der Hel-linger Flurmarkung, die von Truchses in Schwickershäuser Flur, die von Marschall in Einöder u. Erlebacher Flur, die von Ratiborsky in Pillmuth-häuser Flur.

Die Bürgerschaft zu Ummerstadt ist befugt, nicht allein in ihrer Flur-markung, sondern auch von Robach hinauf bis an den kalten Grund das niedere Weidwerk von Bartholomäi bis Fastnacht auszuüben u. Rebhühner von Jacobi bis Fastnacht zu fangen. Auf gleiche Weise die Gemeinde Pop-penhausen nicht nur in der Flurmarkung, sondern auch neben denen von Stein zum Altenstein u. denen von Lichtenstein in der Gleißmethäuser Flur.

Die Niederjagddienste müßen gleichfalls wie bei den hohen Jagden die Unterthanen verrichten.

Die Fürstl. Herrschaft hat die Folge 24 Stunden auf alle angrenzenden u. benachbarten Fürsten, Grafen u. die von Adel, denen die hohe Jagd zukommt. Hingegen wird außer dem Fürstenthume Coburg und den angrenzenden Aemtern Keinem die Folge herüber verstattet.

VIII. im Amte Frauenbreitungen die hohe Jagd in Holz u. Feldern, ebenso die Niederjagd ohne Koppel innerhalb des Amtes, welche in 6 Bezüge abgetheilt war. Ferner hat die fürstl. Herrschaft das niedere Weidwerk auf den Gehölzen in Salzunger Flur. Die Niederjagd mit Koppel besitzt die fürstl. Herrsch. 1) vom Hail vom Brumbach bis auf den Meymerser Hof, von da bis in den Meyenstrauch, wo der Aschenberg anfängt, bis an die Hegesäulen mit denen von Buttlar zu Grumbach; 2) im Aschenberge u. dessen Umkreise außerhalb des Hails oder Landwehr, mit den Besitzern des Guts Sorgau u. denen von Adel zu Liebenstein; 3) im Rentröder Baufelde bis an das Dorf Uebetroba mit denen von Buttlar zu Wolfroda, welche daselbst zu hatzen, reiten u. einen Hasen zu treisen befugt sind.

Die fürstl. Herrschaft hat die Koppel mit dem Amte Salzungen u. denen von Adel in Lengefelder, Heimbacher- u. Merckerser Flur, vorm Holz u. unter der neuen Jagd bis an die Werra, u. (soweit) hinunter bis an den Schusters Graben, ingleichen in den Feldern über der Stadt Salzungen, als Allendorf, Ellmarshausen, Immelborn, Uebelroba u. Kaltenborn mit denen von Adel u. dem fürstl. Amte. Die Vogelweide hat die fürstl. Herrschaft ganz allein, die Jagdfolge auf 24 Stunden auf alle angrenzenden Gebiete. Das Jagdzeug müßen die Anspänner u. Fröhner in Frauenbreitungen führen, das Stellen u. Jagen aber die Hintersiedler verrichten, weshalb ihnen auch das Brennholz um geringere Taxe abgelassen wird. Die Einwohner des Dorfes Hellmars thun keine Jagddienste, sie bringen nur das in ihrem Bezirke gepirschte Wildpret ins Amt Frauenbreitungen. Wird eine hohe Jagd an den Bergen bei Hellmers angestellt, so müßen die 4 Beerbte daf einen Wildpretswagen führen. Bei Wolfsjagden müßen alle Einwohner von Hellmers, so wie die Besitzer der Freihöfe in Alten- u. Frauenbreitungen, Jagddienste thun.

IX. im Amte Volkenroda die hohen u. niederen Jagden nicht allein in den Amtsgehölzen, sondern auch in den von Heringen, den Laubgenoßen u. den Uhrbachischen Hölzern, das Löhrig genannt, ingleichen den Pfarrhölzern der Gemeinde Körner, Mehler, Laymen-Keula Hölzern, dem Rentröder Steinberge, worin der Graf v. Schwarzburg-Ebeleben die Niederjagd hat. Alle Anspänner u. Hintersiedler sind schuldig, auf Erfordern 8 Tage lang aufzuwarten u. das Zeug, wohin es begehrt wird, zu führen, die Hohenberger müßen die Hunde führen. Die Körner zu Saalfeld haben die hohe u. niedere Jagd im Heilingischen Holze, welches meist in des Amts Gerichten liegt. Die Stadt Mühlhausen hat am wüsten Holzfleck, das Groß genannt, die Jagd allein, ebenso haben die Grafen von Schwarzburg be-

Niederjagd im Steinberge zu Menteroda, die hohe Jagd aber gehört der fürstl. Herrschaft. Das fürstl. Amt hat die Folge in hohen u. niedern Jagden bis vor das Thor zu Mühlhausen u. durch deren Gebiet, so lange man auf 3 Tage daran bleiben kann, mit Büchsen u. Hunden, ebenso auf die schwarzburgische Seite Ebeleben u. Sondershausen gegenseitig. Dem angrenzenden Adel aber ist keine Folge gestattet.

X. im Amte Creyenberg die hohe u. niedere Jagd diesseit u. jenseit der Werra. Die Unterthanen sind schuldig, die Jagddienste zu thun, jeder Müller muß einen Jagdhund halten oder dafür Korn abgeben. Die Jagdfolge hat die fürstl. Herrschaft 24 Stunden in die angrenzenden Gebiete Den Grafen u. Adeligen ist die Folge nur bei der Niederjagd (Hasen u. Füchsen) verstattet. Am 16. April 1649 wurde wegen der Jagdgrenze zwischen den Aemtern Eisenach u. Crenzburg eines, u. den Aemtern Salzungen u. Creyenberg anderen Theils ein Vertrag geschlossen*).

XI. im Amte Ichtershausen die hohe u. niedere Jagd sammt Vogelsang u. Lerchenstreichen, u. Alles ohne Koppel. Die 6 Unterdorfschaften des Amts Wachsenburg waren schuldig, das Jagdzeug oder Hasengarn ohne Vergütung fortzuschaffen. Die Mannschaft hatte beim Jagen aufzuwarten. Die Holzhäuser u. Haarhäuser mußten den Mühlberg einmal jährlich bejagen helfen, wofür ihnen jedesmal 20 Gr. aus dem Amte gegeben wurde. Die Unterthanen der Oberdörfer waren schuldig zu hohen u. niederen Jagden mit Mannschaft u. Pferden aufzuwarten, als Holzhäuser, Haarhäuser, Bittstädter, Gosseler, Cratuinkeler u. Wölfiser, jedoch weiter nicht als von einem Dorfe zum andern, auch weiter nicht ins Land, als bis nach oder gegen Holzhausen u. überm Wald gegen Mehlis. Auf jeden Zeug-Wagen mit 4 Pferden wurde ihnen für den Tag 1 Rth. Fuhrlohn gegeben. Die Hintersiedler in den 6 genannten Dorfschaften mußten Frohne leisten u. erhielten dafür jeder des Tags 2 Gr. Die Unterdörfer sind vermöge des 8/2 1600 getroffenen Jagdrecesses, ingleichen wegen des 1658 ergangenen fürstl. Befehls schuldig, wenn die fürstl. Herrsch. zu Weimar auf der Wagtweide u. den angrenzenden Erfurtischen u. anderen Gehölzen jagt, ihre Mannschaft zu schicken, aber sie dürfen keine Zeugwagen führen.

XII. im Amte Salzungen, vermöge des 1650 errichteten Recesses, die hohe u. niedere Jagd in Wäldern u. Feldern. Die Jagdfrohnen werden von den Salzunger u. Creyenbergischen Unterthanen mit Pferden, Wagen u. der Hand ohne Unterschied geleistet. Nur in den Röhrigshöfer Feldern dürfen Schmidt's Erben zum Röhrigshof laut Begnadigungsbrief vom J. 1641, ingleichen die v. Redrobt laut Receß vom J. 1609 am Frankenstein u. in den Feldern zum Kloster Allendorf gehörig, die Koppeljagd mit u. neben der fürstl. Herrsch. ausüben. Diesseit der Werra ist in allen Feldern des fürstl. Amts durchgehends Koppel mit den von Buttlar, Cralach u. Redrobt

*) Urkunde s. im Weimar. Hauptstaatsarchive I a) 29.

laut kundbaren Herkommens u. Lehenbriefe. Die fürstl. Herrsch. hat die Folge mit Büchsen u. Hunden 24 Stunden das Thier zu verfolgen. Den Grafen u. dem Adel ist die Folge herüber nicht verstattet, mit Ausnahme bei Haſen u. Fuchshatzen.

XIII. im Amte Waſungen. Die hohe Jagd ſowol in Wäldern als in Feldern jenſeit der Werra gehört dem weimariſchen Theile allein, es durfte aber der H. als Landesfürſt das Schwarzwildpret oder die Sauen, wenn ſie aus dem Holze ins Feld kamen, ſchießen laſſen. Die Jagddienſte waren die Unterthanen zu Waſungen nur 7 Tage des Jahrs zu thun ſchuldig. In dem Amte Frauenbreitungen übte die fürſtl. Herrſchaft die hohe Jagd noch aus, u. weil den Unterthanen daſ. die Jagddienſte allein zu verrichten zu ſchwer wurde, ſo mußten bei Wolfs- u. Saujagden die Dörfer Schwallungen, Nieder Schmalkalden u. Metzels ihnen helfen. Die Niederjagd dieſſeit der Werra ſowol in Fluren als in Privathölzern, wo ſonſt Koppeljagd iſt, hatte H. E. nicht mit abgetreten.

In der Flur Waſungen dieſſeit der Werra haben die Diemariſchen Freiſaſſen u. der Voigt Elias Aſcherten auf ſein Freihaus, laut fürſtl. Befehls vom 20. Aug. 1662, die Koppeljagd. In Memelſer Flur hat die fürſtl. Herrſchaft im Gehölze bis an das Ruppershäuſer, Stepfershäuſer u. Waldorfer Feld zu hatzen. Im Uttendorfer Felde gegen die Werra zu hat die fürſtl. Herrſchaft ſoweit der Waldorfer von Adel Grenzſteine ſtehen, mit demſelben Koppelhatze, aber auf der andern Seite gegen Kündorf zu, obſchon die fürſtl. Herrſchaft in den Uttendorfer Feldern u. Fluren ſowol die Hatzen als Niederjagden mit dem Dorfe ganz allein bekommen, ſo hat doch die fürſtl. Herrſchaft ſowol die hohen als niederen Jagden daſ. Herzog Moritzen zu Naumburg gegen ein gewiſſes jährliches Wildpret abgetreten, wie der Naumburger Receß nachweiſt *).

Die hohe Jagd zu Herpf u. Stepfershauſen **) hat zwar H. Friedr. Wilhelm zu Altenburg, die fürſtl. Herrſch. hat aber die wilden Schweine in den Feldern u. Fluren zu hetzen u. zu pirſchen. In Betreff der Niederjagden im Herpfer Flur u. Gehölze hat die fürſtl. Herrſchaft mit den Waldorfer u. Ruppershäuſer Orten die Koppel u. das Vogelſtellen. Im Stepfershauſer Felde u. Gehölze hat die fürſtl. Herrſchaft u. das Rappiſche Freigut daſ. die Koppel. Die Unterthanen in beiden Dörfern ſind nur bei Wolfs- u. Fuchsjagden zu Frohnden verpflichtet.

XIV. im Amte Sand. Die hohe Jagd, wie auch die niedere (jedoch nur in den Gehölzen), iſt dem weimar. Theile allein verblieben, jedoch kann der H. als Landesfürſt das ſchwarze Wildpret, wenn ſie aus dem Holze ins Feld kommen, ſchießen laſſen, zu welchem Zwecke 2 Sauſchützen daſ. gehalten wurden. Die Unterthanen müßen dem weimar. Theile des Jahres 7 Tage

---

*) Naumburg mußte nach dieſem Vertrage vom 17. Aug. 1661 jährlich nach Waſungen liefern 6 Rehe, 3 Sauen u. 3 Stück Rothwildpret.

**) Jagdreceß zw. H. Friedr. Wilh. u. H. Ernſt vom 21. Dec. 1680.

Jagddienste leisten. Das fürstl. Amt Sand hat in der Wasunger Flurmarkung die Niederjagden, wiewol mit Koppel. In der Friedelshäuser Flur
hat das Amt Koppeljagd mit den von Auerochs u. von Heerda zu Oepsers-
hausen. Im Oepsershäuser Bezirke haben die von Auerochs u. Heerda das
niedere Weidwerk allein, in der Reifendorfer Wüstung aber Koppel mit den
Freihöfen zu Unter-Katza. Im kalten Vengsfelder Holze hat das fürstl. Amt
Koppel mit Auerochs, Heerda u. Fuchsischen Erben. Im Ederischen ob.
Merckerischen Felde diesseit dem Hail hat das fürstl. Amt Koppel mit den von
Marschall, auf dem Holze aber, dem Steinforste, wie auch in Humpsers-
häuser Flur haben die von Marschall das niedere Weidwerk allein. Die von
Eschwege u. Wechmar zu Roßdorf haben auf dem Steinforst jenseit des Hails,
im Holze u. Roßdorfer, wie auch Röser u. Bernhäuser Felde, desgl. am
Stopfelsberge, kleinem u. großem Saudberge, an der Laudwehr bis ans
Amt Salzungen die niedere Jagd allein. Im Unter- u. Ober-Katzer Felde
hat das fürstl. Amt Koppel mit dem Reitheten daf. Wird ein Schwein zu
Holz geschossen ob. eingehetzt, so hat man solches Tag u. Nacht zu verfolgen
u. zu fällen Fug u. Macht.

XV. im Amte Oldisleben die hohe u. niedere Jagd auf allen
Gehölzen u. Feldern, außer im Oldisleber Felde hat Hans Georg v. Berg
das Recht, Hasen zu hetzen, aber nicht zu schießen. Die Anspänner u. Hintersiedler müßen beim Jagen das Zeug auf 2 Meilen holen u. hinführen,
wo man jagen will. Die Hintersiedler müßen beim Jagen treiben u. stellen
helfen. Die Folge hat die fürstl. Herrschaft auf 24 Stunden. Auf der Sach-
senburger Seite wird die Folge bestritten.

Die Aufsicht über die Jagdbedienten führt der Oberjägermeister. Das
Amt eines solchen verwalteten nach einander Hans Ludwig v. Wangenheim,
Graf Georg Ernst von Gleichen zu Tunaroda u. Andreas Pflug.

61.

Herzogl. Bibliothek zu Gotha, Cod. Chart. B 1412, Cap. 23. Herzog Ernsts
Hof- u. Regierungsstaat, hiernach auch in Spiller v. Mitterbergs Diplomat.
Sammlungen Vol. I im Weimar. Hofstaats-Archive.

Steuer Anschlag des Fürstenthums Gotha, jedes Termins
1671, deren jetzo 2 jährlich entrichtet werden, von jedem
alten Schock oder 20 ggr. 1 pf. terminlich, von jeden 1000 Fl.
von Rittergütern 1 Fl. auch alle Termine.

Summarischer Steuer-Extract 1671.

Steuer so auf 6 Jahre
verwilligt

Grafen von Hohenlohe Stadt u.
Amt Ohrdruf . . . . . 593 Fl. 10 gr. 11 pf.
Gräflich Schwarzburg. oder Gleichi-
sche Dörfer . . . . . 139 · 18 · 7½ ·

	Steuer so auf 6 Jahre verwilligt	Steuer so in 6 Jahren nicht gefället
Grafen v. Hatzfeld wegen Wandersleben	58 Fl. 19 gr. 5 pf.	
Ritterschaft deren Güter mit Pferden verdient werden . . .		661 Fl. 15 gr. 4½ pf.
Derer von Adel Erbgüter u. Dörfer	2287 . 17 . 2⅙ .	
Fürstl. Aemter . . .	6053 . 19 . 5⅙ .	
Städte	2237 . 20 . 1¾ .	
	11372 Fl. — gr. 7 pf.	661 Fl. 15 gr. 4½ pf.

Summa 12033 Fl. 15 gr. 11½ pf.

Special-Extract der Landsteuer.
1. Grafen.

1) Grafen v. Hohenlohe. Amt Ohrdruf 331 Fl. 3 Gr. 9½ Pf.

Stadt Ohrdruf 262 . 7 . 1½ .

2) Gräflich Schwarzburg. od. Gleichische Dörfer

Günthersleben . . . 42 . — . .

Sützenbrück . . . 49 . 16 . 6½ .

Spitznasische Länderei daselbst 1 . 10 . 4 .

Ingersleben . . . 44 . 6 . 4 .

Der Basolde Mühle das. 2 . 6 . — .

3) Grafen v. Hatzfeld . . . 58 . 19 . 5½ .

792 Fl. 7 Gr. — Pf. Summa der Grafensteuer so jetzo gegeben wird.

2. Ritterschaft

gibt jetzo auf 6 Jahre von ihren Gütern, so mit Pferden verdient werden, keine Steuern.

3. Derer von der Ritterschaft Dorfschaften u. von ihren Erbgütern.

Stetten 12 Fl. 18 Gr. 5 Pf.

Sonneborn . 137 Fl. 4 Gr. 5½ Pf.

Diete-Fensters Erben das. . 8 . 10 . 10½ .

Winterstein . 13 . 8 . 4 .

Herbsleben . 221 . 11 . 2½ .

Fischbach . 14 . 16 . 11 .

Gedeon v. Wangenheim . 4 . 20 . 2½ .

Sondra . 12 . 12 . 9 .

Friedr. u. Heinrich v. Wangenheim . . 2 . 6 . 4 .

Kälberfeld . 26 . 2 . 2 .

Kahlenberga . 21 . 2 . 7½ .

Schönau, Wangenheimisch . 5 . 8 . 2 .

Ludwig Reich v. Wangenheim Lehenfolger Unterthanen zu Haina . .	10 Fl.	5 Gr.	9 Pf.
Christian Ballstädts Erben zu Brüheim . .	6 .	4 .	3 .
Fuldische Zins Collector . .	6 .	7 .	8 .
Georg Reich u. Levin Ernst v. Wangenheim Unterthanen zu Haina . .	3 .	14 .	5½ .
Joh. George v. Wangenheim Unterthanen daf. . .	19 .	18 .	8 .
Friedr. Wilh. v. Wangenheim Unterthanen daf. . .	7 .	11 .	10½ .
Hans George v. Wangenheim Unterthanen daf. . .	9 .	3 .	2 .
Tüngeda .	97 .	9 .	5½ .
Wangenheim	28 .	13 .	7¼ .
Groß Behringen	83 .	10 .	3 .
Reichenbach	24 .	12 .	6½ .
Wolfs Behringen .	72 .	4 .	3 .
Oester Behringen .	45 .	16 .	3½ .
Pfullendorf	27 .	8 .	8½ .
Westhausen	50 .	18 .	11 .
Hochheim .	47 .	20 .	11 .
Metebach .	14 .	5 .	5 .
Ersa .	24 .	16 .	5 .
Groß Fahner	63 .	11 .	9 .
Gierstädt . .	30 .	9 .	1¼ .
Klein Fahner .	23 Fl.	8 Gr.	6 Pf.
Burgt . .	7 .	7 .	10 .
Gera . .	30 .	7 .	7½ .
Manebach .	8 .	8 .	4 .
Neuroba .	16 .	13 .	2½ .
Traßdorf .	8 .	17 .	1½ .
Liebenstein .	4 .	16 .	6 .
Rippertsroba	8 .	11 .	7½ .
Frankenhain	10 .	15 .	3½ .
Kettmannshausen	6 .	7 .	6½ .
Molsdorf .	44 .	11 .	6½ .
Sauerbrunn u. Grunbach	17 .	7 .	— .
Steinbach, Steinischen Orts	11 .	4 .	9 .
Mechterstädt .	10 .	5 .	9½ .
Weingarten	11 .	9 .	7½ .
Burla .	21 .	13 .	5 .
Ebenhain .	33 .	— .	10 .
Nenkirchen .	44 .	— .	10½ .
Lauterbach .	21 .	12 .	11 .
Frankenroba	17 .	7 .	1½ .
Ebenhausen .	10 .	3 .	10½ .
Craula .	55 .	3 .	10½ .
Natza .	29 .	13 .	6½ .
Pailstädt .	23 .	1 .	6 .
Loucha .	20 .	14 .	5½ .
Christian Nicols Erben zu Sundhausen . .	8 .	— .	2 .
Dr Hieronymus Mühlpfort zu Ichtershausen .	2 .	16 .	8 .
Rußwurmische Gut zu Hellingen .	12 .	18 .	— .
Schöppachische Erben zu Habinda .	22 .	4 .	7 .
Cralachische im Amte Salzungen	3 .	16 .	6 .

Röhrigs Hof . 16Fl.11Gr.11½Pf.

Krugische Hof . 1 . 12 . —

Reckrodtische Lehnleute . 40 . — . 5½ .

Der von Buttlar zu Salzungen Lehnleute . . 5 . 16 . 10½ .

Buttlar zu Düttles . . 18 . 2 . 11 .

Buttlar zu Wildprechtsroda . 55 . 17 . 4½ .

Ober- u. Unter-Ellen . 53 . 2 . 8½ .

Schweina . 57 . 17 . 3½ .

Steinbach . 107 . — . 9½ .

Gumpelstädt . 16 Fl. 15 Gr. 1 Pf.

Waldfisch . . 6 . 6 . 2 .

Thal . . 9 . 10 . 8 .

Schmerbach . 28 . 2 . 10 .

Ruhla, Uttenborfisch . 14 . — . 8 .

Schwarzhausen 26 . 17 . 8 .

Sättelstädt . 10 . 16 . 2½ .

Deubach . 4 . 13 . 9 .

Schönau, Utterodtisch . . 2 . 4 . 7½ .

Hans Andr. v. Utterebt . 3 . 17 . 6 .

Stockhausen . 20 . — . 9½ .

Ettenhausen . 25 . — . — .

Hastrungsfeld . 21 . 4 . 10 .

Summa adeliger Dörfer u. Erbgüter 2287 Fl.17Gr. 2½ Pf.

4. Fürstliche Aemter.

	Fl.	Gr.	Pf.
1. Gotha	1553	5	11¾
2. Tenneberg	645	12	9¾
3. Reinhardsbrunn	221	12	11¾
4. Ichtershausen 5. Wachsenburg	649	15	5½
6. Georgenthal	372	1	11
7. Schwarzwald	147	3	7
8. Tonndorf	101	13	7
9. Eisfeld	451	12	9
10. Veilsdorf	77	6	6
11. Heldburg	748	4	9
12. Salzungen	359	13	4
13. Creienberg	383	18	9½
14. Volkenroda	342	2	5½

6053 Fl. 19 Gr. 5½ Pf.

5. Städte.

	Fl.	Gr.	Pf.
Gotha	1054	11	8
Waltershausen	204	12	8¾
Eisfeld	225	2	9
Heldburg	189	5	11
Ummerstadt	79	15	11
Salzungen	484	13	2

2237 Fl. 20 Gr. 1¾ Pf.

Specification des Frohngeldes.

1. Amt Gotha und 2. Amt Tenneberg.

Vor die schuldige Dienstleistung geben jetzo an Geld jeder Eingesessene von jedem Pferde 2 Fl. 18 Gr. und jeder Handfröhner 18 Gr. jährlich halb Walpurgis u. halb Michaelis, trägt ungefähr jährlich

2000 Fl. beim Amte Gotha u. 1000 Fl. beim Amte Tenneberg.

3. Amt Salzungen.

Gibt von jedem Stück Zugvieh, es seien Pferde oder Ochsen, jährlich 2 Fl. 6 Gr. u. jeder Handfröhner 1 Fl., thut jährlich 750 Fl.

4. Amt Georgenthal.

Gibt von jedem Stück Zugvieh jährlich 2 Fl. u. jeder Handfröhner 12 Gr., trägt bei 500 Fl.

5. Amt Reinhardsbrunn.

Gibt von jedem Stück Zugvieh jährlich 2 Fl. 6 Gr., u. jeder Hinterfaß 12 Gr., thut jährlich 800 Fl.

6. Amt Veilsdorf.

Gibt von jedem Stück Zugvieh jährlich 1½ Fl., u. jeder Handfröhner 1 Fl. 3 Gr., thut jährlich 100 Fl.

Summa 5150 Fl.

Alle anderen Aemter, als 7. Ichtershausen, 8. Tonndorf, 9. Cranich-feld, 10. Volkenroda, 11. Schwarzwald, 12. Creienberg, 13. Wasungen, 14. Sand, 15. Frauenbreitungen, 16. Eisfeld, 17. Heldburg, u. 18. Königs-berg, wie auch die beiden Dörfer Dietharz u. Tambach im Amte Georgen-thal leisten ihre schuldigen Dienste mit Geschirren u. der Hand, wie es jeden Orts hergebracht ist.

62.

Cammerarchiv Stadt Gotha, Cap. XI, Tit. III no. 13.

Adeliges Wittwen- und Jungfrauen-Stift zu Gotha.

Dem Durchlauchtigsten Fürsten und Herrn, Herrn Ernsten, Herzogen zu Sachsen rc., ist gebührend vorgetragen worden, welchergestalt Anna Mar-garetha von Erffa, gebohrne von Wangenheimb, Wittbe, zu unterhaltung dreher Adelicher Wittben oder Jungfrawen Drey Tausend Gülden Meißnischer Wehrung, sambt einem in Sr. Fürstl. Durchl. Residenz Stadt Gotha gele-genen und bereits darzu erkaufften Hauße auf Ewig gestiftet, und dannen-hero Hochermelte S. Fürstl. Durchl. nicht allein umb gnädigstes erlaubniß, sondern darneben auch umb eine und die andere mildreiche Landesfürstl. Hand-biethung zu dieser milden sachen in gewißen stücken demüthigst angelangt und gebethen. Worauf Se. Fürstl. Durchl. sich gnädigst resolviret und hiermit erkläret, daß Sie nicht allein bero gnädigste concession und erlaubniß hier-mit ertheilet, und das obermehnter maßen erkauffte und zu der Stiftung gewidmete Hauß, wie gebeten worden, beedes von allen ordinar- und extra-

ordinar Steuren, wie auch von allen Geschoß hiermit und krafft dieses be-
frehet haben.   Sondern auch zu behuef nöthigen Brennholtzes Jährlich
Dreußig Claftern drehschuhichten Tannenholtzes von der flöße allhier, jedoch
gegen entrichtung des hauer-, anfuhr- und flößer Lohns, so lang diese Stiftung wehret, folgen zu laßen, befehlen und verordnen: Ingleichen Jährlich
Drey Erffurter Malter Gersten zum Tischtrunk tranktzeurfren zu brauen gestatten und zwahr mit der befrenhung des Hauses ietzbevorstehenden Michae-
liß: mit den beeden letztern Begnadigungen aber alßdann erst den anfang
machen laßen wollen, sobald eingangs bemelte Stifftung zu ihrem würdlichen
effect kommen, und das darzu erkauffte Hauß von denen Adelichen Wittben
und Jungfrawen, welche darinnen unterhalten werden sollen, würcklich bezogen seyn wird.   Signatum Friedenstein den 2ben Septembris Anno
1673.

                                          Ernst H. z. Sachssenn.

63.

Herzogl. Bibliothek zu Gotha, Cod. Ch. A 102, f. 45.

Ernestus Saxoniae Dux ad Artemonem Serjevitzium praecipuum
Tzaris Russorum Cancellarium.

Illustris et generosissime domine, amice charissime! Postquam
certo cognitum nobis est, Serenissimum et potentissimum Tzarem,
totius Russiae Autocratorem, legatos suos ad praecipuos orbis christiani principes misisse, eosque ad foedus contra Turcam ineundum
hortatum esse, maximopere gavisi sumus, nec intermittere potuimus,
laetitiam nostram Tzareae Majestati ejus literis nostris significare simulque officia nostra paratissima offerre. In quem finem Laurentium
Rinhuberum, subditum nostrum, qui Tzareum legatum Romam usque
secutus fuerat, cum haud procul abhinc transiret, ad nos vocavimus,
qui nobis ea, quae ex fama cognoveramus, confirmavit simulque nos
certiores fecit, generosissimam dominationem tuam prudentibus suis
consiliis laudabilem Tzareae Majestatis ejus intentionem secundare, et
ad optatum effectum promovere. Quamobrem generosae dominationi
tuae impense gratulamur simulque precamur, ut generosus tuus ani-
mus Spiritus Sancti gratia illuminetur, quo egregium Tzareae Maj.
ejus propositum ad Dei gloriam et christianae reip. salutem constan-
ter dirigere possis. Hac bona spe freti, instrumenta quaedam bellica
nostrae inventionis secundum specificationem inclusam Tzareae Maj.
ejus in signum benevoli effectus nostri mittere, simulque generosam
dominationem tuam rogare voluimus, ut ea, si Tzareae Maj. ejus grata
fore putaveris, nostro nomine cum literis nostris officiose offerre non
dedigneris. Praeterea generosam dominationem tuam celare nolumus,
nos Tzareae Maj. ejus Germanos nostrae religioni addictos enixe com-
mendasse, ut, sicut hactenus factum, sub clementissima protectione

ejus libero religionis suae exercitio per omnes Tzareae Maj. ejus ditiones quiete fruantur; igitur de benevolentia gener. dom. tuae erga eos nullatenus dubitantes, amice te rogamus atque obtestamur, ut pro gratia, qua apud Tzaream Maj. ejus vales, locum petitioni nostrae dare atque tuo favore efficere velis, quo Magni Tzaris clementia modo dicti Germani perpetuo fruantur, atque intercessionis nostrae fructum efficaciter atque re ipsa experiantur. Ubicunque sese occasio obtulerit generosiss. dom. tuae vicissim amica officia praestandi, nullo neque tempore neque loco id intermittemus. Sic finientes divinae protectioni te ex animo commendamus. Datum in arce nostra Fridenstein supra Gotham, principatus nostri oppidum in Thuringia situm, die 12 Februarii Anno Servatoris nostri Jesu Christi MDCLXXIV.

Generosissimae dom. tunc benevolus amicus

Ernestus Sax. Dux.

64.

Herz. Bibliothek zu Gotha, Cod. Chart. A 102, f. 43.

Ernestus Dux Saxoniae ad Tzarem sive Regem (quem Graeci αὐτοκράτορα seu Imperatorem nuncupant) Russorum.

Serenissime et potentissime Tzar, Magne Dux, Domine et amice plurimum observande. Quod Tzareae Majestati vestrae visum fuit, legatos atque nuncios suos per universam fere Europam mittere, et Principes christianos amice hortari, ut positis discordiis arma et concilia sua sociarent et communem christiani nominis hostem communi opera repellerent, id nobis non tantum ex imperatoris romani caesarea, sed et aliis regum et principum aulis certe innotuit. Quemadmodum vero Tzareae Majest. Vestrae laudabile propositum et pium zelum erga rem christianam summopere laudamus et admiramur, ita praecipue laetamur et gaudemus, Tzaream Majestatem Vestram potentiam suam et vires a Deo concessas contra barbaros, christiani nominis infensissimos hostes, vertere. Faxit sacrosancta trinitas, ut sicuti Tzarea Majestas Vestra amplissimis et longe lateque patentibus regnis atque ditionibus suis moenia reipublicae christianae et quasi antemurale constituit, ita ejusdem sit et maneat tutum propugnaculum et fidissimum munimentum. Nos, quantum in nobis est, cum aliis imperii ordinibus, praesertim cum Serenissimo domino Electore Saxoniae, patruele nostro dilectissimo, operam dabimus, ut scopus supra memoratus, quotiescunque occasio nota fuerit, obtineatur. Tzareae autem Majestati Vestrae fausta atque felicia quaeque precamur, quo prosperos armorum successus contra infideles experiatur. Simulque Tzareae clementiae Vestrae Germanos, nostrae religioni addictos, enixe commendamus, ut, sicuti hactenus sub Tzareae Majestatis Vestrae clementissima protectione religionis exercitiis tranquille usi fuerunt, ita quoque in posterum eadem per omnes Tzareae Majestatis Vestrae ditiones quiete fruantur, non dubitantes, illos, ceu fideles subditos decet, Tzareae Majestati Vestrae utilia servitia tam pacis quam belli tempore praestituros. Si vicissim Tzareae Majestati Vestrae, ubicunque id fieri poterit, inservire possimus, sive quid penes nos aut in nostris regionibus detur, quod Tzareae Majestati Vestrae gratum acceptumque esse possit, id illi omne ad saepe dictum laudabile propositum lubendissime volumus communicare. Sic divinae protectioni Tz. Maj. V. commendantes, manemus eidem ad quaevis amica officia obstricti atque parati. Dabantur in arce nostra Friedenstein supra Gotham, ditionis nostrae oppidum in Thuringia situm, die 14 Februarii Ao. Servatoris Nostri Jesu Christi MDCLXXIV. Tzareae Majestatis Vestrae amicus observantissimus

Ernestus Dux Saxoniae.

65.

Haus- und Staatsarchiv zu Gotha, Original QQ (III) no. 8.

Herzog Ernſt's Vollmacht, die ſeinem älteſten Sohne, Herzoge Friedrich (I.) aufgetragene Regierung betreffend.

Von Gottes Gnaden Wir Ernſt, Herzog zur Sachſen ꝛc., Uhrkunden hiemit und thuen männiglich, denen eß nöthig, Zu wißen, Nachdem Gott dem Allmächtigen gefallen, Unß nicht allein vermittelſt Unſerer Fürſtlichen Geburth, ſondern auch auf unterſchiedliche unvermuthete erfolgte Erb- und Anfälle, zur Regierung Unſerer Fürſtenthümber und Lande Zu beruffen. Darinnen Wir nun mit denen nach und nach auf Uns gehabten, theils geſambten, theils abſonderlichen ſchweren Regiments geſchäften und Verrichtungen in die Funfzig Jahr geſtanden, darbey Uns denn fürnemblich angelegen geweſen, nicht Unſer Ergezlichkeit, ſondern deß Großen Gottes Ehre, die Gemeine Reichswolfarth und Unſerer anvertrauten Lande und Unterthanen ſo Leib alß Seelen beſtes zu ſuchen und zu befördern, Welches Chriſtfürſtliche Vorhaben der Allmächtige Gott auch Väterlich angeſehen, Seinen Beyſtand nicht entzogen, Unß mit mancherley Seegen begnadiget, Aus Vieler Gefahr errettet und biß in das graue Alter, Da Wir Unſern Lebenlauff biß in das Drey und Siebentzigſte Jahr gebracht, ſo thauem Regiments Weſen vorſtehen laßen. So daß Wir Göttlicher Güte für ſolche und andere unzehlich erwieſene Wohlthaten hier Zeitlich und dort in der Ewigkeit hertzlichen Danck zu erſtatten verbunden bleiben. Ob wir nun wol ſolche Regierungs-Bürde, Do eß Gott gefällig geweſen, Weiter zu tragen Unß nicht entſchlagen wollen, Tieweilen aber nach deß Höchſten Heiligen Willen Unß eine Zeit hero eine und die andere, dem hohen Alter anklebende Schwachheit befallen, Wodurch Unß der gebrauch der Sprache wie auch der Hand zu unterſchreiben, zimblich verringert und dadurch Unſere geführte gute Intention in ſo weit verrückt worden, daß wir Unſerer Regierungs-Geſchäften nicht mehr ſolcher geſtalt alß Wir sonsten gewohnet gewesen, abwartten können. Daben wir gleichwohl den unverbroßenen treuen benstandt, gehorsam u. willfährigleit, welche Unß der Hochgeborne Fürst, Unser freundlich geliebter ältester Sohn und Gevatter Herr Friedrich, Herzog zu Sachsen rc., geleistet, höchlich rühmen und Seiner Lb. dafür Väterlichen Danck und Seegen zuwenden; Und weil Wir Unß versichert wißen, daß Seine Lb. der guten qualitäten seyn, daß Sie nach Unserm, von Unß alle Stunde von Gott gewünschten seeligen Ende, anß maße und Waise, Wie eß Unseres Haußes Verfaßung und Unsere daraus gerichtete Dispositiones vermögen, Die Landes-Regirung zuversichtlich mit gedenlichem Success verwalten, auch Unß noch ben Unserm leben und schwachen Zustand subleviren kan: So haben wir dero hülff und assistentz Unß nützlich zu gebrauchen resolvirt, Und seind dem allen nach gemeint, vorermelter Seiner Lb. die füllrung und Verrichtung Unseres Fürstlichen Ambts aufzutragen, und innmittelst Unsere übrige wenige Lebens Zeit fürnehmlich in Christlicher bereitschafft zu einem seeligen Ende anzuwenden. Wie Wir nun hierunter den Antrieb aus Unserm selbsteigenen Leibes Zustand nehmen, auch die Exempel löblicher Regenten aus Heil. Schrifft und andern Geschichten Vor Unß haben, Also leben Wir deß Zuversichtiglichen Vertrawens, eß werde Unß deßen niemand verdencken. Wollen also im Nahmen der Heiligen Drey-Einiglett oben hochetwelnten Unsers freundlich geliebten Sohns und Gevatters Hertzog Friedrichs zue Sachßen rc. Lb. hiermit und in Krafft dieses Unsere völlige Gewalt und Plenipotenz in bester und beständigster Form Rechtens wißentlich und wolbedächtiglich aufgetragen haben und tragen Sie hierdurch würcklich auf also nur dergestalt, daß Sie nicht allein die Reichs- und Crenßgeschäffte und was sonsten in den Statum publicum einlaufft, sambt demjenigen, so Unsertwegen in denen hohen Reichs Gerichten zu handeln, hiernechst zu expediren, sondern auch absonderlich Unsere Lande und Unterthanen an Unser Statt und in Unserm Nahmen, so lang Unß Gott annoch das Leben fristen wirdt, mit aller bothmäßigkeit, Macht und befugniß zu regiren und deßhalben dero Nahmen in allen Expeditionen ben Jedem Collegio und sonsten, doch mit der inserirten allegation dieser Unser Vollmacht und nach beschaffenheit der Sachen mit dem gebrauch Unsere Fürstlichen Siegels zu führen. Gleich wie nun in deme diese Unsere Auftragung beständig gemeinet ist also, daß, was Unser geliebter Sohn resolvirt, ordnet, befiehlet und vollziehet, nicht allein von Unß und Unsern andern geliebten Söhnen und Nachkommen allerdings genehm und ungeendert gehalten werden soll, sondern sich jedermänniglich, weß Standes der auch sey, darauff Kräftig zu verlaßen, die Unterthanen aber darnach zu richten haben. Also wollen Wir auch Krafft dieses, daß alle und Jede Unsere Räthe, Beambten, Land Stände und Unterthanen, Geistl und Weltliche, niemand außgenommen, sich darnach achten und Unserm geliebten Sohn an Unser Statt alß Gevollmächtigten Regenten alle folge, respect und unterthänigkeit leisten, die Collegia auch solches gegen Ihre Lb. mit einem Handschlag auff Ihre Unß vormals geleistete Pflicht angeloben sollen. Solte auch mehrere Gewalt, alß hierinnen gemeldet oder gedacht, von nöthen ſeyn, So wollen wir Ihrer Ld. in allen vorfallenden Händeln und Sachen, wie die nahmen haben mögen, oder ſonſt ein Mandatum speciale erfordern, ſolches ietz alß dann, und dann alß itzo, wie eß zu rechtem am Kräftigſten ſeyn mag oder ſoll, und zwar nach erforderung eines oder deß andern ſalß, cum facultate substituendi hiermit ertheilet haben. Wir erinnern und ermahnen, iſt auch Unſer Väterlicher Will und meinnung, daß Unſere ſämbtliche geliebte Söhne und Nachkommen dieſer Unſerer Väterlichen und wolbedachten Anſtalt auch Ihres Orts gehorſamb und löblich nachſetzen und darwieder nichts thuen, noch andern dergleichen verſtatten. Alles treulich und ohne geſehrde. Zur Uhrkund haben Wir dieſe Vollmacht eigenhändig unterſchrieben und Unſer Fürſtliches Siegel anhängen laßen. So geſchehen auff Unſerm Hauße Friedenstein den 16. October 1674.

Ernſt H. z. Sachßen.

66.

Spiller v. Mitterberg's Diplomat. Sammlungen Bd. 1 im Weimar. Hofſtaatsarchive.

Römermonate,

wie ſolche in dem Fürſtl. Hauſe Sachſen nach u. nach bei den Landestheilungen verändert u. vertheilet worden.

1.

Tempore Churf. Johann Friederici des Großmüthigen hat ſich excl. der Voigtländiſchen Lande ein einfacher Römermonat belaufen auf

65 zu Roß à 12 Fl. . . . 780 Fl.
301 zu Fuß à 4 Fl. . . . 1204 ·
_____
1984 Fl.

2.

Nachdem nun derſelbe anno 1547 der Chur entkommen, u. dieſes auf die Albertiniſche Linie devolviret worden, hat die Erneſtiniſche Linie behalten

30 zu Roß à 12 Fl. . . . 360 Fl.
138 zu Fuß à 4 · . . . . 552 ·
_____
912 Fl.

(Conf. Naumburger Vertrag de anno 1555. Weybauiſcher Vertrag vom 19. März 1671), von welchem Quanto damals zukommen

15 zu Roß . . . 180 Fl. } Sachſen-Weimar,
69 zu Fuß . . . 276 · }
_____
456 Fl.

und gerade eben ſo viel Sachſen-Gotha. Als aber

3.

Herzog Johann Friedrich der Mittlere wegen der Grumbachischen Execution u. der darauf verwendeten Kosten die 4 assekurirten Aemter Weida, Sachsenburg, Arnshaug u. Ziegenrück an Churfürst Augustum abtreten müssen, hat

1) Chur Sachsen übernommen

5 zu Roß . . . 60 Fl.
20 zu Fuß . . . 80 ·
_____
140 Fl., dann

2) Sachsen Weimar

1 zu Roß . . . 12 Fl.
3 zu Fuß . . . 12 ·
_____
24 Fl. an denen bekannten praecipuis.

So hat sich das Quantum geändert u. vermehrt auf

16 zu Roß . . . 192 Fl.
72 zu Fuß . . . 288 ·
_____
480 Fl. bei Sachsen-Weimar,

hingegen vermindert auf

9 zu Roß . . . 108 Fl.
46 zu Fuß . . . 184 ·
_____
292 Fl. bei Sachsen-Gotha oder Coburg u. Eisenach.

Nachdem nun

4.

Anno 1603 die Landestheilung zwischen S. Weimar u. S. Altenburg vorgangen, so hat jeder fürstliche Theil an dem Weimarischen Quanto die Hälfte übernommen, nämlich

8 zu Roß . . . 96 Fl.
36 zu Fuß . . . 144 ·
_____
240 Fl. Sa. Weimar und eben so viel S. Altenburg.

Und als

5.

Die Coburgisch und Eisenachische Linie anno 1638 abgangen, so hat von dem S. Gothischen oder S. Coburg. u. Eisenachischen Antheil bekommen

6 zu Roß . . . 72 Fl.
30⅓ zu Fuß . . . 122⅓ ·
_____
194⅓ Fl. S. Weimar zu ⅔

3 zu Roß . . . 36 Fl.
15 zu Fuß . . . 61⅓ ·
_____
97⅓ Fl. S. Altenburg zu ⅓.

Diesem nach hatten

6.

vom 13. Febr. 1640 an zu rechnen, da der Erbtheilungsvertrag zwischen S. Weimar u. Altenburg wegen Coburg u. Eisenach zu seiner Consistenz kommen, zu einem Römermonat abzutragen

    14   zu Roß . . . 168   Fl.
    66⅔ zu Fuß . . . 266⅔ ·
                      ─────────
                      434⅔ Fl. S. Weimar,
    11   zu Roß . . . 132 Fl.
    51½ zu Fuß . . . 205½ ·
                      ─────────
                      337½ Fl. S. Altenburg.

Es ist aber

7.

das gesammte Weimarische Contingent nachgehend anno 1645 den 30. März bei der Theilung zwischen S. Weimar u. S. Gotha ferner zur Halbscheid zu repartiren, da dann davon bekommen

    7   zu Roß . . 84   Fl.
    33½ zu Fuß . . 133½ ·
                   ─────────
                   217½ Fl. S. Weimar und eben so viel S. Gotha.

Allermaßen nun

8.

im Jahr 1672 der Altenburgische Landesanfall erfolgt, u. in selbigem Succeſſionsreceß vom 16. Mai besagten Jahres §. 5 unter anderem versehen. daß das fürstliche Sammthaus Weimar an jeden 100 Fl. des Reichsanschlags, so dem Fürstenthum Altenburg incl. Stift Saalfeld zukömmt 17 Fl. 8 Gr. 5 Pf. übernehmen wolle, und dann der Altenburgische Anschlag Supr. no. 6 sich belauft auf 337½ Fl., so trägt nach solchem verglichenen Fuß davon

        60 Fl. 30 Kr. S. Weimar
        276 · 50 · S. Gotha

Ingleichen ist

9.

in obberührtem Altenburgischen Succeſſionsreceß auch enthalten, daß das fürstl. Haus Weimar wegen des von S. Gotha dahin cedirten Amts Creyenberg nach Proportion der gangbaren Landsteuern, ein gewiſſes zu den Römermonaten beitragen soll, welches dann nach erfolgter Calculation sich beläuft auf

    2 Fl. 30 Kr. Diese von dem S. Gothischen Contingent der 276 Fl 50 Kr. abgezogen, u. dem Weimarischen Contingent der 60 Fl. 30 Kr. addirt, so haben an der Altenburg. Quota zu tragen
    63 Fl.   S. Weimar und
    274 · 20 Kr. S. Gotha.

Welchergestalt dann

10.

vom 16. Mai 1672 an zu rechnen bis zu erfolgender anderweitiger Vertheilung zu einem einfachen Römermonat beizutragen.

280½ Fl. S. Weimar,
491½ " S. Gotha.
140 " Chur Sachsen

912 Fl. Summa, welche gerade wieder heraus kommt, wie eingangs no. 2 berührt.

11.

Das S. Gothische Contingent beläuft sich also auf
491½ Fl., wovon zukommen Coburg, Meiningen, Römhild, Eisenberg, Hildburghausen, Saalfeld u. Gotha, einem jeden 70 Fl. 14²/₇ Xr.

———————

67.

General-Tabelle
über die Fürstl. Sächs. Theilungs-Anschläge der Aemter.

Namen der vertheilten Aemter.	zwischen Joh. Wilhelms u. Joh. Friedrichs Söhnen 1572.	zwischen Joh. u. Joh. Friedrichs Enkeln 1603.
Allendorf.	875 fl. — gr. — pf.	— fl. — gr. — pf.
Allstädt.	„ — „ — „	3250 „ — „ — „
Altenburg.	12774 „ 1 „ — „	14871 „ 20 „ — „
Arnshaug.	3176 „ 1 „ — „	— „ — „ — „
Behrungen.	— „ — „ — „	— „ — „ — „
Breitenbach s. Gerstungen.		
Benshausen.	— „ — „ — „	— „ — „ — „
Burgau s. Jena.		
Bürgel.	1555 „ 7 „ — „	1552 „ 18 „ — „
Camburg.	1591 „ 5 „ — „	s. Dornburg.
Capellendorf.	1624 „ 5 „ — „	1672 „ 2 „ — „
Coburg.	6907 „ 1 „ — „	— „ — „ — „
Creyenberg.	2207 „ 14 „ — „	— „ — „ — „
Creuzburg.	1304 „ 11 „ — „	— „ — „ — „
Dornburg.	2601 „ 15 „ — „	4984 „ 7 „ — „ incl. Camburg.
Echterische Lehen.	— „ — „ — „	— „ — „ — „
Eisenach.	8478 „ 7 „ — „	— „ — „ — „
Eißfeld.	2265 „ 3 „ — „	— „ — „ — „
Eisenberg.	2195 „ 14 „ — „	3127 „ 14 „ — „ incl. Stifft Lausitz.
Erfurter Geleit.	3448 „ 19 „ — „	— „ — „ — „
Feilsdorf.	773 „ 3 „ — „	— „ — „ — „
Fischberg.	— „ — „ — „	— „ — „ — „
Frauenbreitungen.	— „ — „ — „	— „ — „ — „
Georgenthal.	5017 „ 14 „ — „	7066 „ 7 „ — „ incl. Schwarzwald.
Georgenthäler Hof zu Erfurt.	398 „ 16 „ — „	— „ — „ — „
Gerstungen u. Breitenbach.	1788 „ 7 „ — „	— „ — „ — „
Gotha.	8127 „ 5 „ — „	— „ — „ — „
Gräfenthal.	— „ — „ — „	— „ — „ — „
Heusdorf.	— „ — „ — „	2200 „ — „ — „
Heldburg.	3518 „ 13 „ — „	— „ — „ — „
Henneberg. Haus.	— „ — „ — „	— „ — „ — „
Herpff. u. Stepffershausen.	— „ — „ — „	— „ — „ — „
Hildburghausen.	— „ — „ — „	— „ — „ — „
Hohenfelder See.	— „ — „ — „	— „ — „ — „
Ichtershausen s. Wachsenburg.		
Jena u. Burgau.	4712 „ 4 „ — „	3465 „ 14 „ — „
Ilmenau.	— „ — „ — „	— „ — „ — „
Kalten Nordheim.	— „ — „ — „	— „ — „ — „
Königsberg.	— „ — „ — „	2500 „ — „ — „
Kühndorf.	— „ — „ — „	— „ — „ — „
Leuchtenburg u. Orlamünda.	2970 „ 16 „ — „	2952 „ 19 „ — „
Lichtenberg.	968 „ 12 „ — „	— „ — „ — „
Maßfeld.	— „ — „ — „	— „ — „ — „

zwischen den Herzögen von Weimar 1643.			zwischen der Albertin. u. Erneſtin. Linie 1659.			zwischen den 7 Brüdern der gothaiſchen Linie 1679.		
ſ. Salzungen.						ſ. baf.		
— fl.	— gr.	— pf.	— fl.	— gr.	— pf.	— fl.	— gr.	— pf.
—	—	—	—	—	—	12430	10	1
—	—	—	—	—	—	—	—	—
—	—	—	1116	3	9	1116	4	—
—	—	—	1624	6	3	—	—	—
—	—	—	—	—	—	—	—	—
—	—	—	—	—	—	1591	5	10
—	—	—	—	—	—	7366	11	9
						incl. Schalkau.		
—	—	—	—	—	—	—	—	—
—	—	—	—	—	—	—	—	—
—	—	—	—	—	—	75	—	—
2036	12	8½	—	—	—	2036	12	8½
—	—	—	—	—	—	4127	14	—
						incl. Amt Ronneburg.		
973	3	—	—	—	—	1023	7	1
—	—	—	1328	5	5	2250	12	—
5397	3	5	2250	11	11	6567	18	5
—	—	—	—	—	—	—	—	—
7851	2	—	—	—	—	8172	18	6
—	—	—	—	—	—	2500	—	—
3060	4	2	—	—	—	3125	8	7
—	—	—	318	13	10	318	14	—
—	—	—	—	—	—	613	11	2½
—	—	—	—	—	—	554	1	11
—	—	—	—	—	—	175	—	—
—	—	—	2678	1	8	—	—	—
—	—	—	2242	13	8	—	—	—
2500	—	—	3133	7	6	2500	—	—
			incl. Kloſter Rohra.					
—	—	—	—	—	—	2970	16	6½
—	—	—	5950	16	4	5337	5	—

Namen der vertheilten Aemter.	zwischen Joh. Wilhelms u. Joh. Friedrichs Söhnen 1572.			zwischen Joh. u. Joh. Friedrichs Enkeln 1603.		
	— fl.	— gr.	— rf.	— fl.	— gr.	rf.
Meiningen.						
Miltz der Hof.	— „	— „	— „	— „	— „	— „
Mönchröten.	1732 „	11 „	— „	— „	— „	— „
Kloster Neße.	— „	— „	— „	— „	— „	— „
Neustadt an der Haide s. Coburg.						
Neuhaus.	— „	— „	— „	— „	— „	— „
Oldisleben.	— „	— „	— „	2742 „	8 „	— „
Orlamünde s. Leuchtenburg.						
Pößneck.	102 „	18 „	— „	— „	— „	— „
Reinhardsbrunn.	3337 „	6 „	— „	3337 „	6 „	— „
Rindleben.	835 „	2 „	— „	835 „	2 „	— „
Roda.	985 „	19 „	— „	761 „	19 „	— „
Römhild.	3648 „	3 „	— „	— „	— „	— „
Ronneburg.	— „	— „	— „	1000 „	— „	— „
Roßla.	3982 „	4 „	— „	3853 „	19 „	— „
Sachsenburg.	2941 „	12 „	8 „	— „	— „	— „
Saalfeld.	3244 „	12 „	— „	4848 „	12 „	— „
Langensalzer Collectur.	265 „	2 „	— „	— „	— „	— „
Salzungen.	806 „	12 „	— „	— „	— „	— „
Sand.	— „	— „	— „	— „	— „	— „
Schalkau.	— „	— „	— „	— „	— „	— „
Schleusingen.	— „	— „	— „	— „	— „	— „
Schwarzwald.	1884 „	13 „	— „	— „	— „	— „
Sonneberg.	3104 „	3 „	— „	— „	— „	— „
Sonnefeld.	2925 „	16 „	— „	— „	— „	— „
Suhla.	— „	— „	— „	— „	— „	— „
Sulzer Mühle.	— „	— „	— „	— „	— „	— „
Tenneberg.	3636 „	17 „	— „	— „	— „	— „
Themar.	— „	— „	— „	— „	— „	— „
Treffurth.	238 „	2 „	— „	— „	— „	— „
Beilsdorf s. Feilsdorf.						
Bollenroda.	4808 „	11 „	— „	— „	— „	— „
Uttendorff u. Meblitz.	— „	— „	— „	— „	— „	— „
Wachsenburg ob. Ichtershausen.	4390 „	20 „	— „	4121 „	16 „	— „
Wasungen.	— „	— „	— „	— „	— „	— „
Weida.	2864 „	16 „	— „	— „	— „	— „
Weimar.	17451 „	19 „	— „	19521 „	6 „	— „
Zella, Probstey.	— „	— „	— „	1200 „	— „	— „
Ziegenrück.	2941 „	12 „	8 „	— „	— „	— „

zwischen den Herzögen von Weimar 1643.			zwischen der Albertin. u. Ernestin. Linie 1659.			zwischen den 7 Brüdern der gothaischen Linie 1679.		
— fl	— gr.	— pf	2491 fl.	20 gr.	4 pf.	247 fl.	— gr.	— pf.
— „	— „	— „	154 „	8 „	1 „	154 „	8 „	— „
1732 „	11 „	3 „	— „	— „	— „	1732 „	11 „	3 „
— „	— „	— „	482 „	13 „	9 „	— „	— „	— „
1605 „	7 „	2 „	— „	— „	— „	1605 „	7 „	2 „
— „	— „	— „	— „	— „	— „	— „	— „	— „
— „	— „	— „	— „	— „	— „	102 „	3 „	— „
3339 „	— „	9 „	— „	— „	— „	3761 „	— „	9 „
— „	— „	— „	— „	— „	— „	985 „	19 „	10 „
3648 „	3 „	11 „	— „	— „	— „	3648 „	3 „	11 „
— „	— „	— „	— „	— „	— „	[. Eisenberg.		
— „	— „	— „	— „	— „	— „	— „	— „	— „
— „	— „	— „	— „	— „	— „	— „	— „	— „
— „	— „	— „	— „	— „	— „	3244 „	12 „	10½ „
— „	— „	— „	— „	— „	— „	567 „	5 „	2½ „
2015 „	4 „	— „	— „	— „	— „	2051 „	4 „	— „
incl. Allendorf.								
— „	— „	— „	1068 „	2 „	1 „	994 „	16 „	— „
						s. H. Reben-Rec. d. 1661.		
— „	— „	— „	— „	— „	— „	323 „	3 „	10 „
— „	— „	— „	7746 „	10 „	— „	— „	— „	— „
1884 „	13 „	3 „	— „	— „	— „	1884 „	13 „	3 „
3104 „	3 „	7 „	— „	— „	— „	3251 „	15 „	6 „
2925 „	16 „	— „	— „	— „	— „	2933 „	17 „	7 „
— „	— „	— „	4377 „	17 „	5 „	55 „	— „	— „
3491 „	14 „	9½ „	— „	— „	— „	3475 „	19 „	9½ „
— „	— „	— „	2544 „	13 „	7½ „	2544 „	14 „	— „
— „	— „	— „	— „	— „	— „	— „	— „	— „
4808 „	11 „	— „	— „	— „	— „	4808 „	11 „	— „
— „	— „	— „	— „	— „	— „	274 „	11 „	2½ „
4555 „	17 „	8 „	— „	— „	— „	4475 „	9 „	11 „
— „	— „	— „	2836 „	2 „	4½ „	1719 „	3 „	— „
						s. H. Reben-R. d. 19. Aug. 1661.		
— „	— „	— „	— „	— „	— „	— „	— „	— „
— „	— „	— „	— „	— „	— „	1200 „	— „	— „
— „	— „	— „	— „	— „	— „			

Inhalt des zweiten Theils.

Register.